매경TEST

실전모의고사 10회분

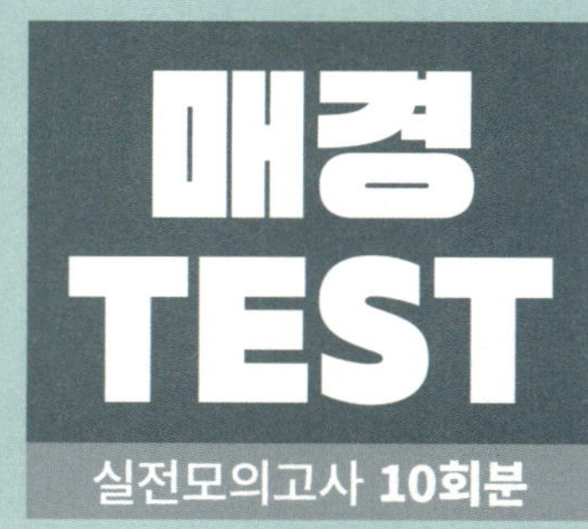

개정3판 1쇄 발행　　2025년 01월 20일
개정4판 1쇄 발행　　2026년 01월 20일

편 저 자 | 자격시험연구소
발 행 처 | (주)서원각
등록번호 | 1999-1A-107호
대표번호 | 031-923-2051
팩　　스 | 031-922-8966
교재문의 | 카카오톡 플러스 친구 [서원각]
주　　소 | 경기도 고양시 일산서구 덕산로 88-45(가좌동)
홈페이지 | www.goseowon.com

Preface

매경TEST는 매일경제신문사가 주최하는 비즈니스 사고력 테스트를 의미합니다. 경제·경영 기초적인 개념과 지식은 물론, 응용력과 전략적인 사고력을 입체적으로 측정하며, 비즈니스 창의력과 현실감각을 갖춘 인재의 발굴과 평가 기준이 되고 있습니다.

경제 · 경영분야의 통합적인 이해력을 측정하는 국내 유일의 테스트로, 해외 유수 언론과 제휴를 통해 글로벌 경제토플로 진화하고 있습니다.

매경TEST는 비즈니스 사고력을 측정하는 국가공인 경제경영이해력인증시험으로, 공신력 있는 문제들로 구성되어 있으며, 대학·대학원 진학, 기업의 채용 · 선발 · 배치 등 다양하게 활용되면서 중요도가 커지고 있습니다.

본서는 실전에 대비하여 국가공인 '우수' 등급 이상을 받을 수 있도록 10회분의 모의고사와 상세한 해설, 최신 및 필수 상식용어를 수록하여 효율적인 학습을 할 수 있도록 하였습니다.

본서가 합격의 길잡이가 되어 합격이라는 행운이 이루어질 수 있도록 응원하겠습니다.

INFORMATION

영역별 문항 구성

영역	유형	평가 내용
지식	경영 주요 개념, 경제 주요 원리	경제 현상을 이해하고 직무를 수행하는 데 필요한 경영·경제 개념과 원리
사고력	원리응용력, 상황판단력, 자료해석력, 수리계산력, 종합사고력	경영·경제 원리를 직무 현장에서 응용하고 추론하는 등 사고력과 주어진 정보를 이용해 상황에 맞는 적절한 판단력을 보유했는지 종합적으로 측정
시사	경영환경이슈, 경제이슈, 금융이슈	최근 다양한 사회 현상을 이해하는 폭 넓은 관심과 현실감각 평가

문제구성

구분(문항)	지식(150점)	사고력(250점)	시사(100점)
경제(40)	15	15	10
경영(40)	15	15	10
계(80)	30	30	20

출제범위

분야	구분	세부내용
경제	<미시경제> 경제 필수개념의 이해	• 기초 경제개념(기회비용, 희소성 등) • 합리적인 의사결정 • 시장의 종류와 개념 • 시장과 정부(공공경제, 시장실패) 등
	<거시경제> 경제 안목 증진 및 정책의 이해	• 기초 거시변수(GDP, 물가, 금리) • 고용과 실업 • 화폐와 통화정책 • 경기변동(경기안정화 정책, 경제성장) 등
	<국제경제> 글로벌 경제 감각 향상	• 국제무역과 국제수지의 이해 • 환율 변화와 효과
경영	<경영일반/인사조직> 기업과 조직의 이해	• 기업에 대한 일반지식과 인사조직의 필수 개념 • 경영자료의 해석
	<전략·마케팅> 기업 경쟁우위의 이해	• 경영전략 • 국제경영 • 마케팅의 개념과 원리에 대한 사례 응용
	<회계/재무관리의 기초> 재무제표·재무지식의 이해	• 기본적인 재무제표 해석 • 기초 재무지식 • 금융·환율 상식

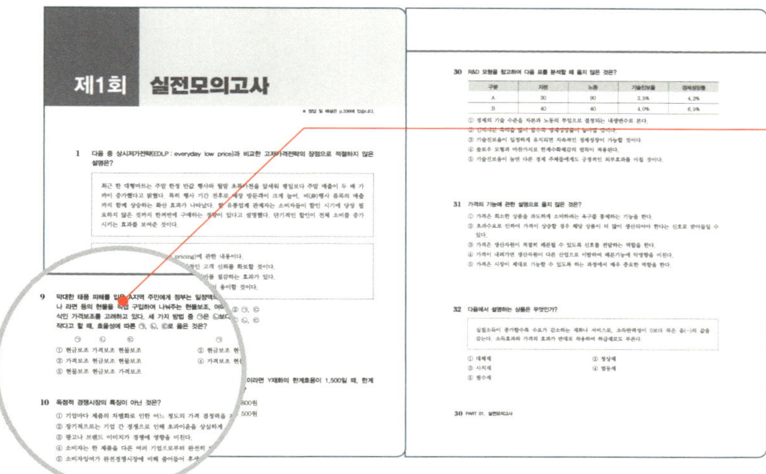

실전모의고사

기출경향 분석을 통해 시험에 출제가 예상되는 문제를 엄선하여 모의고사 10회분으로 구성하였습니다.

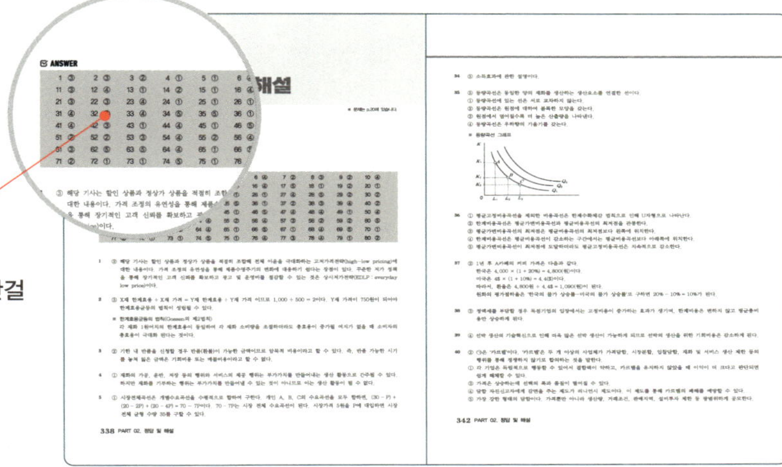

정답 및 해설

학습능률을 높이는 상세한 해설로 합격에 한걸음 더 가까이 다가갈 수 있습니다.

CONTENTS

매경TEST 특성

• 경제 · 경영 기초 개념과 지식은 물론, 응용력과 전략적인 사고력을 입체적으로 측정

• 비즈니스 창의력과 현실감각을 갖춘 창의적인 인재발굴 평가 시스템

• 경제 · 경영분야의 통합적인 이해력을 측정하는 국내 유일의 테스트

• 해외 유수 언론과 제휴를 통해 글로벌 경제토플로 진화

01 실전 모의고사

□ 국내총생산
GDP

한 국가에서 일정 기간 생산된 모든 최종 재화와 서비스의 시장 가치를 합한 총액으로, 국가의 경제 규모와 성장률, 경제 활동의 건강도를 나타내는 척도이다. 그해 시장가격으로 생산량의 총 가치를 계산하는 명목 GDP와 기준 연도의 시장가격으로 물가 변동의 영향을 제외하고 실질적인 생산량의 변화를 측정하는 실질 GDP로 구분된다.

□ 국민총소득
GNI

한 국가의 국민이 국내뿐 아니라 국외에서 벌어들인 소득을 합한 것으로, 국내총생산(GDP)보다 국민 개개인의 실제 소득 수준을 파악하는 데 더 적합한 지표이다. 국내총생산(GDP)에서 국외순수취요소소득을 더하여 산출할 수 있으며, 명목 가격 기준의 GNI와 물가 변동을 고려한 실질 GNI로 구분된다.

□ 국외순수 취요소소득
國外純受取要素所得

한 국가의 국민이 국외에서 자본, 노동 등의 생산요소를 제공한 대가로 받은 국외수취요소소득에서 국내의 외국인이 생산요소를 제공하여 발생한 국외지급요소소득을 차감한 금액을 말한다. 이 지표는 국가 경제의 국제적인 수익을 나타내며, 국민총생산(GNP) 또는 국민총소득(GNI)을 산출하는 데 사용된다.

□ 국민처분 가능소득
NDI

한 국가의 국민이 소비나 저축으로 자유로이 처분할 수 있는 소득의 총량으로, 국민순소득(NNI)에 국외순수취경상이전을 더한 금액이다. 교포 송금과 같이 생산 활동과 관계없는 국외의 소득 이전이 반영된 수치이므로 국가 전체가 자유롭게 사용할 수 있는 총소득과 같다.

□ 경기종합지수
景氣綜合指數

다양한 측면의 개별 경제지표를 표준화하고 합산하여 하나의 지수로 만든 것이다. 측정된 지수의 변동 방향과 폭을 통해 경기변동의 방향과 크기를 가늠할 수 있으며, 경기 흐름을 종합적으로 판단하는 데 매우 유용하다. 경기변동의 방향만을 보여주는 지수는 경기동향지수라고 한다.

기대인플레이션
expected inflation

소비자와 기업이 미래에 예상하는 물가 상승률을 말한다. 물가가 상승하는 인플레이션이 장기간 지속될 경우 앞으로도 물가가 계속 상승할 것이라는 예상을 하게 되는 것을 의미하며, 이는 경제 주체들의 의사결정에 큰 영향을 미친다.

디스인플레이션
disinflation

인플레이션에 의해 물가가 상승할 때, 물가상승률이 둔화하는 현상 또는 물가상승률을 억제하기 위한 통화 긴축 등의 경제 조정 정책을 말한다. 물가 수준이 여전히 높지만 인플레이션의 속도가 느려지는 상태를 의미하며, 물가가 하락하는 현상인 디플레이션과 구분된다.

레버리지 효과
leverage effect

타인자본을 지렛대 삼아 적은 자기자본으로 큰 규모의 투자를 실행해 자기자본이익률(ROE)을 높이는 전략이다. 차입금 등의 금리 코스트보다 높은 수익률이 기대될 때 유리하게 사용될 수 있지만, 타인자본 도입이 과도하면 불황 시에 금리 부담 등으로 저항력이 약해진다.

승수이론
theory of multiplier

최초의 경제량 변화에 의한 연속적인 파급 관계를 분석하여 최종적으로 나타난 효과를 밝히는 경제이론으로, 최종적으로 생겨난 효과를 승수효과라고 한다. 정부 지출이나 투자와 같이 독립적인 지출의 증가가 국민소득을 몇 배로 증가시키는 등의 연쇄적인 효과를 주로 설명하며, 경제 불황기에 정부 지출을 통한 경기 부양의 근거가 된다.

외부경제효과
外部經濟效果

어떤 경제 주체의 행위가 시장을 통하지 않고 제삼자의 경제활동이나 생활에 직간접적인 이익을 가져오는 현상으로, 부정적인 영향을 미치는 외부불경제효과와 구분된다. 이는 시장가격에 외부효과가 반영되지 않기 때문에 시장기구가 완전히 작동해도 자원의 최적 배분을 실현할 수 없도록 한다.

필수 상식용어

☐ 바그너의 법칙
wagner's law

경제가 성장하고 국민소득이 증가할수록 국민총생산의 공공부문 지출 비중이 지속적으로 높아진다는 이론으로, 공공지출 증가의 법칙이라고도 한다. 이러한 현상은 도시화가 진행되면서 공공 서비스에 대한 수요가 늘어나고, 정부가 시장 실패 교정과 사회간접자본 확충을 위해 지출을 늘리기 때문이다.

☐ 재무상태표
B/S

특정 시점의 기업 재무 상태를 명백히 나타내기 위해 작성하는 일람표를 말한다. 이는 기업의 유동성, 지급 능력, 재무 건전성을 파악하는 데 중요한 요소이며, 손익계산서(P/L)와 함께 재무제표의 중심 부분이 된다. 차변(왼쪽)에 자산을, 대변(오른쪽)에 부채와 자본을 기록한다.

☐ 손익계산서
P/L

회계기간에 발생한 수익과 비용을 대응시켜 당기순손익을 표시하고 경영성과를 가시화하는 일람표로, 일정 기간의 경영활동을 파악하는 동태표라고도 한다. 손익계산서의 결과인 당기순손익은 재무상태표의 이익잉여금 항목에 반영된다.

☐ 당기순이익
NI

기업이 영업 활동과 영업 외 활동을 통해 벌어들인 모든 수익에서 모든 비용을 차감한 최종적인 이익을 말한다. 이는 기업의 종합적인 최종 성과를 나타내는 지표이며, 일상적인 영업 활동의 수익성만을 나타내는 영업이익과 구분된다.

☐ 감가상각비
depreciation

시간이 지남에 따라 노후화하거나 경제적 가치가 감소한 고정자산의 가치 하락분 중 회계에 반영하는 금액을 말한다. 토지를 제외한 건물, 비품 등을 대상으로 하며, 고정자산의 감소분을 해당 회계 기간의 비용으로 인식함으로써 정확한 수익과 비용을 대응해 순이익을 계산할 수 있다.

□ **유동비율**
流動比率

기업의 단기적인 재무 건전성과 지급 능력을 측정하는 안정성 지표로, 1년 이내에 현금화가 가능한 유동자산을 1년 이내에 갚아야 하는 유동부채로 나눈 비율로 산출할 수 있다. 유동비율이 높아질수록 지급 능력이 향상되며, 200%가 이상적이라고 하여 은행가의 비율 또는 2대 1의 원칙이라고도 한다.

□ **경제적 부가가치**
EVA

기업이 투하한 자본에 대해 이를 초과하는 수익을 올렸는지 평가하는 지표를 말한다. 회계장부상으로 순익이 나더라도 EVA 값이 음수라면 자본비용을 회수하지 못해 채산성이 없고 투자 가치가 낮다는 의미이다.

□ **자기자본이익률**
ROE

기업이 자기자본을 활용해 1년간 얼마만큼의 순이익을 벌어들였는지를 나타내는 수익성 지표이다. 수치가 높을수록 자기자본을 효율적으로 운용하고 있다는 의미이며, 시중 금리보다 낮을 경우에는 투자 위험이 크다고 판단한다.

□ **자본적 지출**
CAPEX

기업이 미래의 이윤 창출과 가치 취득을 위해 투자한 지출을 의미한다. 고정자산을 구매하거나 유효수명이 당 회계연도를 초과하는 기존의 고정자산에 투자할 때 발생한다. 단기적인 운영에 필요한 비용인 OPEX와 구분된다.

□ **이연자산**
deferred asset

이미 지출한 비용이지만 미래 일정 기간에 걸쳐 효익이 발생하는 경우 현재 시점의 비용으로 처리하지 않고 당기에 자본화하는 것을 말한다. 창업비, 신주발행비, 개발비, 건설이자 등이 이에 해당하며, 지출 효과를 차기 이후로 연기시켜 자산으로 계상한다는 점에서 선급비용과 비슷한 성격을 가진다.

□ **손익분기점**
BEP

일정 기간의 총수익과 총비용이 일치되어 이익도 손실도 발생하지 않는 지점을 말한다. 총수익선이 이 점을 웃돌면 그만큼의 이익이 발생하며, 밑돌면 그만큼의 손실이 발생한다. 따라서 손익분기점은 모든 비용을 회수하고 수익을 내기 위해 달성해야 하는 최소한의 매출 목표를 의미한다.

☐ 밸류에이션
valuation : 가치평가

특정 자산 또는 기업의 현재 가치를 평가하는 과정을 말한다. 기업의 경우 경영진, 자본구조, 미래 수익 전망, 현 자산의 시장가치 등을 평가하며, 주식이나 채권은 구매자와 판매자의 자유의사에 의해 거래될 때 가치가 결정된다. 가치평가에 사용되는 지표로는 주가순이익비율(PER), 가치평가핵심지표(EV/EBITDA) 등이 있다.

☐ 위험가중자산
RWA

은행이 보유한 자산에 내재한 신용 위험을 반영하여 위험도를 계산한 값을 말한다. 자산의 위험도에 따라 각각 다른 가중치를 적용하며, 은행이 보유해야 할 최소한의 자기자본 규모를 산출할 수 있다. 주로 자본 적정성 평가 및 위험 관리 전략 수립에 사용된다.

☐ 자본시장
capital markets

기업이나 정부가 장기 투자자금을 조달하는 시장을 말한다. 주로 만기가 1년 이상인 주식과 채권 등의 증권이 거래되며, 간접 금융 시장인 장기 대출 시장과 직접 금융 시장인 증권 시장으로 구분할 수 있다. 단기자금이 오가는 화폐시장(money market)과 구분된다.

☐ 주가지수 선물거래
株價指數先物去來

증권시장에서 매매되는 전체 또는 일부 주식의 주가를 하나로 묶어 산출한 주가지수를 대상으로 하는 거래로, 시세 변동에 따른 위험을 줄이기 위해 고안되었다. 현물 투자보다 적은 증거금으로 큰 규모의 거래가 가능하지만, 높은 레버리지로 인해 큰 손실 위험도 따른다.

☐ 변동성지수
VKOSPI

코스피200의 옵션 가격을 이용해 미래 주식시장의 기대 변동성을 측정하는 지수를 말한다. 일반적으로 코스피200 지수가 하락할 때 상승하는 특성을 가지며, 값이 높을수록 시장의 불확실성과 공포가 크다는 것을 의미한다. 미국 시카고옵션거래소(CBOE)가 S&P500 지수 옵션을 토대로 발표하는 변동성지수(VIX)와 유사하다.

□ **풋백옵션**
putback option

자산을 인수한 투자자가 일정 기간 후 주가 공모가 아래로 떨어지면 원래 매도자에게 되팔 수 있는 권리를 말한다. 주로 인수시점에서 자산의 가치를 정확하게 산출하기 어렵거나 가치 하락이 예상될 경우 사용되며, 특정 기간 내에 미리 정한 가격으로 자산을 팔 수 있는 권리인 풋옵션을 기업인수합병에 적용한 형태이다.

□ **M&A**

합병(merger)과 인수(acquisition)의 약자로, 둘 이상의 기업이 하나로 합쳐지는 것과 한 기업이 다른 기업의 경영권을 얻는 활동을 통틀어 이르는 말이다. 이는 우호적인 매수와 비우호적인 매수로 나뉘는데, 비우호적일 경우 매수 대상 기업의 주식을 일정한 값으로 매입해버릴 것을 공표하는 테이크 오버 비드(TOB) 방법을 사용할 수 있다.

□ **카르텔**
cartel

동종 또는 유사 산업 분야의 독립된 기업들이 경제와 법률상의 독립성을 유지하면서 맺는 횡적 기업연합을 말한다. 상호 경쟁으로 인한 불이익을 피하고 시장을 독점하기 위한 수단으로, 협정 내용에 따라 구매카르텔, 생산카르텔, 판매카르텔 등으로 나뉜다.

□ **컨소시엄**
consortium

위험 부담을 줄이고 공통의 목적을 달성하기 위해 다수의 기관이 일시적으로 연합한 형태를 의미한다. 주로 공공기관이 추진하는 대규모 사업에 여러 업체가 한 회사의 형태로 참여하거나, 공사채나 주식과 같은 유가증권의 인수가 어려울 때 이의 매수를 위한 인수조합의 경우가 해당한다.

□ **산업구조분석모형**
5 forces model

과거 전통적인 경쟁 분석 모형에서 벗어나 거시적인 관점에서 산업구조를 분석하기 위해 마이클 포터가 제시한 모형이다. 산업의 매력도와 수익성에 영향을 미치는 다섯 가지 경쟁 요인(기존 기업 간 경쟁, 신규 진입자, 대체재, 구매자 교섭력, 공급자 교섭력)을 토대로 기업이 경쟁우위를 확보할 수 있는 전략을 수립할 수 있다.

필수 상식용어

□ **BCG 매트릭스**

시장 성장률과 상대적 시장 점유율 두 가지 요소를 기준으로 사업 포트폴리오를 스타(star), 물음표(question mark), 캐시카우(cash cow), 개(dog)의 네 가지 영역으로 분류하는 전략 평가 기법이다. 이를 통해 각 사업의 성장성과 수익성을 파악하고 자원을 효과적으로 배분할 수 있다.

□ **제품수명주기**
PLC

신제품이 시장에 출시된 시점부터 시장에서 사라지기까지의 일생을 말한다. 일반적으로 도입, 성장, 성숙, 쇠퇴의 단계를 거치며, 적절한 마케팅 전략을 세우기 위해서는 해당 제품의 주기 단계를 정확히 알고 그에 맞는 의사 결정 및 전략 개발이 필요하다.

□ **한계생산체감의 법칙**
diminishing marginal product

한 생산요소가 고정된 상태에서 특정 생산요소의 투입량을 지속해서 늘릴 때 한계생산량이 점차 줄어드는 현상을 말한다. 이는 추가 근로자를 고용하거나 설비를 더 늘려도 생산성이 계속 향상되지 않는다는 것을 설명한다.

□ **한계기술대체율**
MRTS

생산량을 일정하게 유지하면서 한 생산요소를 1단위 늘릴 때, 다른 생산요소를 얼마나 줄여야 하는지를 나타내는 비율이다, 기업이 생산요소 투입 비율을 조정할 때 주로 사용되며, 등량곡선의 기울기로 표현할 수 있다, 등량곡선이 원점에 대해 볼록한 형태를 띠는 것은 한계기술대체율이 체감한다는 것을 의미한다.

□ **3S 운동**

기업 내에서 단순화(simplification), 표준화(standardization), 전문화(specialization)를 통해 생산성을 높이고 품질을 개선하는 경영 혁신 운동을 말한다. 이러한 관점이 생산관리에 전개되면 대량 생산 체제가 갖추어지게 된다.

□ **이노베이션**
innovation

기술혁신을 뜻하는 슘페터 경제발전 이론의 중심 개념으로, 새로운 제품이나 서비스 등을 개발하고 이를 실제 가치 창출에 활용하는 포괄적인 과정을 다룬다. 신(新)경영 조직 구성, 신시장 개척, 신자원 개발 등의 활동으로 높은 이윤 획득의 기회를 창출하는 것이 그 예이다.

□ **사회책임경영**
CSR

기업이 이윤 추구를 넘어 환경, 사회, 윤리적 측면의 책임을 다하며 지속 가능한 성장을 추구하는 경영 방식이다. 이는 단순히 법적 의무나 자선 활동에 그치지 않고, 기업 활동의 모든 과정에서 이해관계자와 사회 전체에 긍정적인 영향을 미치도록 의사결정하는 것을 말한다.

□ **ESG**

친환경(environment), 사회적 기여(social), 투명한 지배구조(governance)의 약자로, 기업 책임의 중요성을 말한다. 재무적 성과 이외의 장기적이고 지속 가능한 가치를 판단하는 데 주로 활용된다.

□ **소비자 중심경영**
CCM

기업이 수행하는 모든 활동을 소비자 관점에서 구성하고 지속적으로 개선하는 경영 방식을 말한다. 리더십, CCM 체계, CCM 운영, 성과관리 등을 기준으로 기업의 소비자 중심경영 노력을 심사하여 인증 마크를 부여하며, 해당 기업은 융자 한도 상향, 법 위반 제재 수준 경감 등 다양한 혜택을 받을 수 있다.

□ **프로슈머**
prosumer

생산자(producer)와 소비자(consumer)의 합성어로, 제품 개발에 의견을 내는 등 능동적으로 생산 활동에 관여하며 자신의 취향에 맞게 상품과 서비스를 개선하는 소비자를 말한다. 생산 소비자 또는 참여형 소비자라고도 한다.

□ **소비자심리지수**
CCSI

경제 상황에 대한 소비자의 인식과 기대를 종합적으로 나타내는 지표이다. 6가지의 소비자동향지수(CSI)를 종합하여 산출하며, 100 이상은 경기 회복에 대한 낙관적 심리를, 그 이하의 수치는 비관적 심리를 반영한다고 본다.

필수 상식용어

□ **비관세장벽**
NTB

정부가 국산품과 외국품을 차별하여 수입을 억제하고 수출을 촉진하려는 관세 이외의 정책을 말한다. 수입수량제한, 국내산업보호정책, 수출에 대한 금융지원과 세제상의 감면, 반덤핑정책 등이 이에 해당한다. 국내 산업을 보호하고 물가 안정을 도모하기 위해 주로 활용된다.

□ **유동성 함정**
liquidity trap

경제 주체들이 시장에 자금을 내놓지 않아 경기가 회복되지 못하는 현상을 말한다. 주로 경제 불확실성이 큰 상황에서 소비와 투자를 줄이기 때문에 발생하며, 화폐가 순환하지 못하는 돈맥경화를 막기 위해 정책금리를 0%에 가깝게 낮추게 된다.

□ **데드크로스 현상**
dead cross

사망자 수가 출생자 수보다 더 많아져 인구가 자연 감소하는 현상 또는 주식 시장에서 단기 이동평균선이 장기 이동평균선을 하향 돌파하는 현상을 말한다. 주식 시장의 관점에서 이는 시장이 약세시장으로 접어들었음을 나타내는 신호이다.

□ **울프슨 지수**
wolfson index

소득 불평등 정도를 나타내는 지표로, 중산층으로부터 상위층과 하위층의 소득이 얼마나 멀어지는지를 측정한다. 해당 괴리 정도에 절댓값을 부여하여 수치가 0에 가까울수록 중산층의 비중이 높아지며, 1에 가까울수록 중산층의 몰락이 심화되었음을 의미한다.

□ **제로 트러스트**
zero trust

절대 신뢰하지 않고 항상 검증이라는 원칙을 기반으로 내외부의 모든 사용자, 기기, 구성요소에 대해 엄격하게 검증하는 전략적 접근 방식을 말한다. 접근 권한 관리 및 암호화 전략 등을 통해 조직 전반의 보안 신뢰도를 높일 수 있으며, 차세대 보안 패러다임으로 주목받고 있다.

□ **숏핑**
shorpping

숏폼(short-form)과 쇼핑(shopping)의 합성어로, 짧은 동영상 콘텐츠를 시청하면서 제품을 구매하도록 하는 최신의 온라인 쇼핑 방식을 말한다. 심리적 부담은 적고 큰 몰입을 제공하여 간편성과 효율성을 추구하며, 즉흥적인 구매를 유도할 수 있는 소비자 행동 기반의 신규 비즈니스 모델이다.

□ **넛지마케팅**
nudge marketing

'팔꿈치로 슬쩍 찌른다'는 뜻처럼 사람들을 원하는 방향으로 유도하되 여전히 개인에게 선택의 자유를 제공하는 마케팅 전략이다. 종래의 마케팅이 상품 특성을 강조하고 소비자를 집중시키는 것이라면, 이는 정보 배치 및 선택지 제시 등을 통해 소비자에게 더 유연하고 부드럽게 다가간다.

□ **비트코인**
bitcoin

2009년부터 발행하기 시작한 온라인 가상화폐이다. 금융기관 등 제삼자를 거치지 않고 거래할 수 있으며, 총 발행량이 고정되어 있어 통화 팽창에 따른 인플레이션 위험이 없다는 것이 특징이다. 우리나라에서는 발행 주체가 모호하고 변동성이 크다는 이유로 법정 화폐나 금융상품으로 취급하지 않고 가상자산으로 규정한다.

01

실전
모의고사

제1회 실전모의고사

1 다음 중 상시저가전략(EDLP : everyday low price)과 비교한 고저가격전략의 장점으로 적절하지 않은 설명은?

> 최근 한 대형마트는 주말 한정 반값 행사와 월말 초특가전을 앞세워 평일보다 주말 매출이 두 배 가까이 증가했다고 밝혔다. 특히 행사 기간 전후로 매장 방문객이 크게 늘어, 비(非)행사 품목의 매출까지 함께 상승하는 확산 효과가 나타났다. 한 유통업계 관계자는 소비자들이 할인 시기에 당장 필요하지 않은 것까지 한꺼번에 구매하는 경향이 있다고 설명했다. 단기적인 할인이 전체 소비를 증가시키는 효과를 보여준 것이다.

> ㉠ 고저가격전략(high-low pricing)에 관한 내용이다.
> ㉡ 꾸준한 저가 정책을 통해 장기적인 고객 신뢰를 확보할 것이다.
> ㉢ 이러한 마케팅 전략은 광고 및 운영비를 절감하는 효과가 있다.
> ㉣ 제품수명주기의 변화에 따른 가격 설정이 용이할 것이다.

① ㉠, ㉡

② ㉠, ㉢

③ ㉠, ㉣

④ ㉡, ㉢

⑤ ㉢, ㉣

2 X재화의 한계효용이 1,000인 경우 X재화 가격이 500원이라면 Y재화의 한계효용이 1,500일 때, 한계효용균등의 법칙에 따라 Y재화 가격이 얼마여야 하는가?

① 1,000원

② 800원

③ 750원

④ 500원

⑤ 250원

3 다음 각 사례의 기회비용으로 올바른 것은?

> • 와플을 좋아하는 철수는 집에서도 와플을 먹기 위해 와플기계를 2만 원에 구입했으나, 막상 배송을 받고 나서는 너무 바빠 포장도 뜯지 못한 채 방치하게 되었다. 반품 신청을 하려고 했으나 이미 구입 후 일주일이 지나 2만 원을 그대로 날리게 되었다.
> • 광수는 일당 10만 원의 시험 감독 아르바이트를 취소하고 3만 원짜리 대학로 연극을 보러갔다.

① 철수의 와플기계 구입 기회비용은 4만 원이다.
② 철수의 와플기계 구입 암묵적 비용은 2만 원이다.
③ 철수가 와플기계를 구입하기로 한 선택의 회계비용은 4만 원이다.
④ 광수가 대학로 연극을 보러간 회계비용은 13만 원이다.
⑤ 광수가 대학로 연극을 보러간 기회비용은 10만 원이다.

4 다음 중 생산 활동이 될 수 없는 행위는?

① 재화를 기부하는 행위
② 서비스를 제공하는 행위
③ 재화를 오랜 시간 저장하는 행위
④ 재화를 다른 형태로 가공하는 행위
⑤ 재화를 다른 곳으로 운반하는 행위

5 전체 시장에 총 소비자가 3명이라고 가정할 경우 시장가격(P)이 5원일 때 시장 전체 균형 수량은?

> • 개인 A 수요곡선 = $30 - P$
> • 개인 B 수요곡선 = $20 - 2P$
> • 개인 C 수요곡선 = $20 - 4P$

① 35
② 25
③ 15
④ 10
⑤ 5

6 2025년과 2024년의 쌀의 가격과 수량이 다음과 같은 경우 라스파이레스 산식으로 계산한 가격지수는 얼마인가?

구분	연도	쌀의 가격	쌀의 수량
기준시점	2024년	5,000원	10
비교시점	2025년	4,000원	20

① 145 ② 135
③ 100 ④ 80
⑤ 50

7 대체탄력성에 대한 다음의 설명 중 옳지 않은 것은?

① cobb-douglas 생산함수의 대체탄력성은 1이다.
② 1차 동차생산함수의 대체탄력성은 1이다.
③ CES생산함수란 대체탄력성이 일정한 값을 가지는 생산함수이다.
④ 요소가격비가 요소집약도에 미치는 영향의 정도를 나타낸다.
⑤ 한계기술대체율 변화에 따른 요소고용량의 상대적 변화율을 나타낸다.

8 범위의 경제(economies of scope)에 대한 설명으로 옳지 않은 것은?

① 범위의 경제 발생 시 생산가능곡선은 원점에 대해 오목한 형태로 나타난다.
② 생산요소의 공동 이용 시 범위의 경제가 발생한다.
③ 규모의 경제가 발생하는 경우 범위의 경제도 동시에 발생한다.
④ 산악용 자전거를 1대 생산하기 위해 경주용 자전거 2대를 감소시켜야 한다면 범위의 경제가 발생하지 않는다.
⑤ 동일 생산요소 투입 시, 1개 기업이 2종류 재화를 모두 생산하는 것이 2개 기업이 각각 1개의 재화를 생산할 때보다 더 많이 생산할 수 있는 기술적 특성을 의미한다.

9 막대한 태풍 피해를 입은 A지역 주민에게 정부는 일정액의 보조금을 직접 지원해 주는 현금보조, 쌀이나 라면 등의 현물을 직접 구입하여 나눠주는 현물보조, 어떠한 제품을 구입할 때 가격을 깎아주는 방식인 가격보조를 고려하고 있다. 세 가지 방법 중 ㉠은 ㉡보다 효용의 크기가 크거나 같고 ㉢이 제일 작다고 할 때, 효율성에 따른 ㉠, ㉡, ㉢로 옳은 것은?

	㉠	㉡	㉢
①	현금보조	가격보조	현물보조
②	현금보조	현물보조	가격보조
③	가격보조	현금보조	현물보조
④	가격보조	현물보조	현금보조
⑤	현물보조	현금보조	가격보조

10 독점적 경쟁시장의 특징이 아닌 것은?

① 기업마다 제품의 차별화로 인한 어느 정도의 가격 결정력을 가진다.
② 장기적으로는 기업 간 경쟁으로 인해 초과이윤을 상실하게 된다.
③ 광고나 브랜드 이미지가 경쟁에 영향을 미친다.
④ 소비자는 한 제품을 다른 여러 기업으로부터 완전히 대체할 수 있다.
⑤ 소비자잉여가 완전경쟁시장에 비해 줄어들어 후생 손실이 발생할 수 있다.

11 아래 가사와 관련한 경제모형을 세우는 경우 옳은 설명을 모두 고르면?

> 최근 몇 년 사이 도시 지역의 주택 임대료가 꾸준히 상승하고 있다. 하지만 일부 지역에서는 소득이 비슷한 가구라도 임대료 상승률이 크게 차이 난다. 전문가들은 교통 접근성, 주변 편의시설, 그리고 기타 정책 요인이 복합적으로 작용하고 있기 때문이라고 언급했다. 한편, 일부에서는 금리 인상으로 인한 대출 부담이 주택 수요를 줄였다는 분석도 제기되었다.

> ㉠ 금리나 정부의 정책은 외생변수로 작용한다.
> ㉡ 주택 임대료와 소득수준은 모형 안에서 함께 결정되는 내생변수로 볼 수 있다.
> ㉢ 금리 인상으로 인한 대출 부담 증가는 주택 수요 곡선을 오른쪽으로 이동시킬 것이다.
> ㉣ 임대료 상승률을 내생변수로 설정하여 교통 접근성이 우수할수록 임대료 상승률이 높을 것이라는 가설을 검증할 수 있다.

① ㉠, ㉡
② ㉠, ㉢
③ ㉠, ㉣
④ ㉡, ㉢
⑤ ㉡, ㉣

12 채권과 채권시장에 대한 설명으로 옳지 않은 것은?

① 시장금리가 상승하면 기존 채권의 가격은 하락한다.

② 만기가 긴 채권일수록 금리 변동에 따른 가격 변동 폭이 크다.

③ 채권 가격이 하락하면 만기수익률은 상승한다.

④ 단기 채권은 유동성이 낮아 투자 위험성이 크므로, 수익률이 높은 경향이 있다.

⑤ 수익률곡선이 역전되면 단기금리가 장기금리보다 높으며, 이는 경기침체를 예고하는 신호로 해석될 수 있다.

13 다음을 근거로 하여 판단할 때 옳은 설명은?

> - A 지역 카페에서 커피 가격을 10% 인상하자, 판매량이 5% 감소했다.
> - B 지역 카페에서 커피 가격을 10% 인상하자, 판매량이 20% 감소하였다.
> - 두 지역의 소비자 특성은 소득과 기호를 포함하여 거의 동일하다.

① A 지역 카페의 총수입은 증가했을 것이다.

② A보다 B 지역 카페의 수요가 더 비탄력적이다.

③ A보다 B 지역 카페의 수요 곡선이 더 가파르다.

④ B 지역에는 A 지역보다 대체재가 적을 것이다.

⑤ 가격 변화율보다 수요량 변화율이 적으면 수요가 탄력적이다.

14 연철이는 '별 다방' 커피와 '콩 다방' 커피를 완전 대체재로 여기며, 별 다방 커피 2잔당 콩 다방 커피 3잔의 비율로 맞바꿔도 좋다고 생각한다. 별 다방 커피는 1잔에 4,000원이고 콩 다방 커피는 2,000원인 경우, 연철이가 생각하는 합리적인 선택은?

① 별 다방 커피만 소비한다.

② 콩 다방 커피만 소비한다.

③ 별 다방 커피와 콩 다방 커피를 3:2의 비율로 소비한다.

④ 별 다방 커피와 콩 다방 커피를 1:2의 비율로 소비한다.

⑤ 별 다방 커피와 콩 다방 커피를 1:1의 비율로 소비한다.

15 공급의 가격탄력성에 영향을 주는 요인에 관한 설명으로 옳은 것은?

① 생산비용이 급격하게 상승할수록 공급은 비탄력적이다.

② 저장비용이 많이 소요될수록 공급은 탄력적이다.

③ 고려되는 기간이 길수록 공급은 비탄력적이다.

④ 가격변화에 대처할 수 있는 가능성이 클수록 공급은 비탄력적이다.

⑤ 저장가능성이 낮을수록 공급은 탄력적이다.

16 최근 A국의 밀 시장에서 가격이 균형 가격보다 높게 형성되자 초과 공급이 발생했고, 판매자들이 가격을 낮추기 시작하면서 다음과 같이 시장균형에 도달했다. 이와 관련 있는 이론에 대한 설명으로 옳지 않은 것은?

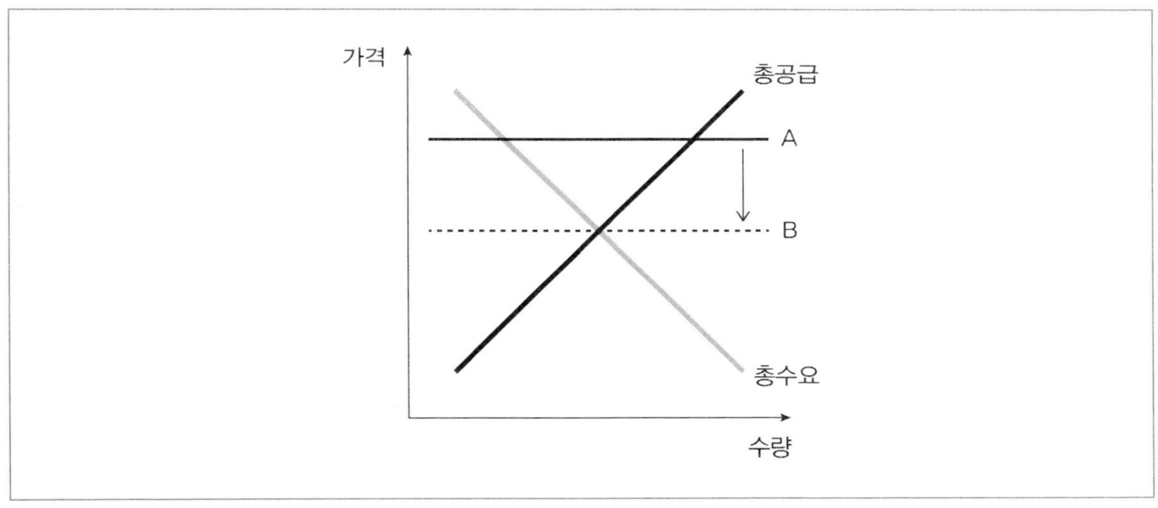

① 조정 과정의 성격을 고려하면 왈라스적 안정성으로 구분할 수 있다.

② 주택시장에서는 성립하기 어려운 이론이다.

③ 가격 조정이 초과 공급을 해결하는 조정 변수 역할을 한다.

④ 초과 공급 상황에서 거래량이 증가하면서 시장이 균형으로 수렴한다.

⑤ 균형 가격보다 높은 가격에서는 초과 공급이 발생하여 가격 하락 압력이 작용한다.

17 가격상한제와 가격하한제 정책에 관한 내용으로 옳지 않은 것은?

① 가격상한제의 목적은 물가안정 및 소비자 보호에 있다.
② 가격상한제는 균형 가격보다 낮게 설정하면 공급 부족 및 암시장이 발생할 수 있다.
③ 가격하한제의 문제점은 초과공급 및 실업이 발생하는 것이다.
④ 가격상한제는 시장균형가격보다 가격을 낮게 결정한다.
⑤ 가격하한제는 일정 가격 이상으로 판매를 금지한다.

18 재정절벽에 대한 설명으로 옳은 것은?

① 정부의 재정 지출 축소로 인해 유동성이 위축되면서 경제에 충격을 주는 현상이다.
② 농산물의 가격이 상승하면서 소비자물가와 생산자물가가 상승하는 현상이다.
③ 상품거래량에 비해 통화량이 과잉으로 증가하여 물가가 오르고 화폐가치는 떨어지는 현상이다.
④ 주식시장의 장 마감을 앞두고 선물시장의 약세로 프로그램 매물이 대량으로 쏟아져 주가가 폭락하는 현상이다.
⑤ 환율이 변동하더라도 조정효과가 나타날 때까지 무역수지가 본래의 조정과정으로 들어가는 현상이다.

19 국내에서 생산된 모든 재화와 서비스의 가격 변동을 알 수 있는 종합적인 물가지수는?

① 실질 GDP
② GDP 디플레이터
③ 소비자물가지수(CPI)
④ 생산자물가지수(PPI)
⑤ 인플레이션율

20 다음은 비합리적 소비에 대한 설명이다. ㉠과 ㉡에 들어갈 효과로 적절한 것은?

> 고가품일수록 과시욕에 따른 수요가 증가하는 (㉠) 효과는 가격에 직접 영향을 받고, 특정 상품을 소비하는 사람이 많아지면 그 상품에 대한 수요가 감소하는 (㉡) 효과는 가격이 아닌 다른 사람의 소비에 직접 영향을 받는다.

	㉠	㉡
①	베블렌(Veblen)	스놉(snob)
②	디드로(Diderot)	베블렌(Veblen)
③	베블렌(Veblen)	디드로(Diderot)
④	스놉(snob)	베블렌(Veblen)
⑤	디드로(Diderot)	스놉(snob)

21 다음에 제시된 자료에서 밑줄 친 부분의 근거로 가장 적절한 것을 고르면?

> 어느 나라에서 A음료 시장 점유율이 1위인 회사가 B음료 시장 점유율 1위인 회사를 인수·합병하겠다는 계획을 발표하였다. 소비자 단체는 <u>이러한 인수·합병이 독과점을 형성할 것이라고</u> 주장하고 있다.

① A음료는 여름, B음료는 겨울에 잘 팔린다.
② A음료의 맛과 향은 B음료와 큰 차이가 있다.
③ A음료의 가격이 오른 시기에는 B음료가 잘 팔렸다.
④ A음료는 청년층, B음료는 장년층이 선호한다.
⑤ A음료와 B음료를 반반씩 섞어 먹는 사람들이 늘어나고 있다.

22 케인즈의 화폐수요이론에 관한 설명으로 옳지 않은 것은?

① 명목가치가 변하지 않는 화폐와 변동이 잦은 기타 자산 사이에 수익률 차이가 발생할 경우, 화폐수요에 변화가 생긴다.
② 예비적 동기에 의한 화폐수요는 소득과 정(+)의 관계를 갖는다.
③ 보이지 않는 손에 의해 자원이 효율적으로 이동하므로 화폐는 단지 교환의 매개물의 기능을 한다.
④ 위급한 사태가 발생할 경우에 대비하기 위하여 사람들은 화폐를 보유한다.
⑤ 이자율이 높을수록 화폐의 투기적 수요는 감소한다.

23 중앙은행의 통화공급 정책수단에 관한 설명으로 옳지 않은 것은?

① 중앙은행의 주요 정책수단으로 공개시작조작, 재할인율정책, 지급준비율정책 등이 있다.

② 중앙은행이 필요지급준비율을 낮출 경우 통화승수가 커진다.

③ 중앙은행이 필요지급준비율을 낮출 경우 상업은행은 수익을 위해 대출이나 기타 자산을 늘릴 것이다.

④ 중앙은행이 은행으로부터 채권을 매입할 경우 본원통화와 화폐공급은 감소할 것이다.

⑤ 중앙은행이 재할인율을 인하할 경우 상업은행은 중앙은행으로부터 차입을 늘리려 할 것이다.

24 시장분리이론에 관한 설명으로 옳지 않은 것은?

① 시장분리이론은 장단기 채권 간에 대체관계가 있다고 본다.

② 단기채권 시장에서 가계의 채권수요는 기업의 채권공급보다 크다.

③ 장기채권시장은 초과공급으로 인해 장기채권의 가격이 하락하고 장기이자율이 상승한다.

④ 단기이자율의 하락과 장기이자율의 상승으로 수익률 곡선이 우상향함을 잘 설명한다.

⑤ 정기채권의 수요가 증가하면 수익률 곡선이 평평해진다.

25 마찰적 실업에 관한 설명으로 옳은 것은?

① 일시적이고 단기적이며 자발적이다.

② 경제의 구조변화라는 장기적 현상과 관련된 것이다.

③ 정책조정을 통해 마찰적 실업을 완전히 제거할 수 있다.

④ 노동에 대한 전반적인 수요가 공급에 비해 부족하기 때문에 발생한다.

⑤ 경기 부양 지출 또는 금리인하 정책 등으로 실업을 완화하는 것에 중점을 둔다.

26 경기변동의 특징에 해당하지 않는 것은?

① 독립성   ② 반복성

③ 다양성   ④ 파급성

⑤ 누적성

27 경기종합지수에 관한 설명으로 옳지 않은 것은?

① 경제의 각 부문을 대표하고 경기 대응성이 높은 경제지표들을 선정한 후 이를 종합하여 작성한다.

② 경기전환점에 대한 시차 정도에 따라 선행지수, 동행지수, 후행지수로 나누어진다.

③ 통계청에서 매월 작성한다.

④ 경기변동의 방향 및 전환점 등은 파악이 가능하나, 변동속도까지는 파악이 불가능하다.

⑤ 전월 대비 경기종합지수의 증감률을 통해 경기변동의 진폭을 확인할 수 있다.

28 경제성장의 정형화된 사실에 관한 설명으로 옳지 않은 것은?

① 자본계수 및 자본증가율은 거의 일정하다.

② 생산성 증가율은 나라마다 상당한 차이를 보인다.

③ 자본수익률이 대체적으로 일정하다.

④ 1인당 실질소득은 지속적으로 증가한다.

⑤ 총소득에서 자본소득과 노동소득이 차지하는 비중은 대체적으로 일정하지 않다.

29 경제성장을 설명하는 해로드-도마모형의 가정으로 옳지 않은 것은?

① 저축과 투자는 항상 일치한다.

② 생산함수는 한계수확체감의 법칙을 가진다.

③ 생산요소 간의 완전보완성을 특징으로 하는 레온티에프 생산함수를 가정한다.

④ 인구의 증가율은 외생적으로 주어져 일정하다.

⑤ 저축은 산출량의 일정비율로 결정된다.

30 R&D 모형을 참고하여 다음 표를 분석할 때 옳지 않은 것은?

구분	자본	노동	기술진보율	경제성장률
A	30	90	2.5%	4.2%
B	40	40	4.0%	6.5%

① 경제의 기술 수준을 자본과 노동의 투입으로 결정되는 내생변수로 본다.

② 인적자본 축적을 많이 할수록 경제성장률이 높아질 것이다.

③ 기술진보율이 일정하게 유지되면 지속적인 경제성장이 가능할 것이다.

④ 솔로우 모형과 마찬가지로 한계수확체감의 법칙이 적용된다.

⑤ 기술진보율이 늘면 다른 경제 주체들에게도 긍정적인 외부효과를 미칠 것이다.

31 가격의 기능에 관한 설명으로 옳지 않은 것은?

① 가격은 희소한 상품을 과도하게 소비하려는 욕구를 통제하는 기능을 한다.

② 초과수요로 인하여 가격이 상승할 경우 해당 상품이 더 많이 생산되어야 한다는 신호로 받아들일 수 있다.

③ 가격은 생산자원이 적절히 배분될 수 있도록 신호를 전달하는 역할을 한다.

④ 가격이 내려가면 생산자원이 다른 산업으로 이탈하여 배분기능에 악영향을 미친다.

⑤ 가격은 시장이 제대로 기능할 수 있도록 하는 과정에서 매우 중요한 역할을 한다.

32 다음에서 설명하는 상품은 무엇인가?

> 실질소득이 증가할수록 수요가 감소하는 재화나 서비스로, 소득탄력성이 0보다 작은 음(−)의 값을 갖는다. 소득효과와 가격의 효과가 반대로 작용하여 하급재로도 부른다.

① 대체재 ② 정상재
③ 사치재 ④ 열등재
⑤ 필수재

33 다음 중 소비자의 우유 수요를 증가시키는 상황으로 가장 올바른 것은?

① 우유와 대체재 관계인 두유의 가격이 하락하였다.
② 정부가 우유에 대한 보조금을 폐지하였다.
③ 낙농업체의 원유 단가 상승으로 생산비가 증가하였다.
④ 정부에서 우유 가격이 균형가격보다 낮게 책정되었다.
⑤ 소비자들이 우유 가격이 곧 인하될 것으로 예상하였다.

34 대체효과에 관한 설명으로 옳지 않은 것은?

① X재의 가격 하락으로 X재가 Y재에 비해 상대적으로 저렴해져 수요량에 변화가 생기는 현상을 말한다.
② 상대적으로 저렴한 것을 더 많이 구매하는 방향으로만 작용한다.
③ 소비자의 실질소득이 불변인 상태에서 나타나는 효과이다.
④ 언제나 가격과 음(−)의 관계를 갖는다.
⑤ 고려대상이 되는 상품의 성격에 따라 작용하는 방향이 달라진다.

35 등량곡선의 특징에 관한 설명으로 옳은 것은?

① 등량곡선에 있는 두 개의 선은 서로 교차한다.
② 등량곡선은 원점에서 직선 모양을 갖는다.
③ 원점에서 멀어질수록 더 낮은 산출량을 나타낸다.
④ 등량곡선은 우상향의 기울기를 갖는다.
⑤ 동일한 양의 재화를 생산하는 노동과 자본의 구성을 연결한 선이다.

36 비용곡선 간의 관계에 대한 설명으로 옳은 것은?

① 평균고정비용곡선을 제외한 비용곡선의 모양은 모두 U자형이다.
② 평균비용곡선은 평균가변비용곡선과 한계비용곡선의 최저점을 관통한다.
③ 평균가변비용곡선의 최저점은 평균비용곡선의 최저점보다 오른쪽에 위치한다.
④ 한계비용곡선은 평균비용곡선이 감소하는 구간에서는 평균비용곡선보다 위쪽에 위치한다.
⑤ 평균가변비용곡선이 최저점에 도달하더라도 평균고정비용곡선은 지속적으로 증가한다.

37 구매력 평가설에 따른 1년 후 환율에 대한 설명 중 옳은 것은?

> A 카페의 커피 가격이 한국에서는 4,000원이고 미국에서는 4\$였다. 1년이 지난 후 한국 물가상승률은 20%, 미국 물가상승률은 10%라고 가정한다.

① 환율은 1\$당 1,200원이다.
② 원화는 10% 평가절하된다.
③ 1년 후 한국에서 커피 가격은 4,400원이다.
④ 원화는 20% 평가절상된다.
⑤ 1년 후 미국에서 커피 가격은 4.8\$이다.

38 독점기업에 대해 조세 부과 정책을 시행할 때 나타날 수 있는 효과로 옳지 않은 것은?

① 독점기업을 규제하는 것은 종량세보다 정액세의 형태가 더 바람직하다.
② 종량세를 부담할 경우 자중손실의 크기는 오히려 확대된다.
③ 정액세를 부담할 경우 독점기업의 입장에서는 변동비용이 증가하는 효과가 생긴다.
④ 정액세를 부담할 경우 독점기업의 평균총비용은 상승한다.
⑤ 종량세를 부담할 경우 평균총비용과 한계비용이 모두 상승한다.

39 선박과 자동차만 생산하는 A국에서는 선박 생산의 기술혁신으로 인해 선박 및 자동차의 생산가능곡선이 이동하였고 경제성장을 달성하였다. 이때 발생하게 되는 현상으로 가장 적절하지 않은 것은?

① 생산가능곡선상의 교환비율은 곡선상의 위치에 따라 다를 수 있다.
② A국의 총공급곡선은 우측으로 이동하게 된다.
③ 자동차의 기회비용은 증가하게 된다.
④ 선박의 기회비용은 증가하게 된다.
⑤ 생산가능곡선상의 교환비율은 시간에 의해 변할 수 있다.

40 ㉠에 대한 설명으로 옳은 것은?

> (㉠)은 같은 산업에 존재하는 기업들이 경쟁을 하지 않고 독과점적인 수익을 내기 위해 하는 부당한 공동행위를 의미한다.

① 기업 간의 높은 결속력으로 해체가 되지 않는 편이다.
② 시장의 효율적인 자원배분 기능을 방해한다.
③ 상품의 질이 높아진다는 장점이 있다.
④ 리니언시 제도로 인해서 해당 행위의 폐해가 심각해진다.
⑤ 공동행위는 가격조정 행위로 한정된다.

41 마이클 포터의 산업구조분석 모형(5-forces 분석)에 대한 설명으로 옳은 것은?

① 5가지 경쟁요소는 잠재적 진입자, 공급자, 수요자, 보완재, 경쟁자이다.
② 많은 공급자가 적은 수의 구매자를 상대로 거래하는 경우 공급자의 협상력이 올라간다.
③ 공급자를 바꿀 때 발생하는 전환비용이 높은 경우 구매자의 협상력이 올라간다.
④ 구매자가 가격이나 품질에 대한 요구가 강한 경우 수익률이 떨어진다.
⑤ 공급자를 바꾸기 위한 전환비용이 높은 경우 공급자의 협상력이 내려간다.

42 역선택으로 발생하는 문제를 해결하기 위한 방안이 아닌 것은?

① 보험회사에서 보험가입자에게 정기적인 건강검진을 무료로 제공
② 인재 채용을 할 때 기업에서 3개월의 수습기간을 가진 후에 선발
③ 기업의 대주주가 전문경영인과 고용계약을 체결하여 권한을 위임
④ 중고차 판매업체에서 중고차량의 점검을 무상으로 실시
⑤ 은행에서 이용자에게 주기적인 재무 점검을 무상으로 실시

43 다음에서 설명하는 상황에 해당하는 개념으로 옳은 것은?

> A 기업은 새로운 기술을 발전하기 위해서 진행하던 프로젝트에 막대한 금액을 투자하고 있다. 3년간 투자한 금액은 다른 프로젝트와 비교하면 큰 비용에 해당한다. A기업은 투자한 비용으로 일시적으로 적자가 있으나 다른 사업의 영업이익이 높기 때문에 점차 균형 수준을 이룰 것으로 예상하고 있다.

① 평균회귀의 법칙
② 매몰비용의 오류
③ 자기충족적 예언
④ 가치의 역설
⑤ 보유효과

44 다음은 기업의 인적자원관리 단계이다. ㉠ 단계에 대한 설명으로 옳은 것은?

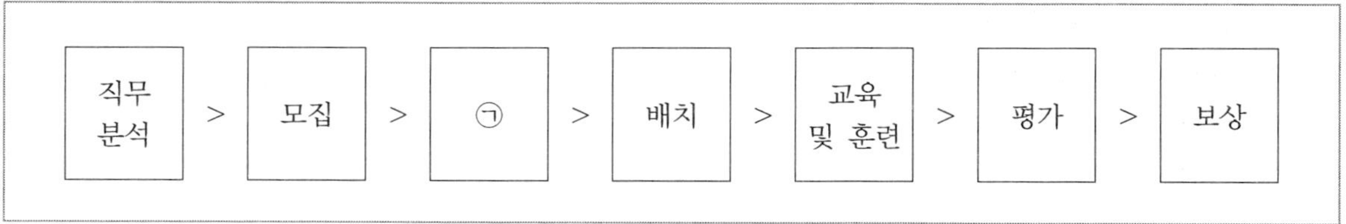

① 직무상 훈련을 통해서 신규 인원에게 필요한 정보를 교육한다.
② 종업원의 가치를 기준으로 임금을 제공하는 경우에는 역량이나 기술 등을 위주로 책정할 수 있다.
③ 직무기술서를 바탕으로 하여 직무의 가치를 평가한다.
④ 다양한 기법을 통하여 지원자의 기본적인 요소를 확인하고 평가한다.
⑤ 필요한 인력의 수를 확인하여 인적자원을 적합하게 채우는 과정이다.

45 다음 자료에 나타난 교사와 학생들의 대화 중 옳은 진술을 한 학생을 모두 고르면?

> 교사 : 19세기 중엽, 쇠고기와 감자가 주식이었던 아일랜드에서 감자 기근이 들어서 감자 가격이 올랐을
> 때 감자 소비가 오히려 늘어난 경우가 있었어요. 그 당시 상황에 대하여 이야기해 봅시다.
> 갑 : 그럼, 감자 기근이 해소되어 가격이 원래 수준으로 내리면 감자 소비가 다시 줄겠군요.
> 을 : 수요법칙이 성립하지 않는 경우도 있다는 말씀이군요.
> 병 : 가격이 오르는데 오히려 소비가 늘어난 걸 보면 그 당시에 감자는 사치재였던 모양이네요.
> 정 : 사람들의 소득이 늘었더라면 감자를 더 먹었겠군요.

① 갑, 을   ② 갑, 병
③ 을, 병   ④ 을, 정
⑤ 병, 정

46 산업구조분석 모형(5 forces model)을 통해 기업 환경을 분석한 내용으로 옳지 않은 것은?

① 산업 내 경쟁자가 많고 제품차별화 수준이 낮을수록 기업 간 가격경쟁이 치열하다.
② 신규 진입장벽이 높으면 기존 기업의 수익성이 장기적으로 유지될 가능성이 높다.
③ 대체재의 위협이 약할수록 해당 산업의 시장가격은 상승 압력을 받는다.
④ 구매자의 규모와 제품차별화 정도 등이 구매자 교섭력에 영향을 준다.
⑤ 최근 기술 혁신과 시장 재편 등의 동태적인 경쟁 변화를 알 수 있다.

47 기업의 성장 전략에 대한 설명으로 옳지 않은 것은?

① 생산능력과 물량 증대가 항상 기업의 수익성 개선으로 이어지는 것은 아니다.
② 차별화되지 않은 제품으로 시장점유율만 추구할 경우 가격경쟁 심화로 이어질 수 있다.
③ 산업 내 평균 이상의 원가효율성을 확보하면 가격경쟁 상황에서도 경쟁우위를 유지할 수 있다.
④ 시장성장률과 점유율이 낮은 사업은 현금창출력이 높아 다른 사업에 재투자할 자원을 제공한다.
⑤ 특정 고객층이나 제품에 자원을 집중하는 전략은 대기업과의 정면승부를 피하면서도 높은 수익성을
추구할 수 있다.

48 관세에 의한 무역장벽으로 나타날 수 있는 영향이 아닌 것은?

① 수입품의 국내가격이 인상된다.

② 국내산 제품의 생산량이 증가한다.

③ 정부의 재정수입이 증가한다.

④ 단기적으로 무역수지가 악화된다.

⑤ 독점적인 국내기업이 등장하고 자원의 효율적 배분이 저해된다.

49 다음 기사에서 설명하는 ⊙에 해당하는 경제통합 유형은 무엇인가?

> A국가와 B국가는 과세 및 비관세장벽을 철폐하였고 비회원국에 대해서 공통의 관세정책을 시행한다. 또한 재화 및 생산요소의 자유로운 역내 이동이 가능한 경제통합 유형 (⊙)이었다. 경제정책에 대해서 긴밀한 협조를 맺고 있었던 A국가와 B국가는 최근 정상회담에서 반도체, 인공지능, 6G분야, 헬스케어, 전기차 및 청정에너지 개발 등 과학 · 기술 분야의 합의를 하면서 (⊙)을 뛰어넘는 기술동맹을 맺었다.

① 경제동맹　　　　　　　　　　② 자유무역지역

③ 관세동맹　　　　　　　　　　④ 공동시장

⑤ 완전경제통합

50 독점적 우위이론에 관한 설명으로 옳지 않은 것은?

① 해외직접투자는 현지기업에 비해 독점 또는 과점적 우위를 지니고 있는 기업들이 불완전한 시장을 지배할 목적을 가지고 이루어진다.

② 시장의 불완전성을 초래하는 요인으로 제품차별화, 경영능력, 정부정책 등이 있다.

③ 케이브스는 독특한 신제품의 제품차별화 자체로 독점화를 이룰 수 있다고 주장하였다.

④ 동일 산업의 기업들이 특정국에 집중적으로 몰리는 현상이 발생한다.

⑤ 수직적 통합으로 기업의 독점적 지위가 강화된다고 주장하였다.

51 수요곡선에 관한 설명으로 옳지 않은 것은?

① 수요곡선이 좌우측으로 이동하는 것을 수요의 변화라고 한다.

② 수요곡선은 우상향하는 모양을 갖는다.

③ 수평축에는 수요량을, 수직축에는 가격을 나타내는 평면에 그린다.

④ 가격뿐만 아니라 소득수준의 변화로 인해서도 수요곡선이 이동할 수 있다.

⑤ 수요곡선이 오른쪽으로 움직이면 수요가 증가했다고 할 수 있다.

52 아래에 제시된 자료의 밑줄 친 현상이 초래된 원인으로 옳은 것은?

'낙양지가귀(洛陽紙價貴)'란 낙양의 종잇값이 오른다는 뜻으로, 저작물이 호평을 받아 베스트셀러가 된 것을 가리킨다. 이는 서진(西晉)의 문학가인 좌사(左思)가 쓴 〈삼도부(三都賦)〉가 걸작이었기 때문에 여러 사람이 이를 앞다투어 베껴, 당시 수도인 낙양의 종잇값이 올랐다는 고사에서 유래한 말이다.

① 저작물의 비배제성 및 종이의 비경합성　　② 저작물의 비배제성 및 종이의 경합성

③ 저작물의 배제성 및 종이의 비경합성　　④ 저작물의 배제성 및 종이의 경합성

⑤ 저작물의 경합성 및 종이의 배제성

53 특정 재화에 따라 나타나는 무차별곡선의 형태에 관한 설명으로 옳은 것은?

① 두 상품이 일정하게 고정된 비율로 언제든지 대체가 가능한 완전대체재일 경우 무차별곡선은 곡선으로 나타난다.

② 소비자가 어떤 특정 상품을 극단적으로 좋아하여 다른 상품의 양과 관계없이 특정 상품의 양이 많은 상품묶음을 선호하는 경우 무차별곡선은 직각 모양을 갖게 된다.

③ 어떤 재화가 중립적일 경우 무차별곡선은 수직선 또는 수평선이 된다.

④ 어떤 재화가 음(−)의 효용을 주는 경우 무차별곡선은 우하향하는 모양을 갖게 된다.

⑤ 두 상품을 일정한 비율로 같이 소비해야 하는 완전보완재일 경우 무차별곡선은 대각선 모양을 갖는다.

54 보상수요곡선에 관한 설명으로 옳지 않은 것은?

① 보상수요는 가격 변화로 인해 생기는 실질소득의 변화를 제거해 소득효과가 발생하지 않도록 함으로써 도출할 수 있다.

② 합리적 소비자의 상품에 대한 수요는 소득과 상품가격체계의 함수로 표시할 수 있다.

③ 효용수준을 달성하기 위해 최소의 비용을 지불하려 할 때의 상품수요를 보상수요라 한다.

④ 열등재의 보상수요곡선은 통상적으로 수요곡선의 기울기보다 더 급경사로 나타나게 된다.

⑤ 보상수요곡선은 대체효과만으로 이루어져 있다.

55 현시선호이론에 관한 설명으로 옳지 않은 것은?

① 전통적인 소비자이론에 비해 더 적은 수의 가정만으로 이론의 정립이 가능하다.

② 소비자의 관찰할 수 없는 선호체계에 대해 이행성 혹은 연속성과 같은 가정을 하고 전개한다.

③ 현시선호이론과 기존 소비자이론은 서로 보완적인 관계를 갖는다.

④ 소비자의 관찰된 수요행위로부터 소비자의 행동을 이해하는 것이 더 현실적이라고 주장한다.

⑤ 기존의 소비자이론과 이론적으로 동등하다고 간주한다.

56 다음에서 설명하는 개념은?

> 생산 과정에서 한 요소의 가격이 변할 때 두 생산요소 간 사용 비율이 얼마나 쉽게 바뀌는지를 나타내는 지표로, 생산요소투입비율의 변화율을 한계기술대체율의 변화율로 나눈 값을 의미한다. 한계기술대체율의 변화에 비해 자본 및 노동의 투입비율의 변화가 상대적으로 클수록 생산요소 사이의 대체 가능성이 크다.

① 규모의 경제

② 한계기술대체율(MRTS)

③ 총자산회전율

④ 대체탄력성

⑤ 한계생산체감의 법칙

57 비용곡선이 이동하는 원인으로 옳지 않은 것은?

① 기술의 진보

② 학습효과

③ 생산요소의 공동 이용

④ 요소가격의 하락

⑤ 요소가격의 상승

58 기업이 생산을 중단하게 되는 조건으로 옳지 않은 것은?

① 총가변비용이 총수입보다 크게 되면 생산을 중단한다.

② 매몰비용이 극소화된 손실보다 커지게 되면 생산을 중단한다.

③ 손실이 총고정비용보다 크게 되면 생산을 중단한다.

④ 평균가변비용이 가격보다 크게 되면 생산을 중단한다.

⑤ 총고정비용이 총비용에서 총수입을 차감한 값보다 작을 경우 생산을 중단한다.

59 독점시장에서 단기균형의 특징에 관한 설명으로 옳지 않은 것은?

① 가격이 평균비용보다 낮을 경우 독점기업도 손실을 볼 수 있다.

② 독점기업은 단기균형일 때 수요의 가격탄력성이 0보다 작은 구역에서 재화를 생산한다.

③ 독점기업은 공급곡선이 존재하지 않는다.

④ 독점기업은 한계수입이 0보다 큰 구역에서 재화를 생산한다.

⑤ 가격이 한계비용보다 크더라도 평균비용과 같다면 정상이윤만 얻을 수 있다.

60 과점시장이 발생하는 원인으로 옳지 않은 것은?

① 제품의 생산에 규모의 경제가 존재하는 경우

② 잠재적 기업들의 신규 진입이 어려운 경우

③ 생산요소의 독점이나 특허권이 존재하는 경우

④ 시장 안에 존재하는 기업들이 서로 인수 또는 합병하는 경우

⑤ 경쟁기업이 시장에 신규로 진출하는 경우

61 아래의 재무정보를 바탕으로 A사의 자기자본이익률(ROE)을 구하면?

구분	내용
매출액	7,200억 원
당기순이익	288억 원
총자산	2,400억 원
순자산	1,200억 원

① 12%

② 20%

③ 24%

④ 27%

⑤ 30%

62 다음 제시문에서 설명하는 내용과 관련 있는 것을 모두 고르면?

주식회사 A 기업의 대표는 회사의 이윤이 높아지기를 희망하고 있다. 반면 A 기업의 사원들은 출근하여 자신이 맡은 일만 대충 끝낸 후 인터넷이나 게임을 하며 일과를 보내는 것을 최고의 목표로 삼고 있다. 대표이사는 이런 기업 문화를 청산하고 이윤을 높이기 위해 인터넷 사용시간 제한·직원 출입증 배부를 통한 출퇴근 업무 시간 관리 등을 골자로 하는 직원관리혁신안과 성과급 도입 방안을 검토 중이다.

㉠ 숨은 특성	㉡ 숨은 행동
㉢ 비대칭 정보	㉣ 빛 좋은 개살구
㉤ 주인−대리인 문제	㉥ 감시·감독의 문제

① ㉠, ㉢, ㉣, ㉥

② ㉡, ㉢, ㉣, ㉤

③ ㉢, ㉣, ㉤, ㉥

④ ㉠, ㉡, ㉤, ㉥

⑤ ㉡, ㉢, ㉤, ㉥

63 아래 BCG 매트릭스 기법을 활용한 C사 배터리 사업의 향후 이동 경로로 옳은 것은?

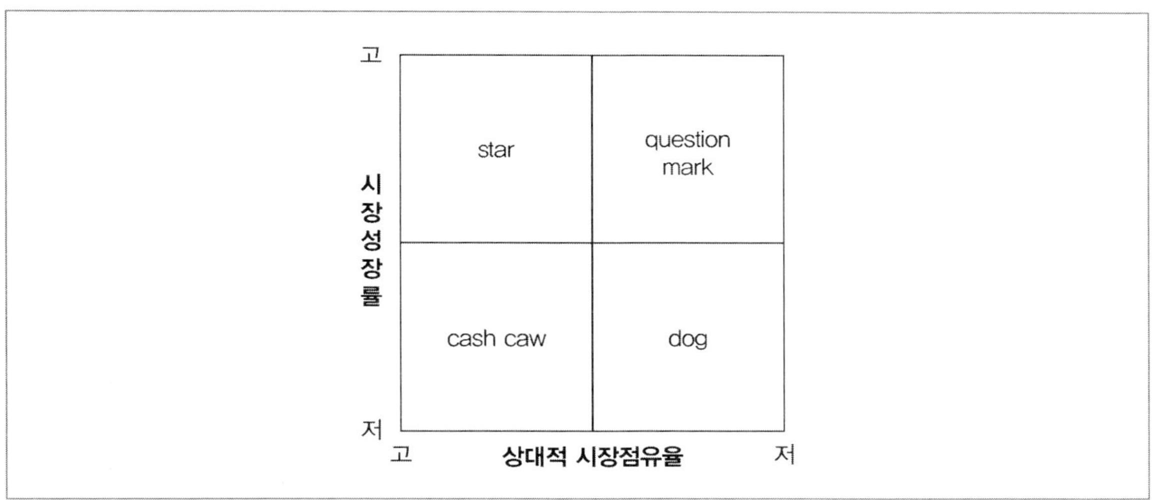

C사는 2018년에 전기차 배터리 시장에 진입했다. 당시 C사의 시장점유율은 5%에 불과했으나, 공격적인 기술개발과 설비투자를 통해 시장점유율 28%를 확보하며 업계 1위로 도약했다. 이후 전기차 보급이 성숙 단계에 접어들면서 현재 배터리 시장 성장률이 8%로 둔화했으나, C사는 여전히 시장점유율 1위를 유지하고 있다.

① 지속적인 투자를 통해 cash cow 단계에 진입할 수 있도록 해야 한다.

② 선별적인 투자가 요구되며, 상황에 따라 사업 육성 또는 철수를 선택해야 한다.

③ dog 단계로 전환되었으므로 사업 축소나 매각을 검토하여 자원을 회수해야 한다.

④ star 단계를 유지하고 있으므로 지속적이고 공격적인 투자를 확대해야 한다.

⑤ cash cow 단계에 진입했으므로 추가 투자를 최소화하고 창출된 현금을 다른 성장 사업에 재투자해야 한다.

64 아래의 손익계산서를 바탕으로 해당 기업의 전략적 선택을 가장 적절히 설명한 것은?

구분	관련 다각화 이전	관련 다각화 이후
매출액	8,000백만 원	11,000백만 원
매출 원가	5,600백만 원	7,000백만 원
판관비	1,600백만 원	2,000백만 원
영업이익	800백만 원	2,000백만 원
세금	160백만 원	400백만 원
당기 순이익	640백만 원	1,600백만 원

① 새로운 시장 진입으로 인해 매출은 증가했으나, 관련 비용이 증가하여 실패한 전략이다.

② 시장 포화로 매출이 감소하였으며, 관련 다각화보다는 집중화 전략이 필요하다.

③ 재무적 위험을 비관련 사업들에 분산시킴으로써 기회가 많은 분야에 재무자원을 집중하였다.

④ 전략적 적합성을 가진 사업 확장을 통해 수익성이 개선되었다.

⑤ 범위의 경제 효과로 매출원가율과 판관비율이 상승하고 영업이익률이 하락하였다.

65 아래 사례에 해당하는 지식변환 프로세스(SECI)의 과정을 바르게 설명한 것은?

> B 제약은 신약 개발 과정에서 연구원들이 체득한 실험 비결을 월례 세미나로 공유하고, 이를 표준작업지침서(SOP)로 문서화했다. 회사는 이 지침서를 기존 연구 데이터베이스 및 이론과 통합한 '통합연구 플랫폼'을 구축했으며, 신입 연구원들은 이를 활용한 실습 훈련을 통해 평균 숙련 기간을 1년 이상 단축했다.

① 각 단계는 직선이 아닌 나선형 상승 운동으로 이루어진다.

② 연구원들이 체득한 명시지를 다른 연구원들과 공유하였다.

③ 공유된 암묵지를 명시지로 변환하는 공동화를 거쳤다.

④ 신입 연구원의 실습 훈련은 명시지를 암묵지로 전환하는 표출화 과정이다.

⑤ 조직이 새로운 지식을 창출하고 향상하는 정적인 방법이다.

66 아래 표는 완전경쟁시장에서 거래되는 바나나의 수요량과 공급량에 관한 자료이다. 옳은 추론을 고르면?

가격	공급률	수요량
1,400원	13개	9개
1,200원	11개	14개
1,000원	10개	10개
800원	8개	11개
600원	7개	8개
400원	5개	7개

① 균형에서 기업의 바나나 한계 수입은 800원이 된다.

② 600원을 기준으로 가격상한제를 실시할 경우 바나나의 거래량은 8개가 된다.

③ 생산자잉여를 가장 크게 하기 위해서는 바나나의 가격은 400원이 되어야 한다.

④ 소비자잉여를 가장 크게 하기 위해서는 바나나의 가격은 1,400원이 되어야 한다.

⑤ 바나나의 균형가격은 1,000원이다.

67 다음 기사에서 설명하는 ⊙으로 적절한 것은?

철강산업이 수출 환경에서 보호무역의 덫에 빠져 수출 규모가 급감을 하고 있다. 미국이나 유럽연합에서 수입이 급증하면서 자국 내 국내산업의 심각한 피해 발생을 방지하기 위해서 (⊙)을(를) 발동하였다. 관세를 인상하고 수입량을 제한하는 이 조치로 인해 국제 원자재 가격이 출렁이면서 국내의 수출 환경이 큰 타격을 입고 있다.

① 세이프가드　　　　② 최혜국 대우

③ 양허관세　　　　　④ 수입쿼터

⑤ 슈퍼301조

68 국제통화제도의 변화 순서가 바르게 연결된 것은?

㉠ 변동환율제도   ㉡ 변동환율제도(변동폭 2.5%)

㉢ 조정 가능한 고정환율제도(변동폭 1%)   ㉣ 고정환율제도

① ㉠ → ㉡ → ㉢ → ㉣   ② ㉡ → ㉢ → ㉣ → ㉠

③ ㉢ → ㉠ → ㉣ → ㉡   ④ ㉣ → ㉢ → ㉡ → ㉠

⑤ ㉣ → ㉡ → ㉠ → ㉢

69 단독투자에 관한 설명으로 옳지 않은 것은?

① 신속한 의사결정 등으로 경영환경 변화에 즉각적인 대응이 가능하다.

② 신설투자는 기술이전이 용이하다는 장점이 있다.

③ 완전한 통제가 가능하고 경영이 단순한 형태를 갖는다.

④ 투자기업이 모든 위험을 부담해야 하는 단점이 있다.

⑤ 인수합병은 시장에 진입하기까지 많은 시간이 소요되는 단점이 있다.

70 다국적기업에 관한 설명으로 옳지 않은 것은?

① 생산공장은 무역장벽을 극복하기 위해 자국에 입지한다.

② 둘 이상의 국가에 자회사, 지사, 공장 등의 현지법인을 지니고 있다.

③ 현지중심주의는 현지인이 현지에 적합한 방법으로 직접 자회사를 운영하는 방식이다.

④ 현지국적을 취득한 현지법인으로서 제조 또는 판매회사를 소유한다.

⑤ 본국중심주의에 의하면 해외 자회사는 본국의 가치관과 경영시스템에 종속된다.

71 수요의 가격탄력성을 결정하는 요인으로 옳지 않은 것은?

① 재화의 성격   ② 재화의 저장가능성

③ 대체재의 존재 여부   ④ 소비지출에서 재화가 차지하는 비중

⑤ 고려되는 기간

72 다음에 제시된 유통업태 발전이론과 가장 관련이 깊은 것은?

가. 업태의 변화는 가격이나 마진이 아니라 상품의 변화에 따른다.
나. 다양한 상품계열을 취급하는 소매업태에서 전문적이고 한정적인 상품계열을 취급하는 소매업태
  (전문점)로 변모해 간다.
다. 한정된 계열을 추구하는 전문점들은 시간의 흐름에 따라 다시 다양한 상품 계열을 추구하게 된다.
라. 이러한 현상이 반복적 나타난다.

① 소매아코디언 이론(accordion theory)
② 변증법적 이론(dialectic theory)
③ 소매수명주기이론(retail life cycle theory)
④ 진공지대이론(vacuum zone theory)
⑤ 소매차륜이론(wheel of retailing theory)

73 한계대체율에 관한 설명으로 옳지 않은 것은?

① 한계대체율은 소비자의 객관적인 교환비율이다.
② 무차별곡선에서 접선의 기울기로 한계대체율을 측정한다.
③ 재화의 소비량을 1단위 증가시키기 위해 감소시켜야 하는 다른 재화의 수량을 의미한다.
④ 한계대체율을 구할 때는 기울기에 마이너스 부호를 붙여 양(+)이 되도록 만드는 것이 일반적이다.
⑤ 한계대체율은 항상 음(−)의 값을 갖는다.

74 정부에서 저소득층을 지원하기 위한 방안을 소비자이론으로 분석한 설명으로 옳지 않은 것은?

① 가격보조를 실시하게 되면 예산선의 기울기는 더 완만하게 변한다.
② 현금보조는 상품의 상대가격비율을 일정하게 유지하면서 소득만 증가시킨다.
③ 가격보조는 특정 재화를 시장가격보다 더 저렴하게 구입할 수 있도록 보조하는 것이다.
④ 현금보조는 정부가 소비자의 구매력을 증가시키는 것으로 소득의 증대와 같은 효과를 지닌다.
⑤ 현물보조는 소비자에게 재화의 선택권이 있어 현금보조보다 더 높은 효용을 제공할 수 있다.

75 기업의 단기 생산함수에 관한 설명으로 옳지 않은 것은?

① 노동과 자본을 모두 가변요소로 본다.

② 가변요소의 투입량과 산출량과의 관계를 나타내는 함수이다.

③ 한계생산은 노동의 투입량이 증가함에 따라 점차 증가하다가 총생산의 변곡점에서부터 감소하게 된다.

④ 노동투입량이 증가할수록 총생산은 체증적으로 증가하다가 증가율이 점차 둔화된다.

⑤ 한계생산은 총생산곡선의 기울기로 측정할 수 있다.

76 평균비용곡선에 관한 설명으로 옳지 않은 것은?

① 평균고정비용곡선은 산출량이 증가함에 따라 지속적으로 감소한다.

② 평균가변비용곡선은 총가변비용곡선에서 원점까지 연결한 직선의 기울기로 측정된다.

③ 평균가변비용곡선은 처음에는 감소하다가 증가하는 모양을 나타낸다.

④ 평균비용곡선은 평균고정비용곡선과 평균가변비용곡선의 수평합이다.

⑤ 평균비용곡선은 낮은 산출량 수준에서는 급격하게 감소하지만 높은 산출량 수준에서는 증가하는 추세로 변한다.

77 환율결정이론인 구매력평가설에 대한 내용으로 옳지 않은 것은?

① 일물일가의 법칙이 국제시장에도 적용된다.

② 화폐 1단위의 실질가치가 모든 나라에서 동일하다.

③ A국이 화폐 공급을 증가시키면 A국의 물가수준은 상승하고 통화는 평가절상된다.

④ 상당수의 상품이 비교역재이기 때문에 실질환율과 구매력평가에 의한 환율은 차이가 날 수 있다.

⑤ 환율결정요인으로 물가만 고려할 뿐 환율에 영향을 미치는 다른 요인들은 전혀 고려하지 못한다는 문제점이 있다.

78 장기균형을 달성하기 위한 조건으로 옳지 않은 것은?

① 개별기업은 현재 시장가격하에서 이윤을 극대화하는 산출량을 선택하고 있어야 한다.

② 가격이 장기한계비용과 일치해야 한다.

③ 해당산업에 속한 개별기업들의 정상이윤이 0이어야 한다.

④ 해당 산업에서 퇴출하려는 기업이 존재하여야 한다.

⑤ 현재 시장가격에서 해당 산업에 속한 기업들의 공급량과 소비자들의 수요량이 일치하여야 한다.

79 이것은 재화나 서비스 시장의 균형이 적정하지 않을 때 발생하는 순손실이다. 독점가격, 외부효과, 세금, 보조금, 정부의 가격통제 등으로 나타난다. 독점으로 인해서 사회적으로 사라지게 된 소비자잉여와 생산자잉여의 합을 의미하는 이것은?

① 자중손실

② X−비효율

③ 지대추구

④ 이윤극대화

⑤ 규모의 경제

80 다음은 甲, 乙국의 지니계수 추이를 나타낸 표다. 이에 대한 설명으로 옳은 것은?

구분	2022년	2023년	2024년	2025년
甲국	0.30	0.28	0.26	0.25
乙국	0.32	0.35	0.40	0.42

① 甲, 乙국의 지니계수는 0과 0.5 사이의 값을 가질 수 있다.

② 甲국의 추이를 그린 로렌츠곡선은 직선에 가까운 곡선으로 그릴 수 있다.

③ 甲국은 부의 소득세제를 도입할 필요가 있다.

④ 乙국의 지니계수 추이를 보아, 소득분배가 개선되고 있다.

⑤ 乙국의 지니계수 추이를 보아, 소득불평등도가 줄어들고 있다.

※ 정답 및 해설은 p.348에 있습니다.

1 A 기업에서의 생산함수가 $Y = \min\dfrac{L}{2}, K$ (Y는 생산량, L은 노동투입량, K는 자본투입량)이다. 이때 노동의 단위 당 임금이 100, 자본의 단위당 임대료가 50인 경우에 이 기업의 한계비용은 얼마인가?

① 70

② 130

③ 250

④ 360

⑤ 510

2 매트릭스 조직에 대한 설명으로 옳은 것은?

① 이중적인 명령 체계를 갖고 있다.

② 시장의 새로운 변화에 유연하게 대처하기 어렵다.

③ 기능적 조직과 사업부제 조직을 결합한 형태이다.

④ 단일 제품을 생산하는 조직에 적합한 형태이다.

⑤ 조직의 복잡성이 감소한다.

3 항상 양수(+)의 한계비용을 갖는 독점기업이 단기균형 상태에 있다. 만약 이 독점기업이 재화의 가격을 현재 수준보다 인하한다면 총수입의 변화는?

① 증가한다.

② 변화하지 않는다.

③ 감소한다.

④ 현재의 가격수준에 따라 다르다.

⑤ 주어진 자료로는 알 수 없다.

4 기업의 비용과 이에 대한 설명으로 옳지 않은 것은?

① 경제적 비용 – 명시적 비용과 묵시적 비용의 합으로 기회비용은 포함하지 않는다.

② 회계적 비용 – 임금, 이자, 임대료 등과 같이 실제로 드러나는 명시적 비용으로만 구성된다.

③ 매몰비용 – 명백하게 지출된 비용이지만 의사결정을 할 때 고려 대상에서 제외해야 하는 비용이다.

④ 사적 비용 – 기업이 상품을 생산하기 위해 직접 지불해야 하는 모든 요소의 기회비용이다.

⑤ 사회적 비용 – 사회 전체적인 관점에서 상품의 생산을 위해 지출한 모든 요소의 기회비용이다.

5 정보의 비대칭성으로 인하여 발생할 수 있는 현상을 모두 고른 것은?

㉠ 도덕적 해이(moral hazard)	㉡ 역선택(adverse selection)
㉢ 신호보내기(signaling)	㉣ 골라내기(screening)

① ㉠, ㉡

② ㉢, ㉣

③ ㉠, ㉡, ㉢

④ ㉠, ㉢, ㉣

⑤ ㉠, ㉡, ㉢, ㉣

6 A사는 단추 200개를 생산하여 300만 원에 판매하였고, B사는 지퍼 150개를 생산하여 350만 원에 판매하였다. C사는 A사의 단추 60개와 B사의 지퍼 40개를 구매하여 바지 30벌을 생산하여 그중 15벌을 500만 원에 판매하고 나머지 15벌은 500만 원어치 재고로 소유하고 있을 때, GDP에 포함되는 금액을 구하면?

① 500만 원

② 750만 원

③ 1,000만 원

④ 1,250만 원

⑤ 1,750만 원

7 다음 중 기펜재를 올바르게 설명한 것은? (단, 수요량의 변화가 가격 변화와 같은 방향이면 양, 반대 방향이면 음으로 표시한다.)

① 양의 대체효과가 음의 소득효과를 압도한다.

② 양의 소득효과가 음의 대체효과를 압도한다.

③ 소득효과와 대체효과가 모두 음이다.

④ 음의 소득효과가 양의 대체효과를 압도한다.

⑤ 소득탄력성이 0보다 큰 재화를 말한다.

8 다음은 신문 보도의 내용이다. 다음의 내용을 바탕으로 시민보호운동가 우진 씨가 할 일로 가장 적절한 것은?

> 식품의 유해성 여부를 판정하는 민간 식품위생 검사기관인 'A기관'이 검사 성적을 허위로 발급하는 '엉터리 검사'를 하다가 보건 당국에 적발되었다. 엉터리 검사로 인해서 멜라민 파동이 확산되자 정부와 여당에서는 식품 검사를 강화하는 내용의 종합대책을 발표했지만, 일선 검사기관에 만연하게 퍼져 있는 이 같은 문제점을 바로잡지 않는 한 실효를 거두기 어려울 것으로 보인다.

① 기업의 도덕적 해이와 관련된 폐해를 수집하여 경각심을 일깨울 수 있는 책자를 제작한다.

② 공무원의 고용증가를 위한 시민운동을 추진하여 정부의 정책이 실효를 거둘 수 있도록 한다.

③ 소비지향적인 문화세대를 비판하며 귀농캠페인을 벌인다.

④ 기업이 자율적으로 경쟁하는 환경을 조성하기 위해 정부의 규제완화에 대한 비평을 게재한다.

⑤ 인터넷에 해당업체의 대표자의 신원을 공개하여 많은 사람들에게 알린다.

9 다음에서 설명하고 있는 불공정거래 유형은 무엇인가?

> 주식 초보자 K 씨가 주식리딩방에서 다양한 사람을 만나 주식동호회를 결성하였다. 동호인 중에 한 명인 Y 씨는 K 씨에게 D사의 우선주를 대량으로 저가로 구매하여 고점을 형성한 후에 전량 매도하여 매매차익을 얻자고 권유하였다. K 씨는 친척들에게 거액의 자금을 융통하여 실시간으로 주식 매수 및 대량의 허수주문을 하였고, 다른 동호회 사람들에게도 이와 같은 행동을 지시하였다.

① 내부자거래

② 단기매매차익 거래

③ 신고 공시의무 위반

④ 주식 소유상황 보고의무 위반

⑤ 시세조정

10 아래의 표는 A국과 B국이 부존자원을 효율적으로 사용할 때 생산 가능한 자동차와 비행기의 조합을 보여준다. 예를 들어 A국이 부존자원을 효율적으로 사용할 경우 자동차 12대와 비행기 2대를 만들거나, 자동차 8대와 비행기 4대를 만들 수 있다. 기회비용에 대한 설명으로 옳은 것은?

A국		B국	
자동차 대수	비행기 대수	자동차 대수	비행기 대수
16	0	12	0
12	2	9	2
8	4	6	4
4	6	3	6
0	8	0	8

① 자동차 한 대 더 생산하는 것의 기회비용은 두 나라가 동일하다.

② 비행기 한 대 더 생산하는 것의 기회비용은 두 나라가 동일하다.

③ 비행기 한 대 더 생산하는 것의 기회비용은 A국이 B국보다 작다.

④ 자동차 한 대 더 생산하는 것의 기회비용은 A국이 B국보다 작다.

⑤ A국이 자동차를 많이 생산할수록 자동차 생산의 기회비용이 증가한다.

11 애덤스의 공정성이론에 따라 조직에서 공정성을 회복하기 위한 행동이 아닌 것은?

① 본인보다 낮은 수준의 사람을 비교대상으로 둔다.

② 근무시간에 취미활동을 한다.

③ 회사 업무에 큰 노력을 하지 않는다.

④ 연봉협상을 통해 급여를 높인다.

⑤ 다른 회사로 이직을 한다.

12 벤치마킹에 관한 설명으로 옳은 것은?

① 벤치마킹의 대상 기업은 동종업계에서 찾는 것이 바람직하다.

② 기업의 재무구조나 기업부문 등을 변화시켜 비교우위에 있는 사업에 집중적으로 투자한다.

③ 기업의 환경 변화에 대응하기 위해 발전 가능성이 있는 방향으로 사업구조를 변화시킨다.

④ 조직원들이 원하는 성과를 달성할 수 있도록 지속적으로 역량을 확대시킨다.

⑤ 주로 자신보다 우위에 있는 기업과 비교하여 차이를 분석한다.

13 다음 중 앤소프 매트릭스를 활용한 기업 전략에 해당하지 않는 사례는?

① 기존 음료 제품의 할인 프로모션과 광고를 강화했다.

② 자사 화장품 브랜드를 해외 시장에 진출시켜 새로운 소비자층을 확보했다.

③ 식품 제조 공정을 개선하고 내부 통제 시스템을 강화해 운영 효율을 높였다.

④ 기존 노령 고객층을 대상으로 건강 기능식 신제품을 출시했다.

⑤ 출판 유통업을 하다 패션 분야로 사업 영역을 확장했다.

14 아래 사례에서 채택한 면접의 종류는 무엇인가?

> A 기업의 인사 담당자는 신입사원 채용을 위해 지원자들을 5명씩 그룹으로 나누어 회의실에 입장시켰다. 담당자는 30분 동안 친환경 신제품 개발이라는 주제로 각자 자유롭게 의견을 나누고 최종 기획안을 도출하라고 안내했다. 면접관 3명은 뒤편에서 지원자들의 토론 과정을 관찰하며 각 지원자의 발언 빈도, 경청 태도, 협업 방식 등을 평가 시트에 기록했다.

① 정형적 면접　　　　　　　　　　　② 비지시적 면접
③ 스트레스 면접　　　　　　　　　　④ 집단 면접
⑤ 패널 면접

15 손익분기점(BEP)에 대한 설명으로 옳은 것은?

① 손실과 이익이 나뉘는 기준으로, 이익이 1인 판매량을 나타낸다.
② 손익분기점 이상에서는 고정비가 감소한다.
③ 변동비율이 높을수록 손익분기점은 낮아진다.
④ 고정원가가 커지면 손익분기점이 높아진다.
⑤ 판매단가가 상승하면 손익분기점은 높아진다.

16 귀인이론(attribution theory)에 영향을 주는 주요 요소와 내용이 맞게 연결된 것을 모두 고르면?

> ㉠ 특이성 - 높음 - 외부 귀인
> ㉡ 합의성 - 낮음 - 외부 귀인
> ㉢ 일관성 - 높음 - 내부 귀인

① ㉠　　　　　　　　　　　　　　　② ㉠, ㉡
③ ㉡, ㉢　　　　　　　　　　　　　④ ㉠, ㉢
⑤ ㉠, ㉡, ㉢

17 현재 KOSPI 기대수익률은 15%, 무위험수익률은 5%이다. KOSPI 상장사인 X사와 Y사 주식의 기대수익률은 각각 12%와 22%로 예상되며, X사의 베타는 0.7, Y사의 베타는 1.50이다. 자본자산가격결정모형(CAPM)을 바탕으로 시장균형 포트폴리오와 X사, Y사의 주식 상태를 올바르게 비교한 것은?

	X사	Y사
①	고평가	저평가
②	저평가	고평가
③	저평가	적정평가
④	적정평가	저평가
⑤	고평가	적정평가

18 아래 M기업의 손익계산서를 바탕으로 손익분기점과 목표 영업이익 320만 원을 달성하기 위한 매출액을 각각 구하면?

항목	금액
매출액	1,000만 원
원재료비	400만 원
판매수수료	200만 원
인건비	150만 원
임차료	90만 원
영업이익	160만 원

	손익분기점	목표 영업이익
①	600만 원	1,200만 원
②	600만 원	1,400만 원
③	650만 원	1,450만 원
④	700만 원	1,500만 원
⑤	750만 원	1,600만 원

19 포터의 산업구조분석 모형에 관한 설명으로 옳지 않은 것은?

① 기업 전략 수립을 위한 산업 경쟁 분석 프레임워크이다.
② 기존 경쟁자 간의 경쟁 강도가 높을수록 산업의 수익성은 낮아진다.
③ 공급자의 교섭력이 약할수록 원재료 조달 비용이 상승한다.
④ 구매자의 교섭력이 강할수록 기업의 가격 결정권은 약화된다.
⑤ 신규 진입자의 위협이 높으면 기존 기업의 시장 지배력이 약화될 수 있다.

20 다음 중 재무상태표의 구성 항목에 해당하지 않는 것은?

① 매출총이익
② 유가증권
③ 단기차입금
④ 자본잉여금
⑤ 매출채권

21 공급곡선에 관한 설명으로 옳지 않은 것은?

① 다른 요인들이 불변일 경우 공급함수는 가격함수로 나타낼 수 있다.
② 수평축에는 공급량, 수직축에는 가격을 나타내는 평면에 그린다.
③ 공급의 법칙을 반영하여 우상향의 모양을 갖는다.
④ 개별 생산자들의 공급곡선을 모두 더하면 시장공급곡선이 도출된다.
⑤ 개별 생산자들의 공급곡선이 시장공급곡선보다 더 완만한 형태를 갖는다.

22 온라인 마케팅을 지원하는 ㉠과 ㉡의 설명으로 옳지 않은 것은?

㉠	㉡
사용자가 웹사이트에 로그인 후 남긴 접속 기록 수집	사용자 브라우저 내 배너 노출 이력 수집

① ㉠은 사용자의 활동 경로를 분석하기 위한 트랜잭션 로그이다.
② ㉡은 사용자의 컴퓨터에 저장되어 방문 이력을 추적하는 쿠키이다.
③ ㉠은 서버 측에서 관리되며 사용자가 직접 통제할 수 없다.
④ ㉡은 사와 접촉한 고객들에 대한 모든 정보가 들어 있는 저장소이다.
⑤ ㉠과 ㉡은 재방문 사용자에게 맞춤형 광고를 제공할 수 있다.

23 아래 예산선에 관한 설명으로 가장 적절한 것은?

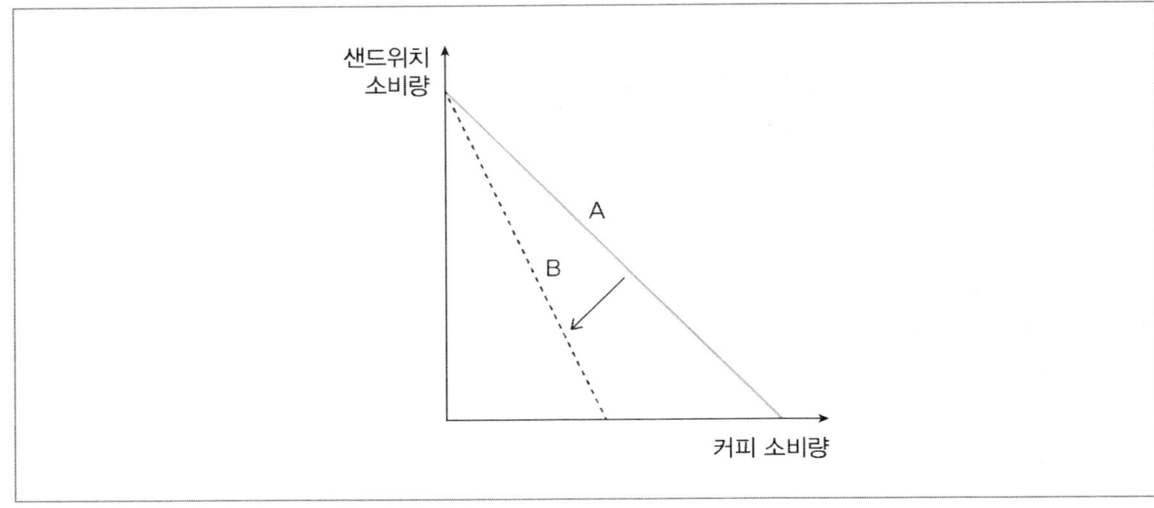

① 예산선의 모양을 결정하는 것은 소득과 효용 수준이다.

② 소득이 감소하여 예산선이 안쪽으로 이동하였다.

③ 커피 가격이 하락하면서 예산선의 경사가 가팔라졌다.

④ 샌드위치 가격이 하락하면 예산선이 평행하게 위로 이동할 것이다.

⑤ 커피를 더 사면 샌드위치 구매량이 줄고, 샌드위치를 더 사면 커피 구매량이 줄어드는 관계이다.

24 다음의 그림과 같이 환율 추이가 지속될 때 잘못 추론한 것은?

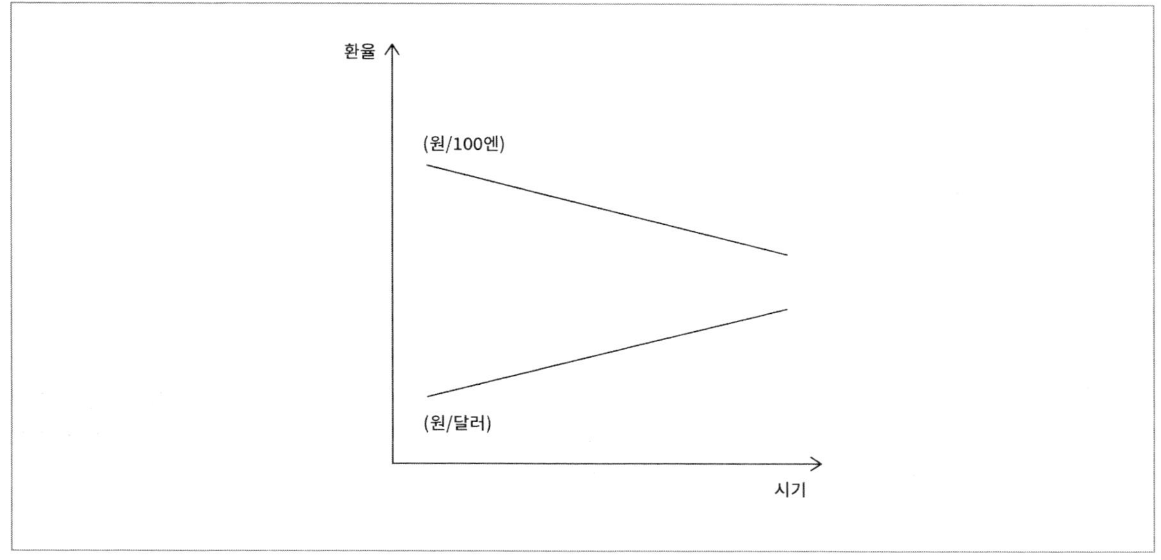

① 엔화 표시 외채 상환을 늦추는 것이 좋다.

② 갈수록 한국인의 미국 여행이 감소할 것이다.

③ 미국에 수출하는 우리나라 제품의 가격경쟁력이 높아질 것이다.

④ 한국으로 유학 오려는 미국 유학생이 증가할 것이다.

⑤ 일본산 부품을 미국산 부품으로 바꿔야 이득이 클 것이다.

25 라스파이레스 수량지수에 관한 설명으로 옳지 않은 것은?

① 지수가 1보다 작으면 비교연도 구입액이 기준연도 구입액보다 감소했다고 할 수 있다.

② 지수가 1과 같으면 기준연도에 비해 비교연도의 생활수준이 더 낮아졌다고 할 수 있다.

③ 지수가 1보다 작으면 실질소득이 감소했다고 할 수 있다.

④ 지수가 1보다 크면 생활수준이 개선되었다고 할 수 있다.

⑤ 지수가 1보다 작거나 같으면 생활수준이 악화되었다고 할 수 있다.

26 위험에 대한 태도에 따라 나타나는 효용함수의 특징으로 옳지 않은 것은?

① 위험회피자의 효용은 체감적으로 증가한다.
② 위험회피자의 효용함수는 아래쪽에서 볼 때 오목한 형태를 나타낸다.
③ 위험중립자의 효용함수는 소득의 증가에 따라 효용이 비례적으로 감소한다.
④ 위험중립자의 효용함수는 직선의 형태이다.
⑤ 위험선호자의 효용함수는 소득이 증가할 때 효용이 체증적으로 증가한다.

27 매월 300만 원 급여를 받고 있는 A 씨는 퇴사를 하고 카페를 창업하였다. 카페에서는 매월 500만 원의 수입을 벌고 있다. 카페 창업으로 식자재 구입비 250만 원, 인건비 200만 원이 고정비로 지출되고 있다. A 씨가 카페 창업을 시작하면서 얻고 있는 경제적 이윤은?

① −250만 원
② −150만 원
③ 0원
④ 100만 원
⑤ 200만 원

28 장기비용함수에 관한 설명으로 옳지 않은 것은?

① 장기평균비용은 단기평균비용곡선의 최저점만을 이은 곡선이다.
② 비용함수를 분석할 때 가변비용과 고정비용을 구분할 필요가 없다.
③ 장기한계비용곡선은 단기한계비용곡선들로부터 도출할 수 있다.
④ 각 생산량에서의 장기총비용은 단기총비용보다 크다.
⑤ 장기에는 모든 생산요소가 가변적이다.

29 생산을 늘림으로써 이윤을 증대시킬 수 있는 경우는 무엇인가?

① 한계수입 < 한계비용
② 한계수입 > 한계비용
③ 총수입 > 한계비용
④ 총수입 < 한계비용
⑤ 총수입 > 총비용

30 완전경쟁시장의 성립조건에 해당하지 않는 것은?

① 완전한 정보

② 가격수용자

③ 상품의 동질성

④ 다양한 소비자

⑤ 자원의 완전한 이동성

31 구두에 대한 수요곡선과 공급곡선이 다음과 같은 함수로 대표된다면, 구두의 균형가격은? (단, Q_d는 구두수요량, Q_s는 구두공급량, P는 구두가격이다.)

$$Q_d = -0.5P + 200, \quad Q_S = P - 100$$

① 50 ② 75

③ 100 ④ 150

⑤ 200

32 다이어트 식품을 독점공급하고 있는 어느 기업이 당면한 수요함수는 $Q = 100 - P$이고, 비용함수는 $C = 94 + 4Q + Q^2$이다. 다음 중 독점이윤을 극대화할 수 있는 가격은?

① 50 ② 52

③ 68 ④ 74

⑤ 76

33 다음에 제시된 자료에서 공원 설립이 가능한 최대 건설비용으로 옳은 것은?

> 인구 750명 규모의 지방 소도시인 A시에서 공원을 건설하려고 한다. A시에서는 여러 가지 건설안에 따른 각각의 비용을 제시하고, 건설안이 정해지면 그 비용은 전체 시민이 똑같이 부담해야 한다고 발표하였다. 공원의 건설 여부는 최종적으로 시민들의 투표를 통해 다수결로 결정된다. 현재 공원 건립에 대한 시민들의 지불 의사 금액은 다음과 같다.

주민 수	1인당 지불 의사금액
200명	0원
300명	4만 원
250명	10만 원

① 1,200만 원

② 2,500만 원

③ 3,000만 원

④ 3,700만 원

⑤ 7,500만 원

34 정윤이는 어머니 소유의 가게에서 케이크 전문점을 운영하고 있다. 지난달 판매수입은 550만 원이었고, 임대료는 내지 않으며, 원재료비 180만 원, 아르바이트생의 급료 90만 원, 공과금 65만 원을 지출하였다. 정윤이가 케이크 전문점을 열기 전에는 매월 130만 원을 벌고 있었고, 어머니가 가게를 다른 사람에게 임대할 때의 월 임대수입은 110만 원이었다. 정윤이가 케이크 전문점을 개업하기 위해 투입한 돈은 2,000만 원이며, 이자율은 연 12%로 주어져 있다고 할 때, 다음 설명 중 옳지 않은 것은?

① 명시적 비용은 335만 원이다.

② 암묵적 비용은 260만 원이다.

③ 회계적 이윤은 215만 원이다.

④ 경제적 이윤은 70만 원이다.

⑤ 명시적 비용은 원재료, 급료, 공과금을 합한 금액이다.

35 필립스곡선에 대한 설명으로 옳은 것은?

① 예상물가상승률이 증가하면 필립스곡선이 하향 이동한다.

② 장기 노동계약자의 비중이 높을수록 단기 필립스곡선이 가파른 기울기를 가진다.

③ 비용인상 인플레이션이 발생하면 생산은 정체하고 물가가 오르는 스태그플레이션이 발생하므로 필립스곡선이 수직이다.

④ 단기 필립스곡선이 장기 필립스곡선보다 더 가파른 기울기를 가진다.

⑤ 필립스곡선을 통해 완전고용과 물가안정을 달성됨을 알 수 있다.

36 우상향하는 공급곡선과 우하향하는 수요곡선을 갖는 X재에 대하여 정부가 소비세를 부과하기로 결정하였다. 소비세 부과의 효과에 대한 설명으로 옳은 것은?

① 생산자에게 공급곡선은 곧 비용곡선이므로 세금 부과로 인해 추가비용이 발생하면 공급곡선은 그만큼 아래로 이동한다.

② 소비세를 부과하기 이전에 비하여 소비자는 더 높은 가격을 지불하지만, 공급자가 받는 가격에는 변화가 없다.

③ 소비자잉여와 생산자잉여의 감소가 발생하지만, 이는 정부의 세수증가로 충분히 메워진다.

④ 공급곡선의 가격탄력성이 수요곡선의 가격탄력성보다 클 때, 공급자의 조세부담이 수요자보다 크다.

⑤ 수요곡선과 공급곡선의 가격탄력성이 비탄력적일 때는, 탄력적인 경우보다 소비세 부과로 인한 후생 순손실은 적어진다.

37 화폐공급의 증감 여부를 바르게 연결한 것은?

> ㉠ 금융위기로 인하여 은행의 안정성이 의심되면서 예금주들의 현금 인출이 증가하였다.
>
> ㉡ 명절을 앞두고 기업의 결제수요가 늘고, 개인들은 명절준비를 위해 현금보유량을 늘린다.
>
> ㉢ 한국은행이 자금난을 겪고 있는 지방은행들로부터 국채를 매입하였다.
>
> ㉣ 은행들이 건전성 강화를 위해 국제결제은행(BIS) 기준의 자기자본비율을 높이고 있다.

	㉠	㉡	㉢	㉣
①	감소	증가	감소	증가
②	감소	감소	증가	감소
③	증가	감소	증가	감소
④	증가	감소	감소	증가
⑤	감소	감소	증가	증가

38 공공재와 공유재에 관한 설명으로 옳지 않은 것은? (단, 공공재는 순수공공재로 가정한다.)

① 공공재는 공공의 쓰임을 위하여 생산되는 재화이다.
② 공공재와 공유재는 모두 비경합성과 비배제성을 그 특징으로 한다.
③ 공공재와 공유재가 시장실패의 원인이 되는 가장 큰 이유는 비배제성이다.
④ 공유재가 시장실패의 원인이 되는 경우로 '공유지의 비극'이 있다.
⑤ 공유재의 예로는 마을의 공동목초지가 있다.

39 국민총생산은 수출 수요에 큰 영향을 받는다. 한계소비성향이 0.7이고 한계수입성향이 0.1이라면 수출이 10억 불 감소할 때 GNP는?

① 20억 불 증가
② 20억 불 감소
③ 25억 불 증가
④ 25억 불 감소
⑤ 30억 불 감소

40 초과이윤이 항상 0인 시장을 모두 고르면?

<table>
<tr><td>㉠ 완전경쟁시장의 단기균형</td><td>㉡ 완전경쟁시장의 장기균형</td></tr>
<tr><td>㉢ 독점적 경쟁시장의 단기균형</td><td>㉣ 독점적 경쟁시장의 장기균형</td></tr>
</table>

① ㉠, ㉡
② ㉠, ㉢
③ ㉡, ㉢
④ ㉡, ㉣
⑤ ㉠, ㉡, ㉣

41 외부성에 관한 코즈(Coase)정리의 설명으로 옳지 않은 것은?

① 거래비용의 중요성을 강조하고 있다.
② 시장실패를 교정하기 위해 정부가 반드시 개입할 필요는 없음을 시사한다.
③ 거래비용이 없다면 재산권을 누구에게 귀속시키는가에 따라 자원배분의 효율성이 달라진다.
④ 협상을 통해서 외부성을 내부화시킬 수 있다.
⑤ 이해당사자의 모호성 때문에 현실적용상의 문제점이 있다.

42 경기과열, 경상수지 적자, 인플레이션 상황에서 취할 수 있는 경제정책의 가장 적합한 조합은?

<table>
<tr><td>㉠ 투자 확대</td><td>㉡ 소득세 인하</td></tr>
<tr><td>㉢ 통화량 감소</td><td>㉣ 환율 인상</td></tr>
</table>

① ㉠, ㉡
② ㉠, ㉢
③ ㉡, ㉢
④ ㉡, ㉣
⑤ ㉢, ㉣

43 지성이 소득이나 통신요금에 관계없이 소득의 4분의 1을 통신비로 지출하는 경우, 지성의 통신 수요에 대한 설명으로 옳은 것은?

① 통신비용이 일정한 수준으로 유지되게 통신사에서 가격을 조정하고 있다.

② 지성의 통신에 대한 수요곡선은 우하향하는 직선 형태를 지닌다.

③ 통신요금이 5% 하락하면 지성의 통신 수요량은 5% 증가한다.

④ 지성에게 통신은 가격변화에 따른 소득효과가 대체효과보다 큰 기펜재임을 의미한다.

⑤ 지성의 소득이 10,000원 증가하더라도 통신비의 지출은 변하지 않는다.

44 다음 정부정책 중에서 장기적으로 실업률을 낮추는 데 도움이 되는 것은?

> ㉠ 실업보험 혜택을 늘린다.
> ㉡ 최저임금 수준을 낮춘다.
> ㉢ 정부가 직업훈련 프로그램을 운영한다.
> ㉣ 노동조합을 활성화한다.
> ㉤ 통화량과 재정지출을 늘린다.

① ㉠, ㉡   ② ㉠, ㉢

③ ㉡, ㉢   ④ ㉢, ㉤

⑤ ㉣, ㉤

45 사람들이 비만을 초래하는 식품을 덜 섭취하도록 국회가 비만유발식품에 대한 중과세 법안을 통과시켰을 경우 일어날 현상으로 옳지 않은 것은? (단, 비만유발식품 수요의 소득탄력성은 0보다 크고 1보다 작다.)

① 중과세가 적용되는 비만유발식품의 가격이 상승한다.

② 비만유발식품에 대한 중과세는 누진적이다.

③ 비만유발식품에 이미 길들여진 사람들이 보다 많은 중과세 부담을 지게 된다.

④ 비만유발식품에 대한 중과세는 공급자에게 일부 귀착될 수 있다.

⑤ 저소득층의 식품 구매력 약화와 같은 부정적인 효과를 초래할 수도 있다.

46 어떤 상품의 수요곡선과 공급곡선이 아래와 같다. 정부가 상품 1개당 25원의 세금을 생산자에게 부과하는 경우와 소비자에게 부과하는 경우 각각의 세금 수입은?

$$Q_d = 150 - 2P, \ \ Q_s = -100 + 3P$$

	생산자에게 부과한 경우	소비자에게 부과한 경우
①	500원	500원
②	500원	750원
③	750원	500원
④	1,000원	750원
⑤	1,750원	1,750원

47 외부효과가 발생할 때 파레토최적과 일반균형의 상관관계로 옳은 것은?

> ㉠ 일반균형이면 반드시 파레토최적이다.
> ㉡ 파레토최적이라도 일반균형이 아닐 수 있다.
> ㉢ 파레토최적이면 반드시 일반균형이다.
> ㉣ 일반균형이라도 파레토최적이 아닐 수 있다.

① ㉠, ㉡ 　　　　② ㉡, ㉣

③ ㉢, ㉣ 　　　　④ ㉠, ㉡, ㉢

⑤ ㉠, ㉢, ㉣

48 아래의 자료에서 B 의원이 취할 수 있는 전략으로 적절한 것은?

고담 시의회는 현재 자연녹지인 시유지를 어떻게 개발할지 결정해야 한다. A 의원은 시유지에 염색공단을 설치하자는 대안 1을 발의했다.

한편, 자연녹지인 현재 상태를 유지하는 것이 바람직하다고 생각하는 B 의원은 대안 1이 결정되는 것을 막고 현재 상태를 유지하기 위한 전략을 고민하고 있다.

만일 B 의원이 대안 2를 발의하면 다음의 순서로 최종안이 결정된다.

• 1단계 : 대안 1과 대안 2 중 다수결 투표로 개발안 결정

• 2단계 : 1단계에서 결정된 개발안과 현상유지안 중 다수결 투표로 최종안 결정

반면, B 의원이 대안 2를 발의하지 않으면 다음과 같이 최종안이 결정된다.

• 대안 1과 현상유지안 중 다수결 투표로 최종안 결정

시의회는 아래와 같은 선호를 지니는 21명의 의원으로 구성되어 있다. (단, A > B는 A를 B보다 선호함을 의미한다.)

• 현상유지 > 생태공원 > 자전거도로 > 아파트단지 > 염색공단 > 풍력발전소 (7명)

• 염색공단 > 풍력발전소 > 아파트단지 > 현상유지 > 자전거도로 > 생태공원 (5명)

• 생태공원 > 풍력발전소 > 아파트단지 > 염색공단 > 현상유지 > 자전거도로 (5명)

• 풍력발전소 > 염색공단 > 자전거도로 > 아파트단지 > 생태공원 > 현상유지 (4명)

① 풍력발전소를 대안으로 제시한다.

② 아파트단지를 대안으로 제시한다.

③ 자전거도로를 대안으로 제시한다.

④ 생태공원을 대안으로 제시한다.

⑤ 대안 2를 제시하지 않는다.

49 환율과 국제수지에 대한 설명으로 옳지 않은 것은?

① 구매력 평가설에 따라 다른 조건은 일정하고 우리나라의 통화량만 증가하는 경우 원/달러 환율은 하락한다.

② 원/달러 환율이 하락하는 경우 원화가 평가절상될 것이다.

③ 달러 대비 원화 가치의 하락은 우리나라의 대미 수출 증가 요인으로 작용한다.

④ 자본이동이 자유로운 경우, 다른 조건은 일정하고 우리나라의 이자율만 상대적으로 상승하면 원화의 가치가 상승한다.

⑤ 고정환율제도에서는 국제수지불균형이 조정되지 않는다.

50 요소시장의 균형점에서 생산물시장과 요소시장이 각각 완전경쟁상태에 있을 때만 항상 성립하는 것은? (단, 기업은 이윤극대화를 목표로 한다.)

> ㉠ 한계수입 = 한계비용
> ㉡ 한계수입생산물 = 한계요소비용
> ㉢ 임금 = 한계요소비용
> ㉣ 한계수입생산물 = 한계생산물가치

① ㉠, ㉡   ② ㉠, ㉢

③ ㉡, ㉢   ④ ㉡, ㉣

⑤ ㉢, ㉣

51 기업의 STP전략에 대한 설명으로 옳지 않은 것은?

① 시장세분화 → 표적시장 선정 → 포지셔닝의 순서로 이루어진다.

② 시장세분화의 변수에는 소비자의 심리적 요소도 포함된다.

③ 포지셔닝이 경쟁우위를 잃었을 경우 시장선정의 단계로 돌아간다.

④ 시장의 크기, 차별화 가능성에 대한 조사는 시장세분화 단계에서 이루어진다.

⑤ 표적시장은 기업의 목표, 경쟁적 우위 등을 고려하여 선정한다.

52 다음 중 산업구조분석 모형에서 주로 구매자에게 영향을 미치는 요인은?

① 유통채널
② 자본투자량
③ 전환비용
④ 규모의 경제
⑤ 제품차별화

53 BCG matrix 모형 중, question mark에서 실행할 수 있는 전략은?

① 경쟁력이 없을 것으로 판단되는 경우 회수전략 또는 철수전략을 취한다.
② 성장기회가 좋고 경쟁우위가 있으므로 지속적인 지원이 필요하다.
③ 일반적으로 유지전략을 채택한다.
④ 투자의 필요성은 적지만 이익은 크므로 기업에 자금이 유입된다.
⑤ 많은 수익을 창출하지 못하지만 투자를 위한 자금수요도 많지 않아 자체적인 운영이 가능하다.

54 집약성장 종류의 하나인 시장개발과 관련된 전략으로 옳은 것은?

① 상표 다양화
② 신제품 개발
③ 광고 확대
④ 가격 인하
⑤ 해외시장 진출

55 아웃소싱에 관한 설명으로 옳지 않은 것은?

① 수직적 통합과 반대되는 개념이다.
② 아웃소싱을 통해 외부기업의 규모의 경제 및 범위의 경제 효과를 활용할 수 있다.
③ 핵심부문과 비핵심부문 모두 시장을 통해 조달한다.
④ 기업 내부의 밀접한 상호협조관계가 상실될 수 있는 문제점이 존재한다.
⑤ 지나친 외주 의존으로 인해 핵심역량이 축소되거나 상실될 수 있다.

56 원가우위 전략을 달성하기 위해 필요한 비용절감 플랜으로 볼 수 없는 것은?

① 기업의 R&D　　　　　　　　　② 생산프로세스의 혁신

③ 학습효과　　　　　　　　　　　④ 규모의 경제

⑤ 높은 시장점유율

57 차별화 전략의 특징에 관한 설명으로 옳지 않은 것은?

① 차별화를 통해 기존 기업 간의 경쟁력을 유지한다.

② 규모의 경제 실현을 통해 진입장벽을 구축한다.

③ 공급자 교섭력에 대해 상대적으로 적은 영향을 받는다.

④ 상표충성도로 구매자 교섭력의 영향이 적다.

⑤ 상표충성도로 대체재의 위협을 방어할 수 있다.

58 액션 프레임워크에 관한 설명으로 옳지 않은 것은?

① 4가지의 질문으로 구성되어 있다.

② 증가와 창조에 관한 질문은 생산자의 가치를 향상시킨다.

③ 제거와 감소에 관한 질문은 경쟁자에 비해 비용구조를 낮추는 방법에 관한 내용이다.

④ 차별화와 원가우위의 상쇄관계를 깨고 새로운 가치곡선을 창출하는 것을 목표로 한다.

⑤ 액션 프레임워크를 통해 기업은 차별화와 원가우위를 동시에 달성한다.

59 계정과목의 분류가 옳지 않은 것은?

① 유동자산 – 선수금, 미수금, 현금

② 비유동자산 – 특허권, 소프트웨어, 기계장치

③ 유동부채 – 예수금, 미지급금, 선수수익

④ 비유동부채 – 사채, 장기차입금, 퇴직급여충당부채

⑤ 납입자본 – 자본금, 주식발행초과금, 감자차익

60 아하로니의 행태이론에서 주장하는 외부적 자극이 아닌 것은?

① 합리적인 동기
② 시장 상실의 위험
③ 밴드웨건 효과
④ 해외로부터의 강력한 경쟁
⑤ 기업 내부와 관련이 없는 주체로부터의 제안

61 총괄생산계획의 결정변수로 볼 수 없는 것은?

① 재고수준
② 비용수준
③ 하도급
④ 노동인력의 조정
⑤ 생산율의 조정

62 재고의 기능에 해당하는 것을 모두 고르면?

㉠ 공급자에 대한 서비스
㉡ 취급수량에 있어서의 비경제성
㉢ 생산의 비안정화
㉣ 재고보유를 통한 판매의 촉진
㉤ 투자 및 투기의 목적으로 보유

① ㉠, ㉡
② ㉠, ㉣
③ ㉡, ㉢
④ ㉢, ㉤
⑤ ㉣, ㉤

63 다음 주어진 사례에서 '허쉬–블랜차드 모델'의 상황이론에 따라 팀장이 선택해야 하는 리더십은?

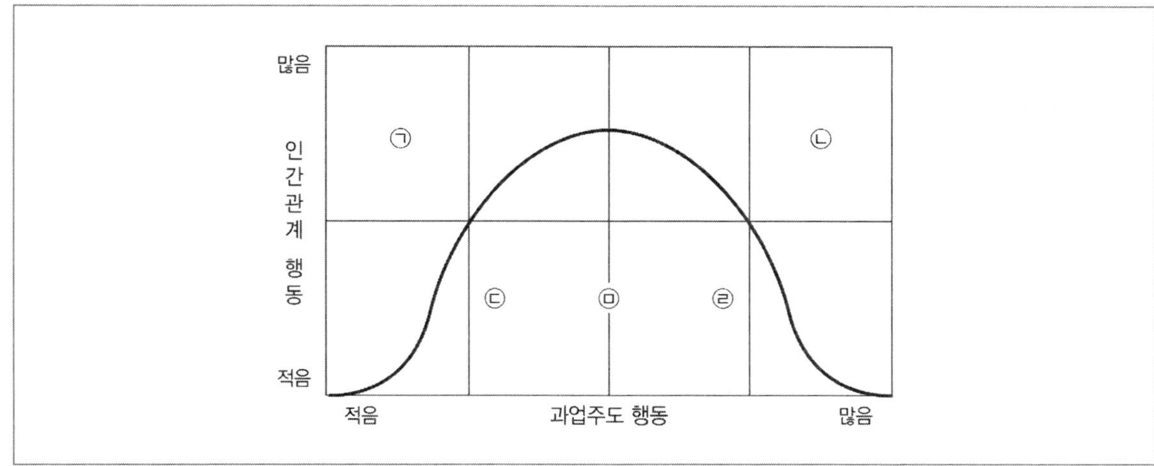

회사에 오랜 근속연수를 가지고 있는 팀원 A 씨는 탁월한 업무능력을 가지고 있다. 회사에 임원승진을 바라고 있어서 업무동기도 강한 편이다.

① ㉠

② ㉡

③ ㉢

④ ㉣

⑤ ㉤

64 JIT 시스템의 효과로 옳은 것을 모두 고르면?

㉠ 저설계의 적합성 ㉡ 납기의 50% 달성
㉢ 재고변동의 최대화 ㉣ 수요변화에 대한 빠른 대응
㉤ 생산 리드타임의 증가 ㉥ 분권화를 통한 관리의 증대
㉦ 높은 수준의 재고를 통한 작업의 비효율성 ㉧ 불량의 감소

① ㉠, ㉥, ㉦

② ㉢, ㉣, ㉤

③ ㉣, ㉥, ㉧

④ ㉣, ㉤, ㉥

⑤ ㉥, ㉦, ㉧

65 셀 제조방식에 대한 효과로 옳지 않은 것은?

① 도구사용의 증가
② 로트크기의 감소
③ 유연성 개선
④ 작업공간 절감
⑤ 작업준비시간 단축

66 알더퍼의 ERG이론에서 하위단계부터 상위단계 순으로 바르게 나열한 것은?

> ㉠ 다양한 업계의 종사자와 관계를 유지한다.
> ㉡ 더 높은 자아를 실현하기 위해서 자기계발을 한다.
> ㉢ 안정적인 급여를 받기 위해 취직을 한다.

① ㉠→㉡→㉢
② ㉠→㉢→㉡
③ ㉡→㉠→㉢
④ ㉢→㉠→㉡
⑤ ㉢→㉡→㉠

67 프렌치와 레이븐이 말하는 개인이 갖는 권력의 원천에 해당하지 않는 것은?

① 보상적 권력
② 저압적 권력
③ 합법적 권력
④ 준거적 권력
⑤ 전문적 권력

68 사람은 내적 동기에 의해 더욱 효과적으로 행동하며, 이를 위해서는 자율성, 유능감, 관계성 세 가지 심리적 욕구가 충족되어야 한다는 동기부여이론으로 옳은 것은?

① 기대이론(expectancy theory)

② 공정성이론(equity theory)

③ 목표설정이론(goal setting theory)

④ 자기결정이론(self determination theory)

⑤ 상호작용이론(interaction theory)

69 다음 내용을 읽고 ㉠, ㉡, ㉢에 들어갈 말을 순서대로 나열한 것은?

임금관리 3요소	내용	분류(대상)
임금수준	㉠	생계비 수준, 사회적 임금수준, 동종업계 임금수준 감안 등
임금체계	㉡	연공급, 직능급, 성과급, 직무급 등
임금형태	㉢	시간제, 일급제, 월급제, 연봉제 등

	㉠	㉡	㉢
①	적정성	합리성	공정성
②	합리성	공정성	적정성
③	적정성	공정성	합리성
④	합리성	적정성	공정성
⑤	공정성	합리성	적정성

70 BCG 매트릭스에 대한 설명으로 옳은 것을 모두 고르면?

> ㉠ 시장성장률이 높다는 것은 시장에 속한 사업부의 매력도가 높다는 것을 의미한다.
>
> ㉡ 매트릭스에서 원의 크기는 전체 시장규모를 의미한다.
>
> ㉢ 유망한 신규 사업에 대한 투자재원으로 활용되는 사업부는 cash cow 사업으로 분류된다.
>
> ㉣ 상대적 시장점유율은 시장리더기업의 경우 항상 1.0이 넘으며 나머지 기업은 1.0이 되지 않는다.
>
> ㉤ 자금의 투입, 산출 측면에서 사업이 현재 처해있는 상황을 파악하여 상황에 알맞은 처방을 내리기 위한 분석도구이다.

① ㉠, ㉡, ㉣

② ㉠, ㉢, ㉤

③ ㉡, ㉣, ㉤

④ ㉢, ㉣, ㉤

⑤ ㉡, ㉢, ㉣

71 멕시코인 케빈은 프랑스에서 생산한 한국 기업의 머그잔을 구입했다. 이로 인한 GDP와 GNP 변화로 옳은 것은?

① 한국의 GDP와 멕시코의 GDP는 불변이다.

② 한국의 GDP와 프랑스의 GDP가 증가한다.

③ 한국의 GDP와 프랑스의 GNP가 증가한다.

④ 한국의 GNP와 프랑스의 GDP가 증가한다.

⑤ 한국의 GNP와 프랑스의 GNP가 증가한다.

72 A회사가 신제품의 상품가격을 1개당 2,000원으로 책정했다. 신제품의 고정비용이 150만 원이고, 가변비용은 1개당 1,500원이라면 손익분기점은 몇 개인가?

① 2,000개

② 3,000개

③ 4,000개

④ 5,000개

⑤ 5,500개

73 A와 B는 사무실을 공유하고 있다. A는 사무실에서 흡연을 원하며 이를 통해 20,000원 가치의 효용을 얻는다. 반면 B는 사무실에서의 금연을 통한 상쾌한 공기를 원하며 이를 통해 10,000원의 효용을 얻는다. 코즈의 정리(Coase theorem)와 부합하는 결과로 옳은 것은?

① B는 A에게 20,000원을 주고 사무실에서 금연을 제안하고, A는 제안을 받아들인다.

② B는 A에게 15,000원을 주고 사무실에서 금연을 제안하고, A는 제안을 받아들인다.

③ A는 B에게 9,000원을 주고 사무실에서 흡연을 허용할 것을 제안하고, B는 제안을 받아들인다.

④ A는 B에게 10,000원을 주고 사무실에서 흡연을 허용할 것을 제안하고, B는 제안을 받아들인다.

⑤ A는 B에게 11,000원을 주고 사무실에서 흡연을 허용할 것을 제안하고, B는 제안을 받아들인다.

74 규모의 경제와 관련된 현상으로 옳지 않은 것은?

① 인구가 밀집된 지역에 인터넷이 빨리 보급된다.

② 국제전화 사용 시 여러 이동통신사들 중에서 선택할 수 있다.

③ 철도회사들 중에는 국영기업체가 많다.

④ 통신회사들은 독점력을 가지고 있어 정부의 규제를 받는다.

⑤ 우리나라 자동차 생산 업체들의 빅딜이 이루어졌다.

75 어떤 시장에 동일한 수요함수 $Q = -P + 10$을 갖는 2인의 수요자와 동일한 공급함수 $Q = 2P - 5$를 갖는 4인의 공급자가 있을 때, 시장의 균형가격과 균형수량은?

① 4, 12 ② 5, 5

③ 10, 5 ④ 10, 10

⑤ 5, 12

76 대체효과가 양(+)인 상품의 가격효과는?

① 항상 양(+)으로 나타난다.

② 항상 음(−)으로 나타난다.

③ 대체효과에 따라서 양(+)일 수도 있고 음(−)일 수도 있다.

④ 소득효과에 따라서 양(+)일 수도 있고 음(−)일 수도 있다.

⑤ 소득효과에는 변화가 없이 같은 수준으로 유지된다.

77 주인과 대리인(principal-agent) 간에 흔히 발생하는 문제로 도덕적 해이(moral hazard)가 있다. 이 문제를 줄이기 위한 방안으로 가장 적절한 것을 고른다면?

① 대리인의 노력 수준이 주인으로부터 받는 보수와 직결되도록 한다.
② 도덕적 해이는 개인의 양심에 맡기는 방법밖에는 없다.
③ 보수시스템을 월급제로 한다.
④ 도덕성을 강조함으로써 올바른 생활양식을 갖도록 한다.
⑤ 대리인이 더욱 많은 정보를 가질 수 있도록 한다.

78 은행의 지급준비율이 20%인 경우, 신용창출 과정을 통해 신규예금 1억 원으로 만들어질 수 있는 최대 예금 통화의 양은? (단, 신규예금을 포함한다.)

① 1억 원
② 2억 원
③ 3억 원
④ 4억 원
⑤ 5억 원

79 아래 사례를 로터본의 4C와 마케팅 믹스 4P의 관점으로 각각 바르게 분석한 것은?

> • A : 고객 접근성을 높이기 위해 새벽 배송과 픽업 서비스를 확대했다.
> • B : SNS를 통해 제품 정보를 실시간으로 공유하며 고객과 양방향 소통을 강화했다.
> • C : 프리미엄 에어컨의 10년 무상 A/S, 설치비 면제 등으로 총비용을 절감했다.

	A	B	C
①	편의성	커뮤니케이션	가치
②	편의성	판매촉진	구매 비용
③	유통	제품	판매촉진
④	유통	판매촉진	가격
⑤	유통	커뮤니케이션	가격

80 다음은 커뮤니케이션 네트워크 형태 중 일부를 나타낸 것이다. 이와 관련 있는 내용은?

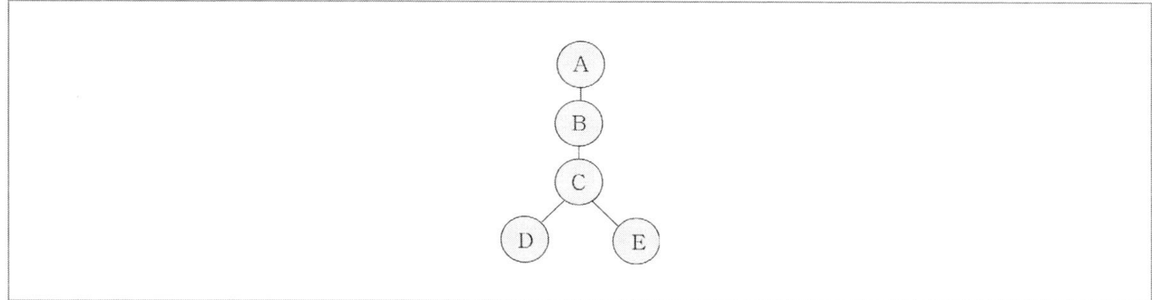

① 지역적으로 분리되어 있거나 자유방임적인 상태에서 일하는 구성원 사이에서 흔히 나타난다.

② 문제의 성격이 간단하면서도 일상적일 시에만 유효하며, 문제가 복잡하면서도 어려운 때에는 그 유효성이 발휘되지 않는다.

③ 정보수집 및 문제해결 등이 비교적 느리며 중간에 위치한 구성원을 제외하고는 주변에 위치한 구성원들의 만족감이 비교적 낮다는 평가이다.

④ 구성원들 사이의 정보교환이 완전히 이루어지는 유형이다.

⑤ 세력집단의 리더가 커뮤니케이션의 중심적인 역할을 맡고, 비세력 또는 하위집단 등에도 연결되어 전체적인 커뮤니케이션 망을 형성하게 된다.

※ 정답 및 해설은 p.360에 있습니다.

1　아래의 자료로부터 유추할 수 있는 내용을 〈보기〉에서 모두 고르면?

> 윤정은 매주 부모님에게서 동일한 금액을 받아 남기지 않고 모두 사용한다. 윤정은 매주 빵, 책, 주스를 합리적으로 선택해서 소비하는데, 지난주 구매한 물품의 단가는 빵 20원, 책 30원, 주스 20원이었고, 윤정의 소비량은 각각 빵 7개, 책 3권, 주스 6병이었다. 지난 주말에 빵 30원, 책 20원, 주스 30원으로 단가가 변동되었으며, 이로 인해 윤정은 이번 주에 빵 5개, 책 4권, 주스 4병을 구매하였다.

〈보기〉

㉠ 지난주에 윤정이 이번 주와 동일한 소비를 했다면 돈이 부족했을 것이다.
㉡ 이번 주에 윤정이 지난주와 동일한 소비를 하기에는 돈이 부족하다.
㉢ 윤정이 이번 주 소비에서 얻은 만족도는 지난주 소비에서보다 높거나 같다.
㉣ 윤정이 지난주 소비에서 얻은 만족도는 이번 주 소비에서보다 높거나 같다.

① ㉠, ㉡
② ㉠, ㉢
③ ㉠, ㉣
④ ㉡, ㉢
⑤ ㉡, ㉣

2 욕구단계 이론에서 매슬로우(Maslow)가 주장하는 인간의 욕구를 하위단계부터 상위단계 순으로 바르게 나열한 것은?

> ㉠ 매월 급여를 받으면서 안정적인 생활을 영위한다.
>
> ㉡ 식욕, 수면욕을 채우기 위해서 규칙적인 생활을 한다.
>
> ㉢ 회사에서 소속되어 주어진 업무를 팀원들과 소통하며 수행한다.
>
> ㉣ 자신의 잠재능력을 찾고 역량을 개발하기 위해 주말에 학원에서 수업을 수강한다.
>
> ㉤ 최선을 다해서 업무에 임하면서 자신의 능력을 인정받는다.

① ㉠ - ㉡ - ㉢ - ㉣ - ㉤
② ㉡ - ㉠ - ㉢ - ㉤ - ㉣
③ ㉡ - ㉠ - ㉤ - ㉢ - ㉣
④ ㉡ - ㉢ - ㉠ - ㉤ - ㉣
⑤ ㉠ - ㉢ - ㉡ - ㉣ - ㉤

3 정부가 재량적으로 정책수단을 변경하지 않더라도 경기가 상승하면 과열을 자동으로 방지하고 경기가 하강하면 경기침체를 자동으로 예방해 주는 것은?

① 확대 재정정책
② 승수효과
③ 긴축재정
④ 자동안정화장치
⑤ 구축효과

4 다음이 설명하는 것은 무엇인가?

> 최근 라면회사인 N사와 S사 그리고 K사는 가격담합을 하여 라면 값을 1,000원으로 결정하였다. 그런데 K사가 라면 값을 880원으로 낮추어 판매하기 시작했다. 담합이 깨지자 N사와 S사도 가격을 낮추기 시작했다. 경쟁은 가속화되어 제품의 가격이 낮아지고 그에 따라 기업의 이윤도 점점 낮아지는 현상이 일어나고 있다.

① 민스키 모멘트
② 포획이론
③ 내쉬균형
④ 빌바오 효과
⑤ 빅블러 현상

5 저량(stock)의 개념으로 볼 수 없는 것은?

① 국부
② 국민소득
③ 노동량
④ 통화량
⑤ 외채

6 다음 중 화폐금융정책이 경제에 미치는 전달경로에 대한 내용으로 옳지 않은 것은?

① 화폐공급량이 증가하면 주식가격이 상승하고 투자가 촉진된다.
② 화폐공급량이 감소하면 부동산에 대한 수요가 증가한다.
③ 화폐공급량이 증가하면 채권에 대한 수요가 증가하고 이에 따라 이자율이 하락한다.
④ 화폐공급량이 감소하면 기업은 유동성을 적정 수준으로 유지하기 위해 신규투자를 축소한다.
⑤ 화폐공급량이 증가하면 민간의 자산 증가로 소비재에 대한 수요가 증가한다.

7 경제 이론에 대한 설명 중 옳지 않은 것은?

① 절약의 역설이란 저축이 증가하면 총수요가 감소하여 국민소득이 감소하는 현상으로, 개발도상국에서 발생한다.
② 균형재정승수란 정부지출과 조세가 동액만큼 증가하여 정부 재정상태에 변화가 없는 것을 말한다.
③ 절대소득가설의 가정은 소비는 독립성 및 가역성이 있으며 현재의 절대적인 소득수준에 의해 소비가 결정된다는 이론이다.
④ 랜덤워크 가설은 현재 소비 변화는 새로운 정보가 반영된 결과이며 이전 소비나 소득으로는 예측할 수 없다는 이론이다.
⑤ 투자결정이론 중 q-이론에 따르면 주식시장에서 평가된 기업의 가치와 실물자본 대체 비용을 비교해 투자를 결정한다.

8 다음 네트워크 유형에 대한 설명으로 옳지 않은 것은?

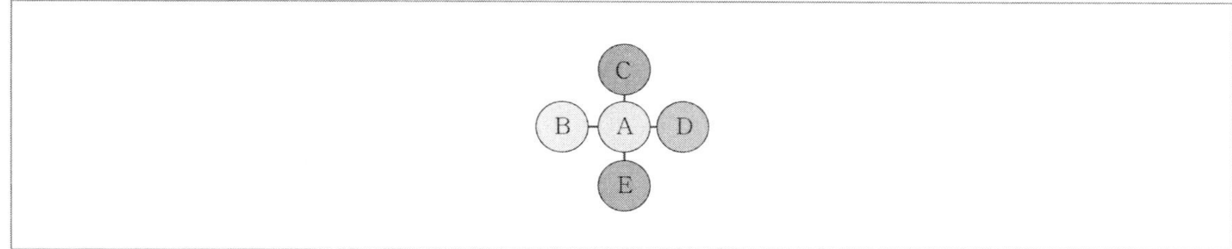

① 감독자 1명에게 모든 보고체계가 집중되어 있는 유형이다.

② 구성인의 만족도는 낮은 편이다.

③ 의사결정에 대한 수용도는 중간이다.

④ 단순 업무의 경우 의사소통의 속도는 빠르지만 정확도는 낮다.

⑤ 복잡업무의 경우 의사소통의 속도도 느리고 정확도도 낮다.

9 물가와 인플레이션에 대한 설명으로 옳은 것을 모두 고르면?

> ㉠ 생산자물가지수, 소비자물가지수, GDP 디플레이터는 라스파이레스 방식으로 산출한다.
> ㉡ 우리나라는 근원인플레이션 측정 시 농산물과 석유류의 가격변동분을 제외한다.
> ㉢ 비용인상 인플레이션이란 총수요 증가로 인한 물가 상승을 의미한다.
> ㉣ 인플레이션으로 발생하는 사회적 비용으로 메뉴비용이 있다.

① ㉠, ㉡

② ㉠, ㉣

③ ㉡, ㉢

④ ㉠, ㉢

⑤ ㉡, ㉣

10 다음 고용지표를 근거로 알 수 있는 해당 나라의 실업률은?

항목	인원
전체 인구	4,000만 명
경제활동인구	2,500만 명
취업자	2,350만 명
비경제활동인구	1,500만 명

① 5% ② 6%
③ 7% ④ 8%
⑤ 10%

11 개인의 노동공급곡선 중 후방굴절곡선의 형태가 나타나는 원인으로 옳지 않은 것은?

① 임금이 증가하면 상대적으로 여가의 기회비용이 커지게 된다.
② 소비자가 재화의 소비와 여가를 통해서 효용을 얻을 수 있다고 생각한다.
③ 임금이 일정 수준을 넘어설 경우 소득효과가 대체효과를 능가하게 된다.
④ 효용극대화를 추구하는 소비자는 임금이 일정 수준을 넘어서면 노동의 공급을 줄인다.
⑤ 소득이 증가함에 따라 대체효과에 의해 여가에 대한 수요가 감소하게 된다.

12 다음 고용지표를 통해 경제활동참가율을 계산한 값으로 옳은 것은?

항목	인원
전체 인구	5,000만 명
생산가능인구	3,800만 명
경제활동인구	2,470만 명
취업자	2,280만 명

① 62.5% ② 64.5%
③ 65% ④ 67%
⑤ 70%

13 사회후생함수에 관한 설명으로 옳지 않은 것은?

① 비교하는 방식이나 평가의 방법에 대해 가치판단이 완전히 배제된다.

② 형태에 따라 사회무차별곡선의 모양도 다른 모양을 띤다.

③ 공리주의적 사회후생함수는 효용의 총합이 같으면 사회후생을 동일하다고 평가한다.

④ 롤즈의 사회후생함수에서 사회후생은 효용수준이 높은 사람의 변화에 영향을 받지 않는다.

⑤ 평등주의적 사회후생함수에서 도출된 사회무차별곡선은 원점에서 볼록한 모양을 나타낸다.

14 아래는 유제품을 생산하는 C국의 생산 활동을 나타낸 것이다. 다음 중 낙농과 유가공장의 부가가치 합으로 옳은 것은?

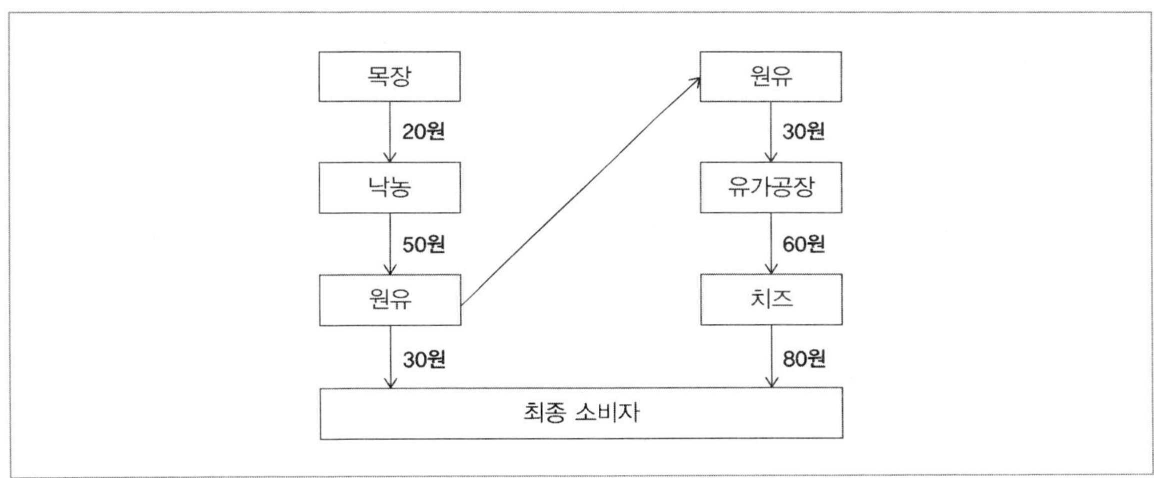

① 30원   ② 40원

③ 50원   ④ 60원

⑤ 80원

15 다음 기사에서 ㉠에 들어가는 용어는?

> 1979년 미국의 상업은행이 이란에게 (㉠)을/를 선언하였다. 상환의지가 없었던 이란에, 은행에서는 예치되어 있던 이란의 수천억 원의 자산을 동결하여 채권을 회수하였다. 2015년에 그리스, 2017년 베네수엘라, 2020년 레바논이 (㉠)을/를 선언하였다. 러시아와 우크라이나 전쟁으로 러시아는 채무상환의 능력은 있으나 서방의 제재로 (㉠)을/를 선언하였다.

① 뱅크런   ② 디폴트
③ 모라토리엄   ④ 치킨게임
⑤ 바나나 현상

16 국내총생산(GDP)에 관한 설명으로 옳지 않은 것은?

① 명목 GDP는 그해의 시장가격으로 평가한 최종 생산물의 가치이다.
② GDP가 증가하면 해당 국가의 국민 모두의 생활수준이 향상되었다고 볼 수 있다.
③ GDP 디플레이터로는 경제 전반의 물가수준을 나타내는 지표이다.
④ 실질 GDP는 물가변동의 영향을 제거한 실제 생산량을 비교할 수 있다.
⑤ GDP는 중간재를 제외하고 최종재만을 합산하므로 생산 단계별 부가가치를 모두 더해도 동일한 결과를 얻을 수 있다.

17 케인즈이론의 계획된 투자에 관한 설명으로 옳지 않은 것은?

① 의도하지 않은 재고변화는 총지출에 포함하지 않는다.
② 계획된 투자는 기업의 설비 및 기계 구입금액과 신축주택 구입금액, 의도된 재고변화만 포함된다.
③ 기업가의 예상이나 심리변화 등으로 인해 소득과 무관하게 결정되는 것은 유발투자이다.
④ 총지출에는 계획된 투자만 포함된다.
⑤ 투자는 독립투자와 유발투자로 구분할 수 있다.

18 다음 중 한 재화의 수요가 증가할 때 나타나는 현상으로 옳은 것은?

① 보완재 수요가 감소한다.
② 보완재 수요곡선이 좌측으로 이동한다.
③ 대체재 가격이 불변한다.
④ 대체재 수요가 감소하여 수요곡선이 우측으로 이동한다.
⑤ 보완재 가격이 상승한다.

19 IS-LM곡선의 기울기를 통해 정책의 유효성을 판단한 내용으로 옳지 않은 것은?

① IS-LM곡선의 기울기가 가파를 때, 이자율이 크게 변화하더라도 국민소득은 작게 변화한다.

② LM곡선이 수평일 때, LM곡선이 우측으로 이동하면 소득 증가 효과가 발생하게 된다.

③ IS곡선이 수직일 때, IS곡선이 이동하면 재정정책의 효과가 강력하게 나타난다.

④ LM곡선이 수직일 때, IS곡선이 이동하면 이자율은 상승하지만 소득 증가 효과는 발생하지 않는다.

⑤ IS곡선이 수평일 때, 재정정책의 효과는 발생하지 않는다.

20 규호는 인기 가수의 콘서트 입장권을 50,000원에 구입하였는데, 막상 콘서트 당일이 되자 갑작스러운 일이 생겨서 갈 수 없게 되었다. 당일 취소는 불가능했지만 다행히 용구가 사겠다는 의사를 내보였다. 용구에게 입장권을 퀵으로 보내는 비용 5,000원은 규호가 부담하기로 한다. 만약 규호가 합리적인 사람이라고 가정할 경우, 최소 얼마 이상의 가격부터 거래에 응할 것인가?

① 55,000원 ② 45,000원

③ 30,000원 ④ 15,000원

⑤ 5,000원

21 합리적 기대를 가진 예상 가능한 정책은 단기에 평균적인 실제 물가를 예상할 수 있어 실물경제 안정화 정책에 효과가 없다고 하는 신고전학파의 주장은?

① 정책무력성의 명제 ② 가속도원리

③ 소극적 정책 ④ 부의 효과

⑤ 순수기대가설

22 물가와 환율 변동의 관계에 대한 설명으로 옳지 않은 것은?

① 국내 물가가 상승하면 자국 화폐의 가치가 하락하여 환율이 상승한다.

② 구매력평가설에 따르면 환율은 두 국가 간 물가수준의 비율에 의해 단기적으로 결정된다.

③ 물가상승률의 차이는 국가 간 교역조건과 자본 이동을 통해 환율 변동에 영향을 미친다.

④ 외국의 물가가 상승하면 자국 상품의 경쟁력이 높아져 자국 통화가 강세를 보일 수 있다.

⑤ 국내 물가가 하락하면 실질금리가 상승하는데, 이는 환율 하락 요인으로 작용할 수 있다.

23 토빈의 q이론을 바탕으로 아래 밑줄 친 ㉠을 적절하게 이해한 것은?

어떤 기업의 주식가치는 기업의 미래 수익성과 투자 전망에 따라 크게 변동한다. 토빈의 q이론에 따르면 기업은 주식시장에서의 기업가치가 자본재의 대체 비용보다 높을 때 설비 투자를 늘리고, 그 반대의 경우 투자를 줄이게 된다. ㉠ 그러나 최근 일부 산업에서는 신기술 개발에 따른 기대감만으로 주가가 급등하는 현상이 나타나고 있다. 실물 자본의 효율성과 무관하게 금융시장의 평가에 따라 투자가 과도하게 확대되거나 위축되는 것이다. 이에 따라 해당 기업의 경영자는 아직 생산설비의 수익성이 검증되지 않았는데도 투자 압박이 커지고 있다며 우려를 표했다.

① 기업의 주가와 투자 규모는 단기간에 크게 변하는 것이 아니다.

② 일시적인 주가 상승으로 완성에 오랜 시간이 걸리는 실물자산의 증가는 위험이 크다.

③ 주관적인 자료를 근거로 하여 투자 행태를 설명하려고 한다.

④ 주식시장의 평가가 비이성적일 경우 현실의 투자 행태를 과대 혹은 과소평가할 수 있다.

⑤ 주식시장이 비효율적이라면 기업의 시장가치를 정확히 반영하지 못한다.

24 한 국가의 국민소득이 1,000이고 조세 크기가 500, 소비함수가 $C = 100 + 0.5Y$일 때 조세승수의 크기는? (단, C는 소비, Y는 국민소득이며, 폐쇄경제와 정액세를 가정한다.)

① 2
② 1
③ -2
④ -1
⑤ 0.5

25 대부자금의 공급곡선과 수요곡선의 이동에 관한 설명으로 옳지 않은 것은?

① 다른 금융상품들의 기대수익률이 하락하면 자금공급곡선이 좌측으로 이동한다.

② 채무불이행 위험이 감소하면 자금공급곡선이 우측으로 이동한다.

③ 예상인플레이션이 상승하면 자금공급곡선이 좌측으로 이동한다.

④ 예상인플레이션이 상승하면 자금수요곡선이 우측으로 이동한다.

⑤ 기업의 사업 전망이 좋아지면 자금수요곡선이 우측으로 이동한다.

26 아래 케인즈학파의 주장을 근거로 비자발적 실업이 나타나는 이유를 모두 고른 것은?

> 케인즈학파는 시장의 자동조정만으로는 완전고용이 달성되기 어렵다고 주장했다. 이들은 완전고용이 항상 자동적으로 이루어진다는 고전학파의 주장에 의문을 제기하면서, 현실의 노동시장은 즉각적으로 조정되지 않고 임금이 시장 상황에 따라 자유롭게 변하지 않는다고 보았다. 특히 명목임금은 하방경직성을 가지고 있어 경기침체 시에도 쉽게 하락하지 않는다는 것이다. 이러한 경직성은 법적 · 제도적 요인에서 비롯되기도 하는데, 정부가 설정한 임금 하한선이 시장균형 수준을 웃돌 경우 노동수요가 감소하여 실업이 발생할 수 있다. 또한 기업과 노동자 간의 임금 조정이 1년 중에 순차적으로 일어난다고 가정하므로 경제 전체의 총수요가 변화함에 따라 일시적으로 노동시장의 불균형이 지속될 수 있다.

> ㉠ 균형임금보다 낮은 수준의 효율임금을 지급한다.
> ㉡ 노동자와 기업주가 단기적인 임금계약을 체결한다.
> ㉢ 제도적으로 최저임금을 균형임금보다 높게 설정한다.
> ㉣ 명목임금에 대한 계약체결이 매년 동시에 일어나지 않는다.

① ㉠, ㉡

② ㉠, ㉢

③ ㉡, ㉢

④ ㉡, ㉣

⑤ ㉢, ㉣

27 경기종합지수 중 선행종합지수에 해당하는 것은?

① 산업생산지수 　　　　　　② 서비스업활동지수

③ 회사채유통수익률 　　　　④ 소비자기대지수

⑤ 도시가계소비지출

28 경기변동의 원인과 과정을 설명하는 이론으로 가장 적절한 것은?

① 균형성장이론

② 고전학파의 자동조정이론

③ 구조변동이론

④ 힉스의 순환제약론

⑤ 효율임금이론

29 다음의 소비자심리지수(CCSI) 추이를 분석한 것으로 옳지 않은 것은?

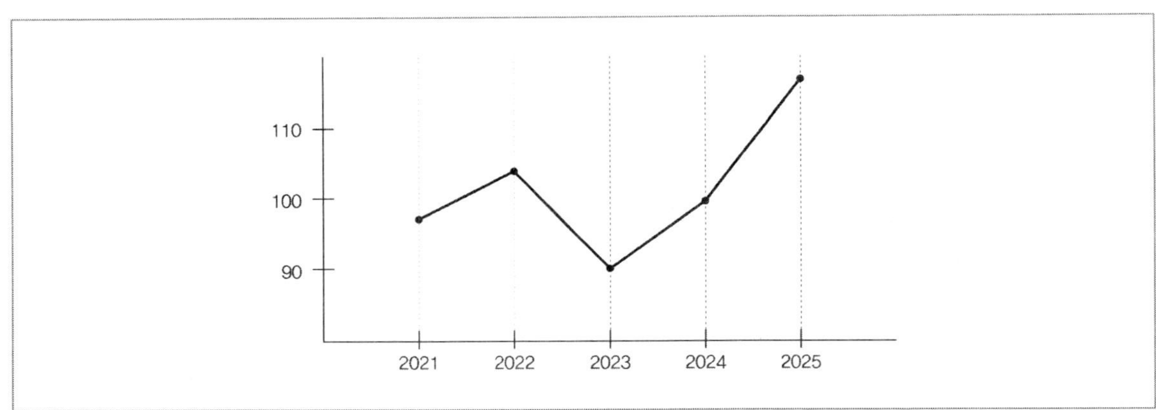

① CCSI가 상승하고 있으므로 실질소득 증가와 소비 확대가 이루어졌을 것이다.

② 100보다 클 경우 이전의 평균적인 경기 상황보다 좋음을 의미한다.

③ 향후 경기 전망과 가계의 소비 계획 등을 파악하는 데 활용된다.

④ 2024년에는 소비자들이 경기 상황을 보통 수준으로 인식했다.

⑤ CCSI 변동 폭이 클수록 소비자들의 경기 인식이 불안정함을 시사한다.

30 아래 솔로우의 경제성장 모형에 대한 설명으로 옳은 것은?

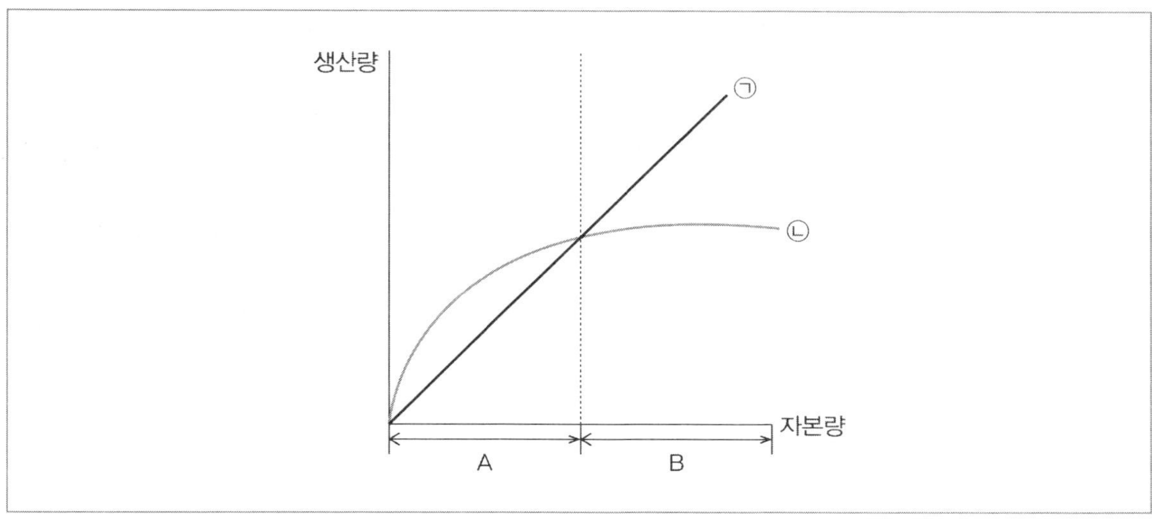

① ㄴ과 ㄱ의 교점에서는 1인당 자본량이 계속 증가한다.

② A 구간에서는 한계수확체감에 의해 빠른 속도의 성장이 어렵다.

③ 저축률이 증가하면 B 구간이 더 넓어질 것이다.

④ ㄱ은 노동자 1인당 자본량을 유지하기 위해 필요한 투자액을 나타낸다.

⑤ ㄴ은 노동자 1인당 자본량을 나타낸다.

31 최적관세에 관한 설명으로 옳은 것은?

① 무역량의 증가에 따른 음(−)의 효과는 교역조건의 개선으로 순이익이 극대화하는 관세이다.

② 교역 상대국이 자국 입장에서 최적관세를 부과할 경우 교역조건 악화로 손실을 회복하여 무역량을 증가시킬 수 있다.

③ 최적관세를 부과하면 세계 전체적으로 자유무역에 비해 후생이 증가한다.

④ 최적관세율을 지나면 관세율이 증가할수록 후생이 감소한다.

⑤ 한 국가가 최적관세를 부과할 때 상대국이 최적관세를 부과하지 않는다면 관세 부과국의 이익은 교역 상대국의 손실보다 크다.

32 제품믹스의 길이 및 깊이와 관련된 의사결정 내용으로 옳지 않은 것은?

① 철수전략(divestment)은 제품계열이 마이너스 성장을 하거나 기존제품이 전략적으로 부적절할 때 실시하는 전략이다.

② 수확전략(harvesting)은 기업의 자원을 더 이상 투입하지 않고, 발생하는 이익을 회수하는 전략이다.

③ 기업이 고품질의 기업이미지를 형성하여 이익률과 매출상승을 달성할 수 있다고 판단될 때 상향확장전략(upward stretch)을 선택한다.

④ 하향확장전략(downward stretch)은 투입원가가 상승하거나 가용자원이 부족해지기 시작할 때 유용하다.

⑤ 쌍방향전략(two-way-stretch)은 중간수준의 품질가격 제품에 고가와 저가의 신제품을 추가하는 전략이다.

33 종합수지에 관한 설명으로 옳지 않은 것은?

① 국가 전체의 외환에 대한 수요와 공급의 차이를 나타낸다.

② 종합수지가 적자일 경우 준비자산이 증가한다.

③ 종합수지의 차액은 중앙은행의 외환보유고를 변화시켜 준비자산 증감으로 나타난다.

④ 경상수지, 자본수지, 준비자산 증감, 오차 및 누락의 합은 항상 0이다.

⑤ 경상수지 흑자는 자본수지 적자로 나타난다.

34 다음은 K국의 통화정책 변화에 따른 움직임을 나타낸 것이다. 오버슈팅 이론에 따라 이후 상황을 적절하게 설명한 것은? (단, 변화 전은 안정된 균형상태이다.)

구분	변화 전	변화 후
국내 이자율	3%	2%
환율	1,200원	1,450원

① 과도하게 상승한 환율은 점차 물가가 조정되면서 다시 균형으로 수렴할 것이다.

② 환율 상승이 장기적으로 지속되어 원화 약세가 고착될 것이다.

③ 통화량에 따른 기대 조정이 이루어지지 않아 환율은 급등된 상태를 유지할 것이다.

④ 환율이 장기균형 수준보다 낮게 형성되어 점진적으로 상승할 것이다.

⑤ 물가수준이 정책 변화 이전과 동일하게 유지되어 환율은 1,200원으로 회귀할 것이다.

35 소비자이론에 관한 다음의 설명 중 옳지 않은 것은?

① 기펜재는 열등재이지만 모든 열등재가 기펜재는 아니다.

② 무차별곡선이 L자형이면 가격효과와 소득효과는 동일하다.

③ 소득소비곡선(ICC)이 우상향하는 직선이면 두 재화 모두 정상재이다.

④ 실질소득이 증가하였는데 소비량이 감소하였다면 이는 열등재이다.

⑤ 열등재의 가격이 하락할 때 수요량이 증가하는 것은 대체효과가 소득효과보다 작기 때문이다.

36 경영자를 분류할 때, 최고경영층에 관한 설명으로 옳지 않은 것은?

① 조직의 전반적인 방향과 운영에 대한 권한과 책임을 가진다.

② 전략적 의사결정 및 계획수립 업무에 집중한다.

③ 기업의 소유자가 수행하던 기능을 기업 전체적인 입장에서 수행한다.

④ 맡고 있는 기능이나 역할에 따라 수탁경영층, 일반경영층, 부문경영층으로 구분된다.

⑤ 경영부문별 관리책임을 맡기 때문에 전문성을 갖춰야 한다.

37 B사에서 A사에게 인수의 대가로 2,000억 원을 요구하고 있는 경우 합병의 NPV는 얼마인가?

- A사의 기업가치 : 5,000억 원
- B사의 기업가치 : 1,000억 원
- A사와 B사가 합병하여 생긴 C사의 기업가치 : 1조 원
- 두 회사는 부채를 보유하지 않는다.

① 1,000억 원

② 1,500억 원

③ 2,000억 원

④ 3,000억 원

⑤ 4,000억 원

38 균형성과표를 통해 기업경영을 바라볼 때, 해당되지 않는 관점은?

① 재무   ② 고객

③ 내부 프로세스   ④ 학습과 성장

⑤ 시장리스크

39 페이욜이 주장하는 6가지의 경영활동에 해당하지 않는 것은?

① 회계적 활동   ② 관리적 활동

③ 보전적 활동   ④ 기술적 활동

⑤ 사회적 활동

40 근대적 관리론자인 사이먼이 주장하는 완전한 합리성이 아닌 것은?

① 만족해를 추구   ② 구조화된 문제

③ 정형적 의사결정 과정   ④ 경제인 가설

⑤ 완전한 정보환경

41 고전학파 세계에서 확대재정정책을 시행할 때 나타나는 효과는? (단, 통화량은 불변하며 투자는 이자율에 탄력적으로 반응한다고 가정한다.)

	이자율	국민소득	물가
①	상승	일정	일정
②	상승	일정	상승
③	상승	증가	일정
④	일정	일정	상승
⑤	일정	증가	일정

42 커뮤니케이션 네트워크 유형 중 쇠사슬(chain)형에 대한 설명으로 옳지 않은 것은?

① 수직적 커뮤니케이션과 수평적 커뮤니케이션의 두 가지로 나뉜다.

② 수직적 커뮤니케이션은 공식적 계통 및 수직적 경로를 통해서 정보전달이 이루어지는 형태이다.

③ 수직적 커뮤니케이션의 대표적인 예로 조직의 라인이 있다.

④ 수평적 커뮤니케이션은 중간에 위치한 구성원이 중심적인 역할을 하는 경우에 속한다.

⑤ 수평적 커뮤니케이션의 경우에는 정보수집 및 문제해결 등이 상대적으로 빠르다.

43 A국 경제에서 화폐의 유통속도는 일정하며 실질 경제성장률과 물가상승률은 3%이다. 이때 예상되는 A국의 통화공급 증가율은?

① 2%   ② 3%

③ 4%   ④ 5%

⑤ 6%

44 미국 소재 해외 화계법인에 재직하던 한국인 최씨는 회사의 인력감축계획에 의해 실직하고 귀국하였다. 최씨의 실직 귀국이 두 나라의 국민소득에 미치는 영향은?

① 한국 GDP와 미국 GNI 감소

② 한국 GNI와 미국 GDP 감소

③ 한국과 미국의 GDP 감소

④ 한국과 미국의 GNI 감소

⑤ 미국 GDP 감소와 한국의 GNI 유지

45 민우는 C맥주(X재)와 M맥주(Y재)를 각각 3병씩 가지고 있으며, 두 맥주의 가격은 1,500원으로 동일하다. 만약 A의 MRS_{XY}가 2로 일정하다면 민우는 어떤 행동을 보이겠는가?

① 가게에 가서 C맥주를 M맥주로 바꿔 달라고 한다.

② 가게에 가서 M맥주를 C맥주로 바꿔 달라고 한다.

③ 가격이 동일하므로 그냥 마신다.

④ 가게에 가서 돈으로 바꾸어 달라고 한다.

⑤ 두 제품의 가치를 비교할 수 없으니 제3의 제품을 산다.

46 기회비용에 대한 예시로 적절하지 않은 것은?

① 서류를 보관하였다면 내지 않을 수 있었는데 서류를 보관하지 않아서 지불하게 된 세금

② 아이스크림과 커피 중 하나를 골라야 하는 상황에서 고민 끝에 커피를 선택한 경우에 포기한 아이스크림

③ 자신 소유의 건물에서 레스토랑 사업을 하지 않았더라면 받을 수 있었던 건물 임대료 수입

④ 사업을 하기 위해 포기한 직장에서 받을 수 있었던 월급

⑤ 시험공부를 위해 포기한 만화책 읽기로 얻을 수 있는 즐거움

47 따라잡기 효과에 대한 설명으로 옳은 것은?

① 자본이 동일하게 일정량 증가한 경우 선진국의 성장폭이 개발도상국보다 높다.

② 학습효과로 인해서 나타나는 현상이다.

③ 선진국에 존재하는 유휴노동력으로 노동생산성이 높아진다.

④ 1인당 GDP 성장률이 지난 30년 동안 한국 6%, 미국 2%인 현상과 관련이 있다.

⑤ 외국 기술을 적극 도입하는 것이 정치적 안정보다 우선되어야 적용이 가능하다.

48 식품판매를 하는 A사에서 사업자 Y 씨에게 상표 및 판매권, 품질관리, 인사관리, 교육, 마케팅을 제공하면 Y 씨는 A사에게 가맹비와 로열티 등의 각종 수수료를 제공하는 계약을 맺었다. 이 경우 A사와 Y 씨가 체결한 계약의 형태는?

① 트러스트   ② 프랜차이징

③ 아웃소싱   ④ 벤치마킹

⑤ 합자회사

49 甲국의 총 인구가 5,000만 명이고 15세 미만 인구가 2,000만 명, 비경제활동인구가 1,000만 명, 실업자가 120만 명이라고 했을 때 甲국의 실업률은?

① 2%   ② 3%

③ 4%   ④ 5%

⑤ 6%

50 생산자와 소비자를 합성한 것으로, 제품개발, 유통, 마케팅까지 참여하는 생산적 소비자를 의미하는 용어는?

① 기펜족   ② 프로슈머

③ 스마트쇼퍼   ④ 블랙컨슈머

⑤ 몰링족

51 아래는 같은 산업 내 주체들의 이해관계를 나타낸다. 포터의 산업구조분석에 근거하여 A 관계에서 발생할 수 있는 문제로 옳지 않은 것은?

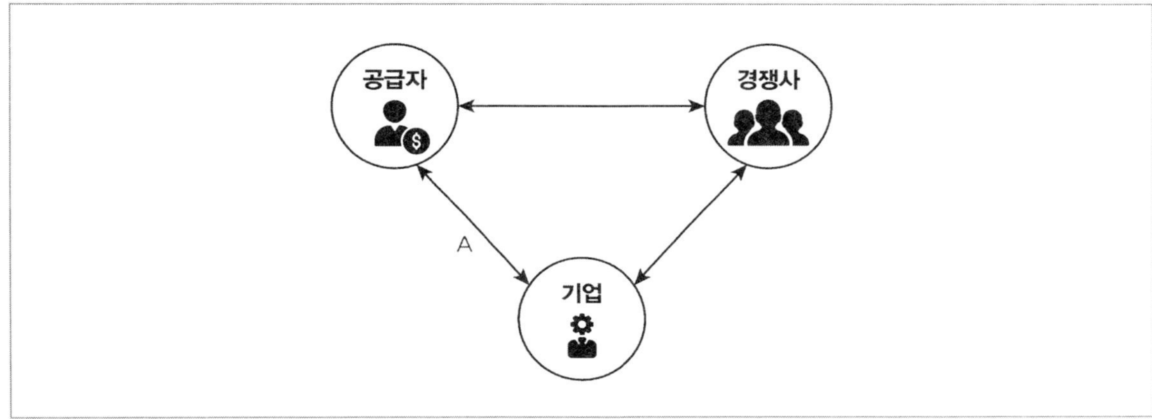

① 소수의 공급자는 가격 인상 압력을 행사하여 기업의 원가를 상승시킬 수 있다.

② 공급자의 교섭력이 관계의 핵심 요소 중 하나이다.

③ 공급자는 납품 조건을 강화하여 기업에 불리한 계약을 체결할 수 있다.

④ 다수의 기업이 존재하여 과당경쟁으로 수익성이 저하될 수 있다.

⑤ 공급자의 교섭력이 높아지면 기업의 수익성이 악화될 수 있다.

52 인플레이션에 대한 설명으로 옳지 않은 것은?

① 예상된 인플레이션의 경우 '메뉴비용(menu cost)'이 발생할 수 있다.

② 비용인상 인플레이션의 원인으로 임금인상, 수입원자재 가격의 상승, 이자율 상승 등을 들 수 있다.

③ 생산비 상승으로 인한 비용인상 인플레이션의 경우 '스태그플레이션(stagflation)'이 발생할 수 있다.

④ 예상 못한 인플레이션의 경우 '구두창 비용(shoe leather cost)'이 발생한다.

⑤ 수요가 증가하면서 발생하는 인플레이션인 '착한 인플레이션'은 경기회복에 따라 물가가 점전적으로 오르는 것이다.

53 GE-맥킨지 매트릭스에 관한 설명으로 옳지 않은 것은?

① 사업경쟁력이 높고 시장매력도가 낮다면 철수하는 것이 좋다.

② 사업경쟁력과 시장매력도가 모두 중간을 유지한다면 선택과 집중을 통해 현상을 유지한다.

③ 가로축과 세로축이 모두 3단계로 총 9개 분야로 나뉜다.

④ 시장매력도와 사업경쟁력이 모두 높은 경우에는 시장의 성장규모를 파악하고 투자를 진행한다.

⑤ 사업경쟁력은 중간이지만 시장의 매력도가 높으면 리스크를 감수하고 투자를 한다.

54 아래 기업의 성장 단계에 대한 설명으로 옳지 않은 것은?

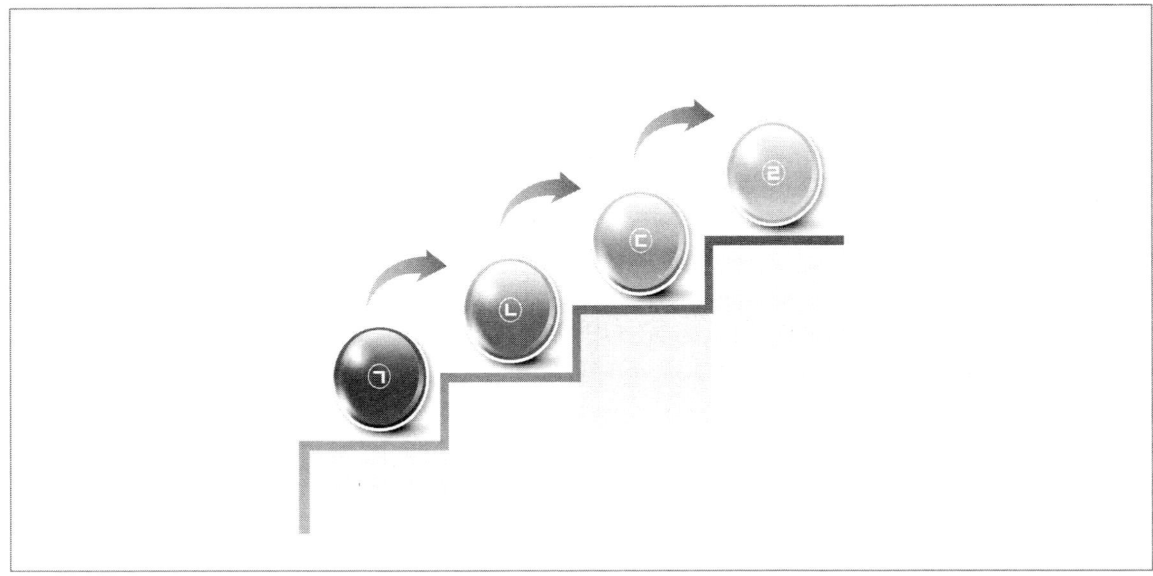

① ㉠에서는 한정된 자원을 특정 사업 분야에 집중하여 전문성과 경쟁력을 극대화한다.

② ㉡에서는 기존 사업과 연관성이 낮은 신사업으로 확장하여 위험을 분산한다.

③ ㉢에서는 관련 다각화를 통해 경영 자원을 효율적으로 활용할 수 있다.

④ ㉣에서 포트폴리오의 다양성을 꾀하면 관리 효율이 낮아질 수 있다는 단점이 있다.

⑤ 성장 단계가 높아질수록 경영 통제와 조정의 복잡성이 증가한다.

55 다음 사례에서 적용된 전략은?

> 국내외 항공사로 새로 진입하게 된 A항공은 기존에 있는 대형 항공사인 K항공사와 다른 저가 항공사에게 대적하기 위해서 기내식과 같은 부가서비스를 축소하며 가격을 대폭 낮추어 시장점유율을 높이고자 한다.

① 시장침투 전략　　　　　　　　② 차별화 전략
③ 원가우위 전략　　　　　　　　④ 다각화 전략
⑤ 집중차별화 전략

56 아래와 같은 현상과 관련된 내용으로 적절한 것은?

> 해안에 등대를 설치하게 되면 오가는 모든 선박들이 항로를 파악하는 데 도움을 얻는다. 하지만 등대가 설치되면 대가를 지불하지 않고도 혜택을 얻을 수 있으므로 누군가가 먼저 설치해 주기만을 기다리게 된다.

① 생산 측면의 외부불경제를 보여주는 사례이다.
② 선착순 자원배분을 통해 해결할 수 있는 문제이다.
③ 정부의 시장개입 축소를 주장하는 근거가 된다.
④ 무임승차를 배제할 수 없다는 점으로부터 비롯된다.
⑤ 소비에 경합성이 있어서 발생하게 되는 문제이다.

57 내부화 이론에서 주장하는 외부시장이 불완전한 경우가 아닌 것은?
① 개발품이 특허권이나 상표권에 의해 보호받지 못하는 경우
② 국가부도의 위험이 있는 경우
③ 규모의 경제가 존재하는 경우
④ 한 사람의 사용으로 인해 다른 사람의 보유량이 줄어들지 않는 경우
⑤ 정부의 간섭이 있는 경우

58 다음 자료를 통해서 계산한 EBITDA는 얼마인가?

〈H사 2025년 4분기 자료〉

- 매출액 : 2조 원
- 무형자산상각비 : 2,000억 원
- 당기순이익 : 3,500억 원
- 영업이익 : 1조 원
- 감가상각비 : 5,000억 원

① 7,000억 원

② 8,500억 원

③ 1조 원

④ 1조 7,000억 원

⑤ 2조 2,050억 원

59 대표적인 마케팅 변수인 4P에 해당하지 않는 것은?

① 공공재

② 가격

③ 유통

④ 광고

⑤ 제품

60 AIDMA모형에서 광고의 효과가 발생하는 순서가 바르게 연결된 것은?

① 관심 → 주의 → 기억 → 욕구 → 행위

② 주의 → 욕구 → 관심 → 기억 → 행위

③ 주의 → 관심 → 욕구 → 기억 → 행위

④ 욕구 → 관심 → 주의 → 행위 → 기억

⑤ 욕구 → 행위 → 관심 → 주의 → 기억

61 전체시장을 시장부문으로 구별하고 각 시장부문에서 가장 적합한 제품을 개발하는 마케팅 전략을 의미하는 용어는?

① 타깃 마케팅
② 제품차별화 마케팅
③ 시장세분화 마케팅
④ 대량 마케팅
⑤ 일대일 마케팅

62 공공재에 대한 설명으로 옳지 않은 것은?

① 정부만이 공급할 수 있다.
② 여러 사람이 동시에 소비할 수 있다.
③ 특정인의 소비를 배제하는 것은 어렵다.
④ 한 사람의 소비가 다른 사람의 소비를 감소시키지 않는다.
⑤ 국방과 일기예보는 공공재에 해당한다.

63 상표에 관한 설명으로 옳지 않은 것은?

① 무상표는 상표유지를 위해 발생하는 비용을 감당할 수 없거나 제품의 특성이 비슷해 차별화가 필요 없는 경우 선택된다.
② 유통업자 상표는 도소매업자가 하청을 주어 생산된 제품에 도소매업자의 브랜드명을 부착하는 것이다.
③ 제조업자 상표는 브랜드이미지 관리를 위해 많은 비용을 지출하므로 상품가격이 상대적으로 높다.
④ 공동브랜드는 높은 인지효과가 있지만 품질관리가 어렵다.
⑤ 국내시장에서 지배적인 상표는 유통업자 상표이다.

64 다음 제품수명주기에서 ⓒ 단계의 특징으로 옳지 않은 것은?

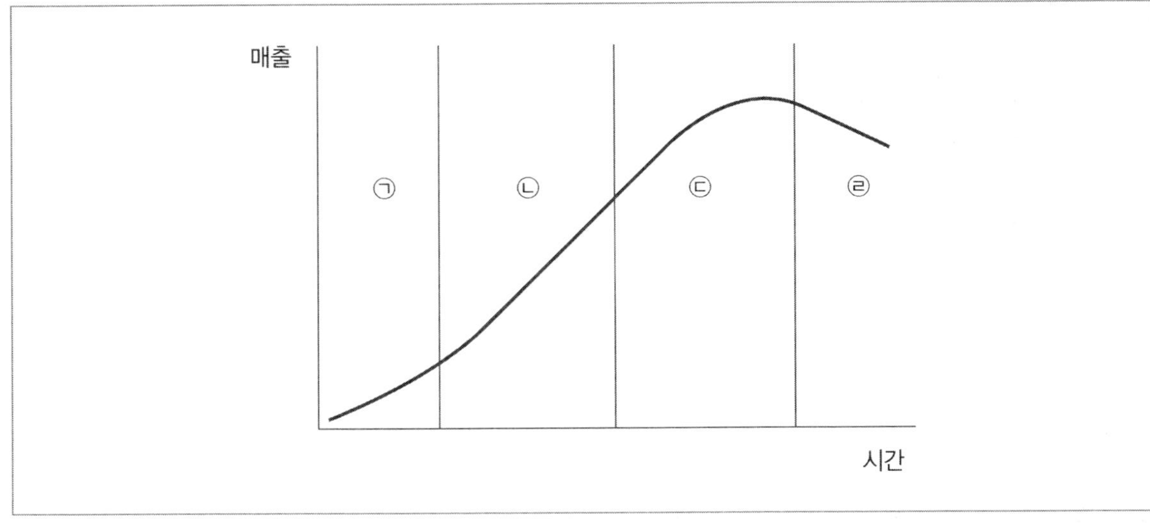

① 제품의 상표와 모델을 다양화하고 브랜드를 재활성화 한다.

② 유통전략을 집중적으로 강화하고 유통범위를 최대화 한다.

③ 판촉을 통해 상표전환을 시도한다.

④ 상표충성도가 높은 고객의 유지에 필요한 정도로 광고를 실시한다.

⑤ 시장세분화를 극대화 한다.

65 기준가격 결정방법에 해당하지 않는 것은?

① 목표가격 결정법

② 손익분기 분석법

③ 지각가치 기준법

④ 경쟁 기준법

⑤ 할인가격 결정법

66 프랜차이즈 조직에서 본부 입장의 장점으로 옳지 않은 것은?

① 넓은 지역에 걸쳐 단시간에 안정적인 판매망을 확보할 수 있다.

② 가입비나 로열티 등을 통해 안정적인 수입확보가 가능하다.

③ 가맹점의 점포 스타일이나 유니폼 등을 통일시켜 소비자에게 일관된 이미지를 줄 수 있다.

④ 환경변화에 따라 가맹점수를 조절함으로써 유연성 있는 경영이 가능해진다.

⑤ 직영점을 직접 운영하는 것보다 낮은 위험으로 더 높은 투자수익을 거둘 수 있다.

67 기업회계 기준서에서 기업들에게 공시하도록 요구하는 재무제표 종류에 해당하지 않는 것은?

① 재무상태표 ② 포괄손익계산서

③ 자본변동표 ④ 현금흐름표

⑤ 영업보고서

68 재무상태표의 대변에 부채의 증가가 기록될 때, 차변에 기록되는 내용이 아닌 것은?

① 자산의 증가 ② 부채의 증가

③ 자본의 감소 ④ 수익의 발생

⑤ 비용의 발생

69 기업의 투자활동을 통해 유출되는 현금흐름으로 옳지 않은 것은?

① 투자자산의 취득

② 자기주식의 취득

③ 유형자산의 취득

④ 무형자산의 취득

⑤ 대여금의 발생

70 IFRS의 일반적인 특징으로 볼 수 없는 것은?

① 재무제표 작성은 발생기준 회계와 계속기업이라는 가정에서 출발한다.

② 재무제표 항목의 순서나 형식에 자율성을 부여한다.

③ 법적 형식에 따라서 회계처리를 적용한다.

④ 투자자에게 해당기업에 대한 정보를 충실히 제공하는 데 목적을 두고 있다.

⑤ 연결재무제표와 공정가치로 경제적 실질을 반영한다.

71 아래 허쉬–블랜차드 모델을 바탕으로 해당 사례의 팀장이 선택할 적절한 리더십 위치를 고른 것은?

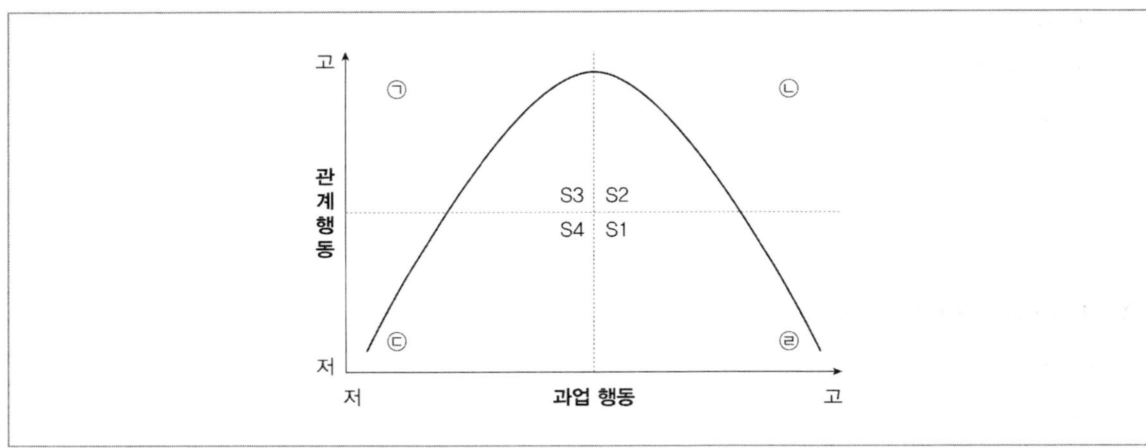

입사한 지 한 달 된 A 씨는 맡은 일에 열의를 보이고 있으나 업무 중 실수가 잦다. 팀장은 그의 의욕은 인정하지만, 적절한 업무 수행 방식을 익히지 못하는 것 같아 걱정스럽다.

① ㉠

② ㉡

③ ㉢

④ ㉣

⑤ 해당 없음

72 기업의 활동을 관리함으로써 고객 가치를 높이고 원가 절감을 통해 이익을 증대하는 전략경영 관리회계 기법은?

① 적시생산시스템　　　　　　　　　② 품질원가관리

③ 목표원가관리　　　　　　　　　　④ 활동기준경영

⑤ 수명주기원가관리

73 채권의 특징에 관한 설명으로 옳지 않은 것은?

① 채권은 이자지급 방식에 따라 순수할인채권, 이표채, 복리채 등으로 나눌 수 있다.

② 액면이자는 지급이자를 계산하는 기준이 된다.

③ 영구채권은 만기가 없이 영원히 이자만 받는 채권이다.

④ 채권에 투자한 투자자는 이자를 지급받을 권리와 원금을 상환받을 권리를 갖게 된다.

⑤ 표면이자는 시장가격에 표면이자율을 곱하여 계산한다.

74 자원의 배분과 관련된 설명으로 옳지 않은 것은?

① 파레토최적의 자원배분은 일반적으로 무수히 많이 존재한다.

② 일정한 전제조건이 충족될 때 완전경쟁시장에서의 일반균형은 파레토최적이 된다.

③ 파레토 효율적 자원배분에서는 재화생산의 기회비용을 최소로 하고 있다.

④ 파레토 효율적 자원배분에서는 재화소비의 한계대체율이 모든 사람에게 동일하여야 한다.

⑤ 파레토최적에서 자원배분은 항상 사회후생이 극대화된다.

75 포트폴리오 이론의 가정에 해당하지 않는 것은?

① 투자자는 위험중립적이며 기대효용의 증가를 목표로 한다.

② 투자자들은 투자대상의 수익률 확률분포를 미리 알고 있다.

③ 투자자의 효용은 기대수익과 위험에 의해 결정된다.

④ 투자자의 효용함수를 2차 함수로 가정하고 수익률의 확률분포는 정규분포로 가정한다.

⑤ 투자자들이 고려하고 있는 투자기간은 단일기간이다.

76 기업가치의 구성요소를 도출하는 방법으로 옳지 않은 것은?

① 기업가치는 영업가치와 비영업자산가치의 합 또는 주주가치와 채권자가치의 합으로 계산한다.

② 영업가치는 DCF를 통해 구한 미래현금흐름의 현재가치로 계산한다.

③ 비영업자산가치는 비영업용 부동산과 같은 장부가치로 계산한다.

④ 주주가치는 주가배수를 통해 도출한 주가와 발행주식수의 곱, DCF를 도출한 기업가치에서 채권자가치 차감, EV배수를 통해 도출한 EV에서 순부채를 차감하여 계산한다.

⑤ 채권자가치는 부채의 시장가치 또는 미래현금흐름의 현재가치로 계산한다.

77 PER에 관한 설명으로 옳지 않은 것은?

① 보통주의 시장가격을 주당순이익으로 나누어 계산한다.

② 주당순이익과 주가가 비례관계를 보인다는 가정하에 이용되는 비율이다.

③ 다른 주식과 비교하여 상대적으로 PER가 낮은 주식을 저PER주라고 한다.

④ 실제PER가 정상PER에 비해 낮은 경우 기업가치가 주식가격에 충분히 반영되어 있지 않음을 의미한다.

⑤ 정상PER는 동일업종, 유사규모, 유사시장점유율을 갖는 비교기업들의 PER를 평균하여 구한다.

78 옵션거래의 특징에 관한 설명으로 옳지 않은 것은?

① 옵션거래는 제로섬 게임이다.

② 옵션을 산 사람이 있을 경우 반드시 판 사람이 존재한다.

③ 풋옵션을 매도한 사람은 옵션소유자가 만기에 이를 행사하면 행사가격을 받고 주식을 양도해야 한다.

④ 주식가격이 행사가격 이상일 경우 콜옵션 보유자는 옵션을 행사할 것이다.

⑤ 주식가격이 행사가격 이하일 경우 콜옵션 매도자가 권리를 포기하면 프리미엄만큼 손실이 발생한다.

79 방어적 풋(protective put) 전략에 관한 설명으로 옳지 않은 것은?

① 주식 1주를 매입하면서 동시에 풋옵션 1개를 함께 매입하는 전략이다.

② 주가가 하락해도 손실은 제한적이다.

③ 주가상승에 따른 이익은 실현할 수 없다.

④ 주가가 옵션의 행사가격 이하로 하락하더라도 풋옵션 행사에 따른 이득으로 주식에서의 손실을 상쇄할 수 있다.

⑤ 포트폴리오의 가치가 행사가격 이하로 하락하는 것을 방지하는 전략이다.

80 선도거래와 선물거래의 차이점에 관한 설명으로 옳지 않은 것은?

① 선도거래는 장외장소에서 거래되고 선물거래는 장내장소에서 거래된다.

② 선도거래는 불완전 경쟁시장이고 선물거래는 완전 경쟁시장이다.

③ 선도거래는 결제소에 의해 일일정산되고 선물거래는 만기일에 결제된다.

④ 선도거래는 개별적으로 거래되고 선물거래는 정형화된 공개입찰방식으로 거래된다.

⑤ 선도거래는 당사자 간의 합의에 의해 계약이 이루어지고 선물거래는 표준화된 계약내용에 의해 계약이 이루어진다.

제4회 실전모의고사

※ 정답 및 해설은 p.370에 있습니다.

1 아래 상황에서 형일이가 'ㅇㅇ중국집'에서 계속 일하기 위한 최소한의 연봉은?

> 현재 중국 음식점 'ㅇㅇ중국집'에서 일하고 있는 형일이는 내년도 연봉 수준에 대해 'ㅇㅇ중국집' 사장과 연봉협상을 벌이고 있다. 형일이는 협상이 결렬될 경우를 대비해 퓨전 중국 음식점 '△△중국집' 개업을 고려하고 있는 상황이다. 이에 대한 시장 조사 결과는 아래와 같다.
> - 보증금 : 2억 원(은행에서 연리 7.5%로 대출 가능)
> - 임대료 : 연 4,000만 원
> - 연간 영업비용 : 직원 인건비 6,000만 원, 음식 재료비 8,000만 원, 기타 경비 4,000만 원
> - 연간 기대 매출액 : 3억 원

① 5,000만 원
② 5,750만 원
③ 6,000만 원
④ 6,500만 원
⑤ 8,000만 원

2 경기변동 주기와 발생 원인을 나열한 것으로 옳지 않은 것은?

① 키친파동 – 재고투자
② 쥬글라파동 – 인적투자
③ 콘트라티에프파동 – 기술혁신
④ 건축순환 – 건축투자
⑤ 쿠즈네츠파동 – 경제성장률 변화

3 '잃어버린 10년'이라 불리는 1990년대 일본의 극심한 경기불황과 가장 관계 깊은 것은?

① 디노미네이션

② 백워데이션

③ 디플레이션

④ 쿼테이션

⑤ 애그플레이션

4 상대소득가설에 대한 설명으로 옳은 것은?

① 정기적이고 확실한 소득이 소비를 결정한다.

② 생애 평생의 소득수준이 현재의 소비를 결정한다.

③ 당기의 소득이 소득의 크기를 결정한다.

④ 소비는 한 번 늘어나게 되면 다시 줄이는 것이 어렵다.

⑤ 소비는 절대소득의 수준과 유동자산으로 결정된다.

5 GNP(국민소득총생산)의 추계에 포함되지 않는 것은?

① 새로운 주택의 건설

② 예술인의 창작활동

③ 도자기의 생산

④ 연극배우의 출연료

⑤ 전년도 미수금의 회수

6 아래 나타난 소득 통계의 종류에 대한 설명으로 옳은 것은?

명목 국내총생산(GDP)	국외수취요소소득	국외지급요소소득	계
2,300조 원	170조 원	70조 원	2,400조 원

㉠ 국민총소득 통계이다.

㉡ 물가변동을 고려하여 실질적인 구매력을 나타낸 것이다.

㉢ 그 해의 생산량과 가격을 기반으로 산출한 것이다.

㉣ 명목 GDP와 실질 GDP의 차이를 설명할 수 있다.

① ㉠, ㉡

② ㉠, ㉢

③ ㉠, ㉣

④ ㉡, ㉣

⑤ ㉢, ㉣

7 아래는 2020년부터 2025년까지의 T국 소비자물가지수 추이를 나타낸 것이다. A시기에 실질적인 손실을 보는 사례로 옳지 않은 것은?

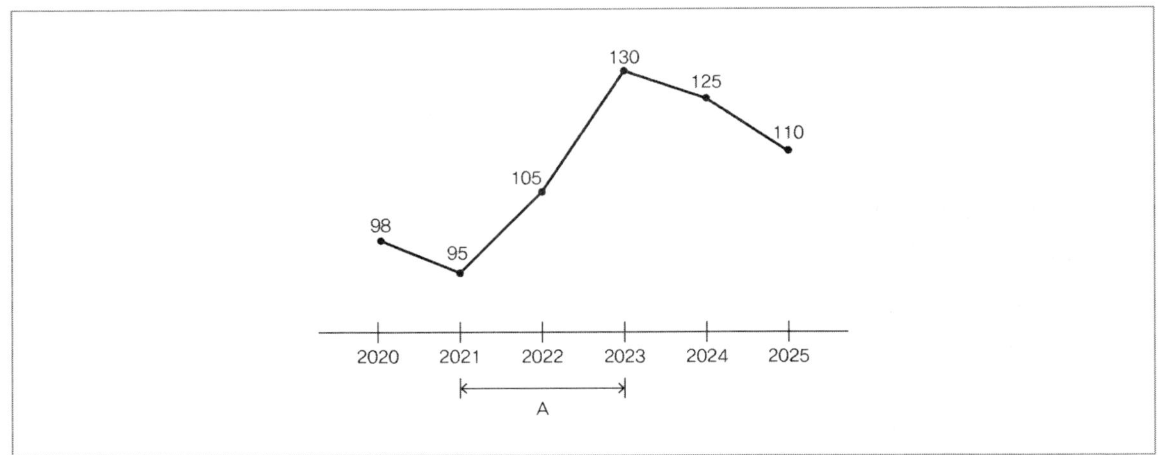

① 고정 월급을 받는 근로자
② 많은 현금을 보유하고 있는 자산가
③ 장기 고정금리 대출을 제공한 은행
④ 채권을 보유한 투자자
⑤ 외화 부채가 많은 수출 기업

8 국민들의 평균적인 생활수준을 알아보기 위하여 일반적으로 사용되는 지표는?

① 국민총소득
② 노동소득분배율
③ 1인당 GNI
④ 총투자율
⑤ 조세부담률

9 2025년 실질 GDP가 1,500이고 명목 GDP가 1,650일 경우, GDP 디플레이터는 얼마인가?

① 110
② 90.9
③ 10
④ −10
⑤ 115

10 정보의 비대칭에 대한 설명으로 옳지 않은 것은?

① 정보를 많이 가진 쪽이 항상 유리한 것은 아니다.

② 정보의 비대칭으로 인해 '도덕적 해이'와 '역선택'의 문제가 발생한다.

③ 주주와 대리인 사이의 이해상충 및 충돌의 문제가 발생하는 원인이 된다.

④ 정보를 가진 측이 정보를 갖지 못한 측의 유형을 판별하고자 하는 것을 '선별'이라 한다.

⑤ '신호발송'은 정보를 갖지 못한 측의 역선택을 줄이기 위해 정보를 가진 측이 행동하는 것이다.

11 독점이 발생하는 원인으로 볼 수 없는 것은?

① 정부의 규제

② 생산기술의 독점

③ 생산요소의 독점

④ 잠재적 기업들의 시장진입

⑤ 규모의 경제

12 러너지수(lerner index)에 관한 설명으로 옳지 않은 것은?

① 가격과 한계비용 간의 차이를 이용하여 독점력을 측정하는 지수이다.

② 완전경쟁기업은 러너지수가 0이 된다.

③ 러너지수를 통해 독점력의 정도를 파악할 수 있다.

④ 러너지수가 클수록 독점력의 크기가 더 크다고 할 수 있다.

⑤ 러너지수는 −1에서 1 사이의 값을 갖는다.

13 거시경제 변수들에 대한 설명으로 적절하지 않은 것은?

① 실질 GNI는 실질 GDP에 국외순수취요소소득 및 교역조건 변화 등에 의한 무역 손익을 합하여 구한다.

② GDP 디플레이터 상승률은 매년 일정한 재화 품목을 구입하는 비용이 상승하는 정도를 측정한다.

③ 이미 발행된 국채에 대한 이자 지급은 GDP에 포함되지 않는다.

④ 투자의 변동성은 소비의 변동성보다 크다.

⑤ 수출채의 국제가격이 수입재에 비하여 상승하였을 경우, GNI 증가율이 GNP 증가율보다 높게 나타난다.

14 다음 중 완전보완재의 최적 소비량 결정에 대한 내용으로 옳지 않은 것은?

① 2개 상품을 일정한 비율로 함께 소비할 때 효용이 극대화 된다.

② 상품의 가격이 변하더라도 최적의 선택점은 변하지 않는다.

③ 소비자는 언제나 극단적인 소비 패턴을 보인다.

④ 소득이 변하더라도 최적의 소비점은 언제나 존재한다.

⑤ 최적의 선택은 언제나 대각선 상에서 이루어진다.

15 보호무역론의 주장 근거로 옳지 않은 것은?

① 실업 방지   ② 국가 안보

③ 외국 불공정무역 대응   ④ 유치산업보호론

⑤ 효율적 자원배분

16 기회비용에 대한 설명으로 옳은 것은?

① 기회비용은 화폐단위로 측정할 수 없다.

② 기회비용은 항상 음($-$)이다.

③ 기회비용은 경제학에서 일반적으로 사용되는 비용개념과는 별개의 것이다.

④ 하나의 행위를 할 때의 기회비용은 그로 인해 포기된 행위 중 최선의 가치로 측정된다.

⑤ 기회비용은 암묵적 비용을 포함하지 않는다.

17 케인즈 단순모형에서의 균형에 관한 설명으로 옳지 않은 것은?

① 한계소비성향이 1보다 작기 때문에 소비함수의 기울기가 45도보다 작아서 총수요와 총공급이 교차하는 점이 생긴다.

② 생산물시장이 균형상태에 있다면 완전고용산출량에 미달하더라도 국민소득은 변하지 않는다.

③ 유효수요가 부족한 경우 노동시장에 실업이 존재하는 상태라도 균형국민소득이 유지될 수 있다.

④ 균형은 완전고용산출량 수준에서 이루어져야만 한다.

⑤ 균형국민소득은 총지출선과 45도의 기울기로 교차하는 점에서 달성된다.

18 다음 기사에서 설명하고 있는 개념으로 적절한 것은?

올해 높은 공모가가 예상되는 많은 기업이 신규 상장을 앞두고 있다. 공개된 H기업의 재산상태와 영업활동의 결과 공모가가 6조 원대로 전망되면서 많은 관심을 받고 있다. S기업 또한 최근 바이러스 치료제를 신규 개발하고 상장을 하는 데 박차를 가하고 있다.

① 유상증자
② 우리사주조합
③ 주식공개매수
④ 기업공개
⑤ 흡수합병

19 IS-LM 모델의 한계로 볼 수 없는 것은?

① 환율 변동 등의 영향을 직접적으로 분석할 수 없다.
② 외부 환경, 미래에 대한 기대 등이 변하지 않는 단기를 대상으로 하여 경제를 분석한다.
③ 폐쇄경제에서 공급 측면을 무시하고 총수요 측면만을 강조하는 부분균형모형이다.
④ 외생적 요인이 변화하는 장기를 대상으로 분석할 경우 IS-LM곡선은 이동 없이 고정되는 형태를 나타낸다.
⑤ 물가수준이 안정적이고 유휴생산설비나 불완전고용이 존재해 수요만 있으면 얼마든지 공급이 가능하다고 가정한다.

20 고전학파의 총공급곡선에 관한 설명으로 옳지 않은 것은?

① 가격과 임금의 완전신축성을 가정한다.
② 장기에는 총공급곡선이 자연산출량 수준에서 수직선이 된다.
③ 주어진 물가수준하에서 원하는 만큼 생산이 가능한 경우에는 총공급곡선이 수평선이 된다.
④ 장기에는 경제 전체의 총생산량이 노동, 자본, 생산기술 등 실물적 요인에 의해서만 결정된다.
⑤ 실질임금이 변하지 않으므로 고용량도 변동이 없고 총공급도 변동이 없다.

21 재정정책의 파급경로에 관한 설명으로 옳지 않은 것은?

① 정부지출이 증가하면 총지출이 증가하면서 국민소득도 증가한다.

② 국민소득이 증가하면 화폐수요가 증가하여 이자율이 상승한다.

③ 이자율의 상승으로 인해 민간부문의 투자가 감소하여 총지출이 감소한다.

④ 이자율이 하락하면 투자가 증가하므로 국민소득이 증가한다.

⑤ 승수모형에서보다 국민소득의 증가폭이 작게 나타난다.

22 가속도 원리에 관한 설명으로 옳지 않은 것은?

① 가속도 원리를 통하여 생산증가와 유발투자 사이의 관계를 설명할 수 있다.

② 투자가 이자율의 감소함수이자 소득의 증가함수일 경우 IS곡선의 기울기는 더욱 완만해진다.

③ 투자가 이자율만의 함수일 때 확대재정정책은 이자율을 상승시켜 투자를 감소시킨다.

④ 경기가 호황이고 이자율이 높을 때는 재정정책이 금융정책보다 더 효과적이다.

⑤ LM곡선의 기울기가 완만할 때 확대재정정책을 사용하면 투자가 증가할 가능성이 크다.

23 리카르도 등가정리가 성립하기 위한 조건으로 옳지 않은 것은?

① 저축은 자유롭고 차입은 자유롭지 않아야 한다.

② 저축이자율과 차입이자율이 동일해야 한다.

③ 완전자본시장의 가정이 충족되어야 한다.

④ 조세부담을 지는 경제활동인구의 증가율이 0%이어야 한다.

⑤ 소비자들이 합리적이고 미래지향적이어야 한다.

24 루카스 공급곡선에 관한 설명으로 옳지 않은 것은?

① 경제 전체의 공급곡선의 합으로 구성된 총공급곡선을 루카스 공급곡선이라고 한다.

② 예상치 못한 일반물가수준의 상승이 총공급의 감소를 이끌어낼 수 있음을 보여준다.

③ 가격의 신축성과 합리적 기대의 가정하에 도출된다.

④ 루카스 공급곡선은 새고전학파의 총공급곡선이라고도 한다.

⑤ 루카스 공급곡선을 전제한 상태에서 정부가 지출을 증가하면 총공급곡선은 완전고용 국민소득수준에서 수직인 형태를 나타낸다.

25 항상소득가설에 관한 설명으로 옳지 않은 것은?

① 현재소득이 일시적으로 항상소득보다 커질 경우 평균소비성향은 일시적으로 하락한다.

② 생애주기가설과 마찬가지로 소비자이론을 따른다.

③ 개인의 소득이 매년 무작위적이고 일시적으로 변할 수 있다고 강조한다.

④ 사람들이 소비결정을 할 때 임시소득을 포함한 현재소득에 의존한다고 가정한다.

⑤ 평균소비성향은 현재소비에 대한 항상소득의 비율에 의존한다.

26 고전학파가 주장하는 투자와 이자율의 관계로 옳지 않은 것은?

① 이자율이 상승하면 현재가치 값은 감소한다.

② 이자율이 상승하면 미래 예상수익에 대한 할인 폭이 작아진다.

③ 이자율이 상승하면 저축이 증가하여 투자를 위한 자금의 공급이 늘어난다.

④ 순현재가치가 0보다 작은 사업에 투자하는 것은 손실을 발생시킨다.

⑤ 투자는 이자율의 변화에 민감하게 반응하므로 투자의 이자율탄력성이 크다고 할 수 있다.

27 고전학파의 거래수량설과 관련된 가정으로 옳지 않은 것은?

① 완전고용 생산수준은 경제에 부존하는 생산요소량에 의존하며 단기적으로 일정하다.

② 가격은 완전히 신축적이어서 생산이 항상 완전고용 상태에서 이루어진다.

③ 화폐유통속도는 단기적으로 변하지 않는다.

④ 화폐유통속도는 장기적으로 개인의 소비행태, 지급기술 등 제도적 · 기술적 요인에 의존한다.

⑤ 생산량은 단기적으로 일정하고 거래량만 변화한다.

28 지니계수에 대한 내용으로 옳지 않은 것은?

① 지니계수는 전 계층의 소득분배 상태를 하나의 숫자로 나타내므로, 특정 소득 계층의 소득분배 상태를 나타내지 못한다는 한계가 있다.

② 소득 불평등을 나타내는 지표로는 지니계수 외에도 10분위 분배율이 있다.

③ 지니계수는 전체가구의 소득불평등도를 나타내는 대표적인 지표이다.

④ 지니계수가 0.40에서 0.50 사이이면, 이는 불평등이 다소 높은 분배를 의미한다.

⑤ 지니계수는 0에서 1사이의 값을 가지며, 0에 가까울수록 불평등도가 높은 상태를 나타낸다.

29 다음은 J국의 올해 단기채권과 장기채권의 평균 수익률 추이를 나타낸 것이다. 이를 통해 추론할 수 있는 사실로 옳지 않은 것은?

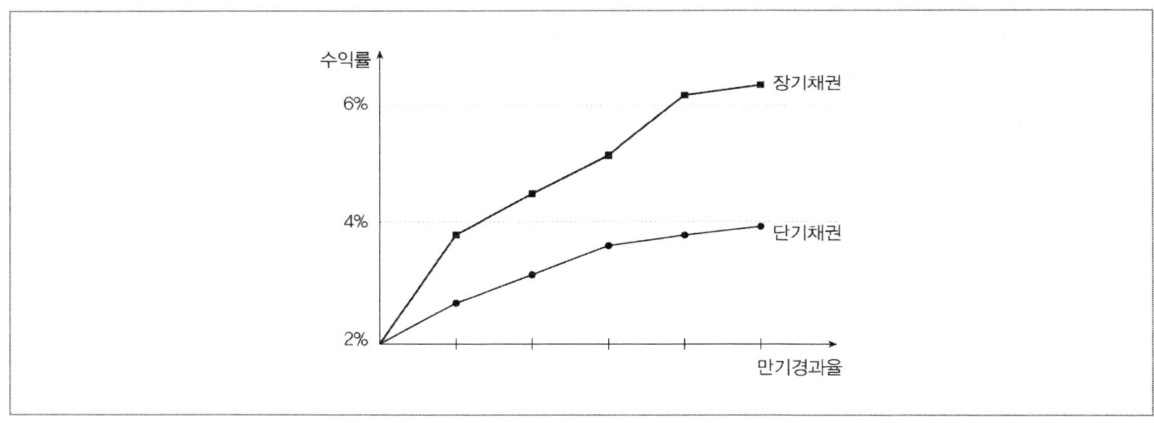

① 채권의 만기가 길어질수록 유동성프리미엄의 값은 커진다.

② 기준금리가 인상하면 수익률 곡선이 전반적으로 상승할 것이다.

③ 장기 금리 하락이 예상되면 두 곡선 사이의 거리가 줄어들 것이다.

④ 곡선은 언제나 우상향 형태를 유지한다.

⑤ 장기채권을 판매하기 위해 장기이자율을 단기이자율의 평균보다 높게 책정한다.

30 다음 중 ㉠에 대한 설명으로 옳지 않은 것은?

> 기업은 때로 시장의 균형실질임금보다 높은 임금을 지급한다. ㉠에 의하면 임금 수준이 근로자의 생산성을 결정하기 때문이다. 즉, 임금이 단순한 비용이 아니라 근로의 질을 결정하는 투자로 작용한다는 것이다. 따라서 지급하는 임금이 노동시장에서의 균형을 일시적으로 벗어나더라도 기업으로서는 합리적인 선택이 될 수 있다.

① 노동시장의 완전경쟁이 유지될 경우 장기적으로 임금 수준이 균형으로 수렴한다고 본다.

② 영양, 이직 방지, 도덕적 해이 방지, 역선택 방지 이론으로 구분할 수 있다.

③ 기업은 효율임금을 지급함으로써 교육 및 연수비용을 절감할 수 있다.

④ 효율임금은 인적자본 축적 효과를 내포한다.

⑤ 임금이 상승하면 노동생산성이 늘어나므로 기업의 총생산량도 함께 증가할 수 있다.

31 덤핑(dumping)에 관한 설명으로 옳지 않은 것은?

① 제품을 생산비 이하로 판매하는 것을 덤핑의 예로 들 수 있다.

② 지속적 덤핑이 발생하는 이유는 해외생산자에게 보다 높은 이윤이 확보되기 때문이다.

③ 약탈적 덤핑을 상쇄하기 위한 무역규제조치는 대개 가격 차이를 상쇄하기 위한 반덤핑관세의 형태를 띠게 된다.

④ 약탈적 덤핑은 국내가격보다 해외가격을 낮게 책정하여 일시적으로 판매하는 것을 말한다.

⑤ 산발적 덤핑은 국내가격을 하락시키지 않고 일시적인 초과공급을 해소하기 위한 것이다.

32 경상수지 중 서비스수지에 해당하는 항목으로 옳지 않은 것은?

① 특허권 사용료

② 임금

③ 정부서비스

④ 여행

⑤ 보험

33 다음은 A국의 1년간 무역수지 변화 추이를 나타낸 것이다. 환율이 1분기부터 상승세였다고 가정할 때, A국 상황에 대한 설명으로 옳지 않은 것은?

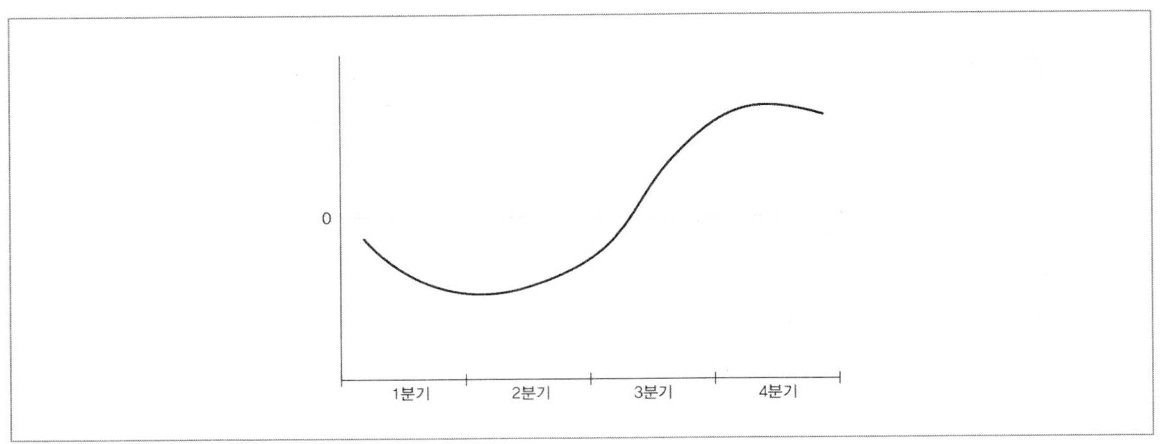

① 외국의 수입수요에 대한 가격탄력성이 높지 않았을 것이다.

② 초기에 외화표시 수출액이 감소하여 국제수지 적자가 확대되었다.

③ 초기에 환율이 상승했음에도 수입액이 감소하지 않았을 것이다.

④ 시간이 지나면서 수출입 수량이 조정되어 무역수지가 개선되었다.

⑤ A국과 상대국의 수입재에 대한 수요탄력성의 합이 1보다 큰 경우에만 무역수지가 개선된다.

34 변동환율제도의 장점으로 볼 수 없는 것은?

① 대외불균형을 해소하기 위한 정책에서 비롯되는 오류가 발생하지 않는다.

② 활발한 환율 변동으로 인해 국제무역과 국제투자가 촉진된다.

③ 외부의 경제적 충격이 환율변화에 의해 차단된다.

④ 대내경제의 안정화에 유리하고 독자적인 통화정책을 시행할 수 있다.

⑤ 대외자산을 보유할 필요가 없어 대외자산 보유의 기회비용이 없다.

35 가격차별과 거리가 먼 사례는?

① 수험표를 지참한 수험생에게 제공하는 할인서비스

② 영화관에서 제공하는 조조할인

③ 라면 10개를 구입하면 1개를 서비스로 제공

④ 해외시장보다 한국시장에서 더 비싼 스마트폰

⑤ 일반좌석보다 더 비싼 가격을 받는 비행기 비즈니스 좌석

36 다음 기사의 기업이 취하고 있는 마케팅 전략은?

> 학생이 입으면 그 브랜드는 망하게 된다는 유명 인플루언서의 게시글이 SNS를 뜨겁게 달구고 있다.
> 명품브랜드 G사는 90년대 영국의 차브족의 패션아이템이 되면서 브랜드가치가 큰 폭으로 떨어졌음
> 을 밝힌 적이 있다. 이에 따라 대중들에게 인기가 높아진 명품브랜드 G사는 SNS 계정을 삭제하고
> 고객들과 거리두기를 시행하고 있다.

① 니치마케팅
② 넛지마케팅
③ 포지셔닝
④ 디마케팅
⑤ 세그멘테이션

37 균형성과표 중 기업 내부 프로세스 관점에 해당하는 지표로 옳지 않은 것은?

① 신제품 개발기간
② 정보시스템 활용 정도
③ 고객주문 반응시간
④ 불량 처리시간
⑤ 운영능력

38 가치기반 경영의 리스크관리기법에서 다루는 리스크가 아닌 것은?

① 시장리스크
② 신용리스크
③ 시스템리스크
④ 유동성리스크
⑤ 운영리스크

39 다음 사례에서 설명하는 실험의 특징으로 옳은 것은?

> 엘튼 메이요 교수와 연구팀이 전기회사 '호손 웍스' 공장에서 근무하는 근로자를 대상으로 진행한 이 실험에서, 조명의 밝기와 생산성은 연관이 없음으로 나타났다. 오히려 진행되는 실험에 대한 평가를 인지하면서 근로자의 능률이 높아진다는 것을 발견하였다.

① 근무환경에서 뚜렷한 상하계층제가 필요하다.
② 근로자가 근무할 때 기계처럼 일만 하는 것을 반대한다.
③ 높은 효율성과 생산성을 추구하는 것이 근로자의 작업능률을 높인다.
④ 인간적인 요인은 근무환경에서 제일 중요하지 않다.
⑤ 근로자의 행동에서 가장 큰 요인은 경제적인 요인이다.

40 맥그리거의 Y이론의 가정으로 옳지 않은 것은?

① 지시, 강압 등의 수단이 사용된다.
② 일은 즐길 수 있는 자연스러운 것이다.
③ 적절한 조건만 갖추어지면 책임을 적극적으로 수용한다.
④ 인간은 목표 달성을 위해 스스로 통제하고 관리한다.
⑤ 인간은 잠재력을 가지고 있으며 상상력과 창의력을 발휘한다.

41 사후통제에 관한 설명으로 옳은 것을 모두 고르면?

> ㉠ 목표 대비 성과를 검토하고 조직성과 관리를 체계화한다.
> ㉡ 미래지향적인 성격이 강하다.
> ㉢ 적시에 정확한 정보가 제공되어야 한다.
> ㉣ 문제가 발생하기 전에 예방적인 관리행동을 수행하는 것이 핵심이다.
> ㉤ 향후 동일한 문제가 발생하지 않도록 개선조치를 마련한다.

① ㉠   ② ㉡
③ ㉠, ㉢   ④ ㉠, ㉤
⑤ ㉠, ㉣, ㉤

42 시장의 실패로 볼 수 없는 것을 모두 고르면?

> ㉠ 공공장소에서 흡연으로 주위 사람들이 고통을 받고 있다.
>
> ㉡ 과점시장에 참여하고 있는 기업들은 가격, 판매지역 등과 관련하여 담합한다.
>
> ㉢ 정부의 농산물 최저가격이 설정되고 초과 공급이 발생하였다.
>
> ㉣ 도로, 가로등, 전기 등의 생산을 시장에 맡기면 충분한 양의 공급이 이루어지지 않는다.

① ㉠, ㉡, ㉢
② ㉠, ㉡
③ ㉡, ㉣
④ ㉢
⑤ ㉣

43 다음 사례에서 설명하는 조직 관리체계에 해당하는 것은?

> A기업은 새로운 인사고과 평가방법을 제시하였다. 최고경영진이 전사적인 차원에서 조직목표를 설정하면 그 목표를 모든 구성원이 공유한다. 마지막 단계에서 구성원들은 상사와 협의하여 자신의 정한 목표를 설정하여 세분화를 한 뒤에 자율적으로 업무를 수행하는 것이다. 이때 상사는 구성원에게 업무지시를 최소화하고 목표달성의 정도를 모니터링하며 정보제공, 중재, 오류보완 및 수정 등의 과정을 수행한다.

① 다면평가
② 목표관리법
③ 인적평정센터법
④ 행위기준고가법
⑤ 균형성과평가제도

44 인력선발도구의 합리성을 판단할 때 고려하는 요소로 적절하지 않은 것은?

① 신뢰성
② 비교타당성
③ 예측타당성
④ 구성타당성
⑤ 내용타당성

45 아래 기사의 빈칸 A에 공통으로 들어가는 용어는?

> Z 유통은 최근 고객 구매 이력과 선호도를 분석하여 맞춤형 상품을 추천하는 __A__ 시스템을 도입한 결과, 올해 상반기 매출이 전년 대비 30% 증가했다고 밝혔다. 회사 관계자는 각 고객의 데이터를 체계적으로 관리하고 분석함으로써 고객 만족도를 높이고 재구매율을 끌어올릴 수 있었다고 설명하며, __A__ 전략이 경쟁력 강화의 핵심이라고 강조했다. 업계에서는 이러한 고객 중심 경영 전략이 향후 유통업계의 표준이 될 것으로 전망한다.

① 공급망 관리(SCM)
② 전사적 자원 관리(ERP)
③ 마케팅 자동화(MA)
④ 지능형 정보 시스템(IIS)
⑤ 고객 관계 관리(CRM)

46 다음 중 근로에 대한 동기부여로 생산성이 향상되는 임금형태는?

① 한 달 동안 생산한 제품의 수량에 따라 급여가 달라지는 A
② 근속연수와 직급에 따라 일정한 급여가 오르는 B
③ 맡은 업무의 난이도에 따라 기본급이 정해지는 C
④ 작업시간이 많을수록 임금이 늘어나는 D
⑤ 회사 전체 실적에 따라 인센티브를 받는 E

47 아래는 노사협의회의 구조도를 나타낸 것이다. ㉠과 ㉡의 각 역할에 대한 설명으로 옳지 않은 것은?

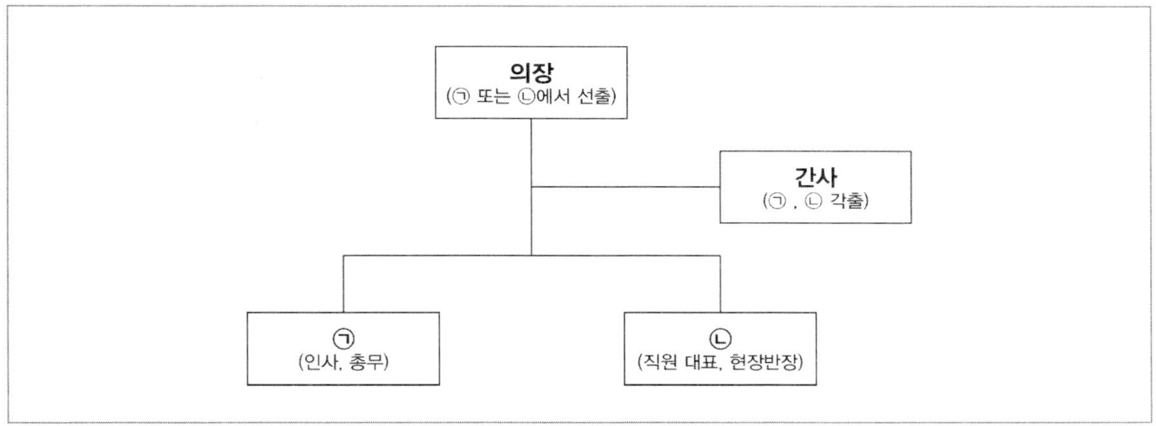

① ㉠ – 근로자 과반수의 동의를 얻어 임기를 연장할 수 있다.
② ㉠ – 구성원은 사업주가 위촉하며, 경영 관련 부서 인사가 포함된다.
③ ㉠ – 생산성, 비용 관리 등의 사안을 주로 다룬다.
④ ㉡ – 근로조건, 복리후생, 안전, 근무 환경 등의 사안을 주로 다룬다.
⑤ ㉡ – 노동조합의 설립 여부와 관계없이 쟁의행위가 없는 평화로운 처리를 전제로 해야 한다.

48 르윈이 주장한 태도의 변화이론에 관한 설명으로 옳지 않은 것은?

① 태도의 변화는 해빙, 변화, 재동결의 3단계로 이루어진다.
② 해빙은 개인이 지니고 있던 습관 등의 이전 방식을 깨뜨리고 새로운 대체안을 받아들일 준비를 하는 것을 의미한다.
③ 순종은 개인이 다른 집단이나 개인에게 호의적인 반응을 얻기 위해 그들의 영향력을 수용하는 것을 의미한다.
④ 동일화는 다른 사람이나 집단의 주장이 자신의 가치체계에 부합되어 합당한 것으로 받아들여질 때 일어난다.
⑤ 재동결은 새롭게 획득한 태도나 행위가 지속적으로 작용하면서 고착화되는 것을 의미한다.

49 다음의 그림은 브룸의 기대이론이다. ㉠에 들어가는 용어로 옳은 것은?

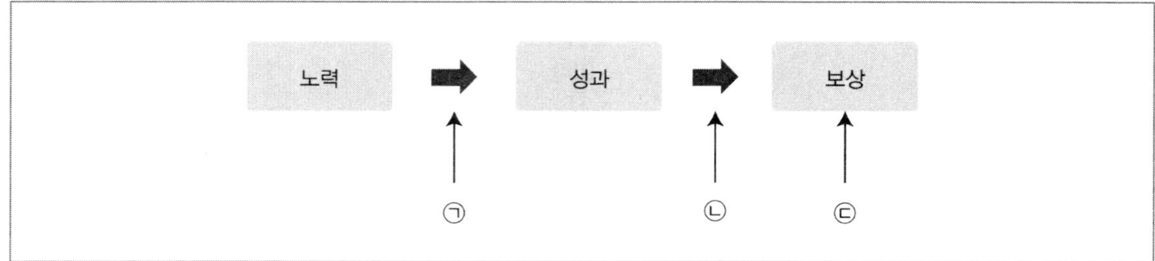

① 성과-보상 기대감
② 노력-성과 기대감
③ 보상의 유의성
④ 동기유발력
⑤ 매력 · 가치

50 아래의 내용을 참고하여 ㈜ A전자의 의사결정을 옳게 추론한 것은?

> ㈜ A전자는 매월 150대의 전자계산기를 생산할 수 있는 설비를 갖추고 있으며 현재 국내 시장에서 매월 100대의 전자계산기를 한 대당 2만 원에 팔고 있다. 하루는 수출업자인 수경이 ㈜ A전자를 찾아와 수출용으로 매월 50대의 전자계산기를 대당 9천 원에 팔 것을 제안하였다. ㈜ A전자가 매월 100대 생산할 때의 한 대당 평균비용은 1만 2천 원이며, 매월 150대 생산할 때의 평균비용은 1만 원이다.

① 이윤이 증가하게 되므로 제안을 받아들여야 한다.
② 이윤은 감소하지만 대당 생산비용이 감소하므로 제안을 받아들여야 한다.
③ 이윤은 감소하지만 설비 가동률을 높일 수 있으므로 제안을 받아들여야 한다.
④ 50대를 더 생산하면 국내 시장가격이 하락하므로 제안을 받아들이지 말아야 한다.
⑤ 대당 생산비용보다 판매가격이 낮으므로 제안을 받아들이지 말아야 한다.

51 아래 질문 형태에 관한 설명으로 적절하지 않은 것은?

> • 한 조직의 리더로서 갖추어야 할 자질은 무엇이라고 생각하시나요?
>
> • 어젯밤 뉴스가 당신에게는 어떤 의미가 있었나요?

① 정형적 질문형태이다.

② 선택형 질문에 비해 다양한 응답을 얻을 수 있다.

③ 수집된 자료는 해석자에 따라 달리 해석될 수 있다.

④ 분석을 하기 위한 코딩(coding)이 어렵다.

⑤ 조사의뢰자 또는 조사자 등이 미처 생각지 못한 새로운 아이디어를 얻을 수 있다.

52 AE제도에 대한 설명으로 가장 적절한 것은?

① 광고주의 광고 활동 전반을 도맡아 대행하는 제도

② 드라마 사전 제작 시스템

③ 라디오나 TV 등을 활용한 광고제도

④ 광고 없이 제작되는 방송국 프로그램

⑤ 방송프로그램 내에 의도적으로 광고를 노출하는 방법

53 아래의 경제현상을 설명하는 데 가장 적합한 경제 개념은?

> 수도권의 주택 사정은 여전히 어렵다. 올해도 어김없이 수도권 아파트의 전세가 및 매매가가 상당한 비율로 올라가고 있다. 상계동이나 목동과 같은 신시가지를 개발하고, 분당, 평촌, 일산 등 신도시 개발을 통해 꽤 많은 주택이 공급되었음에도 불구하고 여전히 자기 집을 갖지 못한 가구가 많아 이사철만 되면 어려움을 겪고 있다.

① 매점매석 ② 균형가격

③ 초과수요 ④ 기회비용

⑤ 과잉공급

54 개인의 근로 · 재산소득에서 세금과 사회보장기여금을 뺀 것으로 개인이 실제로 쓸 수 있는 소득은?

① GDP   ② GNI

③ PGDI   ④ 실질 GDP

⑤ GNP

55 두 재화만 소비하는 소비자의 소득소비곡선이 우하향한다. 이로부터 추론할 수 있는 것을 모두 고르면?

> ㉠ 두 재화가 보완재이다.
>
> ㉡ 두 재화가 모두 정상재이다.
>
> ㉢ 두 재화 중 한 재화만 열등재이다.
>
> ㉣ 두 재화 중 한 재화만 엥겔곡선이 우상향한다.

① ㉠, ㉡   ② ㉡, ㉣

③ ㉢, ㉣   ④ ㉠, ㉡, ㉣

⑤ ㉠, ㉢, ㉣

56 임대아파트의 수요함수는 $Q_d = 1,000 - 7P$이고 공급함수는 $Q_s = 200 + 3P$이다. 정부가 임대료 상한을 50만 원으로 정한 경우 어떠한 상황이 발생하는가?

① 100만 원의 초과수요 발생

② 200만 원의 초과수요 발생

③ 300만 원의 초과공급 발생

④ 200만 원의 초과공급 발생

⑤ 300만 원의 초과수요 발생

57 공급 및 공급량의 변화와 관련된 설명 중 옳지 않은 것은?

① 단위당 일정액의 보조금을 지급하면 공급이 증가한다.

② 가격 상승이 예상되면 공급이 감소한다.

③ 신기술 개발로 생산비가 하락하면 공급량이 증가한다.

④ 생산면에서 대체재의 가격이 상승하면 공급이 감소한다.

⑤ 공급곡선이 수직선이면 공급곡선상의 모든 점에서 공급의 가격탄력성은 0이다.

58 중동의 정세가 불안정해짐에 따라 소비자와 생산자가 모두 향후 원유가격 상승을 예상하는 경우 휘발유 시장의 변화는?

① 가격 상승, 거래량 증가

② 가격 상승, 거래량 감소

③ 가격 하락, 거래량 감소

④ 가격 하락, 거래량 불분명

⑤ 가격 상승, 거래량 불분명

59 독점적 경쟁시장과 과점시장의 공통적인 특징으로 옳게 짝지어진 것은?

㉠ 비가격경쟁	㉡ 기업 간의 상호의존성
㉢ 가격선도자의 존재	㉣ 비경쟁행위

① ㉠

② ㉠, ㉢

③ ㉠, ㉣

④ ㉡, ㉢

⑤ ㉠, ㉡, ㉢

60 다음은 피들러의 리더십 유효성 상황모형에 대한 내용이다. 괄호 안에 들어갈 말로 적절한 것은?

> 피들러는 중요 상황요소를 리더와 부하 간의 신뢰관계, 과업구조, 리더 지위의 권력 정도라는 세 가지 요소로 본다. 이를 토대로 리더십 상황을 리더에게 유리한 상황과 불리한 상황으로 유형화하였다. 이 모델에서는 상황이 리더에게 유리하거나 불리한 경우에는 (㉠) 리더십 유형이 적합하고, 중간 정도의 상황에서는 (㉡) 리더십 유형이 적합하다고 본다.

	㉠	㉡
①	인간관계지향적	업무지향적
②	인간관계지향적	리더지향적
③	업무지향적	리더지향적
④	업무지향적	인간관계지향적
⑤	리더지향적	업무지향적

61 한계효용이론의 기본가정에 해당하지 않는 것은?

① 소비자는 주어진 가격과 예산제약하에서 효용극대화를 추구한다.
② 화폐의 한계효용은 일정하다.
③ 한계효용체감의 법칙이 성립한다.
④ 효용의 서수적 측정이 가능하다.
⑤ 한계효용은 총효용곡선 접선의 기울기로 측정 가능하다.

62 다음 글에 따를 때 슈타켈버그(Stackelbuer) 경쟁의 결과로 옳은 것은?

- 시장에는 A, B 두 기업만 존재한다.
- 시장수요곡선 : $Q = 40 - P$(단, $Q = Q_A + Q_B$이고, Q_A, Q_B는 A기업과 B기업의 생산량을 의미한다)
- 한계비용 : $MC_A = MC_B = 0$
- B기업은 A기업의 반응곡선을 알고, A기업은 B기업의 반응곡선을 모른다.

	Q_A	Q_B
①	5	10
②	7	13
③	8	16
④	9	18
⑤	10	20

63 다음 기사에 나타난 전략에 대한 설명으로 옳지 않은 것은?

국내 식품업체 A사는 커피 원두의 안정적 확보를 위해 주요 납품업체인 B사를 인수했다고 밝혔다. 그동안 수입업체를 통해 원재료를 조달하던 A사는 이번 투자를 통해 원두 품질과 원가를 직접 관리할 계획이라고 설명했다. 이번 인수가 향후 원자재 가격 변동성에 대한 대응력을 강화할 것으로 전망된다.

① 원재료 공급의 안정성을 높이기 위한 후방통합 전략이다.
② 두 조직이 합쳐져 서로의 기술과 인프라 등을 보완하는 형태이다.
③ 원재료 소량 구매 시 발생하던 단가 프리미엄을 제거할 수 있다.
④ 원가 구조를 수직적으로 통합하여 수익성을 개선하는 것이 목적이다.
⑤ 품질 표준을 자체적으로 설정할 수 있어 최종 제품의 차별화 전략에 용이하다.

64 제품의 관여도에 따른 마케팅 관리방법에 관한 설명으로 옳지 않은 것은?

① 고관여 제품이면서 제품 특성 차이가 클 경우, 제품의 차별성을 강조한다.

② 고관여 제품이면서 제품 특성 차이가 작을 경우, 소비자들이 구매 후 구매에 대한 확신을 갖도록 촉진한다.

③ 저관여 제품이면서 제품 특성 차이가 클 경우, 시장선도 소비자에게 넓은 진열면적과 많은 광고를 통해 습관적 구매를 유도한다.

④ 저관여 제품이면서 제품 특성 차이가 클 경우, 시장추종 소비자에게 무료샘플이나 할인샘플 등을 통한 시험구매 후 상품구매를 유도한다.

⑤ 저관여 제품이면서 제품 특성 차이가 작을 경우, 상품의 친숙도를 높이기 위해 자세한 설명이 되어 있는 광고문구를 사용한다.

65 목표시장을 선정할 때 실행하는 부분시장 도달전략에 해당하지 않는 것은?

① 단일시장 집중전략

② 제품전문화 전략

③ 시장전문화 전략

④ 선택적 전문화 전략

⑤ 차별적 마케팅 전략

66 컨조인트 분석법에 관한 설명으로 옳은 것은?

① 소비자에게 다양한 제품개념을 제시하여 소비자들의 선호도와 구매의도를 파악한다.

② 소비자들이 제품의 특성에 대해 인지하고 있는 상태를 기하학적인 공간에 표시한다.

③ 소비자가 상표를 인지할 때 사용하는 평가 차원의 수와 속성의 종류를 파악할 수 있다.

④ 자사제품의 위치와 경쟁사제품의 위치를 비교하여 파악할 수 있다.

⑤ 관리적 관점에서 소비자 효용에 영향을 주는 속성들로 제품을 분석한다.

67 시장의 후발진입자에게 제품수명주기 전략이 갖는 시사점으로 볼 수 없는 것은?

① 시장개척자가 가지는 선도자로서의 장점은 없다.

② 지속적인 기술개선을 통해 기술적 우위를 확보할 수 있다.

③ 초기시장개발에 수반되는 위험과 불확실성을 회피할 수 있다.

④ 고객이 중요시하는 제품 속성에서 우수한 제품을 개발하여 기존 세분시장을 공략하는 전략은 시장개척자를 모방하는 전략으로 볼 수 있다.

⑤ 우회전략은 시장개척자가 진출하지 않은 세분시장에 진출하여 경쟁우위를 확보하는 전략이다.

68 서비스가 가지는 특징으로 볼 수 없는 것은?

① 무형성 ② 생산과 소비의 시차성
③ 서비스 질의 이질성 ④ 서비스 잠재력의 소멸성
⑤ 품질평가의 어려움

69 심리적 가격결정법에 해당하지 않는 것은?

① 지대가격 ② 단수가격
③ 촉진가격 ④ 관습가격
⑤ 준거가격

70 고객생애가치를 향상시키는 방법으로 적절하지 않은 것은?

① 큰 비용을 투자하여 잠재고객을 획득한다.

② 멤버십 프로그램으로 인센티브를 제공한다.

③ 제품에 사은품을 제공한다.

④ 고객의 관심도가 높은 상품을 추천한다.

⑤ 마일리지를 제공한다.

71 다음은 formal 조직과 informal 조직의 특징을 나타낸 것이다. 이에 대한 비교 설명으로 옳지 않은 것은?

분류	formal 조직	informal 조직
㉠	의식적 · 이성적 · 합리적 · 논리적으로 편성	자연발생적 · 무의식적 · 비논리적으로 편성
㉡	공통목적을 가진 명확한 구조	공통목적이 없는 무형 구조
㉢	외형적 · 제도적 조직	내면적 · 현실적 조직
㉣	불문적 · 자생적 조직	성문적 · 타의적 조직
㉤	위로부터의 조직(top-down)	밑으로부터의 조직(bottom-up)

① ㉠   ② ㉡
③ ㉢   ④ ㉣
⑤ ㉤

72 재무상태표 구성항목 중에 ㉠에 들어가는 요소가 아닌 것은?

자산	부채
	㉡
	자본
㉠	㉢

① 현금 및 현금성자산   ② 유가증권
③ 건물   ④ 자본잉여금
⑤ 산업재산권

73 유동성비율에 관한 설명으로 옳지 않은 것은?

① 기업의 단기부채에 대한 변제능력을 나타내는 비율이다.
② 유동비율이 100% 이상일 경우 유동성이 양호한 것으로 평가할 수 있다.
③ 유동비율이 높을수록 좋은 것은 아니다.
④ 당좌비율이 유동비율보다 기업의 단기 지급능력을 보수적으로 나타낼 수 있다.
⑤ 당좌비율은 유동자산에서 재고자산을 차감한 후 유동부채로 나눈 것이다.

74 상표와 제품에 대한 관여도가 높은 소비자 유형의 특징으로 옳은 것은?

① 일상적인 상표 구매자에 해당한다.

② 시장을 선도하는 소비자에게 많은 광고로 습관적 구매를 유도한다.

③ 제품의 가격에 민감한 편이다.

④ 상표 간의 차이를 명확하게 알지 못한다.

⑤ 제품의 차별성을 강조하는 것이 좋다.

75 甲국은 고정환율제도를 시행하고 있으며, 통화가치의 상승 압력이 있는 상황이지만 환율을 일정하게 유지하려 한다. 다음 중 발생할 가능성이 가장 높은 것은?

① 중앙은행이 국내통화 구매 → 외환보유액 감소

② 중앙은행이 국내통화 판매 → 외환보유액 감소

③ 중앙은행이 국내통화 구매 → 외환보유액 증가

④ 중앙은행은 외국통화 구매 → 외환보유액 감소

⑤ 중앙은행은 국내통화 판매 → 외환보유액 증가

76 시장이자율과 채권 가격의 관계에 관한 설명으로 옳지 않은 것은?

① 채권 가격은 이자율과 역의 관계를 갖는다.

② 만기가 길어질수록 이자율 변동에 따른 채권 가격 변동폭은 작다.

③ 이자율 변동에 따른 채권 가격의 변동폭은 체감적으로 증가한다.

④ 이자율 하락으로 인한 채권 가격의 상승폭은 같은 크기의 이자율 상승으로 인한 채권 가격의 하락폭보다 크다.

⑤ 표면이자율이 낮은 채권일수록 이자율 변동에 따른 채권 가격의 변동률이 크다.

77 아래 그림은 사업가 A 씨가 한 식품기업과 5년 기한으로 체결한 계약을 나타낸다. 연간 2,800만 원의 순현금흐름이 예상된다면, 해당 기업에서 이 계약의 경제적 타당성을 평가하기 위한 분석 방법으로 가장 적절한 것은?

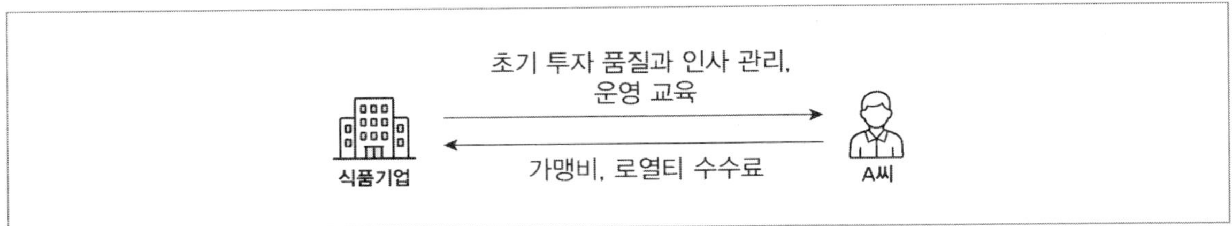

① 투자수익률(ROI)
② 투자회수기간(payback)
③ 수익성지수법(PI)
④ 순현재가치(NPV)
⑤ 회계적 이익률(ARR)

78 아래 사례가 시사하는 완전시장 구현의 현실적 제약으로 옳은 것은?

> 국내 온라인 주식 거래 시장은 수많은 개인 투자자와 기관이 참여해 활발히 거래를 이어가고 있다. 거래되는 주식은 동일한 정보 공개 기준에 따라 상장되며, 투자자는 누구나 실시간 시세와 공시 정보를 확인할 수 있다. 주식은 단위가 세분화되어 소액으로도 거래가 가능하고 시장 참여에도 별다른 제한이 없다. 전문가들은 이러한 구조를 들어 주식시장이 완전경쟁시장에 가장 근접한 형태 중 하나라고 평가하지만, 이론적 의미의 완전시장을 구성하는 것은 현실적으로 어렵다고 지적한다.

① 자유로운 진입과 퇴출이 불가능하다.
② 다수의 투자자가 존재한다.
③ 실시간으로 정보를 얻을 수 없다.
④ 정보 비대칭이 존재한다.
⑤ 각종 세금 및 거래비용이 발생한다.

79 주식의 베타(β)에 대한 설명으로 옳지 않은 것은?

① 베타 값이 1보다 큰 경우는 시장 평균보다 수익률의 변동성이 큰 것이다.

② 비금속광물이나 음식료 등은 저베타 상위업종으로 경기방어주에 해당한다.

③ 베타계수를 통해서 펀드 성과를 평가하는 지표는 트레이너 지수이다.

④ 레버리지가 높은 기업은 레버리지가 낮은 기업보다 베타계수가 작다.

⑤ 높은 수익률이 기대될수록 베타수치가 높아진다.

80 다음 커뮤니케이션 네트워크 유형에 대한 내용으로 옳지 않은 것은?

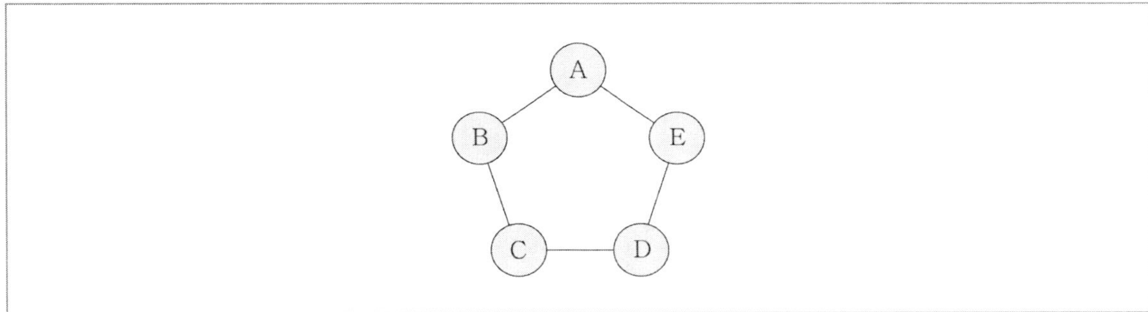

① 구성원 간 서열이 없을 경우 나타나는 형태이다.

② 구성원들 사이의 정보교환이 완전히 이루어지는 유형이다.

③ 주로 태스크포스 팀에서 볼 수 있는 유형이다.

④ 커뮤니케이션 목적이 분명할 경우에는 구성원들의 만족도가 높다는 이점이 있다.

⑤ 상황판단 및 문제해결이 느린 것이 단점이다.

※ 정답 및 해설은 p.380에 있습니다.

1 앵겔곡선(Engel curve : EC)이 아래의 그림과 같을 때, X재는?

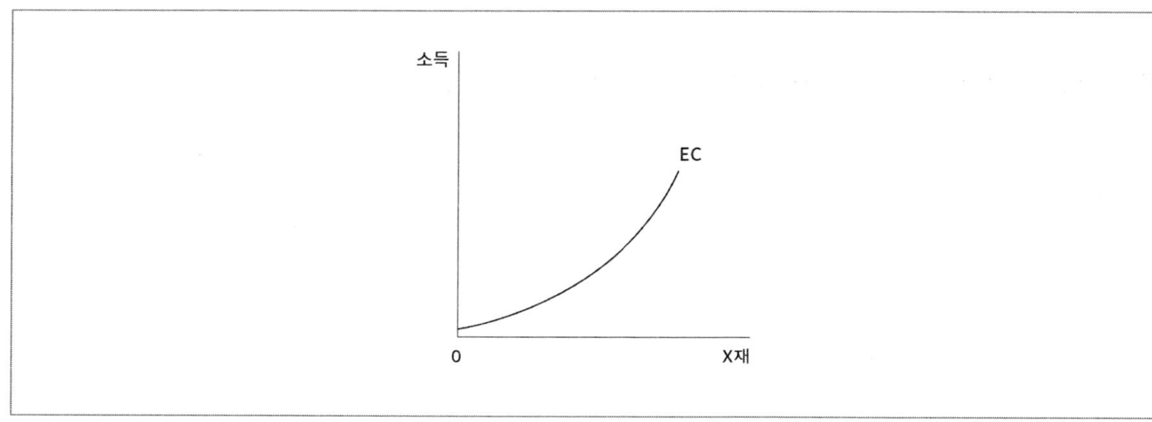

① 대체재
② 사치재
③ 필수재
④ 보완재
⑤ 열등재

2 용어와 설명의 연결이 옳지 않은 것은?

① 디플레이션 – 물가가 지속적으로 하락하는 현상
② 스태그플레이션 – 물가 상승과 경기후퇴가 동시에 나타나는 현상
③ 애그플레이션 – 농산물의 가격이 상승하며 물가가 상승하는 현상
④ 리플레이션 – 불황에도 물가는 상승하는 현상
⑤ 인플레이션 – 통화량이 팽창하여 화폐가치가 하락하고 물가는 계속 오르는 현상

3 다음 기사에서 설명하는 것으로 적절한 것은?

> 최근 5년간 한국 기업들이 매년 100여 건 안팎의 특허소송을 당한 것으로 나타났다. 특허괴물로 불리는 이들이 한국 기업을 상대로 미국법원에 제기한 특허소송은 최근 5년 동안 500건이 넘고 있다. 제품을 생산하지는 않지만 소송과 라이선싱으로 수익을 추구하는 이 기업은 특허권을 대량으로 사들여 특허 기술에 대한 로열티를 받으면서 이익을 얻고 있다. 우리나라 대기업의 활동 비중이 세계적으로 높아지면서 주요 공격 타깃이 되고 있다.

① PCT
② DTI
③ NPE
④ LTV
⑤ SPC

4 월가에서 신뢰와 명성이 높았던 자산운용가 버나드 메이도프가 초대형 금융사기를 벌였다는 사실이 2009년 1월 적발되었다. 그는 허황된 고수익을 제시하며 투자자를 끌어들여 뒤에 들어오는 투자자의 원금으로 앞사람의 이자를 지불하는 오래된 사기수법을 사용한 것으로 밝혀졌다. 다음 중 이와 관련된 것으로 적절한 것은?

① 구축효과
② 립스틱효과
③ 역경매
④ 폰지수법
⑤ 치킨게임

5 2008년 노벨경제학상을 수상한 경제학자 폴 크루그먼(Paul Krugman)은 아시아의 경제기적을 영감(inspiration)이 아닌 땀(perspiration)에 의한 것이라 논평하였는데, 이러한 크루그먼의 주장을 뒷받침하기 위하여 필요한 이론적 도구는 무엇인가?

① 신무역이론
② 내생성장이론
③ 외생성장이론
④ 성장회계분석이론
⑤ 전략적 무역이론

6 '다 팔아' 할인점에서는 전단지의 할인 쿠폰을 오려온 고객들에게 해당 제품을 10% 저렴하게 판매하고 있다. 다음 중 이 할인점의 판매 전략과 가장 가까운 것을 고르면?

① A 양복점은 흠이 생긴 양복을 반값에 판다.

② B 이발소는 10번 이발을 한 고객에게 한 번은 무료로 해 준다.

③ C 빵집은 당일 판매되지 않은 빵을 복지단체에 무상으로 제공한다.

④ 독점 사업자인 D 이동통신사는 개인보다 기업에 대해 시간당 더 높은 통신료를 부과한다.

⑤ E 악기점은 연주가용 고급 원목 기타는 300만 원에, 보급형 합판 기타는 50만 원에 판매한다.

7 오늘의 신문기사를 본 후 토론시간을 가졌다. 신문기사를 바르게 이해한 내용으로 적절한 것은?

> 농산물과 석유류 가격이 내려가면서 소비자물가 증가세가 2개월 연속 둔화됐다. 1일 통계청이 발표한 소비자물가동향에 따르면 9월 소비자물가는 지난해 같은 달에 비해 5.1% 상승했다. 소비자물가는 올해 들어 2월 3.6%, 3월 3.9%, 4월 4.1%, 5월 4.9%, 6월 5.5%, 7월 5.9% 등으로 증가폭이 커지다 8월 5.6%에 이어 9월 5.1%로 2개월 연속 증가세가 둔화됐다. 9월 소비자물가는 전월에 비해서는 0.1% 상승했다.

① 시은 : 물가 증가세가 둔화되었지만 물가는 상승하였으므로 지난달과 임금이 동일하다면 실질임금은 줄어든 것과 마찬가지라고 생각합니다.

② 바다 : 하지만 명목임금이 상승했다면 결국 실질임금도 상승했다고 보는 것이 적절하지 않을까요?

③ 미림 : 물가가 무서운 속도로 상승하고 있으니 시민들의 기대 인플레이션도 심각할 것으로 예상됩니다.

④ 정현 : 이러한 시점에서 정부는 스태그플레이션을 염두에 두고 경제정책을 세워야 할 것입니다.

⑤ 승일 : 하지만 물가 상승보다 걱정되는 것은 경제의 성장입니다. 물가 상승은 곧 경제의 침체라고 봐도 무방하니 요즘 우리 경제가 얼마나 어려운지를 알 수 있는 자료라고 생각합니다.

8 우리나라 경제성장의 생산요소별 기여율은 자본스톡, 노동, 총요소생산성의 순으로 높은 것을 알 수 있다. 특히 총요소생산성의 기여도 및 기여율은 매우 낮으며, 1990년대 들어서 1980년대에 비해 자본의 기여율은 더욱 높아졌으나 총요소생산성의 기여율은 더욱 낮아졌다. 이런 투자 효율성의 저하가 바로 외환위기의 근본적인 원인으로 지적될 수 있을 것이다. 다음 중 이와 같은 판단을 통해 총요소생산성(total factor productivity)을 높이는 방안으로 적절하지 않은 것은?

① 규제 혁신

② 법치주의의 확립

③ 연구개발 투자 확대

④ 저축 증대를 통한 투자자본 확충

⑤ 교육혁신을 통한 인적자본의 생산성 제고

9 미국의 다우존스공업평균지수와 한국의 코스피지수에 대한 설명으로 옳지 않은 것은?

① 코스피지수는 1983년부터 시가총액방식으로 산출되고 있다.

② 다우존스공업평균은 지수산출 대상 종목의 주가를 단순 평균하여 산출한다.

③ 코스피지수는 시장 전체의 가치 변화를 정확히 반영한다.

④ 다우존스공업평균은 시장 분위기의 변화를 상대적으로 더 잘 반영한다.

⑤ 코스피지수는 벤처 및 중소기업 주가의 변화를 민감하게 반영한다.

10 소비자물가가 전년동기대비 3.6%나 올라 3년 2개월 만에 가장 높은 상승률을 기록하면서 가파른 상승세를 보이고 있으며, 곡물 등 원자재 가격의 상승으로 수입물가 상승률도 15.6%에 달하고 있다. 다음 중 이에 대한 추론으로 적절한 것은?

① 수입물가 상승은 경상수지 흑자 요인으로 작용한다.

② 지난해 초 정기예금을 든 사람들이 유리하다.

③ 부동산을 가지고 있는 사람들이 불리하다.

④ 고정금리보다 변동금리로 대출 받은 사람들이 불리하다.

⑤ 금융자산을 보유하고 있는 사람 역시 유리하다.

11 시장 내 기업들의 독과점 정도를 측정하는 지수인 허쉬만–허핀달 지수(HHI)에 관한 설명으로 옳지 않은 것은?

① 시장에 존재하는 기업들의 시장점유율을 제곱한 다음 모두 더하여 계산한다.

② 시장 점유율 상위 K개 기업들의 점유율을 합한 것이다.

③ 독점인 경우 HHI는 10,000이 된다.

④ 많은 기업들이 점유율을 공유할 경우 HHI는 0에 가까워진다.

⑤ 값이 클수록 독과점 정도가 심하다고 할 수 있다.

12 순차게임에 관한 설명으로 옳지 않은 것은?

① 게임나무로 표현되는 게임을 정규형, 보수행렬로 표현되는 게임을 전개형이라 한다.

② 순차게임의 균형에서는 내쉬조건뿐만 아니라 신빙성조건도 동시에 충족된다.

③ 한 경기자가 먼저 전략을 선택하면 다른 경기자가 그것을 보고 자신의 전략을 선택한다.

④ 순차게임은 게임나무의 형태로 표현된다.

⑤ 한 경기자가 다른 경기자에게 특정 전략을 선택할 것처럼 암시하더라도 그 전략이 자신에게 유리하지 않은 전략이라면 실제로는 그 전략을 선택하지 않는다.

13 다음과 같이 X재와 Y재 두 가지 재화만 생산하는 국민경제에서 2025년의 GDP 디플레이터는 2024년에 비하여 어떻게 변하였는가?

재화	2024년		2025년	
	수량	시장가격	수량	시장가격
X	3	20	5	20
Y	4	20	3	20

① 10% 상승

② 10% 하락

③ 20% 하락

④ 20% 상승

⑤ 변동 없음

14 수요독점이 발생할 수 있는 원인이 아닌 것은?

① 생산요소가 특정 산업에만 적용될 수 있을 때

② 특정 생산요소가 극도로 전문화되어 있을 때

③ 주민들의 이동이 어려울 때

④ 정책이나 제도에 의해 공급자가 제한될 때

⑤ 특정 지역에 한 기업만 존재할 때

15 외부성을 해결하기 위한 공적인 해결방안으로 볼 수 없는 것은?

① 가격통제   ② 수량통제

③ 오염배출권제도   ④ 조세의 부과

⑤ 합병

16 GDP에 대한 설명으로 옳지 않은 것은?

① GDP는 여러 거시경제지표 중에서 가장 중요한 지표로 인식된다.

② 명목 GDP는 당해 연도의 생산물 수량에 당해 연도의 시장가격을 곱해서 구한다.

③ 실질 GDP는 물가의 변화를 고려할 필요가 없는 당해 연도만의 경제상황을 분석할 때 유용하다.

④ 명목 GDP는 산출량의 변화가 없더라도 시장가격의 변화만으로도 변할 수 있다.

⑤ 명목 GDP에서 가격의 변화를 제외한 것이 실질 GDP이다.

17 인플레이션에 대한 설명으로 옳지 않은 것은?

① 1년간 평균물가수준이 상승한 정도를 백분율로 나타낸 것을 인플레이션율이라 한다.

② 물가상승률이 극단적으로 높은 수준에 이르면 경제는 잘 작동하지 못하게 된다.

③ 물가가 급격히 상승하면 사람들은 돈이 들어오는 즉시 소비하려고 한다.

④ 물가가 급격히 상승하면 화폐의 구매력도 급격히 상승한다.

⑤ 인플레이션은 기업의 생산투자를 위축시키고 경제의 불확실성을 증대시킨다.

18 케인즈 단순모형의 특징으로 옳지 않은 것은?

① 유효수요에 따라 균형국민소득이 결정된다.

② 유효수요의 증대를 위해서는 소비가 활성화되어야 한다.

③ 유휴설비가 존재하므로 공급부족이 발생하지 않는다.

④ 총지출이 완전고용국민소득에 미치지 못할 경우 실업이 지속될 수 있다.

⑤ 장기적으로 가격과 임금이 유동적이다.

19 다음 사례에서 설명하는 실업은 무엇인가?

> 근로자 Y 씨는 직장을 옮기기 위해서 자발적으로 퇴직을 하였다. 실업기간이 길어지더라도 Y 씨는 더 나은 일자리를 찾기 위해 자기계발 시간을 가질 생각을 하고 있다. Y 씨는 구직기간 중에 일자리 정보를 알려주는 직업정보센터나 고용안정센터에 방문하여 직업에 관련한 다양한 도움을 받을 예정이다.

① 마찰적 실업

② 구조적 실업

③ 비자발적 실업

④ 실망실업

⑤ 잠재적 실업

20 절대소득가설 소비함수의 특징에 관한 설명으로 옳지 않은 것은?

① 소득이 없어도 생존을 위해 지출해야 하는 최소한의 생존소비가 존재한다.

② 소득이 증가함에 따라 소비함수의 양의 기울기가 점점 가파르게 된다.

③ 곡선형태와 직선형태의 소비함수 모두 평균소비성향이 한계소비성향보다 크다.

④ 한계소비성향은 곡선형태와 직선형태의 소비함수 모두 0과 1 사이의 값을 갖는다.

⑤ 곡선형태의 소비함수는 소득이 증가할 경우 한계소비성향이 감소한다.

21 아래의 그림과 같은 커뮤니케이션 네트워크 유형의 내용으로 옳지 않은 것은?

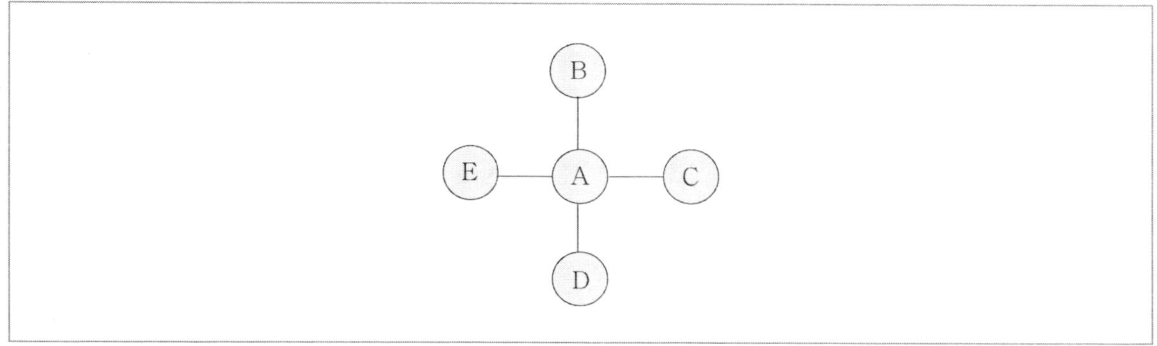

① 집단구성원 간 중심인물이 존재하고 있는 경우에 흔히 나타나는 구조이다.

② 구성원들의 정보전달이 어느 중심인물이나 집단의 지도자에게 집중되는 패턴이다.

③ 중심인물 등이 정보를 종합할 수 있기 때문에 문제해결 시 정확한 상황파악 및 신속한 문제해결이 가능하다.

④ 문제의 성격이 일상적일 경우에 유효하다.

⑤ 복잡한 문제이면서 어려운 경우에도 유효하다.

22 일경이가 소비하는 두 재화 x, y의 효용함수는 $\min(3x, y)$이고, 재화 x의 가격은 5원, y의 가격은 10원이다. 그가 재화$(x, y) = (11, 18)$와 같은 만족감을 제공하는 두 재화 x, y를 구입하는 데 필요한 최소한의 소득은 얼마인가?

① 202원

② 210원

③ 218원

④ 226원

⑤ 234원

23 다음 중 아래 기사가 설명하는 기업에 대한 내용으로 옳지 않은 것은?

> E국의 한 철강기업이 3년 연속 생산 목표를 달성하지 못했음에도 불구하고 계획 수정 없이 같은 생산 방식을 고수하고 있는 것으로 알려졌다. 해당 기업은 원자재 확보와 인력 배치를 정부의 지시에 따라 결정하며, 제품 가격 또한 국가 방침에 따라 일률적으로 책정된다. 경영진은 시장 수요보다는 국가 계획에서 설정한 생산량 달성을 우선시하기 때문에 비효율적인 자원 배분 문제가 제기되고 있음을 밝혔다.

① 비효율적인 자원의 배분이 일어난다.
② 개인적 선택의 자유가 제한된다.
③ 이익창출을 최대 목표로 삼는다.
④ 전략산업의 육성이 용이하다.
⑤ 계획의 비신축성으로 인해 오류의 자동적인 수정이 불가능하다.

24 포괄손익계산서 중 영업이익 항목에 영향을 미치는 경영활동으로 옳지 않은 것은?

① 광고 집행
② 인건비 조정
③ 원자재 구매 가격 협상
④ 생산 공정 효율화
⑤ 단기차입금 상환

25 다음 중 카르텔(cartell)에 대한 설명으로 옳은 것을 모두 고르면?

> ㉠ 가맹기업의 자유의사에 의해 결성된다.
> ㉡ 협정에 의해 일부 활동에 대한 제약을 받으나 법률적인 독립성은 잃지 않는다.
> ㉢ 생산의 집적이 일정 수준 이하일 때 형성되는 기업결합이다.
> ㉣ 경기변동에 의한 위험 분산, 이윤 증대, 경영의 다각화 등을 목적으로 한다.

① ㉠, ㉡
② ㉠, ㉢
③ ㉡, ㉢
④ ㉡, ㉣
⑤ ㉢, ㉣

26 산업구조에 대한 설명으로 타당하지 않은 것은?

① 독점적 경쟁시장은 기업들의 제품차별화와 밀접한 관련을 가진다.
② 완전경쟁시장의 장기균형 상태에서 기업들은 초과이윤을 얻지 못한다.
③ 독점기업이 이윤을 극대화하는 생산량은 한계수입과 한계비용이 일치하는 수준에서 결정된다.
④ 완전경쟁시장에서는 기업의 진입과 퇴출이 자유롭지 않기 때문에 가격을 자유롭게 결정할 수 있다.
⑤ 완전경쟁기업이 상품차별화를 이루면 독점적 경쟁시장이 형성된다.

27 기업의 국제화 단계에 대한 올바른 설명이 아닌 것은?

① 상품의 수출입 단계에서는 해외시장과의 교역이 이루어진다.
② 기술과 정보의 이전이 이루어지면서 해외기업과의 협력이 확대된다.
③ 인적자원의 교환 단계를 통해 경영 노하우가 전파된다.
④ 현지사업 단계에서도 본국의 통제가 완전히 사라지는 것은 아니다.
⑤ 자본의 수출입 단계에서는 투자와 회계 관리가 현지 자회사 중심으로 전환된다.

28 생산가능곡선을 이동시키는 요인을 모두 고르면?

> ㉠ 자본량 증가 　　　　　　　　㉡ 노동량 감소
> ㉢ 기술진보 　　　　　　　　　　㉣ 청년실업 감소

① ㉠, ㉢　　　　　　　　　　　　② ㉠, ㉡, ㉢
③ ㉡, ㉣　　　　　　　　　　　　④ ㉡, ㉢, ㉣
⑤ ㉠, ㉡, ㉢, ㉣

29 소득분배에 관한 설명 중 옳은 것을 모두 고르면?

> ㉠ 로렌츠곡선이 대각선에 가까울수록 소득분배가 평등하다.
> ㉡ 지니계수가 0에 가까울수록 소득분배가 평등하다.
> ㉢ 지니계수와 로렌츠곡선은 서로 독립된 별개의 소득분배 지수이다.

① ㉠　　　　　　　　　　　　　　② ㉠, ㉡
③ ㉡, ㉢　　　　　　　　　　　　④ ㉠, ㉢
⑤ ㉠, ㉡, ㉢

30 다음의 상황에서 영희가 뮤지컬을 관람하기로 결정했다면 기회비용은 얼마인가?

> 주희는 3만 원을 지불하고 뮤지컬 티켓을 구입하였다. 이 티켓은 환불이 불가능하나 2만 원을 받고 중고시장에 팔 수 있다. 그런데 얼마 후, 주희는 평소 보고 싶었던 전시회가 같은 시간에 개봉한다는 것을 알게 되었다. 전시회 표의 가격은 1만 원이고, 주희가 전시회를 본다면 4만 원까지 지불할 용의가 있다. 뮤지컬과 전시회 중 어떤 것을 보더라도 추가비용은 들지 않는다고 한다.

① 2만 원　　　　　　　　　　　　② 3만 원
③ 4만 원　　　　　　　　　　　　④ 5만 원
⑤ 6만 원

31 아래와 같이 재화를 경합성과 배제성에 따라 구분했을 때, C 영역에 해당하는 재화로 옳은 것은?

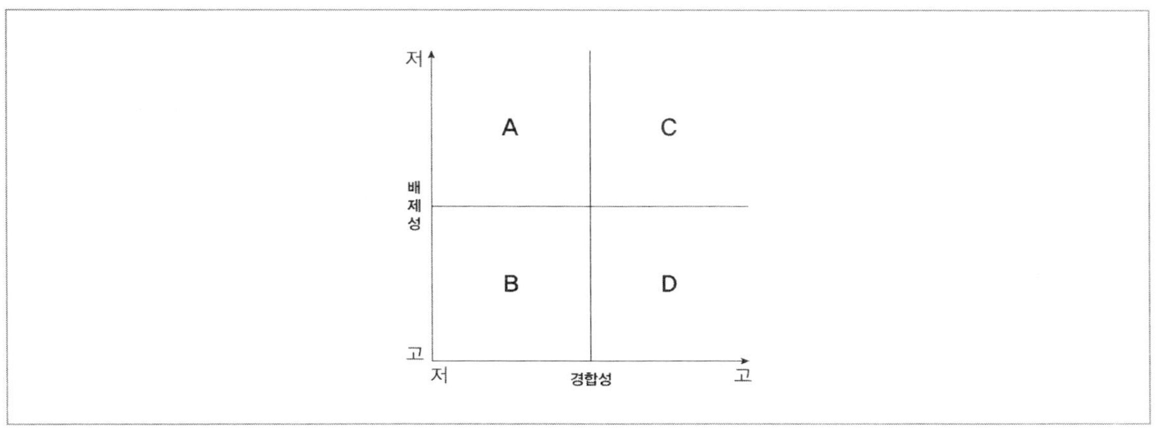

① 무료 온라인 강의

② 재래시장에서 판매되는 과일

③ 회원 전용 피트니스 센터

④ 오픈액세스 학술논문

⑤ 도심의 공원 벤치

32 다음 중 수요의 교차탄력성이 음수를 나타내는 재화로 짝지어진 것은?

① 주스와 우유

② 햄버거와 스테이크

③ TV와 컴퓨터

④ 소고기와 닭고기

⑤ 볼펜과 볼펜심

33 다음이 설명하는 것은?

> 민간 경제주체가 비용을 일체 지불하지 않고 협상을 한다면 외부효과에 의한 비효율성을 시장에서 스스로 해결할 수 있다. 당사자들의 자발적인 협상으로 외부성이 해결되기 때문에 정부가 개입하지 않아도 된다는 이론이다.

① 대리인 문제
② 세이의 법칙
③ 그레샴의 법칙
④ 코즈의 정리
⑤ 슈바베의 법칙

34 물가 상승의 원인으로 옳지 않은 것은?

① 공공요금 인상
② 기준금리 인하
③ 원자재가격 상승
④ 통화량 증가
⑤ 환율 하락

35 한 나라 국민의 50%에 해당하는 사람들은 개인소득이 전혀 없고 나머지 50%에 해당하는 사람들에게는 모두 100만 원의 개인소득이 있다고 할 때, 지니계수의 값은?

① 0

② $\dfrac{1}{2}$

③ $\dfrac{1}{3}$

④ $\dfrac{1}{4}$

⑤ $\dfrac{1}{5}$

36 중앙은행의 금융정책에 따라 예상되는 경제현상은?

> 미국의 연방 준비제도(Fed)에서 기준금리를 자이언트 스텝으로 0.75% 인상할 것이라고 발표했다. 연달아 추가 금리 인상을 할 의지를 보여, 국내 중앙은행에서도 이에 맞춰 기준금리를 인상할 것이라 발표하였다.

① 미국 경제에 대공황이 올 것이다.

② 부동산 가격이 급등할 것이다.

③ 환율이 상승으로 수출기업에 유리하다.

④ 투자가 늘어나면서 시장에 돈이 유통된다.

⑤ 투자자들이 신흥국에 투자를 한다.

37 적대적 M&A나 경영권 침해 시도 등이 발생했을 경우 공격자가 경영권을 획득하지 못하도록 독소 조항을 만들어 방어하는 경영권 보호제도는?

① 포이즌 필 ② 황금낙하산

③ 차등의결권제도 ④ 의무공개매수제도

⑤ 소수주주권

38 아래의 빈칸 ㉠과 ㉡에 들어갈 내용을 옳게 짝지은 것은?

> 기업의 성과를 평가하는 지표인 ㉠ 은 세후영업이익에서 자본비용을 차감하여 기업의 실질적인 가치 창출 능력을 측정하는 것으로, 전문 경영자의 보상 평가 기준 등으로 사용될 수 있다. 반면 ㉡ 은 주식시장에서 평가된 기업의 시장가치와 투하자본의 장부가치 차이를 의미하며, 장기적인 관점에서 미래의 경제적 이익을 근거로 가치를 추정할 수 있다.

	㉠	㉡
①	자기자본이익률(ROE)	주가순자산비율(PBR)
②	자기자본이익률(ROE)	시장부가가치(MVA)
③	경제적 부가가치(EVA)	시장부가가치(MVA)
④	경제적 부가가치(EVA)	순현재가치(NPV)
⑤	투하자본수익률(ROIC)	순현재가치(NPV)

39 다음을 읽고 포드의 조립라인 시스템에 대해 옳게 분석한 것은?

> 20세기 초, 헨리 포드는 자동차 생산 방식을 근본적으로 바꾸어 놓았다. 한 명의 숙련공이 처음부터 끝까지 한 대의 자동차를 완성하던 전통적 방식을 버리고, 생산 과정을 세분화하여 각 노동자가 단 하나의 공정만을 반복 수행하도록 한 것이다. 이는 컨베이어 벨트를 따라 부품이 일정한 속도로 이동하며 각 공정을 거치는 이동식 조립라인의 도입으로 실현될 수 있었다. 노동자는 정해진 위치에서 정해진 부품만을 조립하도록 훈련받았고, 그 결과 한 대의 자동차를 완성하는 시간이 획기적으로 단축되었다. 포드의 이 시스템은 효율과 표준화를 극대화한 근대적 생산관리의 상징으로 평가받는다.

① 과학적 분석을 통해 작업 효율과 생산성을 극대화한 테일러의 과학적 관리법이다.
② 근로자의 사기와 인간적 만족을 높이기 위한 인간관계론의 적용 사례이다.
③ 변화하는 환경에 신속히 대응하기 위해 상황이론에 따라 분권적 조직을 강조하였다.
④ 팀 단위의 협업과 의사결정을 중시한 참여적 관리 방식이다.
⑤ 구성원의 창의성과 자율성을 중심으로 한 행동과학적 접근이다.

40 의사결정을 대상의 성격에 따라 정형적 의사결정과 비정형적 의사결정으로 구분하는 사이먼(H. simon)의 개념 중에서 비정형적인 의사결정에 대한 내용으로 적절하지 옳지 것은?

① 전통적인 기법에서는 직관, 판단, 경험법칙 등에 의존했으며, 현대적 기법에서는 휴리스틱 기법을 활용하고 있다.
② 비일상적이면서 특수한 상황에 적용되는 성격을 지니고 있다.
③ 이러한 의사결정의 경우 주로 비구조화되어 있고, 결정에 대한 사항 등이 비일상적이며, 복잡한 조직 등에 적용된다.
④ 주로 전략적인 의사결정의 수준을 취하고 있다.
⑤ 이러한 조직구조에서의 의사결정은 주로 하위층에서 수행한다.

41 아래 기사의 괄호 안에 들어갈 용어로 가장 적절한 것은?

> 최근 지역사회와의 상생을 위해 노력하는 H 기업이 대중의 눈길을 끌고 있다. H 기업은 매년 수익의 일부를 지역 아동센터에 기부하고, 지역 농가와의 직거래를 확대해 생산자와 소비자가 모두 이익을 얻을 수 있도록 돕고 있다. 또한 올해 환경 보호를 위해 포장재를 재활용 소재로 전환하여 지속 가능한 경영을 실천한 바 있다. 이러한 활동은 기업의 장기적 성장과 사회적 가치를 동시에 추구하는 (   )의 모범적 사례라고 평가된다.

① 윤리경영
② 법규 준수
③ 사회공헌
④ 사회적 책임경영
⑤ 주주가치 경영

42 다음 제품수명주기(PLC) 단계 중 A와 B에 해당하는 설명으로 옳지 않은 것은?

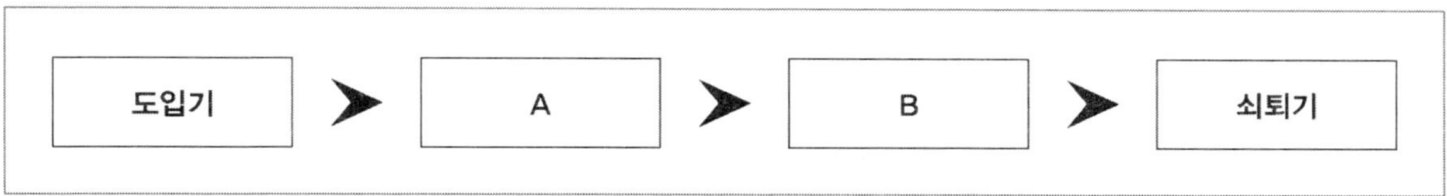

	단계	설명
①	A	수요 급증과 함께 생산설비 확대가 이루어진다.
②	A	시장점유율 확보를 위한 유통채널 집약화 전략이 효과적이다.
③	B	매출 성장률이 둔화되고 교체수요 중심으로 전환한다.
④	B	경쟁이 심화되며 가격 인하나 제품 차별화 전략이 중요해진다.
⑤	B	광고의 초점이 인지도 제고보다는 브랜드 충성도 유지로 전환된다.

43 균형성과관리표(BSC)를 통해 성과평가를 진행하는 경우 고려해야 할 사항이 아닌 것은?

① 조직의 비전과 전략을 실행 가능한 정도로 설정했는가
② 각 관점의 핵심성과지표(KPI)가 조직의 전략과 연계되어 있는가
③ 선행지표와 후행지표가 적절히 조합되어 미래 성과를 예측할 수 있는가
④ 내부 프로세스, 학습과 성장 등의 관점이 균형 있게 반영되는가
⑤ 재무적 성과에 적절한 수준의 가중치를 부여했는가

44 인사고과 방법 중 상대평가방법에 해당하지 않는 것은?

① 서열법
② 평정척도법
③ 등급할당법
④ 강제할당법
⑤ 표준인물비교법

45 아래는 인사기획팀 회의 내용의 일부이다. 이를 바탕으로 한 추세분석과 델파이 기법의 특징에 대한 설명으로 옳지 않은 것은?

> 고 부장 : 우리 회사의 향후 목표 달성을 위해 필요한 인력 규모와 종류를 정확히 예측해야 합니다. 어떤 방식으로 접근하는 것이 가장 효과적일까요?
> 최 과장 : 과거 인력 추세를 바탕으로 수치를 분석하는 <u>추세분석</u>이 가장 적합하다고 봅니다.
> 김 대리 : 하지만 향후 사업계획과 기술 변화까지 반영해야 하니까 경영진의 의견을 중심으로 한 <u>델파이 기법</u>을 활용하는 편이 좋을 것 같은데요.

① 추세분석은 정량적 기법인 반면, 델파이 기법은 정성적 기법이다.
② 델파이 기법은 통계자료보다 전문가의 경험과 직관에 의존한다.
③ 두 방법 모두 수학적 모형을 이용한 양적 수요예측기법에 속한다.
④ 추세분석은 과거 추세가 미래에도 일정하게 지속된다는 전제하에 예측을 수행한다.
⑤ 추세분석과 유사한 양적 수요예측기법으로는 회귀분석법이 있다.

46 아래는 애덤스의 공정이론 구성요소를 설명한 그림이다. A, B, C에 들어갈 용어를 옳게 나열한 것은?

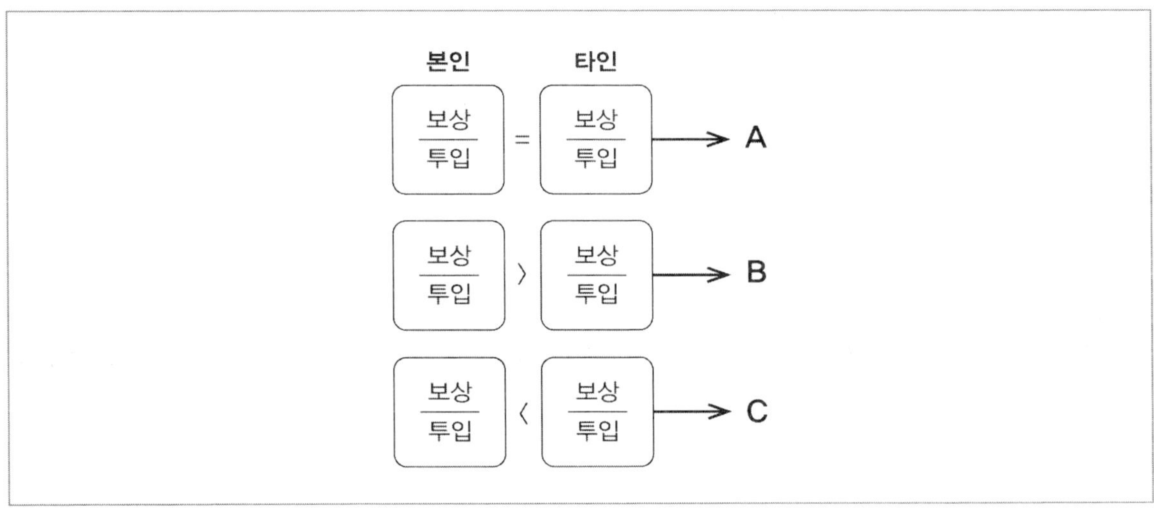

	A	B	C
①	중립적 불공정	만족 상태	불만족 상태
②	중립적 불공정	긍정적 불공정	부정적 불공정
③	중립적 불공정	공정한 상태	부정적 불공정
④	공정한 상태	긍정적 불공정	부정적 불공정
⑤	공정한 상태	부정적 불공정	긍정적 불공정

47 태도와 행동의 관계에 대한 설명으로 옳지 않은 것은?

① 직무불만족 시 조직시민행동이 나올 수 있다.

② 직무불만족에 대해 철수행동이 나올 수 있다.

③ 조직몰입은 직무성과에 (+) 영향을 준다.

④ 직무태도는 직무성과에 (+) 영향을 준다.

⑤ 직무태도가 직무성과에 미치는 영향은 크지 않다.

48 강화의 법칙(reinforcement)에 따른 강화요인 4가지 중, 이전의 부정적인 결과들의 요소를 제거함으로써 긍정적인 영향을 주는 소극적 강화는?

① 긍정적 강화
② 부정적 강화
③ 소거
④ 체벌
⑤ 단속강화법

49 아래는 각 팀장에 대한 팀원들의 설문 결과이다. 이를 근거로 각 팀장의 관리행동을 가장 적절하게 추론한 것은?

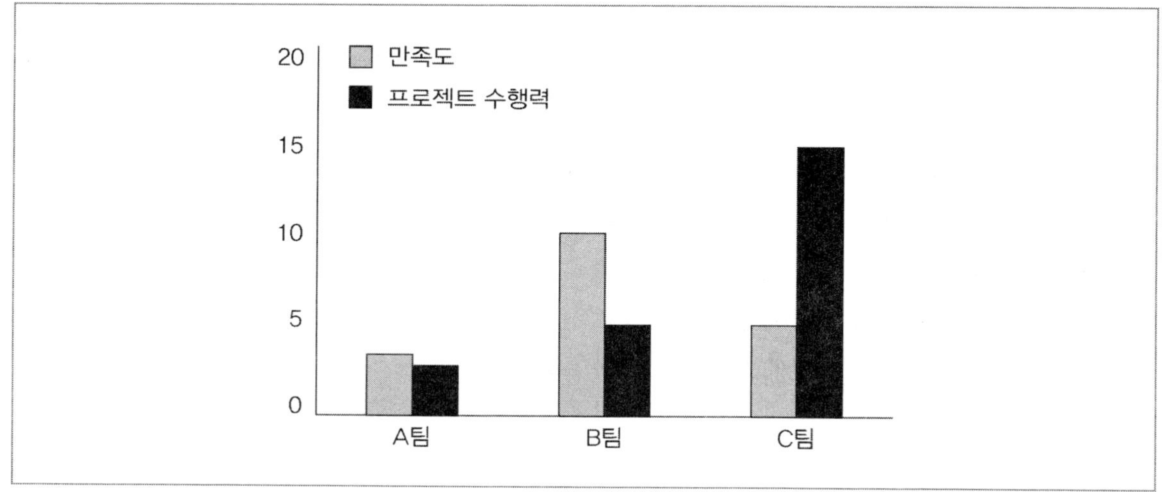

① A팀 팀장은 팀원 역량에 따라 적절하게 업무를 배분한다.
② A팀 팀장은 의사결정 과정에서 팀원 의견을 존중한다.
③ B팀 팀장은 업무 효율을 극대화할 수 있는 사무실 구조를 설계한다.
④ B팀 팀장은 구성원의 자율성을 강조하고 간섭을 최소화한다.
⑤ C팀 팀장은 체계적인 일정 관리와 성과 점검을 강조한다.

50 아래 설명에 해당하는 각 조직이론을 옳게 연결한 것은?

> ㉠ 조직이론은 조직을 외부 환경과 단절된 체제로 간주하고, 구성원들을 오직 경제적 동기만을 추구하는 존재로 간주한다.
> ㉡ 조직이론은 조직을 주변 환경과 상호작용하는 개방체제로 보고, 환경 변화에 적응하며 합리적으로 목표를 추구하고자 한다.
> ㉢ 조직이론은 조직 구성원들의 욕구 충족을 통해 생산성을 높이려 하는 이론이다.

	㉠	㉡	㉢
①	개방–합리적	폐쇄–합리적	폐쇄–사회적
②	폐쇄–사회적	개방–합리적	폐쇄–합리적
③	폐쇄–사회적	폐쇄–합리적	개방–합리적
④	폐쇄–합리적	폐쇄–사회적	개방–합리적
⑤	폐쇄–합리적	개방–합리적	폐쇄–사회적

51 네트워크 유형에 의한 조직유효성 중 원(circle)형에 관한 내용으로 옳지 않은 것은?

① 커뮤니케이션의 속도는 느리다.
② 구성원 만족도는 상당히 낮다.
③ 의사결정의 수용도는 높다.
④ 권한의 집중도는 낮다.
⑤ 의사결정의 속도는 느리다.

52 아래에서 설명하고 있는 것은?

> 다음은 제품과 서비스를 결합한 사례이다. 새로운 형태의 비즈니스 유형으로 전통적인 제조업에서 서비스라는 무형자산이 융합된 것이다.
> • 자동차에 유비쿼터스 환경을 구현
> • 농촌 체험마을 관광 상품
> • 기계 손상 실시간 모니터링 시스템

① 전략군 분석   ② 코아피티션

③ 다이내믹 산업분석   ④ 카니발리제이션

⑤ 서비타이제이션

53 다음 생산가능곡선에 대한 설명으로 옳지 않은 것은?

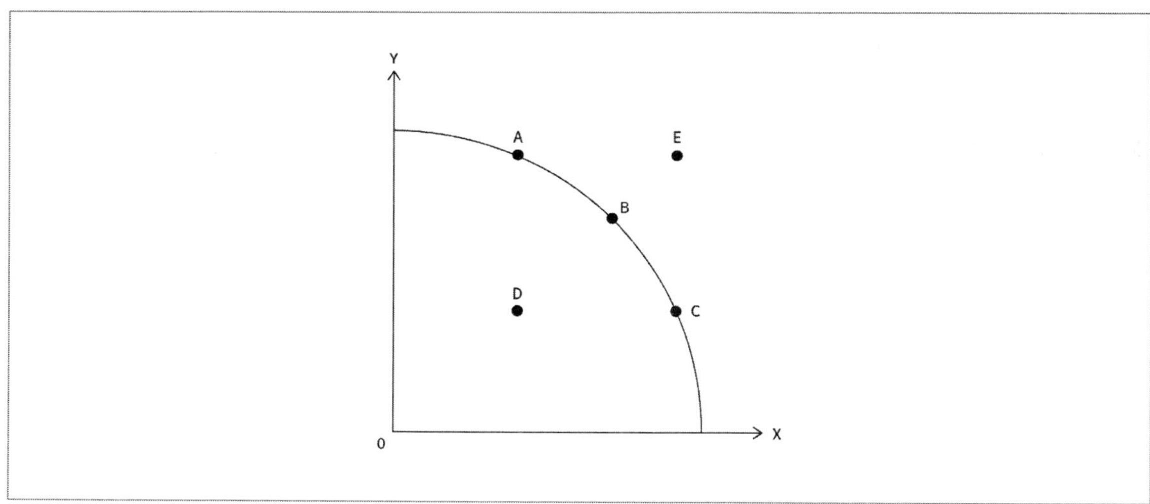

① 활용가능한 자원의 질과 양은 고정되어 있다.

② A점에서 C점으로의 이동은 X재 추가 생산에 따라 포기하게 되는 Y재의 생산량이다.

③ 곡선 내부에 위치한 D점은 비효율적인 생산이 이루어지고 있다.

④ 기술 진보가 나타나면 X재와 Y재 모두 A지점에서보다 많이 생산할 수 있다.

⑤ 곡선 외부에 위치한 E점은 사용 가능한 자원을 최소로 생산했을 때 달성할 수 있다.

54 아래 제시된 기업의 시장 확대 방안을 앤소프의 성장전략 단계에 따라 옳게 나열한 것은?

> ㉠ 기존 시장에서 기존 제품의 판매량을 늘리기 위해 멤버십 할인 제도를 도입했다.
>
> ㉡ 완전히 새로운 제품군을 개발해 신규 시장에 진출했다.
>
> ㉢ 기존 제품을 해외 시장에 수출하기 시작했다.

① ㉠ - ㉡ - ㉢
② ㉠ - ㉢ - ㉡
③ ㉡ - ㉠ - ㉢
④ ㉢ - ㉠ - ㉡
⑤ ㉢ - ㉡ - ㉠

55 포터의 5가지 경쟁요인에 해당하지 않는 것은?

① 신규 기업 간 경쟁　　　　　　② 잠재적 경쟁기업
③ 구매자 교섭력　　　　　　　　④ 공급자 교섭력
⑤ 대체재 위협

56 레몬 마켓(lemon market) 이론에 대한 설명으로 옳지 않은 것은?

① 정보의 비대칭성으로 인해 시장이 제대로 작동하지 못하는 현상을 설명한다.
② 고전 경제학 이론을 계승한 이론이다.
③ 중고차 시장에서 흔히 발생하는 현상이다.
④ 품질이 좋은 상품이 시장에서 퇴출당하고 나쁜 상품만 남게 되는 역선택 문제가 발생한다.
⑤ 구매자가 품질을 확인할 수 있는 시스템이 구축되면 해결 가능하다.

57 아담스미스의 절대우위론에 관한 설명으로 옳지 않은 것은?

① 무역을 통해 한 국가가 이익을 보면 상대국은 반드시 손해를 보는 제로섬 게임에 대한 비판에서 출발하였다.

② 각국은 생산에 있어서 생산성 높은 재화에만 집중하고 무역을 통해 재화를 교환한다.

③ 각국의 특화된 제품을 서로 교환함으로써 전체적인 부의 증대가 가능해진다.

④ 한 국가가 다른 국가에 비해 모든 재화의 생산에 있어 절대우위일 경우 무역은 발생하지 않는다.

⑤ 기회비용 차이에 따른 생산의 효율성이 발생하여 양국의 생산량 합계가 무역 전보다 무역 후에 훨씬 커지게 된다.

58 WTO에 관한 설명으로 옳지 않은 것은?

① 법인격이 있는 국제기구이다.

② 분쟁해결 절차는 분야별로 산재되어 있다.

③ 위반국에 대한 강제적인 집행능력을 보유한다.

④ 관세인하와 비관세장벽의 철폐를 강화하였다.

⑤ 공산품과 농산물 이외에 지적재산권, 투자조치도 규제대상이다.

59 다음 중 디지털 경제하에서 소비활동의 변화로 적절하지 않은 것은?

① 시간과 공간의 제약이 없어져 전 세계가 하나의 시장이 된다.

② 전자상거래의 활성화로 거래비용이 획기적으로 줄어드는 마찰 없는 경제가 도래한다.

③ 일대일 마케팅에서 매스 마케팅으로 전환된다.

④ 소비자의 제품선택의 폭이 확대된다.

⑤ 가상점포의 확대로 시장진입장벽이 낮아지면서, 신규기업의 참여에 의한 경쟁 심화와 가격 하락을 촉진시킨다.

60 해외직접투자 방법 중 합작투자의 장점으로 볼 수 없는 것은?

① 참여기업 간 정보교환

② 위험부담의 감소

③ 규모의 경제 달성

④ 경쟁완화

⑤ 무역장벽 극복

61 마케팅의 개념으로 옳지 않은 것은?

① 시장에서 출발한다.

② 고객의 욕구를 우선으로 한다.

③ 단기성과를 지향한다.

④ 저압적, pull 방식을 이용한다.

⑤ 고객만족을 통한 이윤 창출을 목표로 한다.

62 정부가 가난한 사람에게 식비를 보조하는 방법 중 파레토 효율성을 저해하지 않는 것은?

① 일정 소득 이하의 사람들에게 선착순으로 쌀을 배부하는 방법

② 민간자선단체에서 급식소 형태로 낮은 가격의 식사를 제공하는 방법

③ 주식인 쌀의 가격을 규제하여 가격상한을 설정하는 방법

④ 일정 소득 이하의 가난한 사람에게 소득을 보조하는 방법

⑤ 고소득층의 세금을 올려서 저소득층의 복지에 투자하는 방법

63 모집단의 특성을 기준에 비례하게 하여 표본을 추출하는 표본추출방법은?

① 편의표본추출법

② 할당표본추출법

③ 판단표본추출법

④ 층화표본추출법

⑤ 군집표본추출법

64 소비자 의사결정 과정에서 대안을 평가하는 비보완적 방식이 아닌 것은?

① 사전편집식
② 결합식
③ 분할식
④ 다속성 태도모형
⑤ 순차적 제거모형

65 비차별적 마케팅 전략에 관한 설명으로 옳지 않은 것은?

① 세분시장 간의 차이를 고려하지 않으며 단일제품으로 전체시장을 공략하는 전략이다.
② 경쟁전략의 원가우위전략과 유사한 마케팅 전략이다.
③ 다양한 마케팅 믹스로 소비자들의 욕구에 부합하는 제품을 제공하여 기업의 매출액이 증가한다.
④ 대량유통경로, 대량광고매체, 대량생산체제를 통한 경제성을 추구한다.
⑤ 제품수명주기의 도입기에서 주로 선택된다.

66 제품수명주기의 도입기에 관한 설명으로 옳지 않은 것은?

① 막대한 R&D 비용, 유통망 구축비용 등으로 기업의 현금흐름은 대개 적자이다.
② 시장에서 판매가 급격히 성장하고 경쟁 기업이 등장한다.
③ 주로 고소득층이나 혁신층을 대상으로 마케팅을 한다.
④ 시장세분화의 필요성은 그다지 크지 않다.
⑤ 1차 수요를 유발시켜 소비자의 제품 인지도를 높이는 것이 목표이다.

67 내쉬균형에 관한 설명 중 옳지 않은 것은?

① 담합이 이루어져도 내쉬균형이 존재할 수 있다.

② 내쉬균형점에서 파레토 효율성이 충족되지 않을 수 있다.

③ 내쉬균형 상태에서는 상대방의 효용 손실 없이는 자신의 효용을 증가시킬 수 없다.

④ 각각의 경기자가 전략을 변경할 이유가 없는 상태에서 내쉬균형이 성립한다.

⑤ 내쉬균형 이론을 이용하면 과점기업의 전략선택 여부를 파악할 수 있다.

68 광고와 인적판매를 비교한 내용으로 옳지 않은 것은?

① 광고는 소비재, 저관여 제품 등에 유리하지만, 인적판매는 산업재, 고관여 제품 등에 유리하다.

② 광고는 불특정 다수를 대상으로 하지만, 인적판매는 특정한 소수를 대상으로 한다.

③ 광고는 표준화된 정보를 제공하지만, 인적판매는 고객별 개별화된 정보의 제공이 가능하다.

④ 광고는 제공 가능한 정보의 양에 제한이 없지만, 인적판매는 제공 가능한 정보의 양이 제한된다.

⑤ 광고는 1인당 비용이 저렴하지만, 인적판매는 1인당 비용이 높다.

69 사채에 대한 설명으로 옳지 않은 것은?

① 회사채 등급 중 AAA ~ BBB 등급이 투자등급으로 분류된다.

② 전환사채(convertible bond)란 주식으로 전환 가능한 사채를 말한다.

③ 신주인수권부사채(bond with warrants)는 향후 신주 발행 시 신주인수권이 부여되는 사채이다.

④ 옵션부사채(bond with imbedded option)의 종류는 콜옵션부사채와 풋옵션부사채가 있다.

⑤ 시장이자율보다 액면이자율이 큰 경우 할인발행하게 된다.

70 회계정보를 이용하는 기타 정보이용자에 해당하지 않는 사람은?

① 경영자   ② 재무분석가

③ 일반대중   ④ 정보중개인

⑤ 종업원

71 회계정보의 질적 특성에 해당하지 않는 것은?

① 효율성
② 이해가능성
③ 목적 적합성
④ 비교가능성
⑤ 신뢰성

72 손익계산서를 작성할 때 별도로 기재하는 이익에 해당하는 것은?

① 특별이익
② 매출총이익
③ 영업이익
④ 법인세비용 차감 전 순이익
⑤ 계속사업이익

73 안정성비율에 해당하는 것을 모두 고르면?

㉠ 부채비율	㉡ 유동비율
㉢ 이자보상배율	㉣ 재고자산회전율
㉤ 주가장부가액비율	

① ㉠, ㉢
② ㉠, ㉡
③ ㉠, ㉣
④ ㉡, ㉤
⑤ ㉡, ㉣

74 다음은 M 건설회사의 2025년 재무상태표이다. 2025년 M 건설회사의 유동비율은?

(단위 : 억 원)

과목	금액	과목	금액
유동자산	200	유동부채	350
비유동자산	600	비유동부채	550

① 25.1%

② 39.7%

③ 43.2%

④ 57.2%

⑤ 88.8%

75 아래는 A사의 재무정보이다. A사의 주가이익비율(PER)과 평가 상태로 옳은 것은?

구분	내용
현재 주가	50,000원
당기순이익	600억 원
발행주식수	1,500만 주
업종 평균 PER	15배

	PER	상태
①	10	저평가
②	10	적정평가
③	12.5	고평가
④	12.5	적정평가
⑤	12.5	저평가

76 듀레이션에 관한 설명으로 옳지 않은 것은?

① 순수할인채권의 듀레이션은 만기와 같다.

② 만기가 길수록 듀레이션은 길어진다.

③ 액면이자율이 높을수록 듀레이션은 짧아진다.

④ 시장이자율이 높을수록 듀레이션은 짧아진다.

⑤ 이자율 하락이 예상되면 듀레이션이 긴 채권을 매도한다.

77 유사거래비교법에 대한 설명으로 옳지 않은 것은?

① 외부환경 변화에 덜 민감하다.

② 계산법이 간편하다.

③ 경영권 프리미엄을 반영하여 계산이 가능하다.

④ 비교가능거래를 찾는 것이 쉽지 않다.

⑤ 정보 접근성에 제한이 있다.

78 옵션의 개념에 관한 설명으로 옳지 않은 것은?

① 옵션은 이미 존재하는 증권의 가격에 따라 수익이 결정되는 조건부 청구권이다.

② 콜옵션은 특정 주식을 미리 정해진 가격에 매입할 수 있는 권리를 말한다.

③ 옵션매입자는 옵션매도자로부터 거래할 권리를 부여받는다.

④ 유럽형 옵션은 미리 정해진 기간에 언제든지 권리를 행사할 수 있다.

⑤ 옵션의 계약비용은 양(+)이어야 한다.

79 선물의 개념에 관한 설명으로 옳지 않은 것은?

① 선물은 현재 외환, 채권, 주식 등을 기초자산으로 하는 금융선물만 해당한다.

② 현물이 인도되어 선물계약의무가 이행되는 날을 선물만기일이라고 한다.

③ 선물가격은 기초자산의 현물가격에 연동해서 변화한다.

④ 현금결제방식은 선물가격과 선물만기일의 현물가격 간의 차이만큼 정산하는 방식이다.

⑤ 선물계약은 만기 이전에 반대매매를 통해 거래가 종료되는 것이 일반적이다.

80 다음 H사의 일부 재무자료를 통해 알 수 있는 PER의 값은?

- 매출액 : 5억 원
- 예상 세후 순이익 : 3억 원
- 주식 수 : 30만주
- 기업 1주당 주가 : 3만 5천 원

① −30

② −15

③ 0

④ 20

⑤ 35

※ 정답 및 해설은 p.389에 있습니다.

1　아래에 제시된 그림의 곡선 BC는 주어진 양의 생산요소와 생산기술을 사용하여 최대한으로 생산할 수 있는 빵과 과자의 조합을 나타낸 것이다. 이에 대한 설명으로 적절하지 않은 것은?

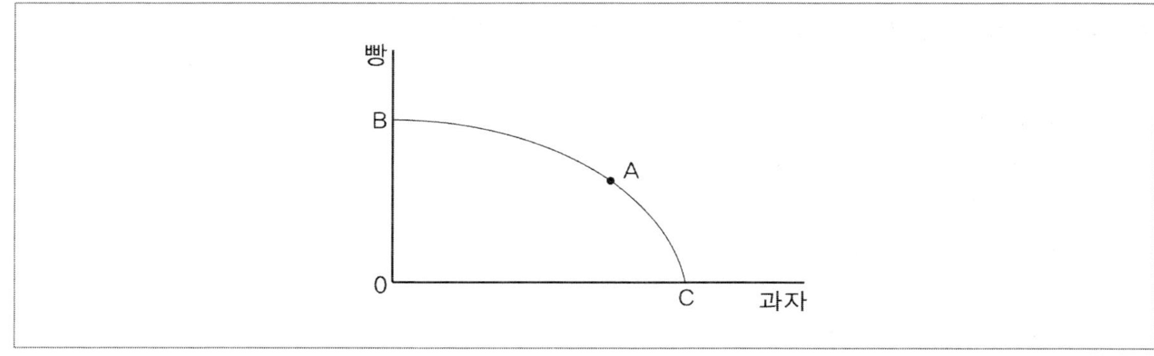

① A점은 효율적인 빵과 과자 생산량의 조합 중 하나이다.

② A점에서 빵의 생산을 늘리려면 과자의 생산은 반드시 줄여야 한다.

③ 빵과 과자를 모두 A점보다 적게 생산할 수 있다.

④ 기술진보가 일어나면 빵과 과자를 모두 A점보다 많이 생산할 수 있다.

⑤ 과자를 더 많이 생산할수록 포기해야 하는 빵의 생산량은 줄어든다.

2 다음 기사에서 시행한 정책으로 나타날 수 있는 효과는?

> 중국 중앙은행 인민은행은 외화 지급준비율을 8%에서 6%로 인하했다가 2%를 추가적으로 하향 조정하였다. 이러한 지급준비율 인하는 외국자본 이탈, 코로나 봉쇄, 부동산 위기 등의 악재로 생기는 부담감을 낮추기 위한 움직임으로 보인다.

① 통화공급이 늘어나고 대출이 증가하게 된다.
② 통화공급이 늘어나고 대출이 감소하게 된다.
③ 통화공급이 줄어들고 대출이 증가하게 된다.
④ 통화공급이 줄어들고 대출이 감소하게 된다.
⑤ 통화공급과 대출이 모두 불변한다.

3 다음 ㉠에 들어가는 용어는?

> 경기가 급속히 둔화되는 와중에 글로벌 식품 가격이 최근 급등하면서 일부 신흥국가들이 (㉠)에 빠질 가능성이 증가하고 있다. K일보에서 "최근 곡물 가격이 급등하면서 가계소비 중 식품구입 비중이 높은 개발도상국이 갑작스러운 소비자물가 상승 압력에 직면했다"며 "식료품 가격이 오르면 경기부양을 위한 금리인하 등의 정책선택이 제한돼 (㉠)에 대한 우려가 고조된다"고 설명했다. 글로벌 투자가들은 선진국 경기가 둔화되는 와중에도 경기부양책 가동의 여지가 높은 신흥 경제국에 투자해 10%가량의 수익을 올려왔지만, 점차 고조되는 (㉠) 가능성에 발목이 잡힐 수 있다고 경고했다.

① 디플레이션
② 인플레이션
③ 페이퍼링
④ 스태그플레이션
⑤ 마이너스 금리

4 아래 그림은 네트워크 유형에 따른 조직유효성 중 완전연결(all channel)형을 나타낸 것이다. 이에 대해 추론한 내용으로 적절하지 않은 것은?

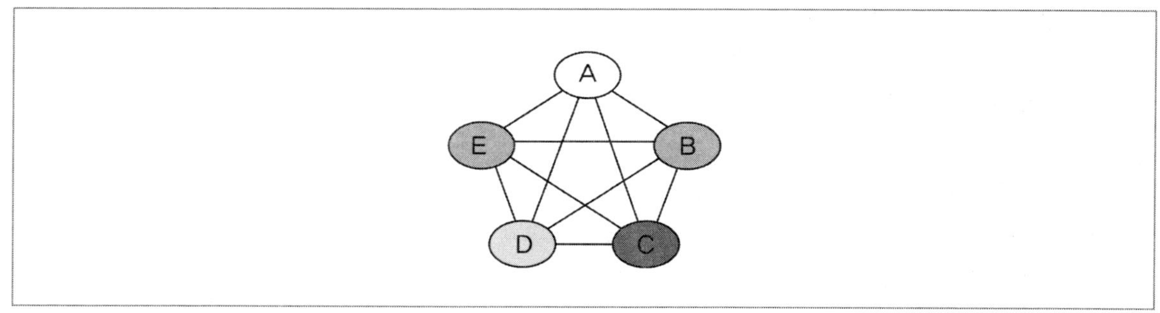

① 커뮤니케이션 속도는 빠르다.

② 커뮤니케이션 정확도가 높다.

③ 권한집중도는 낮다.

④ 구성원들의 만족도는 높다.

⑤ 의사결정의 속도는 상당히 느리다.

5 다음 사례에서 설명하고 있는 불공정거래는?

K 씨는 P 제약회사에서 근무 중인 동료 J 씨에게 획기적인 당뇨병 치료제 개발이 완료됨과 함께 우량회사와 합병을 앞두고 있다는 말을 들었다. 이에 K 씨는 이와 같은 소식의 발표가 있기 일주일 전에 P 제약회사의 주식을 대량 매수하였다. 뉴스에서 대대적으로 P 제약회사의 호재소식을 기사로 내보내자 주식은 처음 구매했을 때보다 상승하였다. 이에 K 씨는 매매차익을 취득하고 주식을 매도하였다.

① 주식 대량보유 보고의무 위반

② 시세조종

③ 주가조작

④ 내부자거래

⑤ 신고 공시의무 위반

6 종합부동산세의 존폐에 관한 상반된 주장을 통해 유추할 수 있는 내용으로 적절하지 않은 것은?

> • 존치론 : 종합부동산세란 소수의 부동산 부자들로부터 걷은 세금으로 지방의 서민들을 지원하는 세금이다. 우리나라보다 부동산 보유세율이 몇 배나 높은 미국과 같은 선진국의 사례를 고려하면, 보유세율을 정상화한다는 의미에서 종부세는 폐지할 수 없다. 부동산 시장을 안정시키고 투기를 잡기 위해서라도 종부세는 필수적이다. 만약 종부세를 폐지한다면 이는 소수의 부자들만을 위함이다.
>
> • 폐지론 : 선진국의 보유세는 일반적으로 종부세와 같은 누진율이 아닌 부동산을 가진 모든 국민이 동일한 세율로 납부하는 정률세로 운영된다. 일부 부자들에게만 지방 재정에 관한 책임을 떠넘긴다는 점에서 종부세는 정의롭지 못하며, 더구나 고가의 부동산을 보유했다고 해서 진짜 부자인 것도 아니다. 또한 세금이 부동산 가격을 안정시키는 효과 역시 없다.

① 폐지론자는 세금은 고루 부담하는 보편성을 가져야 정의롭다고 믿는다.
② 존치론자의 논리에 따르면 종부세가 아닌 재산세를 올려야 한다.
③ 폐지론자는 보유세를 무겁게 매기는 것에 반대한다.
④ 존치론자는 세금 인상이 부동산 투기를 억제한다고 믿는다.
⑤ 폐지론자는 순자산에 매기는 부유세에 찬성할 가능성이 높다.

7 X재에 대한 수요의 소득 탄력성이 −3이고 Y재에 대한 X재 수요의 교차탄력성이 2라고 할 때 옳은 것은?

① X는 열등재이고 X재와 Y재는 대체재 관계이다.
② X는 열등재이고 X재와 Y재는 보완재 관계이다.
③ X는 정상재이고 X재와 Y재는 대체재 관계이다.
④ X는 정상재이고 X재와 Y재는 사치재 관계이다.
⑤ X는 정상재이고 X재와 Y재는 기펜재 관계이다.

8 다음에서 설명하고 있는 것은?

> 개인이 받은 주택담보대출 이외에도 신용대출, 카드론 등 금융권에서 받은 대출정보를 합산한 금액에서 연간 원리금을 연소득으로 나눈 비율이다. 대출을 원하는 사람의 소득에 대비하여 전체 금융부채에 대한 대출상환능력이 적절한지를 심사하기 위한 것이다.

① 유동비율
② 당좌비율
③ 주택담보대출비율
④ 총부채상환비율
⑤ 총부채원리금상환비율

9 KOSPI와 주가지수 산출방식이 다른 지수를 모두 고른 것은?

> ㉠ Dow 30　　　　　㉡ KOSDAQ
> ㉢ S&P 500　　　　　㉣ Nikkei 225

① ㉠, ㉡
② ㉠, ㉢
③ ㉠, ㉣
④ ㉢, ㉣
⑤ ㉠, ㉢, ㉣

10 가격효과, 대체효과, 소득효과에 대한 설명으로 옳지 않은 것은?

① 정상재의 경우 가격효과와 대체효과 모두 음(−)의 값을 가진다.
② 정상재의 경우 음(−)의 가격효과가 양(+)의 소득효과보다 크므로 대체효과는 음(−)이다.
③ 가격효과는 소득효과와 대체효과의 합으로 구한다.
④ 열등재의 경우 음(−)의 대체효과가 양(+)의 소득효과보다 크므로 가격효과는 음(−)이다.
⑤ 기펜재의 경우 양(+)의 소득효과가 음(−)의 대체효과보다 크므로 가격효과는 양(+)이다.

11 수요의 소득탄력성에 대한 설명으로 옳지 않은 것은?

① 소득탄력성이 1보다 큰 경우 사치재에 해당한다.

② 소득탄력성이 0보다 작은 경우 열등재이다.

③ 소득탄력성이 0.5라면 사치재에 해당한다.

④ 재화가 두 종류인 경우 모두 1보다 크거나 모두 1보다 작을 수 없다.

⑤ 필수재의 소득탄력성은 0과 1 사이이다.

12 생산물시장이 불완전경쟁적일 경우 나타날 수 있는 현상으로 옳지 않은 것은?

① 생산물시장이 불완전경쟁적일 경우, '가격 = 한계수입'의 관계가 성립하지 않는다.

② 생산요소를 한 단위 추가로 고용할 때 얻을 수 있는 수입은 한계생산물가치가 된다.

③ 한계수입생산 곡선은 한계생산물가치 곡선보다 항상 왼쪽에 위치한다.

④ 동일한 임금수준에서 완전경쟁적일 때보다 고용량이 줄어든다.

⑤ 한계생산체감의 법칙으로 인해 한계수입생산 곡선은 우하향한다.

13 소비자 A가 1기에 얻은 소득(Y)을 1기와 2기의 소비로 배분하여 효용을 극대화하고자 한다. 이때 소비자 A의 예산제약식은 $C_1 + \dfrac{C_2}{1+r} = Y$ (C_1, C_2는 각각 1기와 2기의 소비량, r은 실질이자율)이며, 효용함수는 $U(C_1, C_2) = C_1 C_2$라고 할 때 1기의 한계소비성향은?

① $\dfrac{1+r}{2}$

② $\dfrac{1}{3}$

③ $\dfrac{1+r}{5}$

④ $\dfrac{1}{2}$

⑤ 1

14 국민 경제에서 소비지출의 증가 요인이 아닌 것은?

① 금리 하락

② 부의 증가

③ 현재소득 증가

④ 물가 상승

⑤ 미래소득 증가 예상

15 어떤 시장에서 가격 규제를 폐지하자 생산량이 자연스럽게 늘고 수요가 안정되면서 거래가 활발해졌다. 이로부터 추론할 수 있는 사실로 옳은 것은?

① 시장실패가 존재하더라도 파레토 효율은 유지된다.

② 완전경쟁시장의 균형은 파레토 효율적 자원배분을 실현한다.

③ 시장균형은 소득의 평등을 보장한다.

④ 후생경제학 제2정리에 따른 결과이다.

⑤ 시장에 독과점이나 정보 비대칭 같은 왜곡 요인이 있었을 것이다.

16 경기변동을 보여주는 다음 그래프에서 ㉠에 해당하는 것은?

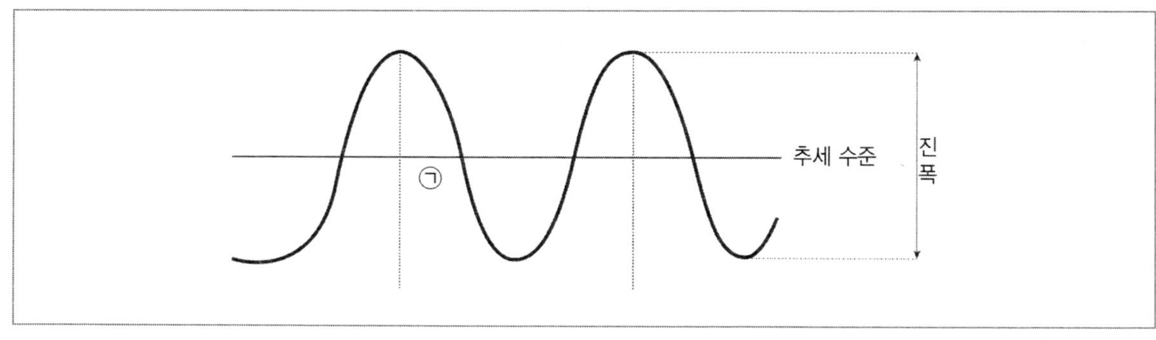

① 호황   ② 후퇴

③ 불황   ④ 정점

⑤ 회복

17 다음 두 그림에서 등량곡선상 A와 B가 각각 의미하는 바를 옳게 고른 것은?

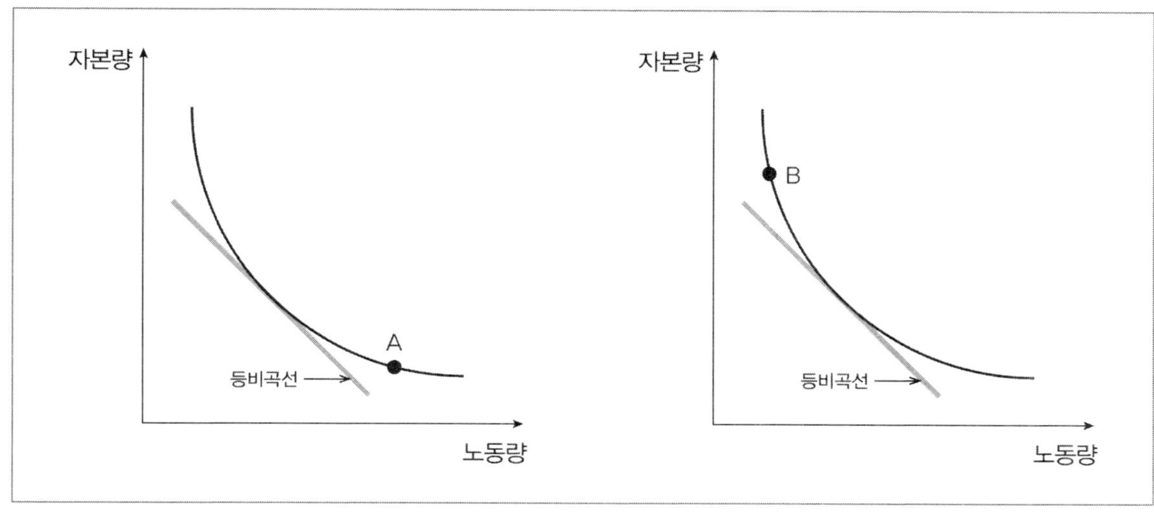

㉠ A 상황에서는 자본의 투입을 증가시켜야 한다.

㉡ B는 생산요소의 가격비가 한계기술대체율보다 작을 때를 나타낸다.

㉢ A는 효율 최적화를 위해 노동 투입을 늘릴 필요가 있다.

㉣ B는 생산요소의 한계생산력과 가격비가 일치한다.

① ㉠, ㉡

② ㉠, ㉢

③ ㉡, ㉢

④ ㉡, ㉣

⑤ ㉢, ㉣

18 화폐시장에서의 유동성 함정에 대한 설명으로 옳은 것은?

① 유동성 함정에 빠진 경우 화폐시장의 균형을 나타내는 LM곡선은 수직으로 나타난다.

② 화폐수요의 이자율 탄력성은 무한대가 된다.

③ 이자율이 변화되더라도 국민소득은 불변이다.

④ 유동성 함정은 고전학파의 이론이다.

⑤ 유동성 함정에 빠진 경우 국민소득이 증가하면 이자율도 증가한다.

19 아래 기사에 나타난 경제학적 현상으로 옳은 것은?

> 올해 들어 제조업 평균 임금이 전년 대비 5% 상승했다. 그러나 이달 열린 대규모 채용박람회 참가자 수는 전년 수준에 그치며, 예상과 달리 구직 활동은 크게 늘지 않은 것으로 나타났다. 업계 관계자들은 명목임금이 올랐지만 최근 물가상승률이 4.8%에 달하면서 실질 구매력은 거의 그대로이기 때문이라고 분석했다. 전문가들은 이에 대해 근로자들이 초기에는 임금 인상에 반응하지만, 물가 상승을 인식하면서 노동 공급 의사가 다시 줄어드는 전형적인 패턴이라고 설명했다.

① 효율임금가설
② 노동자 오인모형
③ 기대인플레이션가설
④ 단기 필립스곡선
⑤ 적응적 기대가설

20 브랜드 전략에 대한 설명으로 옳지 않은 것은?

① 제조업자 브랜드는 제품 이미지와 품질 관리의 일관성을 유지하기 쉽다.
② 유통업자 브랜드는 제조업자 브랜드보다 마진율이 높은 편이다.
③ 라이선싱 브랜드는 기업이 자체 개발한 브랜드를 타사에 무상으로 제공하여 시장 점유율을 확대하는 전략이다.
④ 특정 상표 없이 상품 자체를 나타내는 명칭을 활용할 수도 있다.
⑤ 개별 브랜드 전략은 제품마다 독립적인 브랜드를 사용하여 제품 간 위험을 분산시키는 장점이 있다.

21 기업이 영업활동을 통해 발생한 이익을 내부에 유보하여 재투자나 부채 상환에 사용하는 자금을 나타내는 재무상태표상 계정과목은?

① 자본조정
② 자본잉여금
③ 이익잉여금
④ 당기순이익
⑤ 이월결손금

22 기업의 자산가치를 시장에서 평가한 주식의 시가총액과 비교하여 기업의 투자 유인 정도를 나타내는 지표는?

① 토빈의 Q

② 부채비율

③ 주가순자산비율(PBR)

④ 주당순자산가치(BPS)

⑤ 자본자산가격결정모형(CAPM)

23 유동성 함정에 관한 설명으로 옳지 않은 것은?

① 화폐수요곡선이 수평의 형태를 나타낸다.

② 기대이자율에 비해 시장이자율이 매우 낮은 상태다.

③ 화폐에 대한 투기적 수요가 무한대가 된다.

④ 화폐공급이 증가하더라도 증가된 통화량이 모두 화폐수요로 흡수된다.

⑤ 경기가 호황일 때 나타난다.

24 한 국가의 통화공급을 구하려고 할 때 필요한 항목에 해당하지 않는 것은?

① 현금통화비율   ② 지급준비율

③ 지급준비금   ④ 화폐유통속도

⑤ 현금통화

25 화폐의 공급곡선과 수요곡선을 이동시키는 원인에 관한 설명으로 옳은 것은?

① 물가수준이 오르면 화폐수요곡선은 우측으로 이동한다.

② 사람들의 부가 증가하면 화폐수요곡선은 좌측으로 이동한다.

③ 중앙은행이 화폐공급을 늘리면 화폐공급곡선은 좌측으로 이동한다.

④ 경제의 거래량이 감소하면 화폐수요곡선은 우측으로 이동한다.

⑤ 이자율이 하락하면 화폐공급곡선은 좌측으로 이동한다.

26 인플레이션의 원인 중 공급측 원인에 해당하지 않는 것은?

① 생산비 상승   ② 임금의 상승

③ 원자재가격의 상승   ④ 통화량 증가

⑤ 기후조건의 변화

27 오쿤의 법칙을 통해 실업률과 실질 GDP 간의 관계를 나타내고자 할 때 필요한 변수에 해당하지 않는 것은?

① 실질 GDP

② 명목 GDP

③ 상수

④ 실제실업률

⑤ 자연실업률

28 다음은 각 기업 재무상태표의 일부이다. 이를 바탕으로 재무 건전성이 가장 좋은 기업을 고르면?

(단위 : 백만 원)

구분	A 기업	B 기업	C 기업	D 기업	E 기업
유동자산	2,400	2,800	3,000	2,100	3,240
유동부채	1,600	2,000	2,500	1,500	1,800

① A 기업

② B 기업

③ C 기업

④ D 기업

⑤ E 기업

29 화폐적 균형경기변동이론에 관한 설명으로 옳지 않은 것은?

① 루카스는 화폐량의 역할을 중시하는 프리드먼 등의 주장을 발전시켜 화폐적 경기변동이론을 제시하였다.

② 일반 균형상태에서 거시경제변수들이 결정되기 때문에 경기변동의 동조성을 잘 설명한다.

③ 불완전 정보에서 예상치 못한 충격이 발생할 경우 경제주체들이 이것을 개별적 충격으로 오인하여 국민소득에 변화를 가져오게 된다.

④ 예측하지 못한 통화공급 증가가 발생하면 일시적으로 경기호황이 발생한다.

⑤ 경기변동의 지속성을 설명하기 어렵다는 단점을 갖는다.

30 내생적 성장이론 모형에 해당하지 않는 것은?

① 솔로우 모형

② R&D 모형

③ AK 모형

④ 인적자본 모형

⑤ 학습효과 모형

31 다음은 관세를 부과할 경우 소국의 관세효과를 그래프로 나타낸 것이다. 해당하는 값으로 옳지 않은 것은?

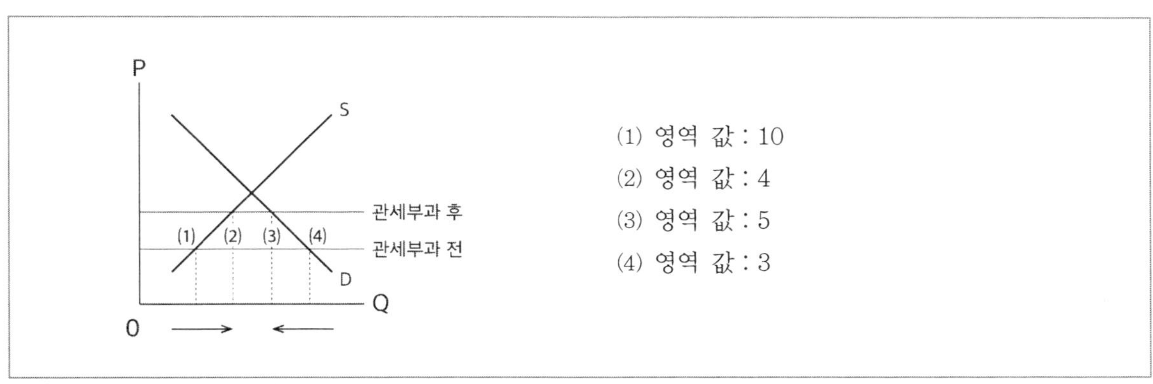

① 소비자 잉여 : −22

② 생산자 잉여 : 10

③ 재정 수입 : 5

④ 총잉여 : −15

⑤ 후생손실 : 7

32 관세부과 정책과 수량할당 정책을 시행할 때 각각 다르게 적용되는 항목끼리 짝지어진 것은?

① 소비자잉여와 생산자잉여

② 소비자잉여와 이윤총잉여

③ 재정수입과 수입업자의 초과이윤

④ 재정수입과 생산자잉여

⑤ 수입업자의 초과이윤과 이윤총잉여

33 가장 일반적으로 사용되는 것으로, 서비스수지와 소득수지 등이 해당하는 국지수지는?

① 경상수지   ② 자본수지

③ 종합수지   ④ 상품수지

⑤ 무역수지

34 고정환율제도의 장점으로 볼 수 없는 것은?

① 환율유지를 위해 국가에서 스스로 가격을 규제하기 때문에 인플레이션이 낮아진다.

② 환율을 안정적으로 유지하므로 환위험이 없다.

③ 국가 간 활발한 자본거래로 인하여 무역과 투자가 촉진된다.

④ 국제수지의 불균형이 자동적으로 조정될 수 있다.

⑤ 화폐시장의 교란이 실물경제에 영향을 미치지 않는다.

35 다음 사례에서 설명하는 것은?

> 명품가방이 주력상품인 H사에서 신제품으로 반려견 밥그릇을 첫 출시한다고 예고하였다. 이 밥그릇은 도자기로 제작되었으며 유려한 곡선으로 고급스러운 이미지를 자아낸다. 판매개시 전이지만 H사의 반려견 밥그릇은 높은 인기와 강력한 브랜드이미지로 많은 사람들의 호응을 얻고 있다.

① 후광 효과   ② 초두 효과

③ 스놉 효과   ④ 디드로 효과

⑤ 바넘 효과

36 다음 중 엥겔계수에 대한 설명으로 옳지 않은 것은?

① 가계의 총소비 지출액 중 식료품비가 차지하는 비율이다

② 일반적으로 소득이 증가할수록 엥겔계수는 감소한다

③ 소득수준이 낮은 저소득층 가구일수록 큰 값이 나타난다.

④ 소득분배의 불평등도를 직접 측정하는 핵심 지표로 활용된다.

⑤ 소득 탄력성이 1보다 작은 필수재의 특성을 반영한다.

37 아래 T 제조업체의 설비 도입 사례와 관련된 경영 개념으로 옳지 않은 것은?

> 해외 제조업체 T가 올해 생산공장에 초대형 일체 성형 설비를 추가 도입하며 생산 효율성을 극대화하고 있다. 이 설비는 제품 부품 70여 개를 하나의 대형 부품으로 일체 성형하는 첨단 주조 장비이다. 이를 통해 생산 시간은 기존 대비 40% 단축되고, 공장 면적은 30% 절감되며, 제조 원가는 20% 이상 감소하는 효과를 거뒀다. 업계 관계자는 초기 설비 투자 비용이 약 2,000억 원으로 부담스럽지만, 대량생산 체제에서는 연간 50만 개 이상 생산 시 손익분기점을 넘어선다고 설명했다. 한편, 경쟁 업체들도 T사의 생산 방식을 벤치마킹하기 시작했으나 기술 특허와 높은 초기 투자 비용이 진입장벽으로 작용하고 있다.

① 대량생산을 통해 단위당 비용이 절감되는 것은 규모의 경제이다.

② 수직적 통합을 통해 생산 공정을 내부화하여 효율성을 제고했다.

③ 높은 초기 투자 비용과 기술 특허는 후발 업체의 진입장벽으로 작용한다.

④ 공정을 간소화하여 낭비 요소를 제거하는 것은 린 생산방식이다.

⑤ 경쟁 업체들이 A사의 우수 사례를 분석하고 학습하는 것은 벤치마킹이다.

38 지각은 사람이 환경에 의미를 부여하기 위해 감각적 인상을 조직 및 해석하는 일련의 과정을 의미한다. 아래 지각에 영향을 미치는 요소 중 지각 대상 관련 요소로 바르게 묶은 것은?

㉠ 태도	㉡ 동작
㉢ 흥미	㉣ 소리
㉤ 배경	㉥ 시간

① ㉠, ㉡, ㉥

② ㉡, ㉢, ㉣

③ ㉡, ㉣, ㉤

④ ㉢, ㉣, ㉤

⑤ ㉢, ㉤, ㉥

39 A사와 B사는 자동차 시장의 경쟁 업체이다. 두 업체는 2025년 신모델 출시 여부를 상대방의 전략에 따라 결정하려고 한다. 다음 표를 보고 내쉬(Nash) 균형에서의 A사 이윤은 얼마인가?

A사 ＼ B사	출시	출시하지 않음
출시	A사 70, B사 60	A사 200, B사 10
출시하지 않음	A사 30, B사 210	A사 120, B사 70

① 10

② 30

③ 70

④ 120

⑤ 200

40 근대적 관리론자인 버나드의 주장으로 옳지 않은 것은?

① 조직을 인간의 협동적 노력의 결정체인 협동시스템으로 간주한다.

② 조직의 성립에 개인들의 공헌의욕과 활동을 총괄할 수 있는 공통목적이 필요하다.

③ 인간을 합리적 경제인이 아닌 제한된 합리성을 지닌 관리인으로 바라본다.

④ 조직이 공헌의욕을 확보하기 위해서는 개인에게 확실한 유인을 제공한다.

⑤ 조직을 존속시키는 전제 조건은 공헌과 유인의 균형이다.

41 현대적 통제기법 중 하나인 목표에 의한 관리법(MBO)에 관한 설명으로 옳지 않은 것은?

① 지속적인 중간평가를 통하여 피드백이 이루어진다.

② 기존의 관리법과 다르게 목표 설정 과정에 종업원을 참여시킨다.

③ 실제 목표를 설정하는 데 어려움이 있다.

④ 조직문화가 권위적일수록 효과적이다.

⑤ 단기적 목표와 수치에만 중점을 둔다.

42 리엔지니어링의 구성요소에 해당하지 않는 것은?

① 업무에 대한 재평가
② 수직적 계층을 다기능팀 중심으로 재편
③ 새로운 정보시스템
④ 고객중심 관점
⑤ 부서별 혁신

43 아래 기사를 읽고 직무평가 방식에 대해 설명한 것으로 옳지 않은 것은?

> 최근 많은 기업이 인사제도의 핵심을 '직무 중심'으로 전환하고 있다. 인사팀은 대개 직무의 난이도와 책임뿐 아니라 문제 해결에 요구되는 판단력, 조직 내 의사소통의 중요도, 그리고 직무 수행이 기업 전체 성과에 미치는 영향 등을 평가 항목에 새로 포함했다. 일례로 H 전자는 최근 외부 전문기관과 협력하여 점수화 방식의 서열법과 요소비교법을 병행 적용하며, 평가 결과를 임금체계와 인사 이동의 기초 자료로 활용할 방침이라고 밝혔다.

① 직무평가는 각 직무의 상대적 가치를 체계적으로 분석하여 임금체계의 공정성을 높이는 제도이다.

② 기사에서의 접근은 직무의 내재적 가치를 평가하는 방식으로 볼 수 있다.

③ 점수법은 여러 평가 요소별로 점수를 부여한 뒤 합산하여 직무의 가치를 측정한다.

④ 서열법은 직무의 전체적 가치를 종합적으로 판단해 상대적 순위를 매기는 방법이다.

⑤ 요소비교법은 직무를 미리 설정된 등급에 배정하는 분류법의 일종이다.

44 인사고과 오류의 종류로 볼 수 없는 것은?

① 규칙적 오류

② 유사 오류

③ 대조 효과

④ 논리적 오류

⑤ 기계적 오류

45 다음 중 GDP에 포함될 경제활동을 구분하는 데 필요한 기준으로 옳은 것은?

① 생산의 장소와 시점

② 생산자의 국적과 거래 대상

③ 소득의 분배 방식과 거래 규모

④ 재화의 내구성 여부와 희소성 정도

⑤ 시장성 여부와 공공성 여부

46 독점시장의 균형상태를 표시한 것으로 옳은 것은?

① $MR = MC > P$

② $MR > MC > P$

③ $P > MR = MC$

④ $P > MR > MC$

⑤ $MR > MC = P$

47 아래와 같은 형태의 조직구조에 관한 설명으로 적절하지 않은 것은?

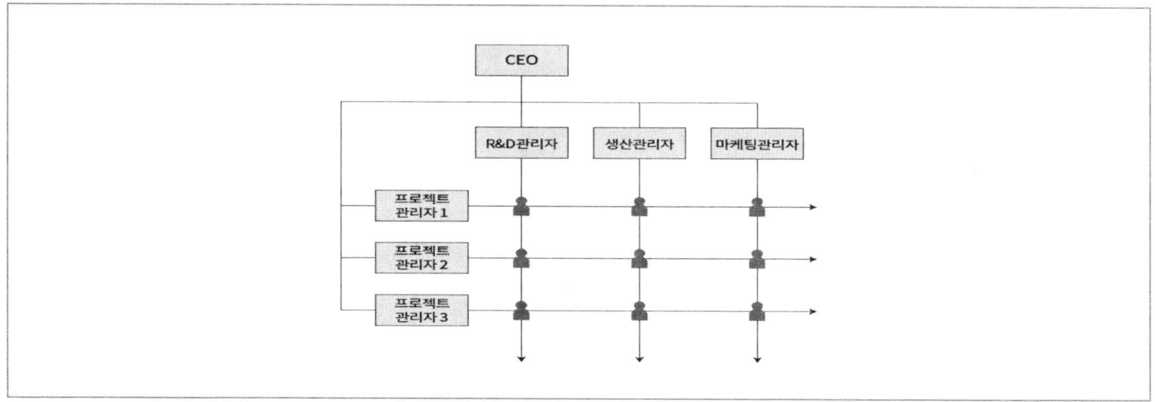

① 각 프로젝트별 필요 인력을 기능별 조직으로부터 배정하는 형태로, 구성원들은 최소 두 개의 부서에 해당된다.

② 소수의 제품라인을 지니고 있는 중규모의 조직에 가장 적절하다.

③ 인적자원을 효과적으로 활용할 수 있으며, 새로운 시장 변화에 융통성 있게 대처할 수 있다.

④ 명령일원화의 원칙에 위배되지 않는다.

⑤ 다양한 인간관계 기술에 대한 교육훈련이 필요하다.

48 허츠버그의 동기–위생이론(motivation–hygiene theory)에 의하면 위생요인과 동기유발 요인에 의해 직무만족도가 결정된다. 다음 중 위생요인에 해당하는 것은?

① 고용보장　　　　　　　　　② 성취감
③ 인정　　　　　　　　　　　④ 책임감
⑤ 성장

49 집단의사결정의 장점으로 옳은 것은?

① 일의 전문화가 가능하다.

② 시간과 비용을 절약한다.

③ 집단사고가 발생할 위험이 낮다.

④ 신속한 행동이 유리하다.

⑤ 의견불일치로 인한 갈등은 일어나지 않는다.

50 다음 그림은 마이클 포터의 경쟁전략에 해당한다. ㉠에 들어가는 것은?

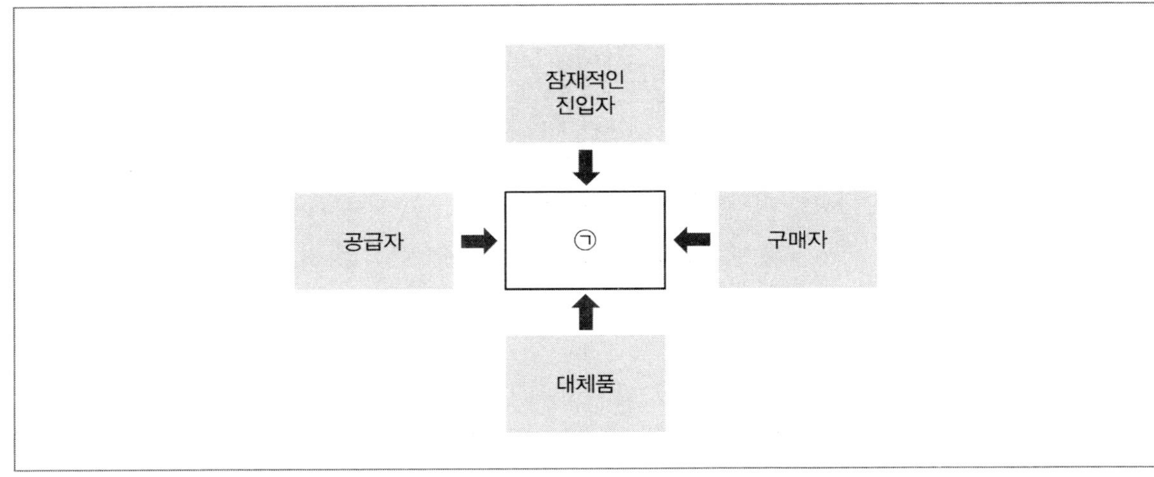

① 중간상
② 유통
③ 제조기업
④ 생산성
⑤ 산업 내에 경쟁자

51 아래 그림을 참고하여 패션 브랜드 A사가 M사와 체결한 계약의 기대 효과로 적절한 것을 고르면?

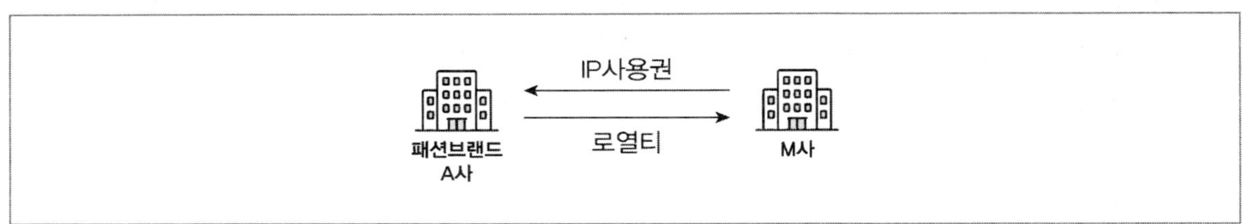

① 협업을 통해 공동 연구개발(R&D)과 신기술을 확보할 수 있다.

② 제품 차별화와 브랜드 인지도 향상을 기대할 수 있다.

③ M사의 상표와 영업 노하우를 사용하여 가맹점 형태로 사업을 확장할 수 있다.

④ 자체 디자인 제작을 위탁했으므로 원가 절감을 실현할 수 있다.

⑤ 시장 분석과 고객 데이터 관리에 용이해진다.

52 Mcclleland의 성취동기 이론에서 가장 강조되는 욕구는 무엇인가?

① 성격욕구 ② 존경욕구

③ 성취욕구 ④ 친교욕구

⑤ 권력욕구

53 마일스와 스노는 기업의 전략 유형을 환경 변화의 대응 방식에 따라 네 가지로 분류했다. 아래는 각 전략 유형별 시장점유율 및 혁신성과의 관계를 나타낸 것이다. 갑 기업이 방어형 전략을 추구하고 을 기업이 공격형 전략을 추구한다고 할 때 옳은 설명을 모두 고른 것은?

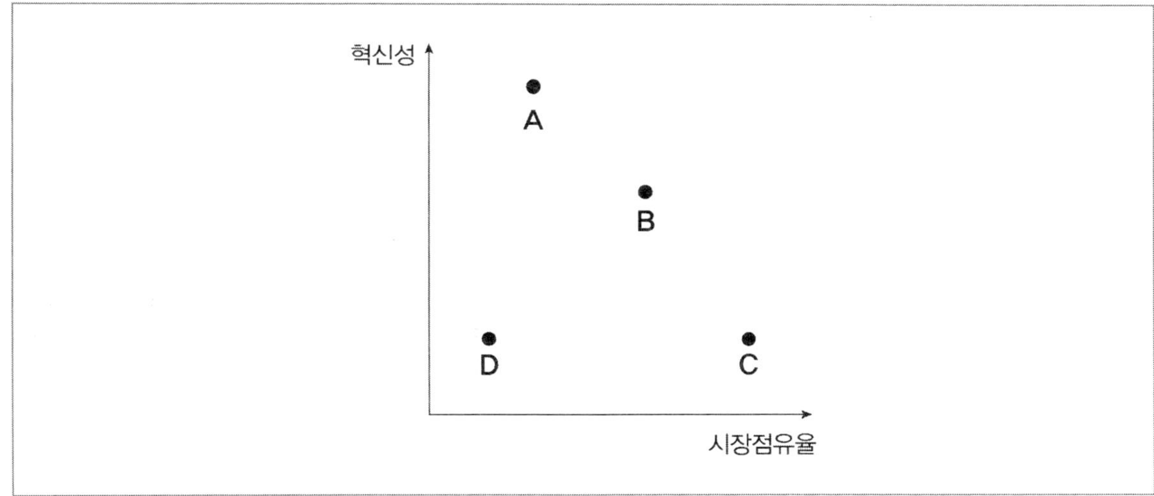

ㄱ 갑 기업은 D, 을 기업은 A에 해당한다.

ㄴ 갑 기업은 기존의 안정적인 시장에서 경쟁우위를 확보하기 위해 효율성과 비용 절감에 집중한다.

ㄷ 을 기업은 유연하고 분산된 구조를 가지며, 연구개발에 많은 투자를 한다.

ㄹ 환경 변화에 가장 빠르게 대응하는 유형은 B이다.

① ㄱ, ㄴ ② ㄱ, ㄷ

③ ㄱ, ㄹ ④ ㄴ, ㄷ

⑤ ㄷ, ㄹ

54 S전자는 스마트폰 생산방식 개편을 검토 중이다. 현재는 각 공정을 개별 전문부서가 담당하는 방식이지만, 신제품 3종을 동시에 출시하면서 다품종 소량생산 체제로 전환할 예정이다. 3종 제품의 수요 변동이 불규칙하며 사양 변경이 잦다고 할 때, 아래 두 방안 중 S전자에 더 적합한 생산방식과 그 이유로 옳은 것은?

> • 갑안 : 각 제품별로 전용 생산라인을 구축한다. 각 라인은 절삭부터 조립까지 모든 공정을 독립적으로 수행한다. 초기 설비 투자비는 50억원이며, 제품 전환 시 라인 재배치 비용은 거의 들지 않는다.
> • 을안 : 기존처럼 공정별로 부서를 나누되, 각 부서의 범용 장비를 업그레이드한다. 초기 설비 투자비는 20억원이며, 규모의 경제 효과를 예상할 수 있다.

① 갑안 – 제품별 배치로 생산 유연성을 확보할 수 있다.
② 갑안 – 공정별 배치로 제품 간 전환 효율을 높일 수 있다.
③ 을안 – 초기 투자비가 적고 설비 활용도가 높다.
④ 을안 – 공정별 배치로 다품종 소량생산에 적합하다.
⑤ 을안 – 수요 변동과 사양 변경에 신속하게 대응할 수 있다.

55 화폐공급량은 민간의 현금보유량과 금융기관이 발행하는 예금화폐의 합계이고, 본원통화는 민간의 현금보유량과 금융기관의 지불준비금의 합계이다. 민간의 예금 대비 현금보유 비율이 0.2이고 금융기관의 지불준비율이 0.1인 경우, 화폐승수는?

① 2.0 ② 3.0
③ 4.0 ④ 5.0
⑤ 6.0

56 다음의 조건을 바탕으로 한 실업률은?

> • 전체 인구 100,000명 • 15세 이상 인구 80,000명
> • 경제활동인구 50,000명 • 취업자 수 45,000명
> • 실업자 수 5,000명

① 6.25% ② 11%
③ 16% ④ 10%
⑤ 5%

57 외부에서 충격이 발생하자 어느 나라의 통화량은 12% 증가하고 화폐의 유통속도는 4% 감소하였으며, 이 충격으로 물가수준은 5% 상승하였다. 이 경우 나라의 실질 GDP 증가율은 몇 %인가?

① 3%

② 5%

③ 7%

④ 8%

⑤ 9%

58 요구불예금만 존재하며 예금은행 조직 밖으로의 현금누출은 없다고 가정할 때 본원적 예금이 1,000원, 법정지급준비율 10%라면 은행조직 전체의 대출총액은 최대 얼마까지인가?

① 1,000원

② 5,000원

③ 6,000원

④ 8,000원

⑤ 9,000원

59 C사의 기말 매출채권은 8,000만 원, D사의 기말 매출채권은 10,000만 원이며, C사의 대손율은 3%, D사는 2%이다. 두 회사 모두 보충법을 사용하여 대손충당금을 설정할 때, 각 회사의 대손충당금 잔액은?

	C사	D사
①	90만 원	180만 원
②	240만 원	200만 원
③	900만 원	1,800만 원
④	2,400만 원	2,000만 원
⑤	5,600만 원	8,000만 원

60 매년 400만 원의 이자를 영원히 받는 영구채권이 있다. 현재 이자율이 연리 5%에서 8%로 상승할 경우에 해당 채권의 가격은 어떻게 되는가?

① 3,000만 원 하락하게 된다.

② 3,000만 원 상승하게 된다.

③ 4,000만 원 하락하게 된다.

④ 4,000만 원 상승하게 된다.

⑤ 1,000만 원 상승하게 된다.

61 기업이 고객과 접촉하는 모든 과정을 통해 고객이 충분한 대가를 받고 있다고 느끼게 하여 자사 고객으로 계속 남도록 유도하는 마케팅은 무엇인가?

① 관계 마케팅
② 전사적 마케팅
③ 내부 마케팅
④ 고객생애가치
⑤ 데이터베이스 마케팅

62 시간을 효과적으로 관리하여 시간적 측면에서 경쟁우위를 확보하고자 하는 마케팅 활동은?

① 터보 마케팅
② 감성 마케팅
③ 애프터 마케팅
④ 공생 마케팅
⑤ 계몽 마케팅

63 다음은 어느 설문조사에서 수집한 데이터의 측정 척도를 분류한 표이다. 다음 중 등간척도로 측정된 것은?

내용	구분
성별(남/여)	㉠
만족도(매우 만족 ~ 매우 불만족)	㉡
제품 선호도(1위 ~ 5위)	㉢
구매 횟수	㉣
연간 소득(만 원)	㉤

① ㉠
② ㉡
③ ㉢
④ ㉣
⑤ ㉤

64 시장을 세분화하는 요건으로 볼 수 없는 것은?

① 유효타당성
② 실행가능성
③ 분석가능성
④ 측정가능성
⑤ 신뢰성

65 니치시장의 요건으로 옳지 않은 것은?

① 주요 경쟁자들의 관심

② 수익성 있는 규모와 구매력

③ 성장잠재력

④ 필요한 기술과 자원 보유

⑤ 소비자선호를 구축하여 경쟁자의 공격으로부터 방어 가능

66 아래의 내용은 고객의 특성을 이해해서 기업경영의 성공을 거둔 사례이다. 해당 기업에서 경영에 적용한 고객의 특성은 무엇인가?

> 미국 홈 디포의 경우에는 목표로 한 고객층이었던 DIY(do-it-yourself)족이 나이를 먹어감에 따라 이들의 욕구도 변할 것이라고 생각하였다. 점포에서 무료상담 및 낮은 가격으로 직접 카펫과 난방시스템 등을 설치해 주는 서비스를 시작해서 대성공을 거두었다.

① 고객의 접촉 중시

② 고객의 가치 중시

③ 고객의 신뢰 중시

④ 고객의 감성 중시

⑤ 고객의 민감한 변화 중시

67 저가전략을 사용하기 적합한 시장여건으로 옳지 않은 것은?

① 수요의 가격탄력성이 높은 경우

② 규모의 경제 효과가 미미한 경우

③ 진입장벽이 낮은 경우

④ 경쟁기업에 비해 원가우위인 경우

⑤ 시장에 경쟁자 수가 많은 경우

68 기업은 자금조달을 위해 주식과 사채를 발행한다. 다음 설명 중 옳지 않은 것은?

① 주식은 보통주와 우선주로 나뉜다.
② 주식과 사채는 자본 측면의 자본조달이다.
③ 주식은 유동성 위험이 없지만 사채는 일정 시점에 상환해야 하는 유동성 위험이 존재한다.
④ 주식은 경영성과에 따라 배당이 지급되지만 사채는 경영성과와 무관하다.
⑤ 우선주 소유자는 주주총회에서 의결권이 없다.

69 과점모형에 대한 설명으로 옳은 것은?

① 베르트랑 모형의 경우 각 기업은 초과이윤을 얻는다.
② 굴절수요곡선모형에서 각 기업은 경쟁기업의 가격조정에 민감하게 반응한다.
③ 쿠르노 모형에서 각 기업은 상대방 기업의 가격을 주어진 것으로 보고 자신의 가격을 결정한다.
④ 베르트랑 모형에서 각 기업은 상대방 기업의 생산량을 주어진 것으로 보고 자신의 생산량을 결정한다.
⑤ 쿠르노 모형의 균형은 각 기업의 반응곡선이 교차하는 점에서 결정된다.

70 현금흐름표에 관한 설명으로 옳지 않은 것은?

① 자본을 구성하고 있는 납입자본, 이익잉여금 등 자본요소 변동에 관한 정보를 얻을 수 있다.
② 현금흐름을 영업활동, 투자활동, 재무활동으로 구분하여 표시한다.
③ 재무상태표와 손익계산서를 보완하기 위한 용도로 많이 사용한다.
④ 기간별 현금의 유입과 유출 내용을 표시한다.
⑤ 향후 발생할 위험이 있는 기업 자금의 과부족 현상을 사전에 파악할 수 있다.

71 기업의 재무활동을 통해 유입되는 현금흐름으로 옳지 않은 것은?

① 장단기 차입금의 차입
② 이자수익과 배당금수익
③ 사채발행
④ 주식의 발행
⑤ 자기주식의 매각

72 다음 중 기업의 재무비율에 대한 설명으로 옳은 것은?

① 총자산회전율이 높을수록 자산을 효율적으로 활용하고 있음을 의미한다.

② 유동비율이 높을수록 단기 지급 능력이 약하다는 뜻이다.

③ 부채비율이 높을수록 자기자본의 안정성이 높아진다.

④ 매출채권회전율이 낮을수록 외상 매출금의 회수가 빠르다는 뜻이다.

⑤ 자기자본이익률(ROE)은 매출총이익을 자기자본으로 나눈 비율이다.

73 기업이 핵심역량에 집중하기 위해 비핵심 업무나 기능을 외부 전문업체에 위탁하여 처리하는 전략은?

① 아웃소싱

② 다운사이징

③ 벤치마킹

④ 리엔지니어링

⑤ 인소싱

74 다음 내용을 바탕으로 A주식의 시장가격을 구하면?

- 매년 말 배당금 : 1,500원
- 시장포트폴리오 기대수익률 : 15%
- 무위험이자율 : 5%
- A 주식의 베타 : 1.5
- 현재 A주식의 시장수익률 : 10%

① 5,000원　　　　　　② 7,500원

③ 10,000원　　　　　　④ 15,000원

⑤ 20,000원

75 리더의 행동을 생산에 대한 관심과 사람에 대한 관심을 기준으로 구분하여 연구한 블레이크(Blake)와 무톤(Mouton)의 관리격자연구에 따른 리더십 유형에 대한 설명으로 적절하지 않은 것은?

① 무관심형(1-1) – 리더는 업무에 대한 지시만 하고 어려운 문제가 생기면 회피한다.
② 중도형(5-5) – 절충에 신경을 쓰기 때문에 때로는 우유부단하게 비칠 수 있다.
③ 과업형(9-1) – 리더 혼자서 의사결정을 하고 관리의 초점도 생산성 제고에 맞춰진다.
④ 컨츄리클럽형(1-9) – 부하의 욕구나 동기를 충족시키면 그들이 알아서 업무를 수행할 것이라는 전제 하에 나타나는 리더십이다.
⑤ 팀형(9-9) – 팀의 업적에만 관심을 갖는 리더로, 부하를 하나의 수단으로 취급할 수 있다.

76 IPR법의 단점으로 옳지 않은 것은?

① 현금흐름에 따라 내부수익률이 존재하지 않을 수 있다.
② 현금흐름이 아닌 순이익으로 평가하여 화폐의 시간가치를 고려한다.
③ 현금유입액이 투자기간 동안 내부수익률로 재투자된다는 가정은 지나치게 낙관적이다.
④ 시행착오법과 보간법을 동시에 사용하여 근사치를 추정하므로 계산법이 어렵다.
⑤ 계산결과가 비율로 산출되므로 가치합계의 원칙을 적용할 수 없다.

77 EV배수에 관한 설명으로 옳지 않은 것은?

① EV배수는 기업가치를 평가하는 데 사용된다.
② EV/EBIT는 수익성을 나타내는 지표이다.
③ EV/EBITDA는 영업이익에 비현금비용을 가산한 수치이다.
④ EV/EBITDA는 실무에서 가장 많이 쓰이는 비율이다.
⑤ EBITDA는 외부환경 변화에 자유롭지 못하다.

78 콜옵션 가격을 결정하는 요인에 관한 설명으로 옳지 않은 것은?

① 행사가격이 낮을수록 콜옵션 가격은 상승한다.

② 주가변동성이 클수록 콜옵션 가격은 하락한다.

③ 만기가 길수록 콜옵션 가격은 상승한다.

④ 무위험이자율이 상승할수록 콜옵션 가격은 상승한다.

⑤ 현금배당이 늘어날수록 콜옵션 가격은 하락한다.

79 옵션과 선물의 차이점으로 옳지 않은 것은?

① 옵션은 권리가 부여되고 선물은 의무가 부여된다.

② 옵션은 프리미엄을 지불하고 선물은 증거금을 예치한다.

③ 옵션은 만기 이전에 행사가 가능하고 선물은 반대매매 하지 않을 경우 만기에 행사된다.

④ 옵션은 결제일이 경과할 경우 권리가 소멸되고 선물은 결제일이 경과할 경우 의무를 이행한다.

⑤ 옵션은 위험의 한정이 불가능하고 선물은 위험의 한정이 가능하다.

80 포항으로 홀로 여행을 떠난 민재는 주변 A 횟집으로 들어갔다. 하지만 메뉴판을 보는 순간 너무나 많은 종류의 회를 보고 무엇을 선택해야 할지 고민하고 있다. 아래와 같이 선택에 대한 평가기준이 제시된 경우 보완적 평가방식에 의해 민재가 선택할 횟감의 종류는 무엇인가?

평가기준	중요도	횟감 종류				
		광어	우럭	물회	참치	오징어
가격	40	2	2	1	7	3
반찬 종류	30	2	3	1	5	3
서비스 수준	50	2	2	2	4	6

① 광어

② 우럭

③ 물회

④ 참치

⑤ 오징어

제7회 실전모의고사

※ 정답 및 해설은 p.398에 있습니다.

1 다음 기사에서 설명하는 것은?

> 최근 원자재 가격이 대폭 상승하였다. 기업에서 가격 인상이 불가피해진 상황이지만 물가가 상승한 탓에 소비가 위축되어 쉽게 가격 인상을 하지 못하고 있다. 세계 물가가 치솟는 가운데 코로나와 전쟁의 여파로 유통망에도 난항이 생기면서 기업에서는 제품의 크기와 양을 줄이는 방안을 도입하였다. 가격은 유지하되 제품 안에 들어간 개수를 줄이거나 양을 줄이면서 제품 가격을 인상하지 않았지만 가격을 올리는 효과를 내고 있다.

① 에코플레이션
② 슈링크플레이션
③ 스크루플레이션
④ 아이언플레이션
⑤ 차이나플레이션

2 차별적 대안으로 비교분석이 가능하여 고객으로 하여금 직접 구매가치를 결정할 수 있게 하는 고객행동 유발의 특성은?

① 대조 및 나열 행동 효과
② 선도 효과
③ 세뇌행동 효과
④ 유인행동 효과
⑤ 구성 및 연출 효과

3 다음 내용과 관련 있는 현상을 가리키는 경제학 용어는 무엇인가?

> 이 현상은 소비가 현재 소득 변수에만 의존하는 게 아니라 과거 경험에도 영향을 받는다는 것으로 제품구매에서도 그대로 적용된다. 3000cc급 자동차를 타던 사람은 소득이 감소해도 좀처럼 1000cc 경차로 자가용을 바꾸기 어렵다. 최첨단 스마트폰을 쓰는 사람에게 2G폰이 전혀 매력적인 상품이 아닌 것도 같은 맥락으로 이해할 수 있다. 제조사들은 매년 신제품, 프리미엄 제품을 만들어 낸다. 제품은, 특히 공산품은 시간이 지날수록 단가 하락이 뚜렷하다. 이러한 특징은 IT기기 분야에서 더욱 그렇다. 10년 전에도, 5년 전에도 주력 데스크톱 PC 가격은 150만 원 수준이었다. 평균 판매 제품단가 하락을 막기 위해서도 제조사들은 첨단 기능의 제품을 끊임없이 출시해야 한다.

① 전시효과   ② 경쟁효과

③ 가격효과   ④ 편승효과

⑤ 톱니효과

4 다음과 같은 경제상황에서 정부가 실시할 수 있는 정책으로 적절하지 않은 것은?

> 대기업의 체감경기지수가 하락하고 중소기업 평균가동률 상승세가 둔화되는 등 기업 경기 악화에 대한 우려가 커지고 있다. 전국경제인연합회(이하 전경련)가 발표한 매출액 기준 600대 기업 대상 기업경기실사지수(BSI) 조사 결과 올해 전망치는 94.7로 기준선 100을 밑돌았다. BSI는 작년부터 전망치가 꾸준히 하락하다가 지난달에 101.1까지 상승했지만 한 달 만에 다시 하락세로 돌아섰다. 이는 수출 증가세 지속, 민간소비 개선, 설비투자 증가세 전환 등 경기개선 조짐에도 불구하고 환율 하락에 따른 향후 수출 부담, 가계부채 증가세에 따른 소비부진 우려 등이 반영된 것으로 분석된다.

① 정부지출을 늘려 경기를 부양한다.

② 기업의 투자와 관련된 각종 규제를 완화한다.

③ 저소득층에 대한 부채탕감제도를 마련한다.

④ 외환시장에 개입하여 달러화를 매각한다.

⑤ 중소기업 활성화 대책을 마련한다.

5 다음 글에서 언급한 임금과 관련된 내용으로 옳지 않은 것은?

> 소비자물가가 안정세를 보이면서 올 들어 근로자들의 실질임금이 증가세를 이어가고 있다. 기준 농업을 제외한 종사자 1인 이상 사업체 2만 8,000개를 표본으로 한 사업체 노동력 조사 결과, 상용근로자 5인 이상 사업체의 1인당 월평균 임금총액은 272만 3,000원으로 지난해 같은 달보다 4.7% 상승했다. 소비자물가지수를 고려한 실질임금은 2.2% 상승해 올 들어 5개월 연속 증가세를 유지했다. 실질임금은 지난해 감소세에서 9.6%의 큰 폭 증가세로 돌아선 이후 상승세를 유지했다. 근로자 1인당 월평균 총 근로시간은 지난해 같은 기간대비 2.4시간 증가했다.

① 케인즈학파 학자들은 임금이 경직적이라고 보았다.
② 고전학파 학자들은 물가가 상승할 경우 명목임금의 상승을 바로 요구한다고 보았다.
③ 명목임금은 단순히 화폐단위로 표시한 임금을 의미한다.
④ 실질임금을 통해 실제 구매력을 알 수 있다.
⑤ 명목임금이 일정하고 물가지수가 상승했다면 실질임금은 상승한다.

6 다음 기사와 같이 기업들이 투자를 회피하는 요인으로 적절하지 않은 것은?

> 기업경영평가 회사인 CEO스코어가 국내 500대 기업 중 1분기 실적을 보고한 302개사의 실적을 분석한 결과, 이들의 총투자 규모는 31조 원으로 작년 1분기보다 8.3% 줄어든 것으로 집계됐다. 반면 이들 기업의 단기금융상품을 포함한 현금성 자산은 총 196조 원으로 작년 말 대비 무려 10.8%나 늘어났다. 10대 그룹 소속 계열사들의 투자 부진은 더 심했다. 10대 그룹 99개 계열사의 1분기 말 현금성 자산은 147조 원으로 지난해 말 대비 10.9% 늘었으나 투자는 18조 4천억 원으로 지난해 1분기보다 10.7% 줄어들었다. △△그룹의 경우, 15개 계열사의 1분기 투자액은 총 6조 1천억 원으로 작년 동기대비 31%나 줄었다. 반면 현금성 자산은 총 55조 8천억 원으로 11.2% 늘었다.

① 경기가 나빠질 것으로 예상한다.
② 자본재 가격의 변동폭이 크다.
③ 투자의 한계효율이 이자율보다 크다.
④ 순현재가치가 0보다 작다.
⑤ 토빈의 q값이 1보다 작다.

7 통화공급량이 증가하더라도 이자율은 더 이상 하락하지 않는 현상을 설명하는 것은?

① 유동성 함정   ② 자본의 한계효율
③ 화폐수량설   ④ 기회비용
⑤ 한계소비성향

8 다음 중 정부의 재정지출 확대정책으로 인하여 구축효과가 크게 나타나지 않는 경우는?

① 소비함수가 이자율에 대하여 상당히 탄력적인 경우
② 민간투자의 이자율 탄력도가 상당히 크게 나타나는 경우
③ 투기적 화폐수요의 이자율 탄력도가 상당히 큰 경우
④ 고전학파의 화폐수량설에 의거하는 경우
⑤ 통화주의자의 신화폐수량설이 성립되는 경우

9 마이클 포터(M. Porter)의 산업구조분석에 대해서 설명한 내용이 옳지 않은 것은?

① 고객의 영향력이 클수록 기업은 더 많은 위협을 받는다.
② 공급업체가 소수일 경우 관리의 효율성을 기할 수 있어 기업에게 유리하다.
③ 고객의 수가 적을수록 제품이 표준화되어 있어 고객의 영향력은 강력해진다.
④ 퇴출장벽으로는 타 사업과의 연계, 경영자의 감정적 반응 등이 있다.
⑤ 특정 회사에 대체할 수 있는 제품이 존재한다면 이것은 기업에게 위협이 된다.

10 자본재의 사용자 비용(user's cost of capital)에 포함되지 않는 것은?

① 감가상각비   ② 수리비
③ 이자   ④ 자본이득
⑤ 구입가격

11 다음 기사에서 설명하고 있는 현상은?

> 금리가 상승하면서 주식과 채권 시장의 낙폭이 심해지자 개인투자자들이 주식시장에서 돈을 회수하고 있다. 기준금리 상승으로 은행의 금리가 평균 4.5%까지 오르면서 예·적금의 이자율이 오르고, 원금이 보장되는 예·적금으로 자금이 이동하고 있다. 시중은행에서는 정기예금의 잔액이 40조원 이상으로 늘어났으며 초고액 예금 계좌수가 증가하고 있다고 밝혔다.

① 그레이트 로테이션　　　　　　　② 역머니무브
③ 풍선효과　　　　　　　　　　　　④ 트리클 다운
⑤ 어닝쇼크

12 수요독점에서의 균형에 관한 설명으로 옳지 않은 것은?

① 수요독점기업에 의한 요소시장균형에서 임금은 노동의 한계가치보다 낮다.
② 수요독점기업은 한계요소비용과 한계수입생산이 일치하는 점에서 생산요소를 고용한다.
③ 수요독점기업의 한계요소비용곡선은 시장공급곡선보다 더 가파른 기울기를 가진다.
④ 완전경쟁일 때에 비해 생산요소의 고용량과 가격이 모두 높아지게 된다.
⑤ 시장공급곡선은 수요독점기업의 평균요소비용에 해당한다.

13 로렌츠곡선에 관한 설명으로 옳지 않은 것은?

① 한 국가 내에서의 소득분배정도를 파악하기 위해 나타낸 곡선이다.
② X축엔 인구의 누적비율, Y축엔 소득의 누적점유율이 들어간다.
③ 그림으로 시각화되어 있어서 소득분배의 정도를 구체적으로 판별할 수 있다.
④ 완전균등분배가 이뤄지면 로렌츠곡선은 대각선의 모양을 갖는다.
⑤ 소득분배가 불균등해질수록 로렌츠곡선은 아래쪽으로 늘어진 모양을 갖는다.

14 일반균형의 조건에 관한 설명으로 옳지 않은 것은?

① 소비자는 주어진 예산제약하에서 자신의 효용이 극대화되는 상품묶음을 선택한다.

② 소비자는 자신의 효용을 극대화하는 만큼의 생산요소를 공급한다.

③ 생산자는 주어진 생산기술하에서 자신의 이윤이 극대화되는 생산량을 공급한다.

④ 생산자는 소비자의 이윤을 극대화하는 만큼의 생산요소를 수요한다.

⑤ 모든 상품시장과 생산요소시장에서의 수요량과 공급량이 일치한다.

15 시장실패의 원인으로 보기 어려운 것은?

① 불완전경쟁

② 공공재

③ 불확실성

④ 가격의 탄력성

⑤ 외부성

16 즉석밥은 열등재이며, 일반 쌀밥과는 대체재, 김치와는 보완재 관계에 있다. 다음 중 판매자의 즉석밥 공급량을 감소시키는 원인으로 옳은 것은?

① 즉석밥 용기 가격 하락

② 김치의 소비가 증가

③ 소비자의 소득 감소

④ 즉석밥의 소비자 선호 증가

⑤ 일반 쌀밥의 선호 증가

17 다음과 같은 현상이 발생하는 경우 나타나는 영향은?

> ㉠ 가계 소비지출의 감소
> ㉡ 기업의 투자지출 감소
> ㉢ 순수출수요의 감소
> ㉣ 최저임금 인상
> ㉤ 수입 원자재 가격 인상

① 물가가 상승한다.
② 물가가 하락한다.
③ 기업 생산비용이 감소한다.
④ 실질 GDP가 증가한다.
⑤ 실질 GDP가 감소한다.

18 IS곡선에 관한 설명으로 옳지 않은 것은?

① IS곡선이란 생산물시장의 균형이 이루어지는 이자율과 국민소득의 조합을 나타내는 선이다.
② 이자율이 하락하면 균형국민소득이 증가하므로 IS곡선은 우하향하는 형태를 나타낸다.
③ 케인즈학파는 투자가 이자율에 대해 탄력적이므로 IS곡선이 완만한 기울기를 갖는다고 주장한다.
④ IS곡선의 기울기를 결정하는 것은 한계저축성향과 투자의 이자율탄력성이다.
⑤ 한계저축성향이 클수록 IS곡선은 더 가파른 기울기를 갖는다.

19 금융정책의 목표로 보기 어려운 것은?

① 국제수지 균형
② 물가안정
③ 지방채 발행
④ 완전고용 달성
⑤ 통화공급 조절

20 완전경쟁시장구조에 대한 설명으로 옳지 않은 것은?

① 가격 = 한계비용의 등식은 단기균형의 필요조건이다.

② 기업의 단기공급곡선은 서로 같지 않을 수도 있다.

③ 시장수요곡선과 개별기업이 직면하는 수요곡선은 서로 동일하지 않다.

④ 제품의 동질성, 기업들의 자유로운 진입과 퇴출은 완전경쟁시장의 조건에 해당한다.

⑤ 산업의 장기공급곡선은 이미 시장에 진입해 있는 기존 기업들의 장기공급곡선의 합이다.

21 환율에 관한 설명으로 적절하지 않은 것은?

① 절대적 구매력평가설에 의하면 환율은 양국통화의 구매력에 의해 결정된다.

② 이자율평가설은 자본통제와 같은 제약이나 거래비용 등이 존재하면 성립하지 않는다.

③ 환율의 오버슈팅은 외부의 교란 요인에 의해 환율이 일시적으로 장기균형에서 대폭 이탈하였다가 시간이 지나면서 점차 장기균형으로 복귀하게 되는 환율의 과징조정 현상이다.

④ 구매력평가설의 기본 가정은 일물일가의 법칙이 성립한다는 것이다.

⑤ 이자율평가설에 의하면, 만약 한국의 이자율이 미국보다 2% 높음에도 불구하고 미국에서 한국으로 자본이동이 이루어지지 않고 있다면 사람들은 환율이 2% 미만으로 상승할 것으로 예상하고 있음을 의미한다.

22 생애주기가설에 관한 설명으로 옳지 않은 것은?

① 생애주기가설은 시계열 소비함수를 설명하기 위해 제안된 이론이다.

② 단기적으로 소득의 변동이 크더라도 소비의 변동은 상대적으로 작게 나타난다.

③ 변동이 큰 소득에 비해 소비는 큰 변동 없이 완만하게 움직이려는 속성을 지닌다.

④ 소비자가 소비를 선택할 때 현재소득뿐만 아니라 미래소득도 함께 고려해야 한다.

⑤ 사람들의 소비는 현재의 소득에만 의존하지 않고 과거의 최고 소득수준에도 영향을 받는다.

23 예비적 저축가설에 관한 설명으로 옳지 않은 것은?

① 예비적 저축효과가 존재할 경우 현재소비는 늘게 되고 미래소비는 줄게 된다.

② 소비자는 미래소비를 충당하기 위해 현재에 저축을 하게 된다.

③ 항상소득가설과 랜덤워크가설을 일반화한 형태이다.

④ 소비자는 미래의 불확실성 정도에 따라서 소비와 저축을 합리적으로 조정한다.

⑤ 불확실성과 소비증가율 사이에 정(+)의 관계가 성립한다.

24 다음 중 구매인원에 대한 제한은 없으나 구매시간은 제한을 두어 일정 시간 동안만 제품을 할인하여 판매하는 방식에 가장 가까운 소셜커머스 형태는 무엇인가?

① 소셜 쇼핑 앱스(social shopping apps)

② 퍼체이스 셰어링(purchase-sharing)

③ 소셜 쇼핑(social shopping)

④ 플래시 세일(flash sale)

⑤ 그룹 바이(group-buy)

25 화폐의 기능에 관한 설명으로 옳지 않은 것은?

① 상대방이 원하는 물품을 가지고 있지 않다 하더라도 거래가 쉽게 성립될 수 있게 한다.

② 한 시점에서 어떤 시점까지 구매력을 보관해준다.

③ 재화를 서로 교환하는 것에 비해 거래비용을 크게 낮출 수 있다.

④ 차익거래를 통해 이득을 쉽게 챙길 수 있다.

⑤ 일반적인 구매력을 가지고 있어 자산으로서의 기능도 담당한다.

26 본원통화에 관한 설명으로 옳지 않은 것은?

① 예금은행이 고객의 인출 요구에 대비하여 보유하고 있는 금액이다.

② 중앙은행을 통하여 시중에 나온 현금을 말한다.

③ 본원통화가 1단위 공급되면 통화량은 공급량보다 훨씬 크게 증가한다.

④ 본원통화는 중앙은행의 통화성 부채이다.

⑤ 일반은행이 공급하는 예금통화의 기초가 된다.

27 이자율에 영향을 미치는 요인 중 채무불이행 위험에 관한 설명으로 옳지 않은 것은?

① 채무불이행 위험이 증가하면 투자자들은 정부채를 회사채보다 더욱 선호한다.

② 회사채의 채무불이행 위험이 커질수록 채무불이행 위험프리미엄은 작아진다.

③ 정부채를 제외한 대부분의 채권은 채무불이행 위험이 존재한다.

④ 채무불이행 위험은 신용위험이라고도 한다.

⑤ 정부채 이자율과 회사채 이자율의 차이는 채무불이행 위험프리미엄을 반영한다.

28 채권자가 예상인플레이션율만큼 명목이자율을 더 높게 설정하더라도 채권자가 불리한 것을 고려하여 보다 높은 수준의 명목이자율을 요구하는 것은?

① 구두창 비용　　　　　　　　② 스태그플레이션

③ 메뉴비용　　　　　　　　　④ 피셔효과

⑤ 다비효과

29 과점기업의 가격결정이론으로 볼 수 없는 것은?

   ① 선도기업이론

   ② 굴절수요곡선이론

   ③ 게임이론

   ④ 이부가격설정이론

   ⑤ 카르텔에 의한 가격설정이론

30 개방형 펀드에 대한 설명으로 바르지 않은 것은?

   ① 투자자의 경우 펀드회사에 신규투자 또는 자금회수 등의 자유로운 요청이 가능하다.

   ② 유가증권의 투자목적으로 설립된 법인인 뮤추얼펀드이다.

   ③ 한 펀드가 하나의 투자회사로서 투자자가 펀드의 주주이다.

   ④ 주로 단기에 환매하는 경우에는 일정 기간을 정해서 환매수수료를 부과한다.

   ⑤ 추가입금의 여부와 관계없이 환매가 불가능한 펀드이다.

31 정부가 관세를 부과할 경우 나타날 수 있는 경제적 효과로 옳지 않은 것은?

   ① 수요가 탄력적일수록 소비 감소 효과가 크게 나타난다.

   ② 관세가 생산, 소비, 수입량에 미치는 효과는 소국과 대국이 동일하다.

   ③ 관세를 부과하면 국내의 소비자잉여는 감소하고 생산자 잉여는 증가한다.

   ④ 대국이 수입상품에 관세를 부과하면 대국의 수입상품가격이 하락하고 대국의 교역조건이 악화된다.

   ⑤ 소국이 관세를 부과할 경우 반드시 사회후생에 손실이 발생한다.

32 다음에서 설명하는 무역장벽은 무엇인가?

> 일정량 이상의 특정 상품에 대한 수입을 금지시키는 제도로써 비관세장벽 중에서 가장 많이 이용된다.

① 수량할당   ② 수출자유규제
③ 수입과징금   ④ 수출보조금
⑤ 수입허가제

33 국제수지표를 작성할 때 경상계정의 대변에 들어가지 않는 항목은?

① 직접투자자금 유입
② 재화의 수출
③ 용역의 수출
④ 투자소득 수취
⑤ 경상이전수입

34 구매력평가설에 관한 설명으로 옳지 않은 것은?

① 환율변동률은 양국의 인플레이션율의 차이로 나타낼 수 있다.
② 일물일가의 법칙을 적용할 수 있다.
③ 재화의 교역이 자유롭다고 가정한다.
④ 무역장벽이 낮고 거래비용이 낮은 선진국일수록 구매력평가설이 잘 적용된다.
⑤ 구매력평가설이 실제 외환시장의 환율결정원리를 모두 설명할 수 있다.

35 주주관계활동(IR)에 관한 설명으로 옳지 않은 것은?

① 기업이 주주나 투자자 등을 대상으로 펼치는 전사적 홍보 및 재무활동을 의미한다.
② PR과 IR은 활동을 펼치는 대상이 각각 다르다.
③ 기관투자자 등 투자자만을 대상으로 하여 기업의 경영활동에 관한 정보를 제공한다.
④ 계량적인 정보만 제공하며 비계량적인 정보는 제공하지 않는다.
⑤ 기업은 IR을 통해 자금조달의 측면에서 유리한 효과를 얻을 수 있다.

36 휴대폰과 컴퓨터만을 생산하는 어느 경제에서 각각의 가격 및 생산량은 아래의 표와 같다. 만약, 생산된 물건이 모두 다 소비된다고 가정할 경우 2025년의 실질 GDP와 GDP 디플레이터는 각각 얼마인가? (단, 기준 연도는 2024년이다.)

분류	휴대폰 가격	휴대폰 생산량	컴퓨터 가격	컴퓨터 생산량
2024년	100	50	100	30
2025년	110	60	150	40

① 실질 GDP : 10,000, 디플레이터 : 126
② 실질 GDP : 10,000, 디플레이터 : 128
③ 실질 GDP : 10,000, 디플레이터 : 130
④ 실질 GDP : 10,000, 디플레이터 : 132
⑤ 실질 GDP : 10,000, 디플레이터 : 134

37 유상증자가 기업에 미치는 영향이 아닌 것은?

① 자본총계가 증가한다.
② 회사가 발행한 전체 주식수가 증가한다.
③ EPS가 하락한다.
④ 자금을 확보한다.
⑤ 새로 발행한 주식을 기존 주주에게 무료로 제공한다.

38 시장부가가치(MVA)에 관한 설명으로 옳지 않은 것은?

① EVA의 단기적 속성이라는 한계를 보완해 줄 수 있는 지표이다.
② 미래에 예상되는 초과이익을 할인한 현재가치이다.
③ 수익에 따른 위험과 화폐의 시간가치 개념을 충분히 반영하지 못할 수 있다.
④ 기업의 시장가치와 투하자본과의 차이를 의미한다.
⑤ 주식시장의 영향을 받는다.

39 베버의 관료제의 특징으로 옳지 않은 것은?

① 합법적으로 제정된 법규에 의한 지배가 이루어진다.

② 전문적인 자격기준과 보수제도가 존재한다.

③ 문서에 근거하여 업무가 진행된다.

④ 구성원의 감정적인 관계와 편견을 포함한 인격적인 규칙이 존재한다.

⑤ 명령체계 일원화를 위해 피라미드형 인간관계가 존재한다.

40 인간관계관리론의 호손실험 결과에 관한 설명으로 옳지 않은 것은?

① 조직 내의 효율적 의사소통 경로의 중요성을 강조한다.

② 기업조직은 기술적, 경제적 시스템일 뿐만 아니라 사회적 시스템이기도 하다.

③ 민주적 리더십보다 권위적 리더십을 강조한다.

④ 회사가 정한 공식적 규범보다 비공식조직과 기준이 작업자의 태도와 성과를 결정한다고 본다.

⑤ 일반적으로 조직의 유효성은 만족의 증가를 통해 가능하다.

41 다음 온라인 마케팅의 신상품 전략과 관련된 설명 중 옳지 않은 것은?

① 기존 브랜드명을 사용하여 완전한 신규상품라인을 만드는 경우, 불연속형 혁신상품이라기보다 신상품
으로 라인을 확장하는 것이다.

② 신상품 전략 중 불연속형 혁신상품 전략이 위험도가 가장 높다.

③ 기업은 신상품 전략 중에서 마케팅 목표와 위험회피, 현재 브랜드명의 강도, 자원의 유무 및 경쟁사
등을 고려하여 한 가지 이상의 전략을 선택한다.

④ 불연속형 혁신상품, 신상품라인의 확장상품, 기존 상품라인의 확장상품, 기존 상품의 개량상품, 재포
지셔닝 상품, 저가격 지향상품 등의 종류가 있다.

⑤ 기존 상품라인의 확장상품 전략이 위험도가 가장 낮다.

42 가격차별 정책이 실효성을 갖기 위한 조건으로 옳지 않은 것은?

① 수요자에게 시장지배력이 있어야 한다.
② 공급자에게 시장지배력이 있어야 한다.
③ 수요자 집단을 동일한 상품에 대해 분할할 수 있어야 한다.
④ 수요자 집단 간 가격탄력도가 달라야 한다.
⑤ 수요자 사이에 차익거래가 없어야 한다.

43 A 공장의 제품 단위당 가격은 10만 원이고, 근로자 1인당 일일 명목임금은 80만 원이다. 근로자 수와 일일 생산량 사이의 관계가 아래와 같을 때, A 공장의 이윤을 극대화하는 적정 고용 인원은?

근로자 수	1명	2명	3명	4명	5명
일일 총생산량	12개	22개	30개	36개	40개

① 1명　　　　　　　　　　　② 2명
③ 3명　　　　　　　　　　　④ 4명
⑤ 5명

44 인력을 모집할 때 내부인력을 활용할 경우 기대할 수 있는 장점으로 옳은 것은?

① 인력수요에 대한 양적 충족이 가능하다.
② 업무 습득을 위한 교육훈련비를 줄일 수 있다.
③ 조직분위기를 쇄신할 수 있다.
④ 인력 선택의 폭이 넓어진다.
⑤ 기존의 인건비 및 급여 수준을 유지할 수 있다.

45 사회후생함수가 갖추어야 할 조건으로 애로우(Kenneth J. Arrow)가 제시하지 않은 것은?

① 선호의 비제한성　　　　　② 완비성과 이행성
③ 파레토 원칙　　　　　　　④ 무관한 대안으로부터의 독립
⑤ 비배제성

46 자금차입과 같은 다른 재무활동에 변화가 없는 경우 액면분할이 기업에 미치는 영향으로 거리가 먼 것은?

① 자본이득이 생기지 않는다.

② 주식을 적당한 가격으로 분할하여 개인이 쉽게 매매할 수 있어 유동성을 높인다.

③ 주주의 지분에 변동이 생긴다.

④ 적대적 M&A에 대항하여 경영권을 방어한다.

⑤ 기업가치에는 변화가 없이 주식의 수가 늘어난다.

47 슘페터가 말한 혁신의 개념과 가장 거리가 먼 것은?

① 기존의 연료 대신 수소로 움직이는 동력 장치를 개발해 실용화 단계에 있다.

② 인구가 많은 인도로 여러 기업들이 새롭게 진출하여 전략을 구상하고 있다.

③ 과감한 구조조정으로 인해 기업 조직을 효율적으로 개선하였다.

④ 경기가 호황국면으로 접어들어 수요가 늘게 되자 다시금 공장의 가동률을 높였다.

⑤ 전산의 자동화로 인해 업무시간의 비약적인 단축을 만들어냈다.

48 리더가 제시한 문제에 대해 참가자들이 자유롭게 의견을 제시하는 방법으로, 질보다 양을 중시하는 창의성 개발 방법은?

① 고든법

② 델파이법

③ 브레인스토밍

④ 분석적 기법

⑤ 강제관계 기법

49 쇠사슬형 의사소통 네트워크가 갖는 특징으로 옳지 않은 것은?

① 위원회나 태스크포스 등이 해당된다.

② 의사결정 속도가 빠른 편이다.

③ 결정의 수용도가 낮은 편이다.

④ 권한의 집중도가 높은 편이다.

⑤ 구성원의 만족도가 낮은 편이다.

50 하급자들이 스스로 판단하고 행동하며 그 결과를 책임질 수 있는 셀프리더가 될 수 있도록 지원하는 리더십은?

① 거래적 리더십

② 변혁적 리더십

③ 카리스마적 리더십

④ 슈퍼 리더십

⑤ 서번트 리더십

51 수익증권에 관한 설명으로 옳지 않은 것은?

① 수익증권에 관련한 투자자는 투자신탁회사의 주주가 아니다.

② 펀드에 대한 운용과 관리에 따른 투명성이 상당히 높다.

③ 재산운용에 있어 신탁을 의뢰하여 해당 수익을 취득할 권리가 표기된 증권이다.

④ 펀드의 운용에 있어 중도해지가 어렵다.

⑤ 투자신탁회사는 신탁되어진 포트폴리오에 대한 청구권을 나타내는 수익증권을 발행해서 자금을 모은다.

52 인플레이션 발생 시 가장 유리한 경제주체는?

① 채권자

② 현금 소유자

③ 실물자산 소유자

④ 수출업자

⑤ 봉급생활자

53 X재 가격이 상승하면서 X재의 거래량이 증가할 때 변동 요인으로 옳은 것은? (단, 하나만 변동한다.)

① 소비자의 수가 감소하였다.

② 보완재 가격이 상승하였다.

③ 대체재 가격이 상승하였다.

④ 생산요소의 가격이 상승하였다.

⑤ 생산요소의 가격이 하락하였다.

54 다음 기사에서 설명하고 있는 이것은?

> 개인투자자들을 중심으로 이것을 금지하라는 요구가 커지고 있는 가운데 금융감독원은 K기업을 대대적으로 수사하고 있다. 급변하고 있는 시장환경에서 시장 참여자들이 불안을 느끼면서 이것을 한시적으로 금지할 것인가를 고려하고 있다. 이번에 시행된다면 2008년 글로벌 금융위기, 2011년 미국 신용등급 강등, 2020년 팬데믹으로 인한 증시 급락 이후 네 번째 사례가 된다. 이것은 주식을 보유하지 않은 상태에서 주식을 빌려서 하는 투자로, 초단기 매매차익을 얻을 수 있지만 개인은 할 수 없는 매도주문이다.

① 공매도

② 유상감자

③ 스톡옵션

④ 시뇨리지

⑤ 선물옵션

55 과세 물건의 수량 또는 금액이 많아짐에 따라 세율이 낮아지는 구조의 조세는?

① 목적세 ② 역진세

③ 누진세 ④ 간접세

⑤ 비례세

56 비관세 장벽에 대한 설명으로 옳지 않은 것은?

① 수입품목에 대해 정부의 허가가 필요한 수입허가제가 있다.

② 국내 산업 보호를 위해 수출품에 높은 관세를 부과하여 수입을 규제한다.

③ 특정 상품의 수량을 제한하는 수량할당제도가 가장 큰 비중을 차지한다.

④ 수입을 억제하기 위해서 조세를 부과하는 수입과징금제도가 있다.

⑤ 수출재의 생산을 위해서 보조금을 지급하는 수출보조금 제도가 있다.

57 제조전략에서 중요하게 여기는 구성변수로 보기 어려운 것은?

① 신속성 ② 품질

③ 쇠퇴기간 ④ 원가

⑤ 신축성

58 다음 중 성격이 다른 하나는?

① 과거자료 유추법 ② 델파이법

③ 위원회에 의한 예측법 ④ 경기지표법

⑤ 시장조사법

59 푸시(push)전략에 대한 설명으로 옳지 않은 것을 고르면?

① 제조업자가 중간상을 통해 제품을 소비자에게 밀어낸다는 의미이다.

② 소비자들의 브랜드 애호도가 낮다.

③ 제품 브랜드 선택이 점포 안에서 이루어지는 특성이 있다.

④ 광고와 홍보를 주로 사용한다.

⑤ 충동구매가 잦은 제품의 경우에 적합한 전략이다.

60 테일러와 관련한 설명으로 보기 어려운 것은?

① 기업 조직의 운영에 있어 기획이나 실행의 분리를 기본으로 한다.

② 전체 작업에 있어 시간 및 동작연구를 적용하고 표준작업시간을 설정한다.

③ 직능적 조직에 의해 관리의 전문화를 꾀하고 있다.

④ 차별성과급제를 도입하였다.

⑤ 임금은 생산량에 반비례하고, 임금률의 경우 시간연구로 인해 얻은 표준에 따라 결정하였다.

61 SWOT 분석에 대한 다음의 설명 중 옳지 않은 것은?

① 최대한 상세하게 기술하여 보는 사람의 이해를 도와야 한다.

② SO전략은 내부의 강점을 살려 외부의 기회를 포착하는 전략이다.

③ ST전략은 내부의 강점을 살려 외부의 위협을 회피하는 전략이다.

④ WO전략은 내부의 약점을 보완해서 외부의 기회를 포착하는 전략이다.

⑤ WT전략은 내부의 약점을 보완해서 외부의 위협을 회피하는 전략이다.

62 마케팅 조사를 설계할 때 필요로 하는 1차 자료의 특성으로 옳지 않은 것은?

① 조사 결과의 비밀을 유지할 수 있다.

② 자료 수집 방법을 탄력적으로 적용할 수 있다.

③ 자료의 정확성과 적합성이 높다.

④ 본 마케팅 조사에 이용될 수 있는 간접적 자료이다.

⑤ 조사자가 직접 수집하는 자료이다.

63 피시바인의 확장이론이 가지는 특징으로 옳지 않은 것은?

① 행동요인에 영향을 미치는 개인적 요인은 대상에 대한 태도이다.

② 행동의도는 개인적 요인과 사회적 요인에 의해서 결정된다.

③ 행동의도에 영향을 미치는 사회적 요인은 주관적 규범이다.

④ 소비자가 제품을 구매하는 것은 제품의 특성 때문이 아니라 자신이 제품을 구매하면서 얻게 되는 편익 때문이다.

⑤ 주관적 규범은 규범적 신념과 순응적 동기로 결정된다.

64 소비재를 구매 습관에 따라 구분할 때, 선매품에 관한 설명으로 옳지 않은 것은?

① 고객이 구매하기 전 몇 개의 점포를 방문하여 가격, 품질 등을 비교하여 구매하는 제품이다.

② 구매 빈도가 낮고 편의품보다 가격이 높다.

③ 소비자들에게 타 회사 제품과 차별화된 자사 제품의 특징과 가격에 대해 정보를 제공하려는 전략이 필요하다.

④ 소비자들의 상표 충성도가 매우 높은 편이다.

⑤ 여성용 의류, 가구, 가전제품 등이 선매품에 해당한다.

65 기업이 동등한 범주 내의 제품에 두 가지 이상의 브랜드를 사용하여 시장점유율을 높이고 경쟁자의 진입을 막는 브랜드 전략은?

① 다상표 전략
② 개별 브랜드 전략
③ 라인확장 전략
④ 브랜드 확장 전략
⑤ 수직적 패밀리브랜드 전략

66 제품믹스의 구조에 관한 설명으로 옳지 않은 것은?

① 각 제품들을 모아 제품라인을 만들고 이러한 제품라인을 다시 합한 것이 제품믹스이다.
② 제품믹스의 넓이는 기업이 지니고 있는 제품믹스의 수를 의미한다.
③ 제품믹스의 길이는 제품믹스 내에 있는 전체 제품의 수를 의미한다.
④ 제품믹스의 깊이는 특정 제품라인 내에 있는 한 제품이 창출해 내는 품목의 수를 의미한다.
⑤ 제품라인의 길이는 제품라인 내에 있는 제품의 수를 의미한다.

67 서비스의 마케팅 믹스(7P)에 해당하는 것이 아닌 것은?

① plan
② people
③ place
④ price
⑤ process

68 집중적 유통전략에 관한 설명으로 옳지 않은 것은?

① 상품구매를 위해 적극적인 정보탐색을 하는 전문품과 선매품에 주로 사용되는 전략이다.
② 가장 높은 커버리지를 획득할 수 있는 전략이다.
③ 가능한 한 많은 소매점으로 자사제품을 취급하게 하여 소비자에게 제품의 노출 수준을 증대시킨다.
④ 유통비용의 증가와 유통경로에 대한 통제력 약화의 단점이 있다.
⑤ 소비자들의 인지도가 높아지는 장점이 있다.

69 촉진수단의 하나인 PR(public relation)에 관한 설명으로 옳지 않은 것은?

① 비인적 매체를 통해 제품, 서비스 등을 뉴스나 논설의 형태로 다루어 수요를 자극하는 수단이다.

② 언론보도, 기자회견, 간행물 등이 대표적인 예이다.

③ 기업이 아닌 독립적인 3자에 의해 시행되므로 높은 신뢰성을 얻을 수 있다.

④ 촉진의 속도가 느리고 고객 1인당 비용이 높은 단점이 있다.

⑤ 기업이 통제하기 어려운 측면이 있어 원하지 않는 정보까지 노출될 수 있다.

70 재무제표상 현금 및 현금성 자산에 대한 설명으로 옳지 않은 것은?

① 보통예금, 당좌예금 및 요구불예금은 현금에 포함된다.

② 타인발행 당좌수표 중 부도가 난 수표는 현금에 포함하지 않는다.

③ 우편환증서와 같이 현금으로 바로 지급받을 수 있는 증서는 현금에 포함된다.

④ 상환우선주는 부채와 같이 만기에 상환하는 주식으로 현금성자산에 포함되지 않는다.

⑤ 현금성자산은 가치변동이 거의 없고 큰 거래비용 없이 단기간에 현금으로 전환이 가능하여야 한다.

71 손익계산서에 관한 설명으로 옳지 않은 것은?

① 기업의 성과를 발생원인별로 보고한다.

② 기업 자금의 구체적인 운용상황을 나타낸다.

③ 일정 기간 동안의 기업의 수익 창출력에 관한 정보를 얻을 수 있다.

④ 일정 기간 동안의 영업활동흐름을 나타내는 동태적 보고서이다.

⑤ 일정 기간 동안의 기업 순자산의 변동원인을 보고하는 기본 재무제표이다.

72 인터넷상의 가격 설정 전략에 대한 설명으로 적절하지 않은 것은?

① 인터넷 상품의 가격 인하 압력 요인으로 최저가격 검색기능, 브랜드 확립 우선의 가격 결정, 상품의 독자성, 인터넷 판매의 낮은 경비 등을 들 수 있다.

② 인터넷 상품의 가격 상승 요인으로 운송경비와 소비자의 불만, 경매고객 간 경쟁에 의한 물품 가격 상승, 웹사이트의 개발비용과 유지관리비, 무료상품 및 샘플 제공, 높은 인터넷 마케팅과 광고비 등을 들 수 있다.

③ 기업은 마케팅 목표를 달성하기 위한 전체적인 전략을 개발하고 이 전략을 기초로 각 상품군이나 시장에 대한 가격전략을 계획 및 조정해야 한다.

④ 가격 설정 전략에 영향을 미치는 요소는 마케팅 목표, 상품원가, 상품수요, 경쟁환경, 정부규제의 영향 등을 들 수 있다.

⑤ 주문 처리 비용의 상승, 재고비용의 상승, 높은 출점비용과 유통센터 운영비용, 카탈로그 인쇄 및 광고 판촉물에 대한 배포비용, 높은 고객서비스 비용 등을 초래한다.

73 매출채권회전율에 관한 설명으로 옳지 않은 것은?

① 매출채권에 대한 투자효율성을 나타내는 비율이다.
② 회전율이 높을수록 효율성이 낮음을 의미한다.
③ 회전율이 높을수록 대부분의 결제가 현금으로 이뤄지고 있는 것이다.
④ 매출액을 평균매출채권으로 나누어 계산한다.
⑤ 매출채권평균회수기간과 밀접한 관계를 갖는다.

74 배당평가모형에 관한 설명으로 옳지 않은 것은?

① 제로성장모형, 항상성장모형은 배당평가모형의 대표적인 모형이다.
② 배당이 일정할 경우 주식가격은 배당금을 할인하여 산출한 현재가치이다.
③ 배당금이 일정하여 증가하지 않는 경우에 적용하는 주식평가모형은 제로성장모형이다.
④ 배당이 일정한 비율로 계속 증가할 경우 할인율이 성장률보다 작아야 한다는 전제 조건이 필요하다.
⑤ 배당률이 불규칙하게 증가하는 경우, 할인율보다 성장률이 높은 경우는 일시적이고 성장률보다 할인율이 높은 경우가 일반적이다.

75 새로운 생산 프로세스 구축과 관련된 자본예산 과정의 설명으로 옳은 것을 모두 고르면?

> ㉠ 투자로 인한 매출 증가액과 운영비용을 예측하는 것은 현금흐름 추정 단계에 해당한다.
> ㉡ 자본예산 과정은 투자안의 선택 또는 기각 단계에서 종료된다.
> ㉢ NPV와 IRR을 계산하는 과정은 통제 및 사후관리 단계이다.
> ㉣ 투자 기회의 탐색과 선정은 현금흐름 추정보다 앞서 이루어져야 한다.

① ㉠, ㉡ ② ㉠, ㉢
③ ㉠, ㉣ ④ ㉡, ㉣
⑤ ㉢, ㉣

76 고객 기대에 영향을 미치는 요인 중 고객의 내적 측면의 요소만 고르면?

> ㉠ 개인적인 욕구
> ㉡ 시간적인 제약
> ㉢ 환경적인 조건
> ㉣ 과거의 서비스 경험
> ㉤ 고객이 이용 가능한 경쟁적인 대안
> ㉥ 구전에 의한 커뮤니케이션

① ㉠, ㉡ ② ㉠, ㉣
③ ㉡, ㉣ ④ ㉢, ㉥
⑤ ㉤, ㉥

77 위험프리미엄에 관한 설명으로 옳지 않은 것은?

① CAPM에서 사용되는 위험프리미엄은 일반적으로 역사적 자료를 바탕으로 추정된다.
② 정치 불안정이 경제적 불안정으로 연결될 가능성이 있는 시장일수록 위험프리미엄은 크다.
③ 일반적으로 규모가 작고 위험이 높은 기업들이 많을수록 전체 주식의 평균위험프리미엄은 상승한다.
④ 선진국의 위험프리미엄은 신흥시장의 위험프리미엄보다 크다.
⑤ 경제의 변동성이 클수록 위험프리미엄은 증가한다.

78 PSR의 장단점에 관한 설명으로 옳지 않은 것은?

① 과소 · 과대평가 주식을 평가하는 데 유용하다.

② 매출액은 회계처리 방법에 따르므로 임의조정이 어렵다.

③ 변동성이 낮아 신뢰성이 높다.

④ 수익성을 반영하지 못하는 단점이 있다.

⑤ 분자인 주가와 분모인 매출액의 상관성이 모호하다.

79 스트래들 전략에 관한 설명으로 옳지 않은 것은?

① 동일한 주식에 대해 동일한 만기와 행사가격을 갖는 콜옵션 1개와 풋옵션 1개로 구성된다.

② 주가가 향후 큰 변동을 보일 것으로 예상되나 방향이 불확실할 때 유용하다.

③ 만기일의 주가가 행사가격과 동일할 경우 손실이 발생한다.

④ 만기일의 주가가 행사가격보다 올라가는 경우 콜옵션 행사를 통해 이익을 얻는다.

⑤ 만기일의 주가가 행사가격을 벗어나는 경우 언제든지 이익을 얻을 수 있다.

80 스왑(swap)에 관한 설명으로 옳지 않은 것은?

① 옵션이나 선물과 같이 표준화된 금융상품의 하나이다.

② 거래효과 면에서 선도거래 및 선물거래와 유사한 성격을 갖는다.

③ 스왑의 유형에는 금리스왑과 통화스왑이 있다.

④ 시장불균형을 이용한 차익거래와 이자율 변동 및 환율 변동에 따른 위험 헤지가 목적이다.

⑤ 주로 장외시장에서 개별적인 형태로 거래가 이루어진다.

※ 정답 및 해설은 p.406에 있습니다.

1 다음 중 노동자 측의 쟁의 행위에 해당하지 않은 것은?

① 파업
② 태업
③ 불매운동
④ 직장점거
⑤ 직장폐쇄

2 성과급에 대한 설명으로 알맞은 것은?

① 직무수행 능력을 기준으로 임금을 준다.
② 종업원의 근속연수를 기준으로 임금을 준다.
③ 종업원의 임금을 성과나 능력에 따라 다르게 지급한다.
④ 동일 직무를 한 종업원은 같은 임금을 주는 것을 말한다.
⑤ 전문인력 확보에 어려움을 겪는다.

3 다음 중 애드호크라시와 관련이 없는 것은?

① 지위나 역할에 따라 종적으로 조직되었다.
② 환경 변화에 적응적인 조직이다.
③ 기능별로 분화된 횡적 조직이다.
④ 다양한 기술을 가지고 있는 비교적 이질적인 전문가 집단이다.
⑤ 앨빈 토플러가 미래의 충격에서 관료제를 대체할 조직으로 설명하였다.

4 다음 중 조직 내 갈등의 생성 단계와 설명으로 옳지 않은 것은?

① 잠재된 갈등은 갈등이 존재하지 않는 상태를 말한다.

② 지각된 갈등은 상대방에 대해 적대감이나 긴장감을 지각하는 것을 말한다.

③ 감정적 갈등은 상대방에 대해 적대감이나 긴장을 감정적으로 느끼는 상태를 말한다.

④ 표출된 갈등은 갈등이 밖으로 드러난 상태를 말한다.

⑤ 갈등의 결과는 갈등이 해소되었거나 잠정적으로 억제되고 있는 상태를 말한다.

5 기업 조직 내 사회적 책임의 중요성에 대한 내용으로 옳지 않은 것은?

① 기업의 사회적 책임의 중요성은 자유주의 발전에 근거를 두고 있다.

② 사회적 책임의 중요성 내지 필요성은 권력-책임-균형의 법칙에 있다.

③ 기업의 사회적 책임의 중요성은 자주성의 요구에 있다.

④ 기업의 사회적 책임은 기업이 당연히 지켜야 할 의무는 포함하지만 이익을 사회에 공유, 환원하는 것은 포함하지 않는다.

⑤ 기업의 사회적 책임의 중요성은 기업의 자발적 노력에 있다.

6 지식경영에 대한 이해로 옳지 않은 것은?

① 지식과 정보의 생산, 유통, 사용, 축적은 컴퓨터와 인터넷 등 정보통신 기술의 발달이라는 물리적인 기반에 기초해서 이루어진다.

② 지식경영은 조직 전체의 문제해결능력을 비약적으로 향상시키는 경영 방식이라 할 수 있다.

③ 지식은 앎을 바탕으로 무엇인가를 새롭게 창출하고 조직해 체계화함으로써 다시 새로운 것을 창출할 수 있는 기술과 정보까지도 포괄하는 개념이다.

④ 지식경영은 조직 전체의 문제해결능력과 기업가치를 향상시키고 기업의 경쟁력을 높일 수 있다.

⑤ 지식경영은 급변하는 환경에서 혁신을 가능하게 하는 지식의 중요성이 커짐에 따라 필립 코틀러에 의해 제창된 개념이다.

7 프랜차이즈 시스템에 대한 설명으로 옳지 않은 것은?

① 통상적으로 타인에게 상표의 사용권, 제품의 판매권, 기술 등을 제공하고 그 대가로 가맹금, 보증금, 로열티 등을 받는 시스템이다.

② 상호, 상표 등의 노하우를 가진 자를 프랜차이지(franchisee), 이들로부터 상호의 사용권, 제품의 판매권 등을 제공받는 자를 프랜차이저(franchisor)라고 한다.

③ 프랜차이저는 대량구매에 의한 규모의 경제달성이 가능하다.

④ 프랜차이지는 처음부터 소비자에 대한 신뢰도를 구축할 수 있다.

⑤ 프랜차이지는 스스로의 문제해결 및 경영개선의 노력을 등한시할 수 있다.

8 다음 중 유통경로에 대한 설명으로 옳지 않은 것은?

① 유통경로는 일단 구축되면 이를 변경하기가 용이하지 않으므로 다른 마케팅 믹스 요소에 비해 보다 신중한 관리가 필요하다.

② 유통경로는 고객이 제품이나 서비스를 사용 또는 소비하는 과정에 참여하는 독립적인 조직들의 집합체로서, 경로 구성원은 활동을 수행함에 있어 다른 경로 구성원에 영향을 주거나 받지 않아 효율성이 높다.

③ 유통경로 내의 중간상은 제조업체로부터 공급받은 제품을 그대로 소비자에게 전달하는 단순한 역할을 수행하기도 하지만, 제품이 지닌 가치에 새로운 가치를 추가하는 역할을 수행하는 경우가 더 많다.

④ 유통경로 내의 중간상은 제품의 구매와 판매에 필요한 정보탐색의 노력을 감소시켜, 제조업자의 기대와 소비자 기대 간의 차이를 조정한다.

⑤ 유통경로 내의 중간상은 제조업자와 소비자 사이에 구매와 판매를 보다 용이하게 해 주고, 교환과정에 있어 거래비용 및 거래횟수를 감소시킬 수 있다.

9 통상적으로 소비재는 편의품, 선매품, 전문품 및 미탐색품으로 분류된다. 이들 중 전문품에 대한 설명으로 옳지 않은 것은?

① 제품의 사전지식에 의존하지 않고 주로 구매시점에 제품 특성을 비교평가 후 구매하는 제품이다.

② 전속적 혹은 선택적 유통경로의 구축이 더욱 바람직하다.

③ 소비자가 특정 상표에 대해 가장 강한 상표충성도를 보인다.

④ 제품차별성과 소비자 관여도가 매우 높은 특성을 지닌다.

⑤ 주로 구매력이 있는 소비자들만을 대상으로 판촉활동을 실시하는 것이 효과가 크다.

10 비교광고(comparative advertising)의 효과에 대한 설명으로 옳지 않은 것은?

① 일반적으로 인지적이며 감정적인 동기가 동시에 일어나거나 소비자들이 세부적이며 분석적인 상태에서 광고를 처리하는 경우에 효과가 최상으로 발휘된다.

② 경쟁브랜드에 높은 선호도를 가진 소비자에게는 효과가 작다.

③ 과학적인 실험을 통하여 검증된 내용을 근거로 비교광고가 실행될 때 그 효과가 더욱 크다.

④ 고관여 제품의 경우 비교광고의 새로운 내용이 소비자의 주의를 끄는 데 더욱 효과적이다.

⑤ 기존 제품에 비해 두드러진 장점을 가지고 있으나 아직 충분히 알려지지 않은 신규 브랜드에 더욱 효과적이다.

11 고객서비스의 주요 구성요소 중 '거래 중 요소'에 대한 설명으로 옳은 것은?

① 물적유통과 직접적인 관련은 없지만 대고객 서비스 관점에서 상당히 중요한 역할을 한다.

② 제품 보증, 부품 및 수선 서비스, 고객 불만 처리 절차 등을 들 수 있다.

③ 구매 촉진 및 고객의 신뢰를 구축하는 데 중점을 둔다.

④ 재구매나 고객충성도를 형성하도록 하는 역할을 한다.

⑤ 주문 처리, 결제 편의성 등 원활한 구매를 목적으로 한다.

12 아래 설명을 참고할 때 회사원 L 씨가 해외여행을 선택하여 발생하는 비용에 대한 분석으로 옳은 것은?

> 회사원 L 씨는 연차를 사용하여 1주일간 해외여행을 계획하고 있다. 이미 환불 불가 조건으로 항공권과 호텔을 예약하여 총 200만 원을 지불했으며, 여행지에서 식비와 교통비 등으로 약 80만 원이 추가로 소요될 것으로 예상된다. 한편, L 씨가 여행을 포기하고 그 기간에 부업한다면 150만 원을 벌 수 있으며, 이 경우 일을 마치고 남은 시간에는 집에서 휴식을 취하며 30만 원짜리 온라인 강의를 수강할 계획이었다.

① 명시적 비용은 280만 원이다.
② 암묵적 비용은 150만 원이다.
③ 경제적 비용은 430만 원이다.
④ 매몰비용은 350만 원이다.
⑤ 합리적 의사결정에서 이미 지불한 200만 원은 중요한 고려요소이다.

13 다음 중 기업 조직이 자금을 조달하는 각종 원천에 대한 설명으로 옳지 않은 것은?

① 채권발행의 경우 기업 경영진의 지배력이 유지되는 장점이 있다.
② 팩토링은 대표적인 담보대출의 한 형태이다.
③ 단기자금 조달을 위해 신용대출을 활용하기도 한다.
④ 주식 매각의 장점은 주주들에게 주식배당을 할 법적 의무가 없어진다는 것이다.
⑤ 채권발행은 부채의 증가로 인해 기업에 대한 인식에 악영향을 끼칠 수 있다.

14 소비자들이 미래의 현금흐름보다는 현재의 현금흐름을 더 선호하는 이유로 보기 어려운 것은?

① 현재의 현금은 새로운 투자 기회가 주어질 경우 생산 활동을 통하여 높은 수익을 얻을 수 있다.
② 디플레이션에서 미래의 현금흐름은 동일한 금액의 현재 현금흐름보다 그 구매력이 떨어지게 된다.
③ 미래의 현금은 인플레이션에 따르는 구매력 감소의 가능성이 항상 존재하고 있다.
④ 소비자들은 미래의 소비보다는 현재의 소비를 선호하는 시차선호의 성향이 있다.
⑤ 미래의 현금흐름은 미래의 불확실성으로 인하여 항상 위험이 존재하게 된다.

15 다음과 같은 조건에서 손익분기점에 도달하기 위한 B사의 연간매출수량과 연간매출액을 구하면?

> B사는 A 전자가 생산한 PC를 유통하는 기업이다. 이 PC의 판매단가는 150만 원이고 단위당 변동
> 비는 120만 원이다. 그리고 B 사가 이 PC를 유통하는 데 연간 고정비는 6억 원이라고 한다.

	매출수량	매출액
①	1,500대	22.5억 원
②	2,000대	30.0억 원
③	2,500대	37.5억 원
④	3,000대	45.0억 원
⑤	3,500대	52.5억 원

16 평가 과정에서 발생하는 주관적 효과 오류에 대한 설명으로 옳은 것은?

① 가까운 대상과 비교하여 평가하는 것
② 자신과 유사한 사람에게 후한 점수를 주는 것
③ 가장 최근에 얻어진 정보에 비중을 더 많이 주어 평가하는 것
④ 자신의 감정이나 특성을 타인에게 전가시켜 평가하는 것
⑤ 개인을 평가할 때 실제 평가보다 더 후하게 평가하는 것

17 A 기업은 연간 12,000개의 원자재를 일정하게 사용하며, 1회 주문비용은 40,000원, 단위당 연간 재고 유지비용은 2,000원이다. 아래의 주문량별 연간 총비용을 참고할 때, A 기업의 경제적 주문량(EQQ)에 관한 설명으로 옳은 것은?

주문량	주문횟수	연간 주문비용	평균 재고량	연간 총비용
100개	120회	4,800,000원	50개	4,900,000원
200개	60회	2,400,000원	100개	2,600,000원
300개	40회	1,600,000원	150개	1,900,000원
400개	30회	1,200,000원	200개	1,600,000원
500개	20회	800,000원	300개	1,400,000원

① 경제적 주문량은 400개이다.

② 주문량이 증가할수록 총비용은 계속 감소할 것이다.

③ 주문량이 경제적 주문량보다 많으면 재고유지비용이 더 작다.

④ 단위당 재고유지비용이 증가하면 경제적 주문량은 증가한다.

⑤ 경제적 주문량에서는 주문비용과 재고유지비용이 같아진다.

18 다음 (   )의 내용을 순서대로 올바르게 나열한 것은?

> 자산은 재무상태표(대차대조표) 작성일로부터 1년을 기준으로 (   )과 (   )으로 구분한다. (   )은 1년 이내에 현금화할 수 있는 자산을 의미하며 다시 (   )과 (   )으로 분류한다.

① 유동자산 → 비유동자산 → 유동자산 → 투자자산 → 당좌자산

② 유형자산 → 무형자산 → 유형자산 → 투자자산 → 당좌자산

③ 유동자산 → 비유동자산 → 유동자산 → 당좌자산 → 재고자산

④ 유형자산 → 무형자산 → 유형자산 → 당좌자산 → 재고자산

⑤ 무형자산 → 투자자산 → 유동자산 → 당좌자산 → 재고자산

19 다음 중 사업포트폴리오 분석에 대한 설명으로 옳은 것을 모두 고르면?

> ㉠ BCG 매트릭스는 시장성장률과 절대적 시장점유율을 두 축으로 총 4개의 사업영역으로 분류한다.
> ㉡ BCG 매트릭스의 캐시카우 영역에서는 현상유지 또는 수확전략을 취한다.
> ㉢ BCG 매트릭스의 문제아 영역은 시장성장률은 낮지만 절대적 시장점유율이 높은 전략사업단위를 지칭한다.
> ㉣ BCG 매트릭스가 시장점유율을 사업단위의 경쟁적 지표로 취한 것은 경험곡선효과 때문이다.
> ㉤ GE&Mckinsey의 사업매력도-사업강점분석은 각 차원별로 BCG 매트릭스보다 여러 구성요인을 반영하여 사업 영역을 9개로 구분한다.

① ㉠, ㉡, ㉤   ② ㉠, ㉢, ㉣

③ ㉡, ㉣, ㉤   ④ ㉡, ㉢, ㉣

⑤ ㉢, ㉣, ㉤

20 다음에 제시된 노동쟁의 조정 방법 중 강제성을 띠는 것은?

> ㉠ 알선
> ㉡ 중재
> ㉢ 조정
> ㉣ 긴급조정

① ㉠, ㉡   ② ㉠, ㉢

③ ㉠, ㉢   ④ ㉡, ㉢

⑤ ㉡, ㉣

21 다음과 같이 기존 유통채널에 새로운 유통채널이 추가되는 경우 발생하는 이익은?

> 자동차 버전의 양판점, 문 연다!
> 국산차, 수입차를 브랜드 구분 없이 한 장소에서 비교해보고 구매할 수 있는 이른바 자동차 버전의
> 양판점이 연내에 전국 19곳에서 문을 연다. 자동차 전문 양판점은 이번에 국내에서 처음 시도되는
> 것이다. 수십 년간 계속된 기존 국내 자동차시장의 '원 브랜드 숍(one brand shop : 하나의 브랜드
> 만으로 상품을 구비한 매장)' 방식의 유통구조에 적지 않은 변화가 예상된다.

① 중간상의 참여로 생산자와 소비자 간의 직접거래에 비해 거래빈도를 줄이고 이로 인한 거래비용을 낮출 수 있다.

② 유통경로에서 다양하게 수행되는 기능들, 즉 수급조절, 보관, 위험부담, 정보수집 등을 제조업자가 모두 수행하기보다는 전문성을 갖춘 이러한 유통업체에게 맡기는 것이 보다 경제적이다.

③ 제조업자들은 목표 잠재고객들이 어디에 위치하고 있고 어떻게 그들에게 도달할 수 있는지를 파악하기 위해 상당한 비용을 지불하여야 하므로, 중간상을 이용하면 적은 비용으로 더 많은 잠재고객에 도달할 수 있고 탐색비용도 줄일 수 있다.

④ 제조업자와 소비자 사이에 이러한 중간상이 개입하게 되면 제조업자는 소수의 중간상과 거래할 수 있으므로 수많은 소비자와 개별적 거래를 하는 불편에서 벗어날 수 있다.

⑤ 제조업자와 구매자 간에 발생하는 불일치를 해소할 수 있다.

22 다음 중 구매자의 교섭 능력이 높은 것은 모두 몇 개인가?

> ㉠ 구매자가 다수일 때
> ㉡ 제품의 차별화가 되어있을 때
> ㉢ 구매자가 전방통합을 할 것이라고 위협할 때
> ㉣ 전환비용이 낮을 때
> ㉤ 구매자가 제품에 대한 자세한 정보를 가질 때

① 0개
② 1개
③ 2개
④ 3개
⑤ 4개

23 아래에서 설명하고 있는 추종상표의 마케팅 전략과 가장 적합한 소비자 구매행동 유형은?

- 추종상표는 낮은 가격, 할인 쿠폰, 무료 샘플 등을 활용하여 시장 선도 제품을 사용하고 있는 소비자들로 하여금 상표전환을 유도하는 전략을 사용하는 것이 유리하다.
- 시장 선도 상표는 넓은 진열면적을 점유하며, 재고부족을 없애고 빈번한 광고를 통하여 소비자로 하여금 습관적 구매를 유도하는 전략을 사용하는 것이 유리하다.

① 복잡한 구매행동
② 습관적 구매행동
③ 태도지향적 구매행동
④ 고관여 구매행동
⑤ 다양성 추구 구매행동

24 다음 중 자본시장선(CML)에 관한 설명으로 옳은 것을 모두 고르면?

- ㉠ 위험자산과 무위험자산을 둘 다 고려할 경우의 효율적 투자 기회선이다.
- ㉡ 자본시장선 아래에 위치하는 주식은 주가가 과소평가된 주식이다.
- ㉢ 개별주식의 기대수익률과 체계적 위험 간의 선형관계를 나타낸다.
- ㉣ 효율적 포트폴리오의 균형가격을 산출하는 데 필요한 할인율을 제공한다.

① ㉠, ㉡
② ㉡, ㉢
③ ㉠, ㉣
④ ㉢, ㉣
⑤ ㉡, ㉢, ㉣

25 수현이가 작은 가게를 인수하려 할 때, 아래에 제시된 내용을 활용해서 3년치의 현금유입에 대한 현재 가치를 계산하면?

> - 시장조사 결과 1년 후에 3,000,000원, 2년 후에 4,000,000원, 3년 후에 5,000,000원의 현금유입이 발생할 것으로 나타났다
> - 시장이자율은 연간 10%로 가정한다
> - 최종 답은 10,000원의 자리에서 버림하여 구한다.

① 약 9,700,000원
② 약 10,600,000원
③ 약 12,000,000원
④ 약 13,200,000원
⑤ 약 15,000,000원

26 지현이는 이번 여름휴가에 친구들과의 강릉 여행을 계획하고 있다. 아래의 표를 참조하여 보완적 평가 방식을 활용해 지현이와 친구들이 강릉까지 이동 가능한 최적의 교통운송 수단을 고르면?

평가기준	중요도	교통운송수단에 관한 평가				
		비행기	기차	고속버스	승용차	자전거
경제성	20	4	5	4	3	9
디자인	30	4	4	5	7	1
승차감	40	7	5	7	8	1
속도	50	9	8	5	6	1

① 기차
② 비행기
③ 고속버스
④ 승용차
⑤ 자전거

27 전략적 이익모형(SPM)에 관한 설명으로 옳지 않은 것은?

① 총자산이익률은 유통기업의 영업활동 효율성을 잘 나타내는 지표로서 총자산회전율과 순매출이익률을 곱하여 산출한다.

② 레버리지 비율이 높을수록 차입금보다 자기자본에 대한 의존도가 높고 재무구조가 안정되어 있음을 의미하므로 성장 가능성은 낮다.

③ 순매출이익률은 영업활동의 원가대비 가격의 효과성을 의미하고 당기순이익을 순매출로 나눈 비율이다.

④ 소매업에서 자산회전율이 향상하더라도 투자수익률이 크게 영향을 받지 않으나, 자산회전율을 통한 투자수익률의 제고는 바람직할 수 있다.

⑤ 순매출이익률이나 총자산회전율은 영업활동의 효율성을 제대로 나타내는 데 적합한 지표는 아니다.

28 다음 중 기업 문화를 효과적으로 변화시킬 수 있는 조건을 모두 고르면?

> ㉠ 안정적인 조직
> ㉡ 위기를 맞이한 조직
> ㉢ 신생기업
> ㉣ 역사가 깊은 조직
> ㉤ 약한 문화를 가진 조직
> ㉥ 강한 문화를 가진 조직
> ㉦ 외부로부터 영입된 리더의 등장

① ㉠, ㉢, ㉤

② ㉡, ㉣, ㉤

③ ㉠, ㉣, ㉥, ㉦

④ ㉡, ㉢, ㉤, ㉦

⑤ ㉣, ㉤, ㉥, ㉦

29 다음의 마케팅 사례와 관련한 설명으로 옳지 않은 것은?

> - A사 자동차
> - 배기량에 따른 구분 : 5,000cc, 4,000cc, 3,000cc
> - 크기에 따른 구분 : 대형, 중형, 소형

① 자사의 제품 및 서비스에 대한 고객들의 식별 정도를 높이고 반복 구매를 유도해 내려는 것이다.

② 제품 및 광고 판촉 등을 제공하기 위한 비용이 증가하게 된다.

③ 소비자 욕구를 보다 정확히 이해하고 그에 맞는 제품과 서비스를 제공하여 전문화의 명성을 얻기 위함이다.

④ 주로 자원이 풍부한 기업에 많이 쓰이는 전략이다.

⑤ 전체 시장의 매출은 증가한다.

30 아래 그림은 제품수명주기(PLC)를 나타낸 것이다. 해당 단계 중 성숙기에 이루어지는 판매촉진 전략으로 가장 적절한 것은?

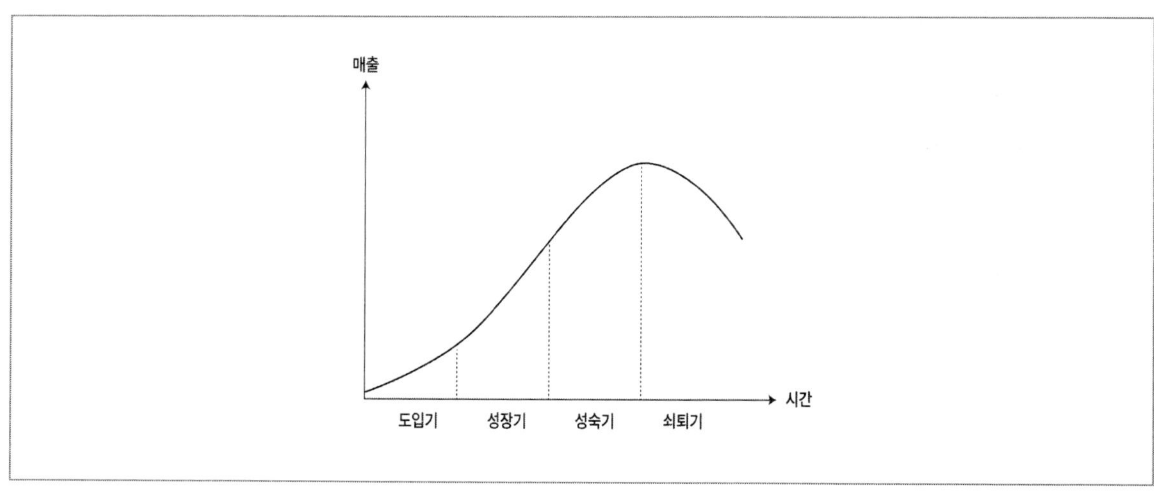

① 수요 확대에 따라 점차적으로 판촉을 감소한다.

② 제품 가격을 높이는 대신 짧은 기간에 모든 판촉수단을 활용하는 전략을 실행한다.

③ 상표전환을 유도하기 위한 판촉을 증대한다.

④ 제품의 인지도 향상을 위한 강력한 판촉을 전개한다.

⑤ 매출 증대를 위한 판매촉진 활동은 최저 수준으로 감소시킨다.

31 혼자 일할 때보다 집단으로 일할 때 다른 사람들을 믿고 노력을 줄이는 현상을 막기 위한 방안으로 적절하지 않은 것은?

① 과업을 전문화시켜 책임 소재를 분명하게 한다.

② 개인별 성과를 측정하여 비교할 수 있게 한다.

③ 본래부터 일하려는 동기 수준이 높은 사람을 고용한다.

④ 직무충실화를 통해 직무에서 흥미와 동기가 유발되도록 한다.

⑤ 팀의 규모를 늘려서 각자의 업무 행동을 쉽게 관찰할 수 있게 한다.

32 매슬로우의 욕구단계를 낮은 단계에서 높은 단계 순으로 나열한 것은?

㉠ 작업 환경

㉡ 기숙사

㉢ 동호회

㉣ 직장에서의 승진

㉤ 창의성

① ㉠ → ㉡ → ㉢ → ㉣ → ㉤

② ㉡ → ㉠ → ㉢ → ㉣ → ㉤

③ ㉡ → ㉢ → ㉣ → ㉠ → ㉤

④ ㉢ → ㉠ → ㉤ → ㉡ → ㉣

⑤ ㉣ → ㉤ → ㉡ → ㉠ → ㉢

33 아래의 기사의 괄호 안에 공통적으로 들어갈 말로 가장 적절한 것은?

> 실제로 약의 임상시험에서는 모르고 가짜 약을 받은 환자들도 통증이 사라진다거나 기분이 좋아지는 효과가 나타난다. (   )가 전부일 때도 있다. 그래서 제약회사가 개발한 신약이 정부의 승인을 받으려면 반드시 가짜 약과 비교한 임상시험 결과를 제출하여 이 이상의 효과를 증명해야 한다. 이렇듯 신약 개발에는 어려움을 주는 (   )이지만 최근에는 이를 이용해서 약효를 높이려는 연구가 활발하다. 지난 2월 이탈리아 튜린대학교 연구팀은 파킨슨병 환자의 약물 치료에 가짜 약을 사용해서 도움을 주는 방법에 대한 연구 결과를 발표했다. 파킨슨병은 완치할 수 있는 치료약이 없어서 진행을 늦추고 증상을 완화시키는 약을 주로 사용하게 되는데, 이때 되도록 약을 적게 써야 부작용을 줄일 수 있고, 장기간 지속적으로 효과를 볼 수 있다. 연구팀은 환자들에게 미리 가짜 약이 섞여 있을 수 있다고 알려주고 치료 5일째에 환자들 모르게 가짜 약을 주사했다.

① 펠츠만 효과(feltsman effect)

② 안데르센 효과(andersen effect)

③ 노시보효과(nocebo effect)

④ 피그말리온 효과(pygmalion effect)

⑤ 플라시보 효과(placebo effect)

34 아래에 제시된 세 가지 상관관계의 공통점은 제3의 변인에 의해 두 변인 간의 관계가 설명될 수 있다는 것이다. 이러한 관계를 무엇이라고 하는가?

> • 어떤 날의 빙과류 판매량과 익사자 수 간의 관계
> • 신발 크기와 운동복 사이즈 간의 관계
> • 키와 몸무게 간의 관계

① 인과관계

② 허위관계

③ 매개관계

④ 조절관계

⑤ 불공정관계

35 고객 커뮤니케이션 수단을 통제력, 유연성, 신뢰성 측면에서 비교한 내용으로 옳은 것은?

① 매장 판매원은 유연성이 가장 낮다.

② 광고는 기업이 메시지를 직접 설계하므로 신뢰성과 통제력이 모두 높은 편이다.

③ 홍보는 매체 노출을 완전히 조절하기 어려우나 제삼자를 통해 전달되어 신뢰성이 높다.

④ 구전은 기업이 일정 부분 관리할 수 있어 통제력이 높으나 신뢰성은 낮다.

⑤ 자사 웹사이트는 기업이 운영하므로 신뢰성은 높으나 통제력은 낮다.

36 다음 중 유통정보시스템을 통한 후방통합화(backward integration)의 사례로 옳은 것은?

① A사는 QR시스템을 도입하여 유통업체의 경쟁력을 높여주고 있다.

② B사는 고객 회사의 제조공정을 컴퓨터에 입력하고 각 공정에 맞는 플라스틱을 적시에 공급한다.

③ C사는 판매정보를 공급업체들과 바로 공유함으로써 재고관리를 효율화한다.

④ D 자동차 회사는 E 자동차 회사를 인수하고 동급의 자동차 생산에 주요 부품을 공유하여 비용을 절감하고 있다.

⑤ 의료품 제조업체인 F사는 병원들과 연계하여 통신 네트워크로 주문을 받고 있다.

37 어느 회사의 옵션운용부에서 근무하는 A부터 E까지 5명의 펀드매니저가 다음과 같은 옵션거래 전략을 구성하였다. 옵션의 기초자산(underlying assets)인 주식의 가격이 향후 대폭 상승할 경우에 가장 불리한 투자 결과를 낳을 것으로 예상되는 매니저는 누구인가? (단, 옵션의 행사가격들은 현재의 주가에 근접하고 있으며, 동일한 주식을 기초자산으로 하고 있다고 가정한다.)

① E 매니저 – 주식을 매입하고 매입한 주식에 대한 풋옵션을 동시에 매입

② D 매니저 – 높은 행사가격을 가진 콜옵션을 매입하고, 낮은 행사가격을 가진 콜옵션을 발행

③ C 매니저 – 행사가격이 다른 콜옵션과 풋옵션을 동시에 매입

④ B 매니저 – 행사가격이 동일한 콜옵션을 매입하고 동시에 풋옵션을 발행

⑤ A 매니저 – 주식을 매입하고 매입한 주식에 대한 콜옵션을 동시에 발행

38 아래 기사 내용에 해당하는 수요상황에서 가장 적합한 마케팅 방법은?

> ㈜ 풍풍은 주방세제를 생산하는 기업으로 주력 생산품은 '거품 뿡뿡'이라는 주방세제이다. 그런데 최근 들어 정부의 환경친화적 제품생산을 독려하는 추세가 가속화되면서, 환경단체들이 거품 뿡뿡과 유사한 세제가 환경오염을 일으킨다고 주장하여 제품 사용에 대한 보이콧을 진행하는 등 자사의 제품에 대해 부정적 기류가 일고 있다는 사실이 파악됐다. ㈜ 풍풍은 이러한 점을 고려, 환경친화적 주방세제 '바싹 행궈'를 출시하였다. 그러나 신제품에 대한 시장의 반응은 냉랭했다. ㈜ 풍풍의 경영진은 소비자 심층면접을 통해 고객들이 왜 신제품을 사용하지 않는지에 대해 조사하였다. 그 결과, 소비자들은 기존의 제품을 사용하면 거품이 잘 생겨서 더욱 깨끗하게 세척할 수 있다는 성능 환상(performance illusion)을 보유하고 있다는 점을 밝혀냈다. ㈜ 풍풍은 이러한 문제를 해결하기 위해 마케팅 대안을 강구하기로 결정하였다.

① 전환 마케팅
② 일대일 마케팅
③ 디마케팅
④ 입소문 마케팅
⑤ 매스 마케팅

39 아래 사례와 관련성이 가장 높은 것을 고르면?

> 페디그리(Pedigree)는 매출액의 일정 비율을 유기견 보호소에 기부하고 유기견들의 입양을 장려하는 캠페인을 진행함으로써 소비자들로부터 강한 공감을 이끌어내었고, 차별화하기 어려운 애완견 사료 시장에서 뛰어난 성과를 거둘 수 있었다.

① 넛지 마케팅(nudge marketing)
② 스프레드 마케팅(spread marketing)
③ 체험 마케팅(experience marketing)
④ 공익연계 마케팅(cause-related marketing)
⑤ MOT 마케팅(moment of truth marketting)

40 아래 고가의 차량 그림과 관련한 경로 커버리지 전략에 대한 설명으로 적절하지 않은 것은?

① 판매지역별로 하나의 중간상들에게 자사제품의 유통에 대한 독점권을 부여하는 방식의 전략을 의미한다.

② 소비자들이 제품 구매 전에 상표 대안들을 비교 및 평가하는 특성을 지닌 선매품에 적합한 전략이다.

③ 중간상들에 대해서 적극적인 판매 노력을 기대할 수 있다.

④ 자사의 제품 이미지에 적합한 중간상들을 선택함으로써 브랜드 이미지를 강화할 수 있다.

⑤ 제한된 유통으로 인해 판매 기회가 상실될 우려가 있다.

41 과점구조를 가진 스마트TV 시장에서 물품이 초과공급 상태라고 할 때 가격결정에 대한 설명으로 옳은 것은?

① 시장의 원리가 적용되기 때문에 공급보다 수요가 커 가격이 하락한다.

② 공급과 수요의 차이를 좁히기 위해 기업들은 생산·공급량을 늘리려 한다.

③ 기업들은 생산·공급량을 감소시킬 것이므로 향후 가격은 지금보다 오른 수준에서 시장에 의해 결정된다.

④ 스마트TV를 생산·공급하는 기업들은 판매량을 늘리기 위해 가격을 낮춘다.

⑤ 동일한 상품을 생산·공급하는 기업들은 시장의 수요와 공급에 의해 가격이 결정되며, 기업 간 차별화된 상품은 기업이 가격을 결정한다.

42 다음 중 수요의 가격탄력성과 관련된 설명으로 옳지 않은 것은?

① 재화의 용도가 다양할수록 가격탄력성은 크다.

② 평균적으로 사치품인 경우 가격탄력성은 크다.

③ 대체재가 있는 경우 가격탄력성은 크고 대체재가 없으면 가격탄력성은 작다.

④ 평균적으로 생활필수품인 경우 가격탄력성은 작다.

⑤ 소득에서 재화의 가격이 차지하는 비중과 가격탄력성은 반비례한다.

43 다음 중 정보통신산업 분야에서 수확체증 현상이 일어나는 이유로 옳지 않은 것은?

① 범위의 경제가 실현되기 때문이다.

② 한계비용이 증가되기 때문이다.

③ 규모의 경제가 실현되기 때문이다.

④ 소비자 학습 효과가 발생되기 때문이다.

⑤ 네트워크 효과가 발생되기 때문이다.

44 유통점의 전략이나 성과에 영향을 미치는 상품의 탄력성에 대한 설명으로 옳은 것은?

① 소득이 증가함에 따라 수요량도 증가하면 수요의 소득탄력성은 0보다 작다.

② 상품 A의 가격이 상승하여 상품 B의 판매량이 증가하는 경우, 교차탄력성은 0보다 크므로 상품 A와 상품 B는 보완관계이다.

③ 상품이 열등재인 경우에 그 상품의 수요곡선은 음(−)의 기울기를 갖는다.

④ 수요의 가격탄력성이 탄력적일 경우, 가격이 상승하면 총매출액은 감소하고 가격이 하락하면 총매출액은 증가한다.

⑤ 수요곡선이 선형인 경우에는 수요곡선상의 위치와 관계없이 가격탄력성이 같지만, 수요곡선이 비선형인 경우에는 수요곡선상의 위치에 따라 가격탄력성이 달라진다.

45 운임에 관한 설명으로 적절하지 않은 것은?

① 일반균형이론은 운송도 재화이기 때문에 운송에 영향을 미치는 다른 요소들의 관계에 의해 운임이 결정된다는 이론이다.

② 용역가치설은 수요자가 운송용역에 대해 가치를 인정할 때 운임이 결정되는 것으로 운임의 최고한도를 형성한다.

③ 운임의 변동폭에 의해 운송수단(수송능력)의 변동폭이 결정되므로 운임의 탄력성의 크기와 운송수단(수송능력)의 탄력성의 크기는 서로 일치한다.

④ 운임비용설은 운임에 소요되는 비용에 의해 운임이 결정된다는 이론으로, 운임의 최저한도를 형성한다.

⑤ 운송수단의 사회적 공공성 때문에 통제를 받는 국내 운송의 경우 국외 운송보다 운임의 변동성이 더 작게 발생한다.

46 통상적으로 상권이 발달한 도심에는 비슷한 식료품을 취급하는 대형마트를 비롯하여 중소형 소매점까지 매우 다양한 업태의 유통점이 많지만, 내면적으로 자세히 관찰하면 각 유통점에서 판매하는 상품들이 동일하지 않은 경우를 많이 볼 수 있다. 어떤 점포에서는 브랜드를 내세우기도 하고, 어떤 점포에서는 식료품의 맛을 강조하기도 하며, 어떤 점포에서는 파격적인 가격을 제시하기도 한다. 이러한 현상은 식료품유통시장이 어떠한 형태를 띠고 있기 때문인가?

① 완전경쟁

② 독점

③ 과점

④ 독점적 경쟁

⑤ 의도적 경쟁

47 X재 시장의 수요 – 공급 모형에서 X재의 보완재 가격이 상승하는 경우, X재의 균형가격과 균형거래량은 어떻게 변화하는가?

① 균형가격은 상승하고, 균형거래량은 증가한다.

② 균형가격은 하락하고, 균형거래량은 증가한다.

③ 균형가격은 상승하고, 균형거래량은 감소한다.

④ 균형가격은 하락하고, 균형거래량은 감소한다.

⑤ 균형가격 및 균형거래량은 변화하지 않는다.

48 기업들의 비용구조가 모두 같은 완전경쟁시장에서 시장수요가 증가한다면 경쟁균형에서 개별기업의 이윤은 어떻게 변하는가?

① 양(+)에서 제로(0)로

② 음(−)에서 제로(0)로

③ 제로(0)에서 제로(0)로

④ 양(+)에서 음(−)으로

⑤ 음(−)에서 양(+)으로

49 다음 중 시장실패 요인으로 옳지 않은 것은?

① 긍정적 외부성

② 소비의 비경합성과 배제불가능성

③ 불완전한 정보

④ 역선택

⑤ 규모에 대한 수익체감 기술

50 국내총생산에 관한 설명으로 옳지 않은 것은?

① 중고 자동차의 거래는 국내총생산에 포함되지 않는다.

② 최루탄의 생산은 국내총생산에 포함된다.

③ 자가 아파트의 임대료 상승분은 국내총생산에 포함되지 않는다.

④ 국내총생산은 생산자의 국적과 관계가 없다.

⑤ 포항제철에 재고로 남아있는 강철은 생산 연도의 국내총생산에 포함된다.

51 완전경쟁산업 내 기업에 대한 설명으로 적절하지 않은 것은?

① 시장가격보다 높은 가격을 책정하면 시장점유율은 0이 된다.

② 이 기업이 직면하게 되는 수요곡선은 우하향한다.

③ 장기에 손실(음의 이윤)이 발생하면 퇴출한다.

④ 한계수입은 시장가격과 동일하다.

⑤ 이윤극대화 생산량에서는 시장가격과 한계비용이 같다.

52 정부가 세금을 인하하고 그 재원을 국채 발행으로 충당하는 정책을 시행하는 경우 국민에게 미치는 영향을 리카디언 등가 정리에 따라 옳게 설명한 것은?

① 정부의 국채 발행은 국민의 가처분소득을 증가시켜 소비가 확대된다.

② 국채 발행은 화폐 공급을 증가시켜 물가 상승을 유발한다.

③ 세금 감소의 영향으로 국민의 저축률이 줄어든다.

④ 국민은 미래 세금 부담 증가를 예상하여 현재 소비를 늘리지 않는다.

⑤ 정부 지출 증가로 인해 민간 투자가 확대된다.

53 어느 특정한 지역에 공원이 건립되면 주민 A, B, C는 각각 900만 원, 800만 원, 300만 원의 화폐가치에 해당하는 효용을 얻을 수 있다. 또한, 이 공원은 유지비용 및 입장료도 없다. 건립과 관련해 정부가 개입하지 않는다는 가정하에 가장 적절한 설명은?

① 주민 아무도 자신의 효용을 밝히지 않고 그만큼 부담하지도 않아 공원은 건립되지 못할 것이다.

② 두 주민이 각각 자신의 효용만큼 부담하여 공원이 건립될 것이다.

③ 주민 A, B, C가 각각 자신의 효용보다 많이 부담하여 2,000만 원보다 큰 규모의 공원이 건립될 것이다.

④ 주민 A, B, C가 각각 자신의 효용만큼 부담하여 2,000만 원 규모의 공원이 건립될 것이다.

⑤ 한 주민만이 부담하여 공원이 건립될 것이다.

54 어떤 소비자는 부드럽고 원점에 대해 볼록한 무차별곡선을 가진다. 이 소비자는 100만 원을 X재와 Y재의 소비에 사용한다. X재 가격이 5만 원, Y재 가격이 10만 원일 때, 이 소비자가 선택한 조합은 X재 12단위와 Y재 4단위이다. Y재 가격이 5만 원으로 하락하였을 때, 이 소비자가 선택한 조합은 X재 14단위와 Y재 6단위이다. 이때 유추 가능한 사실로 옳지 않은 것은?

① 예산집합은 확대된다.

② X재는 열등재이다.

③ Y재에 대한 개별수요곡선의 도출이 가능하다.

④ Y재로 표시한 X재의 한계대체율(MRSxy)은 증가하게 된다.

⑤ 대체효과는 음수이다.

55 아래 그림에서 D는 수요곡선, S가 공급곡선이이다. 만약 현재 가격이 P_2일 때 발생할 현상은?

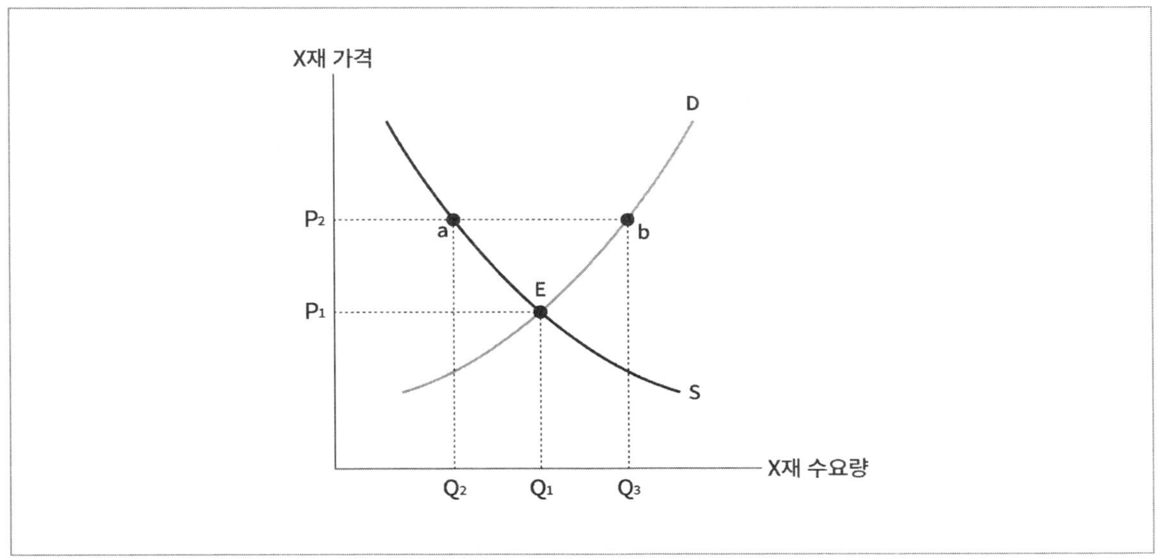

① 초과수요가 발생해 가격이 하락한다.

② 초과공급이 발생해 가격이 하락한다.

③ 초과공급이 발생해 가격이 상승한다.

④ 초과수요가 발생해 가격이 상승한다.

⑤ 가격이 상승하거나 하락하지 않는다.

56 총수요충격 및 총공급충격에 대한 내용으로 옳지 않은 것은?

① 기술진보로 인한 양(+)의 총공급충격은 자연실업률 수준을 하락시킬 수 있다.

② 명목임금이 하방경직적일 경우 음(−)의 총공급충격이 발생하면 거시경제의 불균형이 지속될 수 있다.

③ 총공급충격으로 인한 경기변동에서 물가는 경기역행적이다.

④ 총공급충격에 의한 스태그플레이션은 합리적 기대가설이 주장하는 정책무력성의 근거가 될 수 있다.

⑤ 총수요충격으로 인한 경기변동에서 물가는 경기순행적이다.

57 다음 중 폐쇄경제에서 실질이자율에 대한 설명으로 옳은 것을 모두 고르면?

> ㉠ 가격경직성을 가정하는 케인즈학파에 의하면 단기 실질이자율은 화폐시장에서 수요와 공급이 일치되도록 결정된다.
> ㉡ 고전학파 이론에 의하면 실질이자율은 대부자금시장에서 저축과 투자가 일치되도록 결정된다.
> ㉢ 고전학파와 케인즈학파 모두 실질이자율의 하락은 투자지출의 증가를 가져오는 것으로 설명한다.
> ㉣ 고전학파와 케인즈학파 모두 통화량 증가는 실질이자율의 하락을 가져오는 것으로 설명한다.

① ㉠, ㉡, ㉢

② ㉠, ㉡, ㉣

③ ㉡, ㉢, ㉣

④ ㉠, ㉢, ㉣

⑤ ㉠, ㉡, ㉢, ㉣

58 2020년과 2025년의 빅맥 가격이 아래와 같다. 일물일가의 법칙이 성립할 경우, 옳지 않은 내용은? (단, 환율은 빅맥 가격을 기준으로 표시한다.)

2020년		2025년	
원화 가격	달러화 가격	원화 가격	달러화 가격
5,000원	5달러	5,400원	6달러

① 빅맥의 1달러당 원화 가격은 두 기간 사이에 10% 하락했다.

② 달러 대비 원화의 실질환율은 두 기간 사이에 변하지 않았다.

③ 2015년 원화의 명목환율은 구매력평가환율보다 낮다.

④ 달러 대비 원화의 가치는 두 기간 사이에 10% 상승했다.

⑤ 빅맥의 원화 가격은 두 기간 사이에 8% 상승했다.

59 다음 중 A국에서 조세 정책의 변화로 인해 나타나게 될 영향에 대한 추론으로 옳은 것은?

> A국은 작년까지 개인 소득을 세 구간으로 나누어 각각 10%, 30%, 40%의 누진세율을 적용하였으나, 금년에는 소득 구간은 그대로 두되 구간별로 각각 10%, 20%, 30%의 누진세율을 적용하였다. 또한 비례세 제도를 적용하는 부가가치세의 세율을 10%에서 20%로 올렸다.

① 고소득층의 조세 저항이 커질 것이다.

② 조세 수입 중 직접세의 비중이 확대될 것이다.

③ 조세 부담의 역진성이 약화될 것이다.

④ 정부의 조세 수입이 증가할 것이다

⑤ 조세의 소득 재분배 효과가 약화될 것이다.

60 독점시장에서 거래되는 어떤 상품에 대한 시장수요함수(Q_D)와 독점기업의 단기총비용함수(TC)가 아래와 같은 식으로 표시된다. 정부가 해당 상품의 출고 시 한계비용의 10%에 해당하는 부가가치세를 부과할 경우에 나타나는 현상으로 옳은 것은? (단, Q_D는 수요량, Q_S는 생산량, P는 가격을 나타낸다.)

> • 시장수요함수 : $Q_D = 220 - P$
>
> • 단기총비용함수 : $TC = 100\,Q_S + 50$

① 과세 후 독점기업의 이윤은 550만큼 감소할 것이다.

② 생산자와 소비자는 세금을 단위당 5씩 동일하게 분담할 것이다.

③ 이 상품으로부터 징수되는 부가가치세 총수입은 600이 될 것이다.

④ 과세 후 소비자잉여는 25만큼 감소할 것이다.

⑤ 과세 후 독점기업의 이윤극대화 생산량은 10만큼 감소할 것이다.

61 독점기업과 독점적 경쟁기업의 과잉설비에 대한 설명 중 옳은 것을 모두 고른 것은?

ⓐ 통상적으로 과잉설비 규모는 독점적 경쟁보다 독점의 경우가 더 크게 나타난다.

ⓑ 독점기업 또는 독점적 경쟁기업이 직면하는 수요곡선이 탄력적일수록 과잉설비 규모는 크다.

ⓒ 과잉설비가 존재한다는 것은 자원배분이 비효율적으로 이루어지고 있음을 의미한다.

① ⓐ

② ⓐ, ⓑ

③ ⓑ, ⓒ

④ ⓐ, ⓒ

⑤ ⓐ, ⓑ, ⓒ

62 X재 시장의 변화를 나타내는 아래 그래프와 관련한 설명으로 옳은 것은?

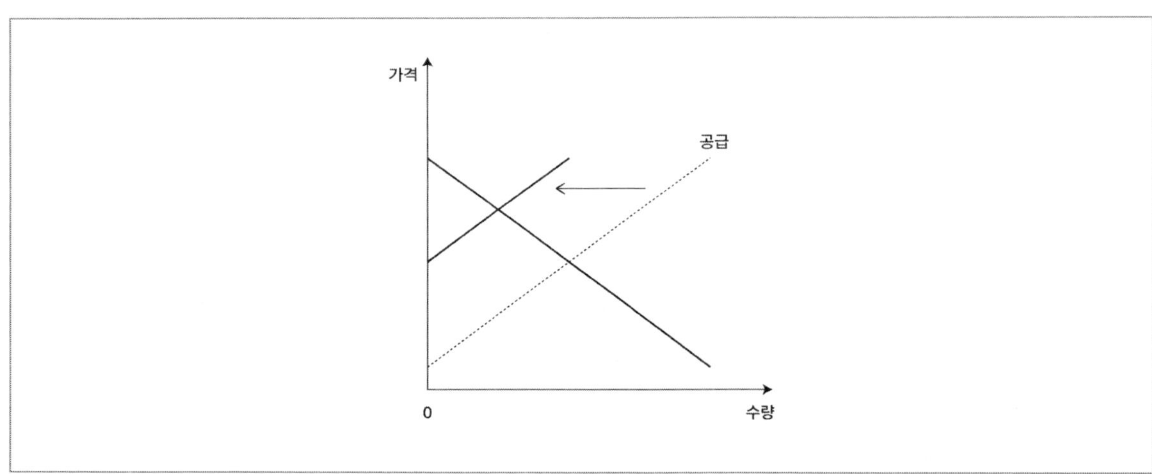

① 소비자잉여는 일정하다.

② 사회적잉여는 증가하였다.

③ 균형 가격은 하락하였다.

④ 생산자잉여는 증가하였다.

⑤ 균형 거래량은 감소하였다.

63 아래 사례를 읽고 연철이와 우진이의 소비행위의 공통점으로 옳은 것을 고르면?

> - 우진이는 화장품을 구입할 때 'animal testing free'라는 마크가 부착된 제품을 선택하는데, 그 이유는 해당 마크가 부착된 제품은 동물을 대상으로 실험하지 않고 생산되기 때문이다.
> - 연철이는 'XX' 사의 초콜릿을 사 먹는다. 'XX' 사의 초콜릿 제조사는 친환경적으로 생산된 원료를 사용하는데, 해당 원료를 재배하는 농부들에게 정당한 몫을 지불하기 때문에 고가이지만 'XX' 사 초콜릿을 먹는다.

① 우진이와 연철이는 광고에 의존해서 충동적으로 구매를 결정한다.
② 우진이와 연철이는 제품 가격 및 품질 등을 최우선으로 고려한다.
③ 우진이와 연철이는 소비를 통해 스스로의 부를 과시하고자 한다.
④ 우진이와 연철이는 유행에 편승해서 무비판적으로 구매를 결정한다.
⑤ 우진이와 연철이는 제품을 선택할 시에 윤리적인 가치를 고려한다.

64 다음 중 경제성장에 관한 설명으로 옳지 않은 것은?

① 쿠즈네츠 가설에 의하면 경제성장의 초기 단계에서 소득분배가 일단 악화되는 추세를 보이다가 성장이 어느 정도 이루어지면서 차츰 개선된다.
② 성장회계는 일정한 기간 동안 달성된 경제성장에 대해 어떤 요인이 어느 정도의 기여를 했는지 알아보는 분석 방법이다.
③ 내생적 성장에 관한 학습효과(learning-by-doing)모형은 의도적인 교육투자의 중요성을 강조한다.
④ 경제발전의 양적 성장은 노동과 자본의 확충에 의한 성장을, 질적 성장은 기술진보에 의한 성장을 말한다.
⑤ 솔로우의 성장모형에서는 1인당 소득이 낮은 나라일수록 경제가 빠르게 성장하여 선진국 수준으로 수렴한다.

65 다음 중 한계편익과 한계비용이 같다는 조건이 반드시 충분조건일 수 있는 경우는?

① 한계편익곡선의 기울기가 양(+)이고, 한계비용곡선의 기울기도 양(+)인 경우

② 한계편익곡선의 기울기가 제로(0)이고, 한계비용곡선의 기울기도 제로(0)인 경우

③ 한계편익곡선의 기울기가 음(−)이고, 한계비용곡선의 기울기는 양(+)인 경우

④ 한계편익곡선의 기울기가 음(−)이고, 한계비용곡선의 기울기도 음(−)인 경우

⑤ 한계편익곡선의 기울기가 양(+)이고, 한계비용곡선의 기울기는 음(−)인 경우

66 아래에 제시된 그림은 A 기업의 X재 생산량에 의한 총수입 및 총비용을 나타낸 것이다. 이에 대한 분석으로 옳은 것은? (단, 생산된 X재는 모두 판매된다.)

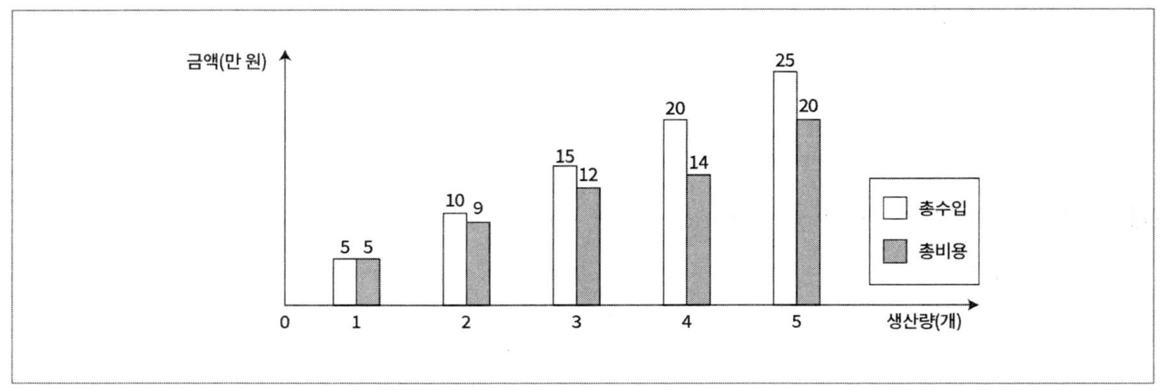

① 생산량이 4개일 때 이윤이 극대화된다.

② 생산량이 1개씩 증가할 때마다 추가로 발생하는 비용은 감소하게 된다.

③ 생산량이 1개씩 증가할 때마다 추가로 얻는 수입은 증가하게 된다.

④ 생산량이 3개일 때 X재 1개당 생산 비용이 가장 적다.

⑤ 생산량이 2개일 때 이윤은 음(−)의 값을 가지게 된다.

67 아래 그림은 X재 시장 균형점의 변화$(E_1 \rightarrow E_2)$를 나타내고 있다. 이에 대해 추론한 내용으로 옳은 것은? (단, X재는 정상재이다.)

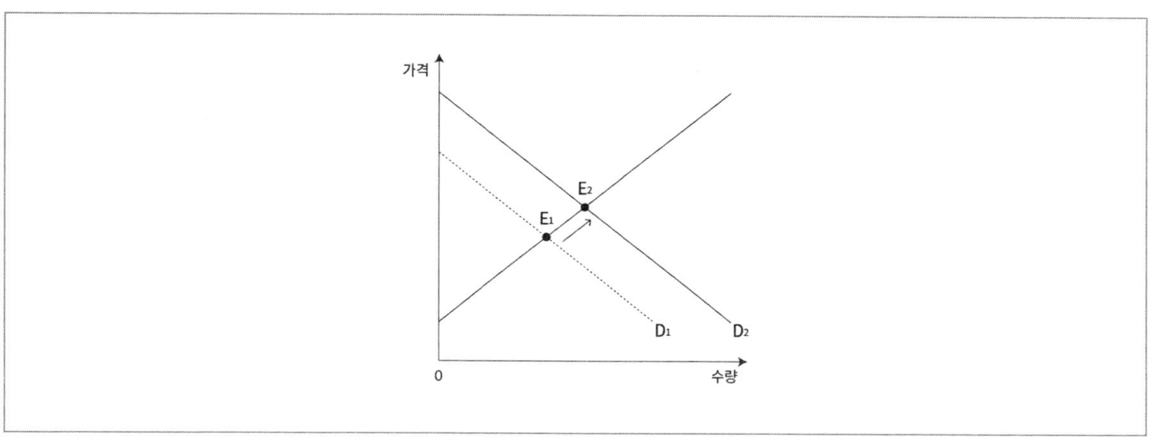

① X재의 대체재 가격의 상승은 이러한 변화의 원인이 될 수 있다.

② 소득의 감소는 이러한 변화의 원인이 될 수 있다.

③ 생산자잉여는 감소하게 된다.

④ 거래량은 감소하게 된다.

⑤ 판매수입은 변하지 않는다.

68 가격통제정책에 관한 설명으로 적절하지 않은 것은?

① 최고가격제는 장기적으로 볼 때 통제대상 상품의 공급 증대를 유도하게 된다.

② 최고가격제하에서는 암시장이 형성될 가능성이 높다.

③ 최저가격제하에서는 만성적인 초과공급상태를 야기시키게 된다.

④ 경쟁시장에서 달성될 수 있는 임금수준보다 높은 수준에서 최저임금이 설정되어야 목적을 달성할 수 있다.

⑤ 이중곡가제를 실시할 경우 일반적으로 소비자잉여는 증가하게 된다.

69 다음 중 현시선호의 약공리를 바르게 설명한 것은?

① A, B, C가 선택 가능할 때 A를 선택하였다면 A, B만이 선택 가능할 때에도 A를 선택해야 한다.

② A를 선택할 때 B가 선택 가능하였다면 B를 선택할 때에는 C가 선택 가능해야 한다.

③ A를 선택할 때 B가 선택 가능하였다면 B를 선택할 때도 A가 선택 가능해야 한다.

④ A를 선택할 때 B가 선택 가능하였고 B를 선택할 때 C가 선택 가능하였다면 C를 선택할 때 A는 선택 불가능해야 한다.

⑤ A를 선택할 때 B가 선택 가능하였고 B를 선택할 때 C가 선택 가능하였다면 A를 선택할 때도 C가 선택 가능해야 한다.

70 비대칭 정보의 상황에서 일어날 수 있는 현상으로 보기 어려운 것은?

① 시장균형은 언제나 존재하지만 파레토최적을 만족하지 않을 수도 있다.

② 시장에서의 거래 규모가 축소되거나 또는 아예 시장이 폐쇄될 수도 있다.

③ 정보를 가진 쪽에서는 정보가 없는 쪽을 위해 최선의 노력을 경주하지 않을 수도 있다.

④ 악화가 양화를 구축하는 그레샴의 법칙대로 좋은 품질의 상품이 시장에서 사라질 수도 있다.

⑤ 자신이 공급하는 상품이 우수하다는 것을 알리는 신호를 보내려고 노력하게 된다.

71 기업들이 소비자들에게 제공하는 보증(warranty)에 대한 내용으로 옳은 것은?

① 생산자들은 품질이 더 좋은 상품일수록 예상 수리비용이 적기 때문에 보증을 해줄 가능성이 더 높다.

② 보증은 소비자들이 기업들보다 제품의 질에 대해 많은 정보를 갖고 있을 때 신호 수단으로 가장 효과적이다.

③ 비대칭정보의 문제가 존재하는 시장에서는 기업들이 보증을 제공하지 않으려 한다.

④ 보증은 소비자들이 기업들보다 소비자들의 선호에 대해 많은 정보를 갖고 있을 때 신호 수단으로 가장 효과적이다.

⑤ 보증은 기업들이 소비자들보다 소비자들의 선호에 대해 많은 정보를 갖고 있을 때 신호 수단으로 가장 효과적이다.

72 세계경기 침체에 대응한 거시경제 정책에 대한 내용으로 옳지 않은 것은?

① 경기회복에 대한 기대는 장기금리의 하락을 통해 재정 진작의 승수효과를 감소시키게 된다.

② 케인즈의 소득–지출 모형에 의하면 조세 삭감보다 동일한 규모의 정부지출 증가가 경기부양에 좀 더 효과적이다.

③ 연구개발(R&D) 부문에 대한 정부지출의 증가는 단기적으로 경기 부양을 가져올 뿐만 아니라 장기적인 성장 잠재력을 향상시킬 수 있다.

④ 항상소득가설에 의하면 대규모 재정 진작책에 따른 국가부채 증가는 미래 조세부담의 증가와 함께 재정진작의 승수효과를 일부 상쇄할 수 있다.

⑤ 케인즈의 투자적 화폐수요(speculative demand for money)에 의하면, 금리가 0에 가까운 상황에서 추가적인 확장적 통화정책은 효과를 거두기 어렵다.

73 다음 글이 합리적 선택에 대해 시사하는 바로 옳은 것은?

> 1960년대 유럽의 두 국가는 초음속 여객기의 연구 개발에 공동으로 투자하게 되었다. 이후에 적은 좌석 수 및 높은 관리 비용으로 인해 경제성이 낮을 것이라는 문제가 제기되었으나, 양국의 정부는 그동안 들인 비용이 아까워 운항을 개시하게 되었다. 그러나 과도한 운항 비용 및 적은 시장의 수요로 인해 적자가 누적되었으며, 결국에 양국 정부는 초음속 여객기의 운항을 중단하게 되었다. 이렇듯 회수가 불가능한 비용에 집착하여 잘못된 선택을 하는 경우에 더 큰 손해를 가져올 수 있다.

① 사회적 후생보다 개인적 편익을 우선시해야 한다.

② 기회비용에 매몰비용을 포함해서는 안 된다.

③ 편익보다 기회비용이 큰 대안을 선택해야 한다

④ 윤리적 가치를 가장 우선적으로 고려해야 한다.

⑤ 기회비용에 암묵적 비용을 포함해서는 안 된다.

74 아래 그림은 어느 국가의 기준금리 변화에 대한 추세를 나타낸다. A, B에 대한 옳은 추론을 모두 고르면?

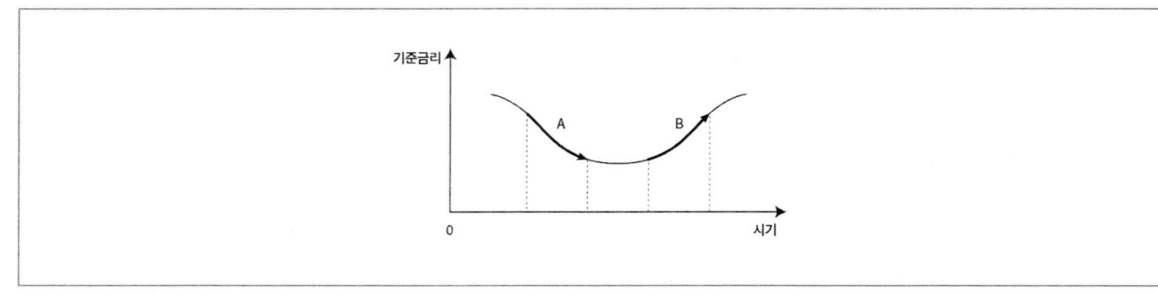

㉠ B는 소비 지출을 촉진하는 요인이 되었을 것이다.
㉡ A는 투자를 촉진하는 요인이 되었을 것이다.
㉢ B는 총수요를 억제하는 요인이 되었을 것이다.
㉣ A는 물가 상승을 억제하는 요인이 되었을 것이다.

① ㉠, ㉡

② ㉡, ㉢

③ ㉡, ㉣

④ ㉢, ㉣

⑤ ㉠, ㉡, ㉢, ㉣

75 다음 중 어떤 재화의 한계효용이 0일 경우 의미하는 것은?

① 이 재화에 대한 총효용은 최대치에 이르렀다.

② 이 재화는 소비자에게 수요가 없음을 의미한다.

③ 이 소비자는 상품의 구매에 있어 균형에 도달하였음을 의미한다.

④ 이 재화에 대한 총효용도는 0일 것이다.

⑤ 이 재화의 가격이 0임을 의미한다.

76 과점시장에 대한 설명으로 옳은 것은?

① 과점시장에 속한 기업들은 모두 동질적인 상품만 생산한다.

② 진입장벽이 거의 없기 때문에 신규기업의 진입이 매우 용이하다.

③ 무수히 많은 기업들이 자신의 이윤극대화를 위하여 경쟁하고 있으며, 개별기업들은 모두 가격수용자이다.

④ 과점시장에서 각 기업이 책정하는 가격은 서로 다를 수 있다.

⑤ 기업들의 담합은 그들이 생산하는 상품의 가격을 하락시키므로 정부는 과점기업들의 담합을 유도해야 한다.

77 아래는 X재, Y재, Z재의 관계를 나타낸 것이다. X재의 원자재 가격 상승으로 인해 각 재화 시장에 미칠 영향에 대한 추론으로 옳은 것은? (단, 모든 재화는 수요와 공급의 법칙을 따른다.)

> X재 및 Y재는 용도가 비슷해 서로 대체해서 소비할 수 있는 관계이며, X재 및 Z재는 함께 사용함으로써 만족감이 더욱 커지는 관계에 있다. 하지만 Y재 및 Z재는 서로 연관 관계가 없다.

① Y재의 균형 거래량은 감소할 것이다.

② Z재의 균형 가격은 상승할 것이다.

③ X재의 수요량은 증가할 것이다.

④ Y재의 수요는 증가할 것이다.

⑤ Z재의 수요는 증가할 것이다.

78 2000년대에 들어서서 미국이 지속적으로 경상수지적자를 보인 반면에, 동아시아와 중동 산유국들은 지속적으로 경상수지 흑자를 보인 현상을 세계경제불균형(global imbalance)이라 한다. 이에 대한 설명으로 옳지 않은 것은?

① 기축통화로서 미 달러화의 상대적인 약세를 가져왔다.

② 2007 ~ 2008년 글로벌 금융위기를 가져온 구조적 원인 중 하나이다.

③ 미국의 과잉 저축 또는 동아시아 국가 및 산유국들의 과소비에서 기인한다.

④ 경상수지 흑자국의 자본이 미국으로 유입되는 달러 리사이클링(dollar recycling)이 미국 내 유동성 공급의 증가를 가져왔다.

⑤ 국민소득계정에 의하면 주어진 투자 및 민간저축 하에서 재정적자의 증가는 순수출의 감소를 가져온다.

79 국내 농민들은 쌀 개방을 전면적으로 반대하고 있다. 국제가격보다 높은 가격을 유지하고 있는 국내의 쌀 시장이 전면 개방되었을 경우, 이론적으로 나타나는 변화에 대한 설명으로 적절한 것은? (단, 쌀은 정상재이고 거래비용은 없다고 가정한다)

① 국내 쌀 시장의 생산자잉여는 감소하게 된다.

② 국내 쌀 시장의 사회적잉여는 개방 전보다 감소하게 된다.

③ 국내 쌀 시장의 생산자잉여는 증가하고 소비자잉여는 감소한다.

④ 국내 쌀 생산량이 증가하게 된다.

⑤ 국내와 쌀 교역을 하는 국가들의 이익은 감소하게 된다.

80 아래의 그림을 참고할 때 국제유가 상승과 같은 공급충격이 국내 경제에 미치는 영향에 대한 내용으로
옳은 것은?

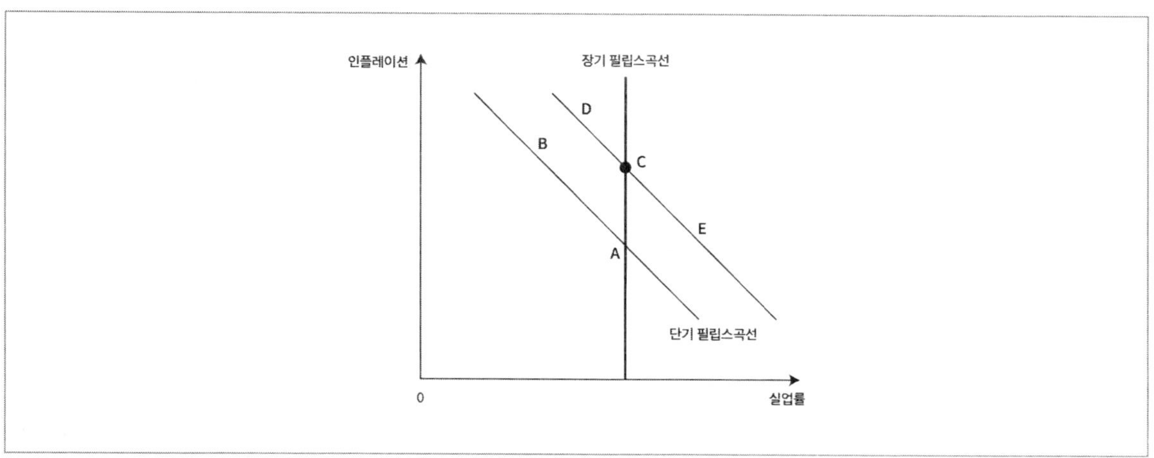

① 국내 경제가 C → E → A로 움직이게 될 것이다
② 국내 경제가 C → B → A로 움직이게 될 것이다.
③ 국내 경제가 C → D → B로 움직이게 될 것이다.
④ 국내 경제가 A → E → C로 움직이게 될 것이다.
⑤ 국내 경제가 A → B → C로 움직이게 될 것이다.

제9회 실전모의고사

※ 정답 및 해설은 p.416에 있습니다.

1 집단성과급제에 대한 설명으로 옳지 않은 것은?

① 카이저플랜은 개인적 인센티브를 적용한다.

② 프렌치시스템은 실제 산출액에서 기대산출액을 차감한 모든 비용 절약분을 노동자에게 배분하는 집단성과급제이다.

③ 스캔론플랜은 노사협력에 의한 생산성 향상을 위한 제안제도로 판매가치를 기준으로 한 보너스 플랜을 기본으로 한다.

④ 링컨플랜은 성과급과 이윤분배제도를 혼합한 것이다.

⑤ 레만플랜은 가치성과에 노동생산성을 기초로 한 일정률을 곱해서 부가노동성과를 산출하여 분배한다.

2 다음 중 매슬로우와 ERG 이론에 대한 설명으로 옳지 않은 것은?

① 매슬로우는 모든 욕구가 하위 욕구에서 상위 욕구로 발전한다고 하였다.

② ERG 이론에는 존재욕구, 관계욕구, 성장욕구가 있다.

③ 매슬로우의 존경욕구는 알더퍼의 성장욕구에 해당한다.

④ 알더퍼는 만족−진행 및 좌절−퇴행이 가능하다고 하였다.

⑤ 매슬로우 이론은 ERG 이론의 문제점을 보완하여 제시되었다.

3 다음 중 MBO의 한계점으로 보기 어려운 것은?

① 장기적인 목표를 강조하는 경향이 있다.

② 부문 간에 과다 경쟁이 일어날 수 있다.

③ 계량화할 수 없는 성과가 무시될 수 있다.

④ 신축성 또는 유연성이 결여되기 쉽다.

⑤ 도입 및 실시에 시간, 비용, 노력이 많이 든다.

4 최상위 경영전략인 기업 수준의 경영전략으로 옳지 않은 것은?

① 경쟁사에 비해 우수한 품질의 제품을 제공하려는 차별화 전략

② 기존 시장에 새로운 제품으로 진입하기 위한 제품개발 전략

③ 기존 사업과 연관된 다른 사업을 인수하여 고객을 확보하려는 다각화 전략

④ 기존 제품의 품질 향상을 통해 시장점유율을 높이려는 시장침투 전략

⑤ 새로운 시장에 기존의 제품으로 진입하여 시장을 확장하는 시장개발 전략

5 지식경영에 관한 설명으로 옳지 않은 것은?

① 혁신이론은 지식경영과 간접적인 관계를 지니고 있다.

② 정보기술 시스템은 지식경영 분야에서 가장 빠른 성장과 발전을 거듭하고 있는 분야이다.

③ 지식경제에서는 기업, 조직, 개인, 공동체가 효율적으로 지식을 창출하고 공유할 수 있어야 한다.

④ 기술이전과 네트워크이론은 조직 내부가 아닌 조직 외부로부터의 지식창출과 관련된 분야이다.

⑤ 혁신이론은 국가의 정책과 체계에 관한 이론들까지 제시해 주고 있다.

6 아웃소싱 전략에 관한 내용으로 옳지 않은 것은?

① 근로자들의 고용불안과 근로조건의 악화라는 단점이 있다.

② 정보통신기술(ICT)의 발달로 인해 아웃소싱을 파트너십에 입각한 전략적 차원으로 전환시키고 있다.

③ 통상적으로 정보기술의 개발 능력 부족 등으로 잘 정비된 외부업체의 네트워크를 활용하기 위해 아웃소싱을 하게 된다.

④ 아웃소싱 전략은 경비절약, 기업의 규모축소, 전문화 등이 목적이다.

⑤ 핵심사업 부문에 집중, 채용의 용이성, 수수료 부담의 감소, 이직률의 하락, 고객에 대한 높은 충성도 등의 이점이 있다.

7 경력의 닻(career anchor)에 관한 사항 중 아래의 내용을 포함하는 것은?

• 책임 수준 및 리더십 발휘의 기회
• 전체 조직에 대한 공헌 기회의 증대

① 자율성 닻

② 관리역량 닻

③ 기업가정신 닻

④ 도전 닻

⑤ 봉사 닻

8 경로 커버리지의 한 형태인 집약적 유통에 관한 설명으로 옳지 않은 것은?

① 시장의 범위를 확대시키는 전략이라고 할 수 있다.

② 소비자들은 제품을 구매함에 있어 특별히 많은 노력을 기울이지 않는다.

③ 주로 편의품(라면, 세제, 껌, 스타킹 등)이 이에 속한다고 할 수 있다.

④ 중간상 통제가 상당히 용이하다.

⑤ 편의성이 증가하는 경향이 강하다.

9 상품을 상권이 넓은 순서로 배열한 것은?

① 편의품 → 선매품 → 전문품
② 선매품 → 편의품 → 전문품
③ 전문품 → 편의품 → 선매품
④ 전문품 → 선매품 → 편의품
⑤ 선매품 → 전문품 → 편의품

10 가격관리에 관한 설명으로 옳지 않은 것은?

① 로스 어버전(loss aversion)은 소비자들이 이득보다 손실에 더 민감하게 반응할 경우 가격 인하보다는 가격 인상에 더 민감하게 반응하는 현상을 말한다.
② 유보가격(reservation price)은 가격변화를 느끼게 만드는 최소의 가격변화폭에 해당하는 가격을 말한다.
③ 준거가격(reference price)은 구매자가 가격이 저가인지 고가인지를 판단하는 데 기준으로 삼는 가격을 말한다.
④ 가격－품질 연상(price-quality association)은 가격이 높을수록 품질이 높을 것으로 믿는 것을 말한다.
⑤ 최저수용가격(lowest acceptable price)은 구매자들이 품질을 의심하지 않고 구매할 수 있는 가장 낮은 가격을 말한다.

11 광고와 판매촉진의 비교에 관한 설명으로 옳지 않은 것은?

① 광고는 브랜드 관련 기억 증가의 효과를 추구하지만, 판매촉진은 판매의 즉각적인 증가 효과를 추구한다.
② 광고의 기본 목표는 매출 신장이지만, 판매촉진의 기본 목표는 소비자 태도 변화이다.
③ 광고는 브랜드를 인식하지 못한 소비자를 목표 고객으로 하지만, 판매촉진은 타사 브랜드 애용자를 목표 고객으로 한다.
④ 광고는 중장기적인 효과를 추구하지만, 판매촉진은 단기적인 효과를 추구한다.
⑤ 광고는 간접적이고 보통 수준의 당기 이익에 공헌하지만, 판매촉진은 직접적이고 높은 수준의 당기 이익에 공헌한다.

12 아래 내용이 설명하고자 하는 것과 가장 관련성이 높은 것은?

치약

충치 예방 기능, 미백 효과의 기능

① 이미지에 따른 포지셔닝
② 경쟁 제품에 따른 포지셔닝
③ 사용 상황에 따른 포지셔닝
④ 제품 사용자에 따른 포지셔닝
⑤ 제품 속성에 따른 포지셔닝

13 제품의 라이프사이클이 점점 짧아지고 제조기술 등이 급변함에 따라 급증하고 있는 간접비를 합리적인 기준으로 직접비로 전환하는 것으로, 투입자원이 제품이나 서비스 등으로 변환하는 과정을 명확하게 밝혀 제품 또는 서비스의 원가를 계산하는 방식은?

① gross margin return on labor
② gross margin return on selling area
③ direct product profitability
④ gross margin return on inventory investment
⑤ activity based costing

14 신상품 개발에 대한 설명으로 적절하지 않은 것은?

① 아이디어뿐만 아니라 상용화 단계도 포함된다.
② 비내구재 신상품의 매출은 '시용' 및 '반복'의 과정을 따른다.
③ 신시장을 창출하는 혁신적 신상품이 얻을 수 있는 판매량은 잠재 구매자를 대상으로 한 콘셉트 테스트 방법으로 예측하기 용이하다.
④ 내구재의 경우 구매자들의 만족도를 조사하는 것이 중요하다.
⑤ 기술 중심 개발만으로는 시장 요구를 반영하지 못한다.

15 소비재 시장과 산업재 시장의 특성을 비교했을 때 옳지 않은 것은?

① 산업재 수요는 궁극적으로 소비재 수요로부터 파생된다.

② 산업재 수요는 소비재 수요에 비해 가격탄력적이다.

③ 공급자와 구매자의 밀접한 관계가 형성되어 있다.

④ 산업재 수요는 소비재 수요에 비해 수요의 변동이 심하다.

⑤ 산업재 시장의 구매자는 전문적 구매를 하는 경향이 있다.

16 다음 사례를 설명한 M&A 방어 전략으로 가장 적합한 것은?

> A, C 기업이 B기업을 적대적으로 인수하려고 하자 이를 인지하고 B기업이 공개적으로 A기업의 주식을 매수하였다. A기업이 C기업 인수를 시도하려고 할 때 오히려 C기업이 A기업의 지분 10%를 인수하는 것 또한 M&A 방어 전략이다.

① 차입매수 ② 포이즌 필

③ 역공개매수 ④ 차등의결권

⑤ 황금낙하산

17 제조업자가 개방적 유통경로보다 전속적 유통경로를 취하게 되는 동기를 모두 고른 것은?

> ㉠ 소매업자가 재고를 대규모로 유지할 필요가 있는 경우
> ㉡ 전문품을 적극적으로 마케팅할 필요가 있는 경우
> ㉢ 제조업자가 중간상에 대한 통제를 강화하고자 하는 경우
> ㉣ 유통업자가 상품 설치 및 수리 서비스를 수행해야 하는 경우
> ㉤ 제조업자가 중간상으로 하여금 해당 상품을 적극적으로 촉진시키고자 하는 경우

① ㉠, ㉡, ㉢ ② ㉡, ㉢, ㉣

③ ㉡, ㉢, ㉣, ㉤ ④ ㉠, ㉡, ㉢, ㉣

⑤ ㉠, ㉡, ㉢, ㉣, ㉤

18 다음 그림은 BCG 매트릭스를 나타낸 것이다. 이에 관한 설명으로 옳지 않은 것은?

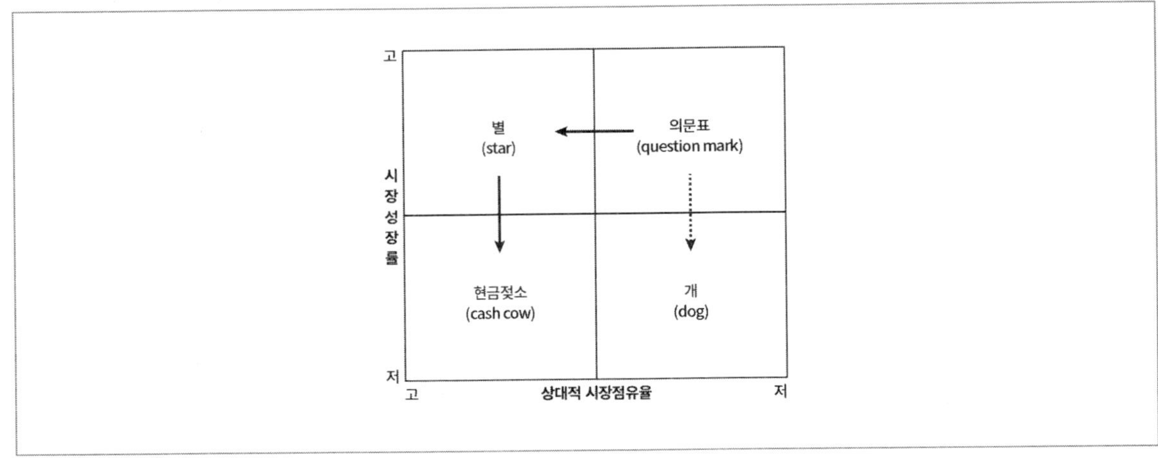

① 스타의 경우에는 자금의 투자를 필요로 하며, 동시에 경쟁우위가 있어 많은 수익을 발생시키는 사업부이다.

② 캐시카우의 경우 시장리더로서 안정적인 지위를 확보하고 있어 많은 이익을 발생시키는 형태이다.

③ 퀘스천의 경우 대단히 매력적이지만 상대적으로 시장점유율이 낮기 때문에 오히려 시장성장에 따른 잠재적 이익이 실현될 수 있는 사업부이다.

④ 도그의 경우 이익 창출도 어렵고 미래에 개선 가능성도 희박하므로 해당 사업을 축소 또는 철수하는 전략을 택할 수 있다.

⑤ 위 매트릭스는 시장성장률과 상대적인 시장점유율이 기업의 현금흐름과 깊은 관계가 있다고 가정하고 있다.

19 아래에 제시된 자료를 통해 재무활동으로 인한 현금흐름을 구하면?

• 기초현금	2,000,000원
• 기말현금	2,700,000원
• 영업활동으로 인한 현금흐름	200,000원
• 투자활동으로 인한 현금흐름	100,000원

① 100,000원 ② 200,000원

③ 300,000원 ④ 400,000원

⑤ 500,000원

20 정보의 전달이 최종 의사결정자까지를 의미한다고 할 때 집권화와 분권화가 바람직한 조건에 해당되는 경우가 아닌 것은?

	집권화가 유리함	분권화가 유리함
㉠ 정보전달 비용	정보전달 비용이 크지 않을 때	정보가치에 비해 전달비용이 클 때
㉡ 의사결정 정보	원거리 정보가 의사결정에 가치가 있을 때	현장 의사결정자가 수집한 정보를 중앙에 전달하기 어려울 때
㉢ 신뢰	조직구성원의 신뢰가 높을 때	조직구성원의 신뢰가 낮을 때
㉣ 동기유발	단순하고 체계적인 업무	복잡하고 동태적인 업무
㉤ 시간의 가치	의사결정의 가치에 비해 정보전달 시간이 오래 걸릴 때	의사결정의 가치에 비해 정보전달 시간이 오래 걸리지 않을 때

① ㉠
② ㉡
③ ㉢
④ ㉣
⑤ ㉤

21 최근 많은 기업들은 자사의 성과를 향상하기 위해 소비자심리를 파악하여 구매동기나 구매욕구를 자극하고 있다. 이와 관련된 이론적 설명으로 옳지 않은 것은?

① Maslow는 욕구단계설에서 배고픈 사람은 예술세계의 최근 동향, 다른 사람들에게 어떻게 보일까 하는 문제, 자기가 깨끗한 공기를 마시고 있는지에 관해서는 관심이 없다는 것을 주장하였다.

② Freud에 의하면 소비자는 특별한 상표를 검토할 때 이미 기업이 주장한 그 상표의 능력뿐만 아니라 기타 무의식적인 단서에 반응하므로 형태, 크기, 무게, 자재, 색상 및 상표명 등으로 동기를 부여하여야 한다.

③ Maslow는 소비자들이 특정한 시기에 특정한 욕구에 의해 움직인다는 것을 욕구단계설(또는 욕구계층설)로 주장하였다.

④ 동기부여이론들은 욕구가 강렬하고 충분한 수준으로 일어나면 구매동기가 된다고 주장한다는 점에서 공통점이 있다.

⑤ Herzberg는 동기부여이론에서 불만족 요인과 만족 요인을 개발하였는데, 불만족 요인이 없다는 것으로도 충분히 구매동기를 부여할 수 있다고 판단함으로써 기업들은 불만족 요인의 제거를 통해 구매동기를 부여할 수 있다고 주장하였다.

22 아래 제시된 내용에서 밑줄 친 부분에 대한 설명으로 옳은 것은?

"더 이상 혼자서는 경쟁력을 가질 수 없다"

식품업계에 異업종과 손잡고 시장을 개척해 나가는 공생마케팅이 활발하게 전개되고 있다. 업계에 따르면 온라인이 보편화되면서 정보의 흐름과 생활 속에서의 활용 속도가 빨라지고 있는 가운데 식품업체들은 기존 수요층과 다소 성격이 다른 신수요를 창출하기 위해 패션, 통신, 카드업체 등 다른 업종과의 제휴를 통한 시너지 효과를 노리고 있다. 업체들은 이같은 이업종 <u>공생마케팅</u>으로 고객확보와 브랜드 인지도 제고 등 간접 홍보라는 두 마리 토끼를 잡을 수 있다는 데 매력을 두고 있다.

도저히 어울릴 것 같지 않은 장류업체 A사와 패션브랜드 B사와의 결합이 대표적인 케이스이다.

장류업체 A사는 지난해 패션브랜드 B사와 전략적 제휴를 통해 패션브랜드 B사의 신세대 소비자들에게 일찍부터 올드 브랜드인 장류업체 A사의 이미지를 심어 미래의 고객으로 끌어들이는 전략을 펼치고 있다. 여성의 사회진출 등 세태의 변화에 따라 전통 장류도 사먹는 시대가 열리고 있는 점을 감안, 패션브랜드 B사를 선호하는 신세대야말로 장류업체 A사 제품의 확실한 미래고객이라는 데 마케팅의 초점을 맞추고 있다.

① 데이터베이스에 있는 고객의 신상 정보, 구매 경험에 관한 정보 등을 활용하여 개별 고객의 욕구를 파악하고 꾸준히 마케팅 활동을 전개해 나가는 것이다.

② 제품의 개발 · 생산 · 판매 등에서 환경 보호를 중시하는 마케팅 활동을 펼치게 되는 것이다.

③ 개인의 필요와 욕구를 만족시키되 사회적 환경과 복지를 해치지 않는 범위 내에서 행해져야 한다.

④ 고객의 취향이 다양화되고 수요가 불안정하며 기업 간 경쟁이 치열해짐에 따라 한 기업의 자원뿐만 아니라 여러 기업의 마케팅 자원을 공동으로 이용함으로써 상호이익을 극대화하고 위험을 회피할 수 있는 방안을 모색하게 되는 것이다.

⑤ 소비자의 특성에 따라 시장을 몇 개로 세분화한 후, 각 세분 시장의 특성에 맞는 마케팅 활동을 펼치는 것이다.

23 다음 중 카르텔의 특징에 해당하는 사항을 모두 고른 것은?

> ㉠ 생산 및 판매에 있어 경쟁을 방지하고 수익을 확보하기 위해 동종상품이나 상품군을 독립기업 간에 수평적으로 결합하는 형태
> ㉡ 시장을 지배할 목적으로 동종 혹은 이종 기업이 자본적 결합에 의해 완전히 하나의 기업이 되는 형태
> ㉢ 일반적으로 대기업이 자본지배를 목적으로 여러 산업에 속한 중소기업의 주식을 보유하거나 이들에게 자금을 대여하여 금융적으로 결합한 형태
> ㉣ 참여기업들은 법적, 경제적 독립성을 유지할 때 경제적 효력 발생
> ㉤ 실질적으로는 독립성을 상실하게 되지만 외형상으로는 독립성이 유지되는 형태

① ㉠, ㉤
② ㉡, ㉤
③ ㉢, ㉣
④ ㉠, ㉤
⑤ ㉢, ㉤

24 아래의 자료를 이용하여 계산한 A사의 2025년 매출원가는 얼마인가?

A사 2024년 자료	
당기매입액	₩500,000
매입환출	₩40,000
매입할인	₩10,000
기초상품재고액	₩70,000
매입에누리	₩30,000
매입할인	₩10,000
기말상품재고액	₩30,000

① ₩400,000

② ₩420,000

③ ₩440,000

④ ₩450,000

⑤ ₩460,000

25 아래와 같은 상황에서 C사가 취할 수 있는 마케팅 분석 방법으로 옳은 것은?

> 공기청정기를 판매하는 C사는 다양한 판매촉진을 통해 매출 부진에서 벗어나고자 한다. 가격인하와 할인쿠폰행사 그리고 경품행사가 매출 향상에 효과적인가를 판단하기 위해 각 판촉방법당 5개 지점의 자료를 표본으로 선정하여 판촉유형이 매출에 미치는 효과 여부에 관한 조사를 실시하기로 했다.

① 표적집단면접법(FGI, focus group interview)
② 요인분석(factor analysis)
③ 분산분석(ANOVA, analysis of variance)
④ 다차원척도법(MDS, multi-dimensional scaling)
⑤ 회귀분석(regression analysis)

26 직무충실화에 대한 설명으로 옳은 것을 모두 고르면?

> ㉠ 허즈버그의 2요인에 기초한 수직적 직무확대이다.
> ㉡ 반복적인 업무의 단조로움과 지루함을 줄일 수 있다.
> ㉢ 높은 수준의 지식과 기술이 필요하다.
> ㉣ 직무설계의 전통적 접근방법이다.

① ㉠, ㉡
② ㉠, ㉢
③ ㉠, ㉣
④ ㉡, ㉢
⑤ ㉠, ㉢, ㉣

27 아래의 사례에 해당하는 서비스 마케팅 조사는?

> M 베이커리 카페는 매장에 손님을 가장한 관계자를 보내 접점 직원, 레스토랑, 음식에 대한 설문지를 작성하게 한다. 이때 직원들은 다음과 같은 기준에 의해 평가된다.
> - 고객이 입구에 들어선 후 3초 이내에 인사하는가?
> - 상냥하게 인사하는가?
> - 주문받을 때 추가 품목을 권하는가?
> - 음식을 가져다주기 전에 지불해주기를 요청하는가?
> - 영수증을 받았는가?
> - 거스름돈을 정확하게 받았는가?
> - 주문한 음식이 정확하게 나왔는가?

① 상실고객조사(lost customer research)

② 추적전화 또는 사후거래조사(trailer calls or posttransaction surveys)

③ 고객패널(customer panels)

④ 미스테리 쇼핑(mystery shopping)

⑤ 미래기대조사(future expectation research)

28 GE 맥킨지 매트릭스에 대한 내용으로 옳지 않은 것은?

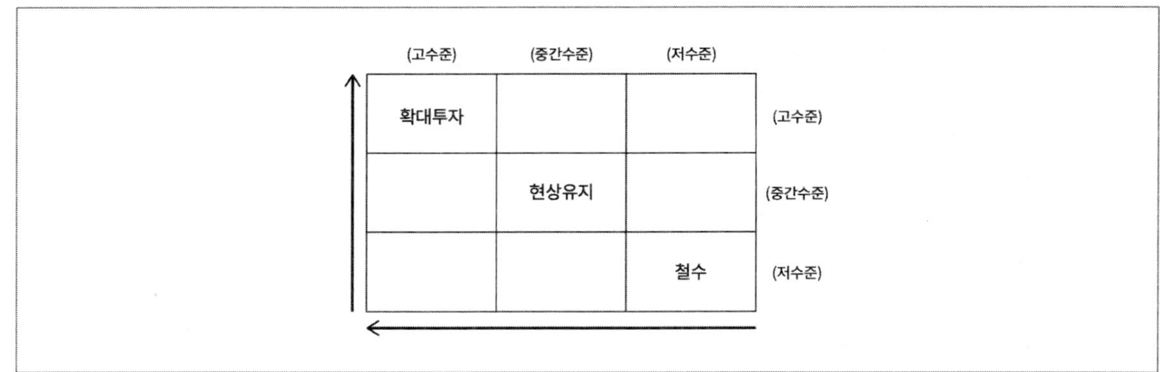

① BCG 매트릭스보다 세부적으로 분석한 형태이다.

② 원의 크기는 단위사업의 성장률을 나타낸다.

③ 사업단위는 전략적이다.

④ GE 매트릭스의 이익창출영역은 BCG 매트릭스의 캐쉬 카우, 물음표 사업부랑 동일하다.

⑤ BCG 매트릭스와 마찬가지로 각 사업단위를 독립적으로 파악하고 내부적 자원만 고려하는 한계점을 지닌다.

29 다음 〈표〉는 '갑' 공기업의 신규 사업 선정을 위한 2개 사업(A, B) 평가에 관한 자료이다. 〈표〉와 〈조건〉에 근거하여 〈보기〉의 설명 중 옳은 것을 모두 고르면?

〈표 1〉 A와 B 사업의 평가 항목별 원점수

(단위 : 점)

분류	평가항목	A 사업	B 사업
사업적 가치	경영전략 달성 기여도	80	90
	수익창출 기여도	80	90
공적 가치	정부정책 지원 기여도	90	80
	사회적 편익 기여도	90	80
참여 여건	전 인력 확보 정도	70	70
	사내 공감대 형성 정도	70	70

※ 평가 항목별 원점수는 100점 만점임

〈표 2〉 평가 항목별 가중치

분류	평가항목	가중치
사업적 가치	경영전략 달성 기여도	0.2
	수익창출 기여도	0.1
공적 가치	정부정책 지원 기여도	0.3
	사회적 편익 기여도	0.2
참여 여건	전 인력 확보 정도	0.1
	사내 공감대 형성 정도	0.1
합계		1.0

〈조건〉

- 신규 사업 선정을 위한 각 사업의 최종 점수는 평가 항목별 원점수에 해당 평가 항목의 가중치를 곱한 값을 모두 합하여 산정한다.
- A와 B 사업 중 최종 점수가 더 높은 사업을 신규 사업으로 최종 선정한다.

〈보기〉

㉠ 각 사업의 6개 평가 항목 원점수의 합은 A 사업과 B 사업이 같다.

㉡ '공적 가치'에 할당된 가중치의 합은 '참여 여건'에 할당된 가중치의 합보다 작고, '사업적 가치'에 할당된 가중치의 합보다 크다.

㉢ '갑' 공기업은 A 사업을 신규 사업으로 최종 선정한다.

㉣ '정부정책 지원 기여도' 가중치와 '수익창출 기여도' 가중치를 서로 바꾸더라도 최종 선정되는 신규 사업은 동일하다.

① ㉠, ㉡

② ㉠, ㉢

③ ㉠, ㉣

④ ㉡, ㉣

⑤ ㉢, ㉣

30 아래 사례의 밑줄 친 내용으로 미루어 보아 추론 가능한 사실로 옳지 않은 것은?

[단독] '독성 실험비' 3억 아낀 A사, <u>광고 선전</u>에는 140억 펑펑

초유의 '가습기 살균제 사망 사건'에서 최대 가해 업체인 A사가 문제의 상품 개발 당시 140억 원이 넘는 광고 · 선전비용을 지출했던 것으로 드러났다. 이와 대조적으로 수억 원이 소요되는 흡입 독성 실험은 고의적으로 실시하지 않아 재차 모럴해저드 논란과 함께 법적 · 윤리적 책임을 피하기 어렵게 됐다.

A사는 매년 100억 원이 넘는 돈을 광고비로 사용한 것으로 조사됐다. 2010년의 경우 광고비가 250억 원을 넘기도 했지만 2011년 주식회사 법인을 유한회사로 변경한 다음부터는 따로 공시를 하지 않았다. 1999년과 2000년 들어간 접대비 역시 총 4억 원에 육박하기도 했다.

① 신문 광고, TV와 라디오 광고, 온라인 광고 등이 있다.
② 내용 등에 대한 통제가 불가능하다.
③ 비인적 매체를 활용한 촉진방식이다.
④ 사용 매체에 따른 비용을 지불한다.
⑤ 상대적으로 신뢰도가 낮다.

31 다음이 설명하는 것은?

기업의 조직에서 관리자가 권력을 지니는 것은 그가 많은 잠재적 보상능력(호의적인 인사고과, 인정, 급여인상, 승진, 호의적인 업무할당 및 책임부여, 격려 등)을 지니고 있기 때문이다. 하지만 호의적인 업무나 조직 내 중요한 책임할당의 경우에, 수임자가 이러한 무거운 책임감을 부담스러워 하거나 불안해한다면 그것은 보상이라고 볼 수 없다.

① 강압적 권력
② 전문적 권력
③ 준거적 권력
④ 합법적 권력
⑤ 보상적 권력

32 '<u>이것</u>'은 통상적으로 기업 조직의 상하 구성원들이 서로의 참여 과정을 통해 기업 조직 단위와 구성원의 목표를 명확하게 설정하고, 그로 인한 생산 활동을 수행하도록 한 뒤, 업적을 측정 및 평가함으로써 조직 관리의 효율화를 기하려는 일종의 포괄적인 조직관리 체제를 의미한다. 이 방식은 종합적인 조직 운영 기법으로 활용될 뿐만 아니라, 근무성적평정과 예산 운영 및 재정관리의 수단으로 다양하게 활용되고 있다. '<u>이것</u>'은 무엇인가?

① X이론
② 목표에 의한 관리
③ Y이론
④ 자기통제
⑤ 문제해결

33 아래의 기사에서 밑줄 친 부분에 대한 내용으로 옳지 않은 것은?

> 미국 신용등급 강등, 중국의 급격한 긴축정책, 유럽 재정파탄 등 각 국에서 시작된 위기가 도미노처럼 전 세계로 퍼지고 있다. 리먼 브러더스 파산이 일으킨 글로벌 금융위기는 지구촌 전체를 뒤흔들었다.
>
> 이에 따라 세계적인 기업들 또한 나락의 길을 걷고 있다. 전문가들은 문제의 원인을 오래된 경영과 낡은 리더십에서 찾고 있다. 하루에도 몇 번씩 끊임없이 변하는 '가속'의 시대에서 구태의연한 경영 방식으로는 살아남을 수 없다는 지적이다. 이미 기존 경제이론으로 설명할 수 없는 예측 불가능한 시대가 됐다.
>
> 어떤 변화에도 대응할 수 있는 체력을 갖추려면 무엇이 필요할까. 기업 내 다양성을 극대화하고 지속가능성을 갖춰야한다는 목소리가 주목받고 있다. 새로운 버전으로 진화한 리더십이 기업의 미래를 결정한다. '블루오션 전략', '블랙 스완' 등으로 파이낸셜타임즈 경제도서상을 수상한 국제적인 리더십 전문가 닐스 플레깅은 이 책을 통해 미래 경영의 대안으로 '언리더십(un-leadership)'을 주장한다.
>
> '부정'을 뜻하는 'un'은 이전에 옳다고 믿었던 상식을 파괴하는 새로운 발상을 의미한다. 꿈의 기업이라 불리는 구글은 직원들을 통제하는 인재 관리에서 벗어나 무한한(un-limited) 창의력을 펼칠 수 있는 분위기를 제공했다. 저가 항공사의 신화인 사우스웨스트항공은 직원들이 현장에서 직접 여러 사안을 결정한다. '직원들의 생각이 곧 전략'이라는 지금까지 볼 수 없었던(un-seen) 원칙을 고수하고 있는 것. 첨단소재기업인 고어는 직장 내에 직급이 존재하지 않으며(un-management), 부서와 업무를 규정하지 않는다(un-structure).
>
> 이들은 대표적인 언리더십 기업이다. 언리더십은 리더십 자체를 부정하지 않는다. 현대 경영에서 보편적으로 정의된 수직적이고 영웅적인 리더십에 반기를 든다. 유연하고 개방적으로 조직을 이끄는 21세기형 새로운 리더십이다. 이는 구글, 사우스웨스트항공, 고어 등 경제 위기 속에서도 성공적인 사업을 이끌고 있는 기업의 독특한 경영 방식과 기업 문화가 모두 언리더십으로 무장하고 있음을 보여준다. 상식과 고정관념을 파괴하는 언리더십은 비즈니스 생태계 진화를 주도하고 있다.
>
> 언리더십의 가장 큰 토대가 되는 이론은 세계적인 경영학자 더글러스 맥그리거의 'XY이론'이다. 우리는 그 중에서 <u>맥그리거의 X이론</u>에 대해서 더 알아보기로 한다.
>
> (중략)

① 인간은 조직의 문제해결에 필요한 창의력이 부족하다.

② 과업은 본질적으로 모든 인간이 싫어하는 것이다.

③ 인간은 엄격하게 통제되고, 성취하도록 강요되어야 한다.

④ 인간은 애정의 욕구와 존경의 욕구에 의해 동기화된다.

⑤ 인간은 야망이 없고, 책임을 회피하며, 지시되기를 좋아한다.

34 **제품계열길이와 관련된 전략으로 옳지 않은 것은?**

① A 자동차 회사가 005로 성공하자 007과 003로 제품계열을 연장시킨 것은 쌍방확장전략(two-way stretch)에 해당된다.

② 기존의 이미지로 인해 표적고객들이 고급 신제품의 품질을 신뢰하지 않을 수 있는 위험은 상향확장전략(upward stretch)에 해당되는 위험이다.

③ 1,600여 개나 되는 브랜드 수를 100여 개 미만으로 과감하게 줄인 것은 계열가지치기전략(line pruning)에 해당된다.

④ 한 계열 내에 있는 기존 품목들과 가격, 품질 등에서 큰 차이가 없는 새로운 품목을 추가하는 것은 계열충원전략(line filing)에 해당된다.

⑤ 고가품, 고기능 제품을 생산하던 기업이 저가품, 저기능 제품을 추가하는 전략은 자사 브랜드의 고급 이미지를 더욱 강화시키기 위한 하향확장전략(downward stretch)에 해당된다.

35 아래 기사의 (A) 부분에 해당하는 단계에 대한 설명으로 옳은 것은?

'옴니채널'이란 '멀티채널'에서 한 단계 더 진화한 것으로, 온·오프라인상의 모든 쇼핑 채널이 유기적으로 연결돼 소비자가 어떤 채널을 이용하든 시간과 장소에 상관없이 쇼핑할 수 있는 것을 말한다. 미국의 메이시스 백화점이 가상현실 기술을 활용한 매직미러와 비콘 서비스 등 옴니채널 전략으로 매출을 끌어올려 주목을 받은 바 있다. 디지털 비즈니스의 진화를 살펴보면 CRM과 웹이 기술 기반이 되는 웹 세상, 그리고 전통 비즈니스가 온라인으로 이식되는 e비즈니스 단계를 거쳐 2015년 이후 세계는 빅 데이터와 모바일 그리고 소셜이 요소기술로 작용하는 옴니채널 마케팅의 시대가 시작됐다고 볼 수 있다.

옴니채널 시대의 소비자 행동은 근본적으로 이전과 달라졌다. 전통적인 소비자 구매행동 모델은 쇼핑을 '주의-관심-욕구-기억-소비행동' 5단계로 설명하고 있다. 그러나 옴니채널 환경에서 스마트폰을 사용하는 소비자들은 '주의-관심-검색-소비행동-공유'라는 새로운 5단계 패턴을 보이고 있다. 이 두 가지 소비행동 모델의 차이점은 쇼핑 이전에 거치는 검색과정과 쇼핑행동 이후에 자신의 쇼핑결정과 소비 체험에 대해 공유하는 과정이 새롭게 추가되었다는 점이다.

옴니채널 소비자의 쇼핑 사례를 살펴보자. (A) 직장인 A 씨는 출근 준비 중 무심코 켜진 TV 홈쇼핑 채널을 보다가 평소 관심을 두었던 전자 제품의 할인행사가 진행되고 있음을 보았다. 출근길 지하철에서 스마트폰을 통해 제품 상세 설명을 본 후 가격과 제품 사양을 검색했다. 스마트폰으로 주문하면 집 앞의 편의점에서 픽업할 수 있는 스마트 픽업 서비스를 이용해 주문하고 당일 퇴근하면서 제품을 픽업했다. 당일 물건을 찾아올 수 있어서 여러모로 편리했다. 집에서 사용한 후 사용 후기를 댓글로 올렸다.

① 광고 메시지를 통해서 제품의 소비나 또는 사용 등에 대해 욕구를 느끼는 단계
② 광고 메시지나 브랜드의 이름 등을 기억 또는 회상하는 단계
③ 제품의 구매나 매장의 방문 등 광고 메시지에 영향을 입은 행동을 하는 단계
④ 매체에 삽입되어진 광고를 접하는 수용자가 주의를 집중하는 단계
⑤ 구입 전후로 소비자가 느끼는 심리적 불안정의 단계

36 아래 그림과 관련된 기업 운영 시스템에 대한 설명으로 옳지 않은 것은?

① 초반부터 소비자에 대한 신뢰 구축이 가능하다.

② 이러한 점포들이 많아질수록 통제에 따른 어려움이 따르게 된다.

③ 운영에 있어 각 점포의 실정에 맞지 않을 수 있다.

④ 실패에 대한 리스크가 낮다.

⑤ 가맹본부에 대한 낮은 의존도가 장점이다.

37 아래의 기사와 관련성이 가장 높은 것을 고르면?

지난 2월 초 소주 업계에서는 甲 주류회사의 'A소주'와 乙 주류회사의 'B소주'에서 20도 소주를 출시하면서 두 회사 간 치열한 경쟁이 벌어지고 있다. 특히 이 두 주류회사들은 화장품을 증정하는 프로모션을 함께 벌이면서 고객 끌어들이기에 안간힘을 쓰고 있다.

'A소주'는 지난 4월부터 5월까지 서울 경기 강원 지역 중에 대학가와 20대가 많이 모이는 유흥상권에서 화장품을 이용한 판촉행사를 진행하고 있다. 'A소주'를 마시는 고객에게 게임을 통해 마스크 팩과 핸드크림을 나눠주고 있다. 또한 'B소주'에서도 서울 경기 지역에서 폼 클렌징을 증정하고 있다. 두 주류회사들의 주요 목표층은 20대와 30대 남성들로 멋내기에도 관심 있는 계층이어서 화장품에 대한 만족도 매우 높은 것으로 알려지고 있다. 'A소주' 판촉팀 관계자는 수십 개 판촉팀을 나눠 진행하는데 마스크 팩이나 핸드크림을 증정 받은 남성들의 반응이 좋아 앞으로 화장품 프로모션은 계속 될 것이라고 말했다. 이 관계자는 또 "화장품이 소주의 판촉물로 선호되는 것은 무엇보다도 화장품이라는 아이템이 깨끗하고, 순수한 느낌을 주고 있기 때문"이라고 덧붙였다. 특히 폼 클렌징을 증정 받아 사용해본 고객들은 사용 후 폼 클렌징을 직접 구매하고 있어 화장품 업계에서도 적극 권유하고 있다. 업계 관계자는 "화장품과 식품음료업체 간의 이러한 마케팅은 상대적으로 적은 비용으로 브랜드 인지도와 매출을 동시에 높일 수 있는 효과를 거둘 수 있다"며 "비슷한 소비층을 목표로 한 업종 간의 마케팅이 더욱 활발하게 전개될 것"이라고 전망했다.

① 제품의 수요 또는 공급을 선택적으로 조절해 장기적인 측면에서 자사의 이미지 제고와 수익의 극대화를 꾀하는 마케팅 활동이다.

② 시장의 경쟁 체제는 치열해지고 이러한 레드 오션 안에서 틈새를 찾아 수익을 창출하는 마케팅 활동이다.

③ 유통경로 수준에 있는 기업들이 자본, 생산, 마케팅 기능 등을 결합해 각 기업의 경쟁우위를 공유하려는 마케팅 활동이다.

④ 전파 가능한 매체를 통해서 자발적으로 어떤 기업이나 기업의 제품을 홍보할 수 있도록 제작하여 널리 퍼지게 하는 마케팅 활동이다.

⑤ 자사의 상품을 여러 구설수에 휘말리도록 함으로써 소비자들의 이목을 집중시켜 판매를 늘리려는 마케팅 활동이다.

38 다음의 사례를 설명한 전략으로 가장 적절한 것은?

> 甲 회사의 숙취해소음료 A는 주로 남성 소비자들에게 판매되어 왔는데, 요즘은 여성들의 사회참여 및 음주가 높아짐에 따라 여성을 목표로 한 A 레이디를 출시하였다.

① 신상품 개발(new product development) 전략
② 시장침투(market penetration) 전략
③ 시장개발(market development) 전략
④ 다각화(diversification) 전략
⑤ 가격경쟁(cost leadership)전략

39 아래에서 설명하는 리더십 이론으로 옳은 것은?

> 이 유형의 리더는 부하직원들에게 비전과 영감을 제공하며 조직의 근본적 변화를 추구한다. 그들은 구성원들의 내재적 동기를 자극하고 개인의 성장과 발전에 관심을 기울이며 카리스마를 통해 헌신을 이끌어낸다. 또한 기존의 방식에 도전하고 창의적 사고를 장려함으로써 높은 수준의 성과를 달성한다.

① 거래적 리더십
② 분산적 리더십
③ 서번트 리더십
④ 변혁적 리더십
⑤ 상황적 리더십

40 프랜차이즈와 관련한 기사의 밑줄 친 부분으로 보아 추측 가능한 내용은?

'A죽' 대박 김치죽 알고보니 '쓰레기 죽' 파문

'A죽' 본사, 가맹점주 2명 상대 손배소

먹다 남은 식재료로 죽을 만들어 이른바 '쓰레기 죽' 파장을 몰고 온 A죽 사건이 본사와 가맹점 간 소송으로 이어지게 됐다.

7일 서울중앙지법에 따르면 프랜차이즈 업체 'A죽' 본사는 다른 손님이 먹다 남긴 김치 등을 재활용한 가맹점 업주 송 씨(42)와 홍 씨(43) 등을 상대로 각각 3억 원의 손해배상 청구 소송을 제기했다. 본사는 소장에서 "지난해 11월 서울 관악구와 영등포구에 있는 가맹점 두 곳에서 손님이 반찬으로 남기고 간 김치를 재활용해 다시 죽을 조리하는 모습이 방송 프로그램에 방영되면서 전국 가맹점들의 매출이 급감하는 사태가 발생했다"고 주장했다.

본사는 1,200여 개에 이르는 전국 A죽 가맹점의 매출 손실을 모두 합하면 1개월에 50억 원에 달한다고 추산했다.

본사는 "가맹점 매출이 감소함에 따라 식재료를 공급하는 본사의 매출도 38억 원이 줄어 지난해 순수익이 예상보다 약 9억 원 감소했다"고 덧붙였다. 실제로 소비자들은 일부 A죽 가맹점에서 먹다 남은 식재료를 다시 써서 음식을 만들고 있다는 사실이 알려진 후 인터넷을 통해 '<u>쓰레기 죽을 먹지 않겠다</u>'는 등의 반응을 보였다. 이에 따라 송 씨(42)와 홍 씨(43) 등은 지난해 12월 점포를 자진 폐업했다.

---

① 소액의 자본으로도 시작이 가능하다는 것을 알 수 있다.

② 재료의 대량구매에 의한 규모의 경제 달성이 가능하다고 볼 수 있다.

③ 사업 초기부터 소비자에 대한 신뢰 구축이 가능하다.

④ 실패의 위험성이 상당히 적다고 할 수 있다.

⑤ 하나의 프랜차이즈 실패는 타 지점과 전체 시스템에 영향을 미칠 수 있다.

41 현재 및 미래의 두 기간에 걸쳐 소비하는 갑의 현재소득은 1,000, 미래소득 300, 현재 부(wealth)는 200이다. 이자율이 2%로 일정할 때, 갑의 현재소비가 800이라면 최대가능 미래소비는?

① 708

② 715

③ 745

④ 810

⑤ 930

42 한계소비성향이 0.8인 어떤 국민경제에서 2,000억 원만큼 국민소득을 증대시키기 위한 재정정책으로 옳은 것은? (조세는 정액세이며 투자와 순수출은 모두 일정한 값으로 고정되어 있다고 가정한다.)

① 조세 500억 원을 감면한다.

② 1,000억 원만큼의 조세를 감면하고 1,000억 원만큼 정부의 지출을 줄인다.

③ 1,000억 원만큼의 조세를 징수하여 1,000억 원만큼 정부의 지출을 늘린다.

④ 국채 발행을 통해 조달한 자금으로 정부지출 500억 원을 늘린다.

⑤ 조세 및 정부의 지출에 대해 아무런 변화를 주지 않는다.

43 다음 중 최고가격제의 실행으로 인해 발생할 수 있는 문제점이 아닌 것은?

① 시장의 균형가격보다 높은 수준으로 결정된다.

② 암시장이 출현하게 된다.

③ 재화의 품질이 저하된다.

④ 초과수요가 발생하게 된다.

⑤ 사회적인 후생손실이 발생한다.

44 동일한 양의 중국산 마늘과 국산 마늘에 대한 소비자 A의 만족도가 언제나 동일할 경우, 중국산 마늘 가격이 국산 마늘의 가격에 비해 5% 저렴하다면 마늘에 대한 소비자의 수요는 어떻게 되는가?

① 수요의 전량을 중국산에 의존하게 된다.

② 수요의 7%를 중국산에 의존하게 된다.

③ 수요의 35%를 중국산에 의존하게 된다.

④ 수요의 60%를 중국산에 의존하게 된다.

⑤ 수요의 88%를 중국산에 의존하게 된다.

45 자본재의 가격이 500원이고 생산물의 가격은 100원이다. 실질이자율이 15%, 감가상각률이 5%일 때 자본의 사용자 비용은?

① 50

② 100

③ 150

④ 200

⑤ 250

46 다음 중 외부효과로 적절하지 않은 것은?

① 양봉업자가 접근해 옴으로써 과수원의 수확이 증가하였다.

② 비료공장의 오염물질 방출로 인해 어민들이 피해를 입게 되었다.

③ 공원의 조성으로 인해 인근 주민들의 편익이 증대되었다.

④ 비행기의 소음으로 인해 비행장 주변의 생활에 지장을 받고 있다.

⑤ 교회의 종소리로 인해 이웃 주민들이 불면증에 시달린다.

47 우월전략균형에 대한 내용으로 옳지 않은 것은?

① 우월전략균형에서는 언제나 자원배분이 파레토 효율적이다.

② 우월전략균형은 과점기업이 의사결정 시에 직면하는 전략적인 상황을 전혀 반영하지 못하고 있다.

③ 우월전략균형은 직관적으로 분명하지만, 우월전략균형이 존재하는 게임이 흔하지 않다.

④ 우월전략은 상대방의 전략에 관계없이 언제나 자신의 보수가 가장 커지는 전략을 의미한다.

⑤ 우월전략균형은 내쉬균형이지만 내쉬균형이 반드시 우월전략균형은 아니다.

48 완전경쟁기업과 독점기업의 근본적인 차이에 대한 설명으로 옳은 것은?

① 독점기업이 책정하는 가격은 한계비용보다 높지만 완전경쟁의 경우는 오히려 한계비용보다 낮다.

② 독점기업이 직면하고 있는 수요의 탄력성은 완전경쟁기업이 직면하고 있는 것보다 크다.

③ 완전경쟁기업은 어떤 주어진 가격으로 원하는 만큼 판매할 수 있지만, 독점기업은 판매량을 증가시키려면 그 가격을 인하해야 한다.

④ 독점기업은 이윤극대화를 추구하는 데 비해, 완전경쟁기업은 가격과 평균비용의 일치를 추구한다.

⑤ 독점기업은 초과이윤을 가져오는 가격을 항상 요구할 수 있는 데 비해, 완전경쟁기업은 그러한 이윤을 결코 얻을 수 없다.

49 다음 중 열등재에 대한 설명으로 옳은 것은?

① 소득효과의 크기가 대체효과보다 큰 재화이다.

② 수요곡선의 기울기가 양(+)인 재화를 의미한다.

③ 가격이 상승하게 되면 수요량이 증가한다.

④ 재화의 가격이 변화할 때 소득효과 및 대체효과는 동일한 방향이다.

⑤ 재화의 가격이 변화할 때 소득효과 및 대체효과는 반대 방향이다.

50 기술의 발전으로 인해 개인용 컴퓨터(PC)의 생산비용이 하락할 경우 개인용 컴퓨터(PC) 시장에서 나타날 수 있는 변화로 옳은 것은?

① PC공급의 감소, PC가격의 하락, PC수요의 증가
② PC공급의 증가, PC가격의 하락, PC수요량의 증가
③ PC공급의 증가, PC가격의 하락, PC수요의 증가
④ PC공급량의 증가, PC가격의 하락, PC수요의 증가
⑤ PC공급량의 증가, PC가격의 하락, PC수요량의 증가

51 생산가능곡선이 원점에 대해 오목한 형태를 취하는 이유로 옳은 것은?

① 재화생산에 있어 특화의 이익이 발생하기 때문이다.
② 생산에 투입되는 자원의 기회비용이 일정하기 때문이다.
③ 각 재화마다 생산에 기여하는 정도가 다르기 때문이다.
④ 재화의 생산에 활용되는 자원이 희소하기 때문이다.
⑤ 자원이 재화생산에 비효율적으로 활용되고 있기 때문이다.

52 다음 중 예상하지 못한 인플레이션의 영향으로 적절하지 않은 것은?

① 봉급생활자나 연금생활자가 불리해진다.
② 기업의 명목적인 조세부담이 증가하게 된다.
③ 구두창 비용과 메뉴비용이 발생하게 된다.
④ 명목환율이 불변이면 실질 순수출은 증가하게 된다.
⑤ 고정이자를 지급하는 장기채권에 대한 수요가 감소하게 된다.

53 최근 휴일 근무, 잔업 처리 등 일정량 이상의 노동을 기피하는 현상에 대한 분석도구로서 가장 잘 활용될 수 있는 것은?

① 노동수요독점
② 후방굴절 노동공급곡선
③ 범위의 경제
④ 화폐적 환상
⑤ 규모의 경제

54 다음 중 IS-LM 모형에서 거시경제정책이 국민소득에 미치는 영향으로 옳지 않은 것은?

① 화폐수요가 소득에 민감하게 반응할수록 확장적 재정정책은 국민소득을 크게 증가시킨다.
② 한계소비성향이 클수록 긴축적 통화정책은 국민소득을 크게 감소시킨다.
③ 소득세율이 낮을수록 확장적 통화정책은 국민소득을 크게 증가시킨다.
④ 투자가 이자율에 민감하게 반응할수록 확장적 통화정책은 국민소득을 크게 증가시킨다.
⑤ 화폐수요가 이자율에 민감하게 반응할수록 긴축적 재정정책은 국민소득을 크게 감소시킨다.

55 다음 중 케인즈의 절대소득가설에 근거한 소비함수와 저축함수의 특징으로 옳지 않은 것은?

① 소비함수는 소비지출이 가처분소득에 따라 어떻게 변하는지를 나타낸다.
② 저축함수는 가처분소득과 소비함수를 이용하여 유도할 수 있다.
③ 한계소비성향이 증가하면 한계저축성향은 감소한다.
④ 가처분소득이 0일 때의 소비를 '자율소비'라고 한다.
⑤ 소득이 감소할수록 평균소비성향은 한계소비성향에 수렴한다.

56 예산집합이 다음 그림과 같이 축소되는 경우는?

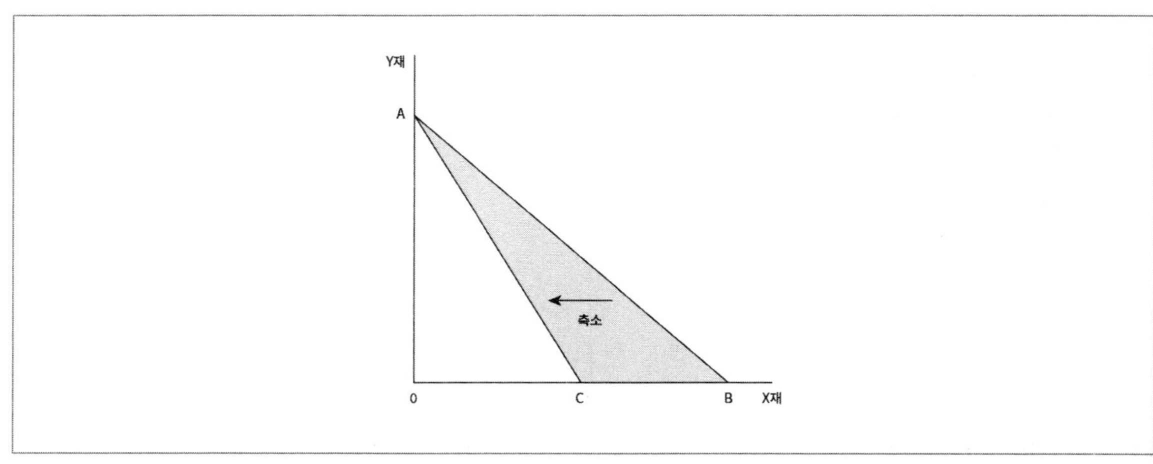

① X재 가격이 상승하는 경우

② X재 가격이 하락하는 경우

③ X재와 Y재의 가격이 모두 하락하는 경우

④ 소득이 증가하는 경우

⑤ Y재 가격이 하락하는 경우

57 아래 내용에 대한 분석 및 추론으로 적절한 것은? (단, A국의 쌀은 수요 및 공급 법칙을 따른다.)

현재 A국에서는 쌀 1kg을 4달러에 거래하고 있고 초과수요 또는 초과공급은 없다. 하지만 A국 정부는 국민의 다수를 차지하는 (㉠)의 생활 안정을 위해 ㉡ 쌀 1kg의 가격이 3달러를 넘지 못하도록 하는 정책을 검토하고 있다고 발표하였다.

① ㉠에는 '쌀을 생산하는 농민'이 들어갈 수 있다.

② ㉡을 시행할 경우 쌀의 시장 거래량은 감소할 것이다.

③ ㉡을 시행할 경우 A국 쌀 시장에서 초과공급 현상이 발생할 것이다.

④ ㉡은 실효성이 없을 것이다.

⑤ ㉡은 최저가격제이다.

58 아래는 완전경쟁기업의 이윤함수를 나타낸 그래프이다. T_A와 T_B는 이윤함수에 대해 A점과 B점에서 그은 접선의 기울기이며 가로축과 평행선을 이루고 있다. 다음의 산출량 중 한계수입과 한계비용이 서로 같고, 산출량이 증가함에 따라 한계비용이 체증하는 것은?

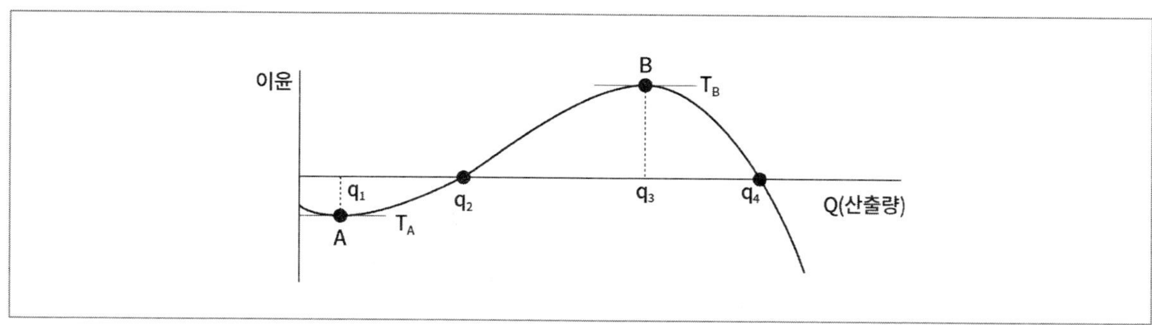

① q_1

② q_2

③ q_3

④ q_4

⑤ 정답 없음

59 다음 중 관세동맹(customs union) 체결에 따른 효과로 옳지 않은 것은?

① 가장 효율적으로 생산하는 비동맹국으로부터의 수입이 비효율적으로 생산하는 동맹국으로부터의 수입으로 대체되는 무역전환효과가 발생할 수 있다.

② 무역전환효과는 언제나 무역창출효과보다 크게 나타난다.

③ 관세의 인하 또는 폐지로 인해 자국에서 생산되던 재화가 동맹국으로부터 수입되는 무역창출 효과가 나타날 수 있다.

④ 무역전환효과가 무역창출효과보다 충분히 클 때에 사회적 후생이 감소할 수 있다.

⑤ 무역전환효과와 무역창출효과는 동시에 발생할 수 있다.

60 아래 제품 X에 대한 수요곡선이 D_1에서 D_2로 바뀔 때 옳은 설명은?

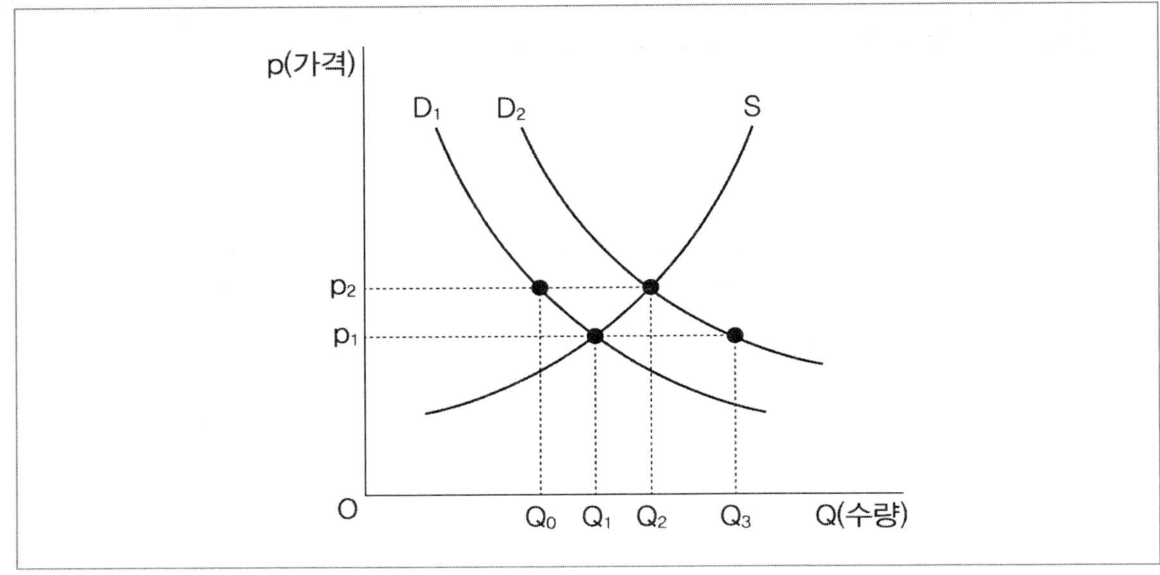

① 수요량이 감소하였다.

② 수요량이 증가하였다.

③ 수요가 감소하였다.

④ 수요가 증가하였다.

⑤ 수요 및 수요량의 변화가 없다.

61 다음 중 무차별곡선의 성질이 아닌 것은?

① 두 재화가 완전대체재인 경우에 무차별곡선은 L자 형태를 띠게 된다.

② 원점에 대해서 볼록하다.

③ 동일한 무차별곡선에서는 효용이 동일하다.

④ 원점으로부터 멀리 있는 무차별곡선의 효용이 크다.

⑤ 무차별곡선이 교차하지 않는다.

62 밑줄 친 ㉠, ㉡에 대한 설명으로 가장 적절한 것을 고르면?

> ㉠ A 버섯은 소비자들이 식용으로 애용하는 버섯 중 하나이다. 이러한 A 버섯은 농장에서 대량적인 생산이 용이한 관계로 가격이 저렴하다. ㉡ B 버섯은 식이 섬유가 풍부하고 성인병 예방에 효과가 있어 구입하려는 사람들이 많다. 그러나 B 버섯은 흙 속의 다이아몬드라고 불릴 정도로 채집하기 힘들어 상당히 높은 가격에 거래된다.

① ㉡은 ㉠에 비해 공급이 많다.
② ㉠은 무상재, ㉡은 경제재이다.
③ ㉠은 ㉡과 달리 경제적 가치가 있다.
④ ㉡은 ㉠에 비해 희소성이 크다.
⑤ ㉠은 ㉡에 비해 희귀성이 크다.

63 아래 내용을 보고 X재 시장에 대해 옳은 분석 및 추론을 모두 고르면?

> • X재 시장에서는 수요 및 공급 법칙이 적용된다.
> • 시장가격이 400원일 때 수요량은 200개이고, 공급량은 100개이다.
> • 시장가격이 500원일 때 수요량은 100개이고, 공급량은 200개이다.

> ㉠ 시장가격이 500원일 때 시장 거래량은 200개이다.
> ㉡ 수요가 감소하면 시장가격이 500원일 때의 초과공급은 감소한다.
> ㉢ 수요가 증가하면 시장가격이 400원일 때의 초과수요는 증가한다.
> ㉣ 균형가격은 400원보다 높고 500원보다 낮다.

① ㉠, ㉡
② ㉠, ㉢
③ ㉠, ㉣
④ ㉡, ㉣
⑤ ㉢, ㉣

64 아래는 한 개별기업의 총비용곡선 TC와 직선인 총수입곡선 TR을 나타낸다. 직선 tt' 과 TT' 은 각각 Q_0 와 Q_2 의 산출량 수준에서 총비용곡선 TC에 대한 접선들로 모두 총수입곡선 TR과 평행하며, B_1 은 TC의 변곡점에 해당한다. 이때 아래 기업에 대한 설명으로 옳은 것은?

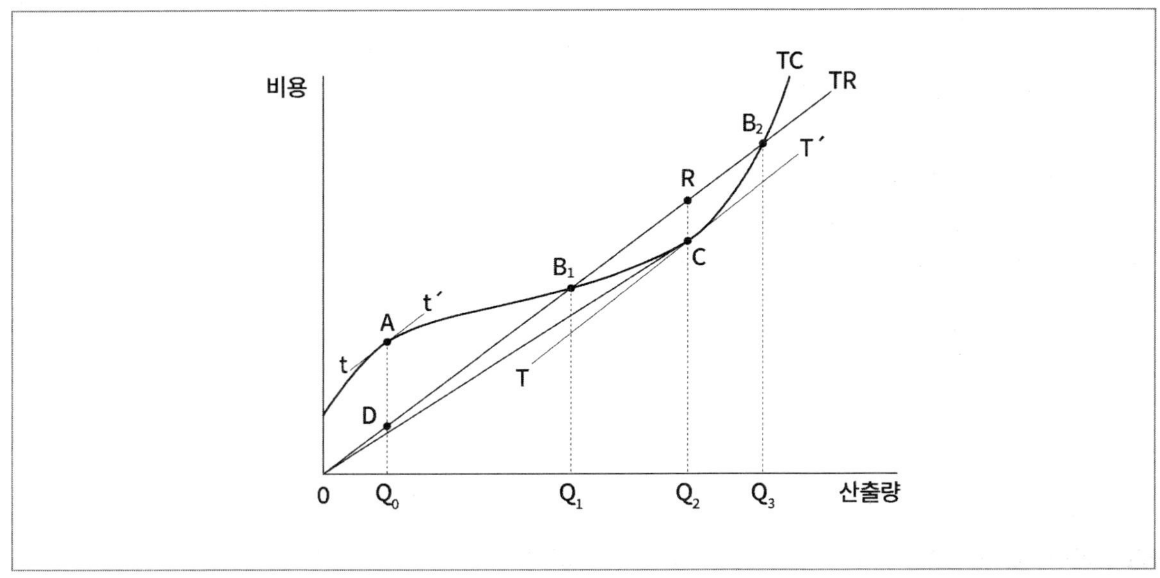

① TC의 세로축 절편이 양이므로 독점기업이다.

② TR이 원점을 지나는 직선이므로 독점기업이다.

③ TR이 원점을 지나는 직선이므로 완전경쟁기업이다.

④ TC의 세로축 절편이 양이므로 완전경쟁기업이다.

⑤ TR이 원점을 지나는 직선이므로 과점기업이다.

65 독점적 경쟁에 관한 내용 중 옳은 것을 모두 고르면?

> ㉠ 생산하는 재화의 이질성이 낮을수록 수요는 탄력적이다.
>
> ㉡ 생산하는 재화의 이질성이 높을수록 초과설비규모가 작아진다.
>
> ㉢ 진입과 퇴거가 대체로 자유롭다.
>
> ㉣ 비가격경쟁 때문에 재화의 생산비가 높아지는 문제점이 존재한다.
>
> ㉤ 경쟁이 심하기 때문에 기술혁신이 가장 잘 이루어지는 시장이다.

① ㉠, ㉢
② ㉡, ㉢
③ ㉠, ㉡, ㉢
④ ㉠, ㉢, ㉣
⑤ ㉠, ㉢, ㉤

66 다음 중 국제무역과 관련한 내용으로 옳지 않은 것은? (단, 국내 수요곡선은 우하향하며, 국내 공급곡선은 우상향한다.)

① 헥셔–오린 정리에 의하면 각국은 상대적으로 풍부한 생산요소를 많이 사용하는 재화에 비교우위가 있다.

② 유치산업보호론에 의하면 저개발국가의 기업들은 해외의 기업들과 경쟁할 수 있을 때까지 보호받아야 한다.

③ 비교우위론에 의하면 각 국가는 생산의 기회비용이 상대적으로 낮은 재화에 특화하는 것이 유리하다.

④ 수입쿼터를 부과하게 되면 수입 한 단위당 국내가격과 국제가격의 차이에 해당하는 액수가 수입업자에게 돌아간다.

⑤ 관세를 부과하게 되면 생산자의 후생은 감소하고 반대로 소비자의 후생은 증가하게 된다.

67 가격효과에 대한 설명으로 옳은 것은?

① 대체효과는 항상 부(−)의 값을 갖는다.

② 수요의 가격효과는 항상 부(−)의 값을 갖는다.

③ 수요의 가격효과는 항상 정(+)의 값을 갖는다.

④ 소득효과는 항상 정(+)의 값을 갖는다.

⑤ 소득효과와 가격효과의 합은 항상 정(+)의 값을 갖는다.

68 완전경쟁시장에서 공급곡선은 완전 비탄력적이고 수요곡선은 우하향한다. 현재 시장균형가격이 20이고 정부가 판매되는 제품 1단위당 4만큼의 세금을 부과할 경우, 판매자가 받는 가격(㉠)과 구입자가 내는 가격(㉡)은 얼마인가?

① ㉠ : 20, ㉡ : 24

② ㉠ : 20, ㉡ : 20

③ ㉠ : 18, ㉡ : 22

④ ㉠ : 16, ㉡ : 20

⑤ ㉠ : 16, ㉡ : 16

69 아래에 제시된 표는 X재의 수요 및 공급을 나타낸 것이다. 이에 대한 내용으로 옳은 것은?

가격(원)	수요량(개)	공급량(개)
500	200	100
600	180	130
700	160	160
800	140	190
900	120	220

① 모든 가격 수준에서 공급량이 50개씩 증가하는 경우 균형 가격은 500원이 된다.

② 600원의 가격 수준에서 초과 공급량은 50개이다.

③ 모든 가격 수준에서 수요량이 50개씩 감소하는 경우 균형 가격은 600원이 된다

④ 500원의 가격 수준에서는 가격 하락 압력이 존재한다.

⑤ 정부가 800원을 가격 하한선으로 설정할 경우 초과 수요가 발생한다.

70 아래의 내용을 보고 밑줄 친 ㉠, ㉡에 대한 설명으로 옳은 것을 고르면?

현주는 오늘 병원에서 ㉠ 독감 예방 접종을 받았다. 가격도 비싸고 주사 또한 아팠지만 독감에 걸리지 않을 것 같아 안심이 되었다. 오후에는 집에서 편히 쉬려는데 집 근처에 있는 ㉡ 가구 제작 공장의 소음 때문에 제대로 쉴 수 없었다.

① ㉠은 부정적인 외부효과, ㉡은 긍정적인 외부효과를 유발하게 된다.
② ㉡을 통해 공급된 가구는 사회적인 최적 수준보다 높은 가격으로 거래된다.
③ ㉡으로 인해 발생하게 되는 사적 비용은 사회적인 비용보다 크다.
④ ㉠의 소비에 보조금을 지급하게 되면 독감 예방 접종량은 감소하게 된다.
⑤ ㉠의 소비로 인해 발생하게 되는 사회적 편익은 사적인 편익보다 크다.

  아래 제시된 자료에 대한 설명으로 옳은 것은?

아래의 그림은 X재와 Y재만을 생산하는 A국 및 B국의 생산가능곡선을 나타낸다. 양국은 서로 비교우위가 있는 재화의 생산에만 특화해 교역하였으며, A점 및 B점은 각각 교역 후의 A국 및 B국의 소비점이다. (단, 교역은 거래비용 없이 양국 간에만 이루어지며, 양국이 보유한 생산요소의 양은 동일하다.)

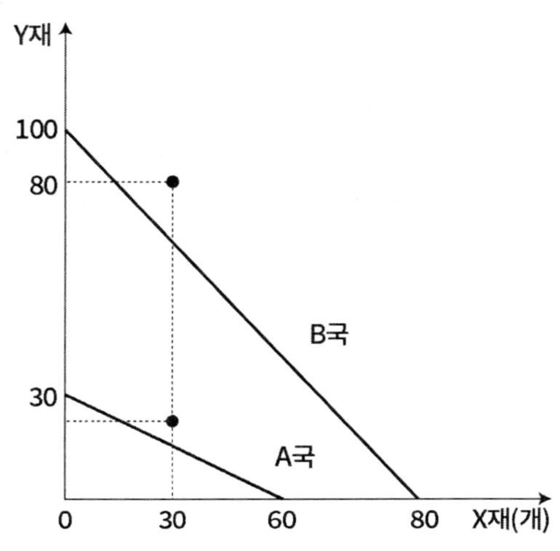

① A국은 X재와 Y재 생산 모두에 절대우위를 가진다.

② B국에서 X재 1개 생산의 기회비용은 Y재 $\frac{4}{5}$ 개이다.

③ A국은 Y재 생산에, B국은 X재 생산에 특화하였다.

④ 교역조건은 X재 1개당 Y재 $\frac{3}{2}$ 개이다.

⑤ 교역 후 B국에서 X재로 표시한 Y재 1개 소비의 기회비용은 증가하였다.

72 아래에 제시된 그래프의 ⑺ ~ ⒁는 A국에서 계획하고 있는 소득세제안을 표현한 것이다. 이에 대한 분석으로 옳은 것은? (단, 과세 후 소득 = 과세 대상 소득 - 세금)

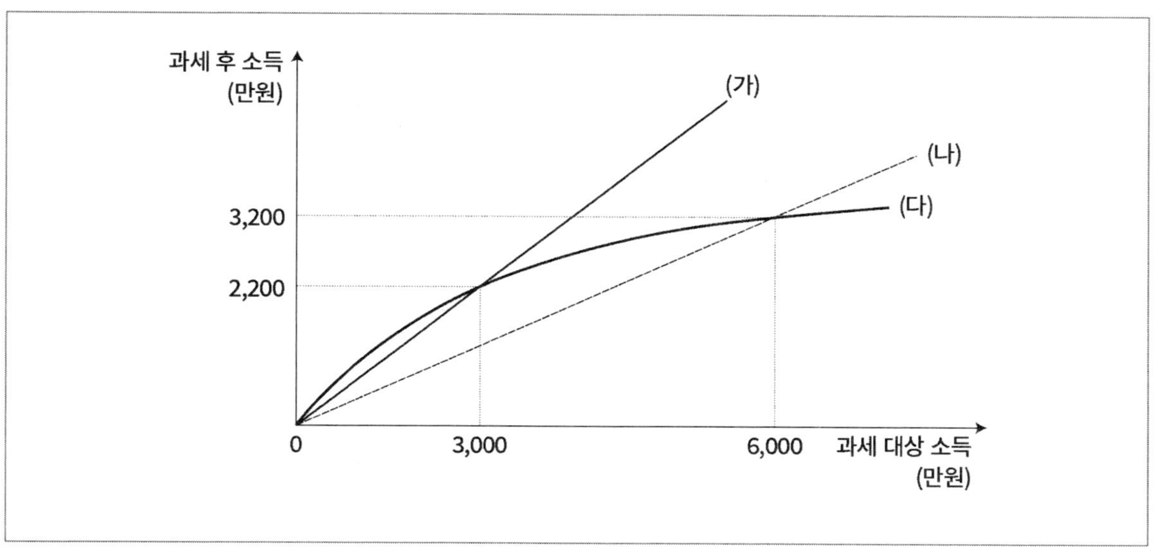

① 과세 대상 소득이 3,200만 원인 사람의 세액은 ⒁보다 ⑺에서 더 크다.

② 과세 후 소득이 2,800만 원인 사람의 세액은 ⒁에서 제일 크다.

③ ⒁는 ⒁보다 조세부담의 역진성이 크게 나타나게 된다.

④ ⒁는 ⑺보다 낮은 세율을 적용한다.

⑤ ⑺는 모든 과세 대상 소득수준에서 동일한 세액을 부담한다.

  아래의 그림에서 생산자잉여를 나타내는 영역은?

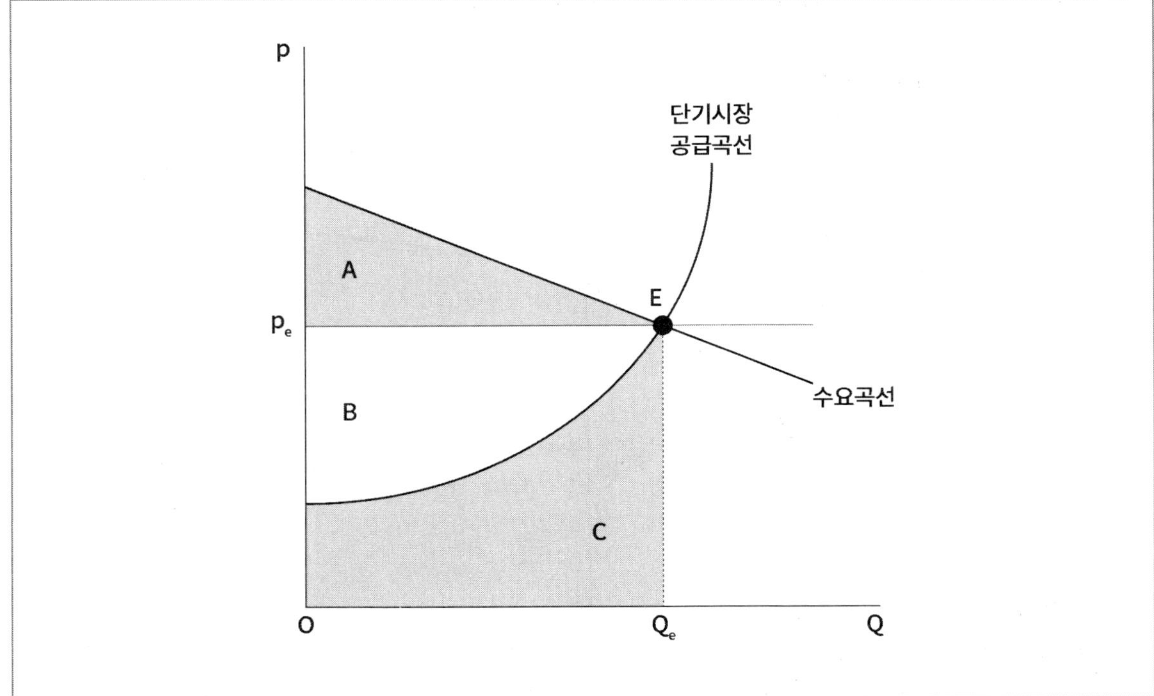

① B + C

② A + B

③ C

④ B

⑤ A

74. 아래의 A국 라면 시장 자료를 바탕으로 한 추론으로 옳은 것은?

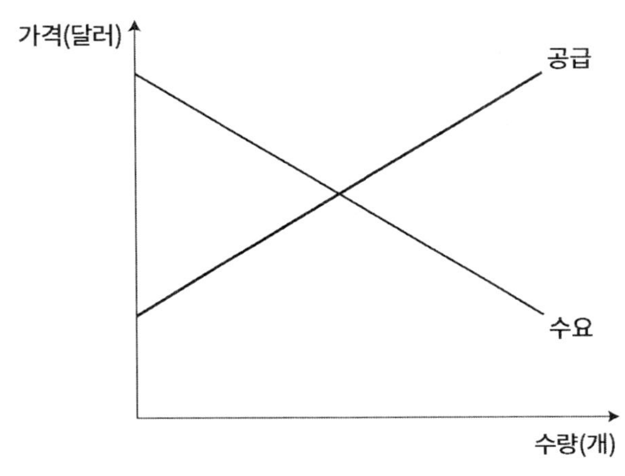

A국에서는 라면의 과다 섭취가 당뇨를 유발한다는 연구가 발표되었다. 그로 인해 소비자들의 라면 선호도가 낮아졌고, 아래 라면 시장의 수요가 변동하게 되었다.

① 라면에 대한 사회적 잉여는 증가할 것이다.

② 라면에 대한 균형가격은 상승할 것이다.

③ 라면에 대한 생산자잉여는 증가할 것이다.

④ 라면에 대한 균형거래량은 감소할 것이다.

⑤ 라면에 대한 판매수입은 증가할 것이다.

75 아래는 X재와 Y재를 소비하는 소비자의 균형점에 관련한 그래프이며, 직선 AA'는 본래의 예산을 나타내고 직선 BB'는 X재와 Y재의 가격이 동시에 변화한 후의 예산선을 나타낸다. 이러한 두 예산선이 E점에서 만나는 경우 X재와 Y재의 가격은 어떻게 변화하는가?

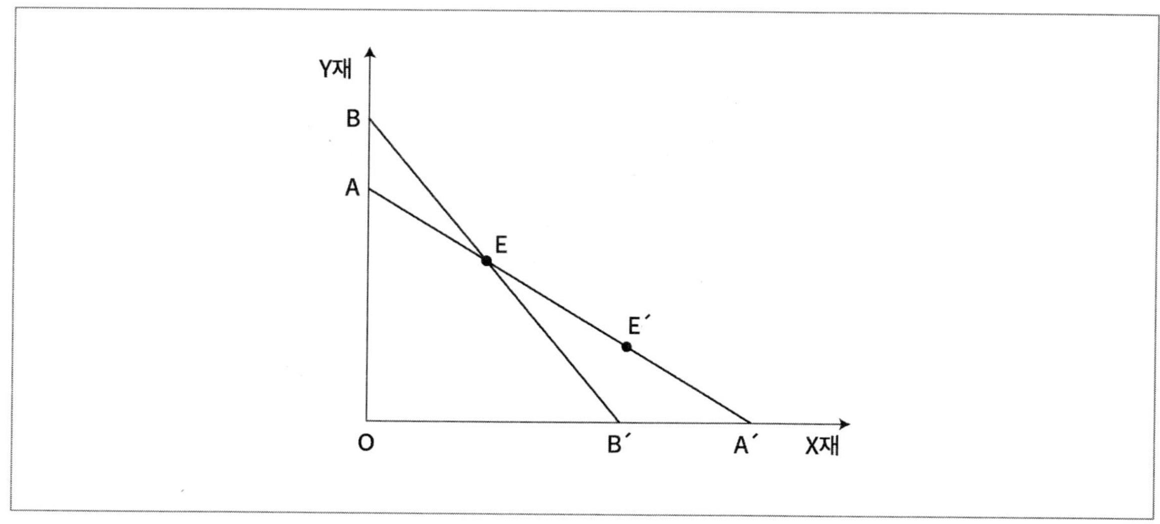

① X재 가격은 올랐으며, Y재 가격은 내렸다.

② X재 가격은 내렸으며, Y재 가격은 올랐다.

③ X재 가격 및 Y재 가격이 모두 올랐다.

④ X재 가격 및 Y재 가격이 모두 내렸다.

⑤ X재 가격 및 Y재 가격이 모두 변동 없다.

76 아래의 그림은 단기의 한계비용곡선(MC), 평균가변비용곡선(AVC), 평균총비용곡선(ATC), 평균고정비용곡선(AFC)을 나타내고 있다. 이때 한계비용곡선(MC)과 평균총비용곡선(ATC)에 해당하는 곡선은?

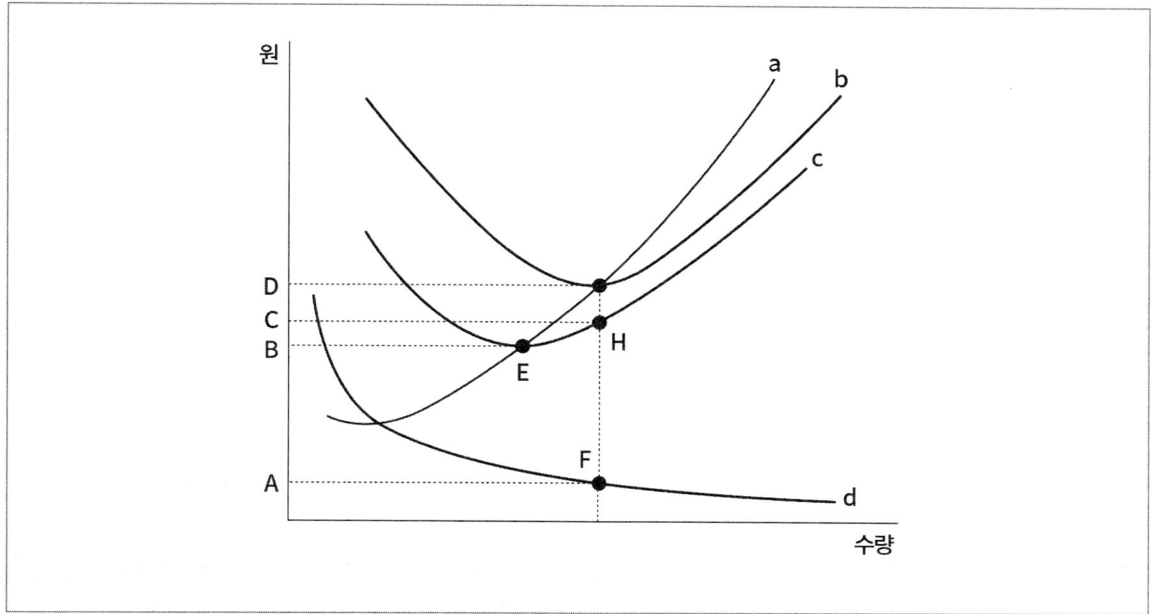

① $b = MC,\ d = ATC$

② $b = MC,\ a = ATC$

③ $a = MC,\ b = ATC$

④ $c = MC,\ b = ATC$

⑤ $c = MC,\ d = ATC$

77 독점기업과 독점적 경쟁기업의 과잉설비에 대한 내용으로 옳은 것을 모두 고르면?

> ㉠ 통상적으로 과잉설비 규모는 독점적 경쟁보다 독점의 경우가 더 크게 나타난다.
> ㉡ 독점기업 또는 독점적 경쟁기업이 직면하는 수요곡선이 탄력적일수록 과잉설비 규모는 크다.
> ㉢ 독점기업의 과잉설비는 진입장벽으로 인해 장기에도 해소되지 않는다.

① ㉠
② ㉠, ㉡
③ ㉡, ㉢
④ ㉠, ㉢
⑤ ㉠, ㉡, ㉢

78 국내의 연간이자율이 8%, 미국의 연간이자율이 6%이고, 미화 1달러당 현물환율이 1,000원이라고 할 때에 무위험(또는 커버된) 이자율평가설에 따른 미달러화의 3개월 만기 적정 선물환율은?

① 1,000원
② 1,001원
③ 1,005원
④ 1,007원
⑤ 1,009원

79 다음 중 독점시장에 대한 진입장벽으로 볼 수 없는 것은?

① 수출보조금 제도
② 특허제도
③ 정부의 규제
④ 원료공급에 대한 지배
⑤ 규모의 경제

80 아래 밑줄 친 ㉠ ∼ ㉢에 대한 설명으로 옳은 것은?

㉠ 연필은 한 사람이 사용하면 다른 사람이 이를 유용하게 사용하기 어렵다. 즉, 갑이 연필을 사용한다면 이 연필을 동시에 을이 사용할 수 없다. 또한 이 연필의 구매자는 다른 사람이 이를 사용하지 못하도록 하는 재산권을 가진다.

지식은 여러 사람이 동시에 유용하게 사용할 수 있다. 내가 수학 문제를 풀기 위하여 ㉡ 사칙연산을 사용하더라도 다른 사람이 동시에 이를 유용하게 사용할 수 있다. 한편 ㉢ 일부 지식에 대해서는 사칙연산과 달리 특허 등을 통하여 재산권이 부여된다.

① ㉡은 배제성을 가진다
② ㉢은 비경합성을 가진다
③ ㉡은 ㉠과 달리 경합성을 가진다.
④ ㉢은 ㉡과 달리 비배제성을 가진다.
⑤ ㉠은 비배제성을 가진다.

※ 정답 및 해설은 p.426에 있습니다.

1 성과관리를 위한 평가 방법에 대한 설명으로 옳지 않은 것은?

① 결과 평가법은 조직 구성원들의 수긍도가 높은 편이다.
② 피드백을 제공하는 데에 유용한 것으로 행동평가법이 있다.
③ 특성 평가법은 개발비용이 적게 들고 활용하기 쉬우나 평가오류의 가능성이 높다.
④ 행동(역량) 평가법은 개발과 활용에 있어서 시간과 비용이 많이 드는 단점이 있다.
⑤ 결과 평가법은 주로 장기적인 관점을 지향하므로 개발과 활용에 있어서 시간이 적게 든다.

2 교육훈련 기법 중 직장 외 교육훈련에 관한 설명으로 옳지 않은 것은?

① 이 방식은 현장의 직속 상사를 중심으로 하는 라인 담당자를 통해 이루어진다.
② 교육훈련을 담당하는 전문스태프의 책임하에 집단적으로 교육훈련을 실시하는 방식이다.
③ 기업 내의 특정한 훈련 시설을 통해서 실시되는 경우도 있고, 기업 외의 전문적인 훈련 기관에 위탁하여 수행되는 경우도 있다.
④ 이러한 방식은 현장 작업과 관계없이 계획적으로 훈련할 수 있는 방식이다.
⑤ 이러한 방식은 훈련 결과를 직무 현장에서 곧바로 활용하기 어렵다는 문제점이 있다.

3 기업이 제품이나 서비스를 생산하는 데 투입한 총비용을 초과하여 판매함으로써 얻게 되는 금액의 차이를 나타내는 것은?

① 매출액　　　　　　　　　　② 수익률
③ 잉여금　　　　　　　　　　④ 이윤
⑤ 부가가치

4 아래 각 사례와 인적자원관리 단계를 옳게 연결한 것은?

> A : "우리 회사가 경쟁사보다 급여 수준이 낮아서 우수 인재들이 자꾸 이직하는 것 같아. 연봉 체계를 재설계해야겠어."
>
> B : "이번 상반기에는 부서별 직원들의 업무 성과를 측정하고 목표 달성도와 역량을 기록할 거야."
>
> C : "직원들의 역량을 높이기 위해 다음 달부터 리더십 교육과 직무 전문성 강화 프로그램을 시작한대."

	A	B	C
①	확보관리	평가관리	보상관리
②	유지관리	개발관리	보상관리
③	유지관리	평가관리	개발관리
④	보상관리	평가관리	개발관리
⑤	보상관리	개발관리	유지관리

5 아래 그림은 조직의 배제성과 집권화 수준을 기준으로 조직 형태를 구분한 것이다. 각 영역에 대한 설명으로 옳지 않은 것은? (단, A ~ D는 각각 기능적 조직, 사업부제 조직, 네트워크 조직, 매트릭스 조직 중 하나에 해당한다.)

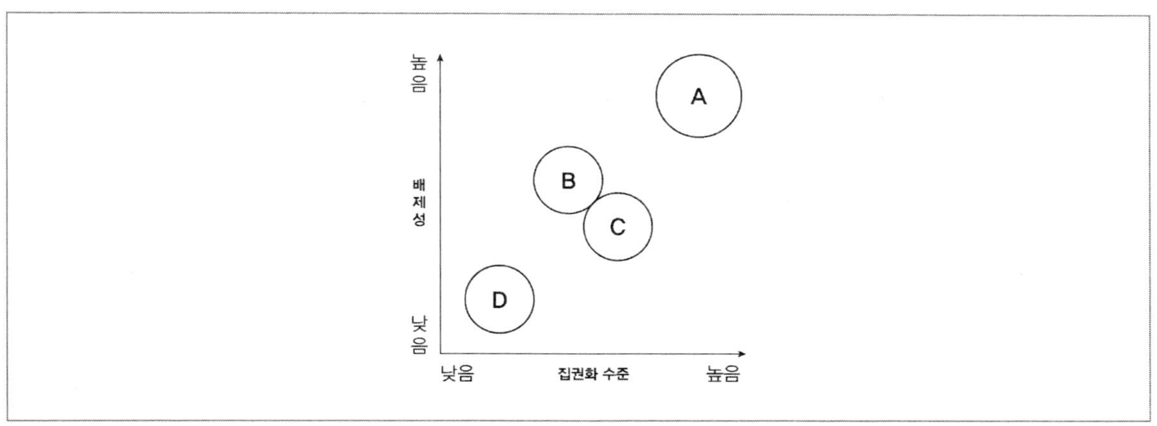

① A 조직은 기능별로 업무를 분류하여 전문성을 높이지만, 부서 간 의사소통이 어렵고 의사결정이 중앙에 집중된다.

② B 조직은 제품이나 지역 단위로 자율성이 주어져 책임 경영이 가능하나, 인력과 설비의 중복이 발생할 수 있다.

③ C 조직은 구성원이 기능 부서와 프로젝트 부문에 동시에 속해 의사결정 경로가 복잡해지기 쉽다.

④ D 조직은 구성원 간 통합 조정보다 규칙과 절차를 우선시하며, 변화 대응력이 낮은 편이다.

⑤ D 조직은 핵심 기능만 내부에 두고 외부 협력체계를 통해 유연하게 운영된다.

6 구조조정에 대한 설명으로 옳지 않은 것은?

① 다운사이징은 조직의 슬림화를 통해 능률의 증진을 추구한다.

② 아웃소싱은 조직의 비핵심적인 부분을 외부에 위탁하여 핵심적인 부분에 집중할 수 있게 하는 전략이다.

③ 전략형 아웃소싱은 자사의 핵심역량에 관련된 가치 활동은 철저히 내부화시키고 그렇지 않은 가치 활동은 분사, 외주 등의 방법을 통해 시장 거래에 의존한다.

④ 벤치마킹은 기업의 지속적 개선을 위해 외부기업과 성과 및 관리 방식을 비교하고 평가하는 것이다.

⑤ 리엔지니어링은 기존의 프로세스를 점점 개선하는 기법이다.

7 현재 생산원가가 30,000원인 제품 A를 해외 시장에 50달러에 수출한다. 환율이 1,200원/\$에서 10% 상승할 경우 수출 이익액의 증가율은?

① 10% ② 12%

③ 20% ④ 25%

⑤ 30%

8 아래 내용을 읽고 괄호 안에 들어갈 말로 옳은 것을 순서대로 나열한 것은?

> 유통경로에서의 수직적 통합에는 두 가지 유형이 있다. (㉠)은/는 제조회사가 도소매업체를 소유하거나 도매상이 소매업체를 소유하는 것과 같이 공급망의 상류 기업이 하류의 기능을 통합하는 것이다. 반면 (㉡)은 도소매업체가 제조기능을 수행하거나 소매업체가 도매기능을 수행하는 것과 같이 공급망의 하류에 위치한 기업이 상류의 기능까지 통합하는 것이다.

	㉠	㉡
①	후방통합	전방통합
②	전방통합	후방통합
③	경로통합	전방통합
④	전략적 제휴	후방통합
⑤	전략적 제휴	경로통합

9 아래 글을 통해 예상되는 A사의 이후 전략에 대한 설명으로 옳지 않은 것은?

> A사는 오랜 기간 동안 단 하나의 시리얼 제품으로 국내 시장에서 안정적인 점유율을 유지해 왔다. 그러나 최근 몇 년 사이 소비자들의 식습관이 다양해지면서, 단맛을 줄인 제품이나 단백질 함량이 높은 시리얼에 대한 수요가 빠르게 증가하고 있다. 특히 20 ~ 30대 소비자들 사이에서는 운동 전후로 간편하게 섭취할 수 있는 고단백 간식류에 대한 관심이 커지고 있는 상황이다. A사의 내부 조사 결과, 소비자 10명 중 7명은 "현재 제품이 맛은 좋지만 영양 면에서는 아쉽다"고 응답했다. 이에 마케팅팀은 기존 브랜드의 인지도를 유지하면서도 새로운 소비층을 끌어들일 수 있는 방안을 검토 중이다.

① 다양한 욕구를 가진 세분시장을 공략하는 것이 핵심이다.
② 생산 공정의 자동화 등을 통해 원가 절감을 추진하여 세분화된 시장에 대응할 것이다.
③ 기업의 가용자원에 여유가 있을 때 실시할 수 있는 전략이다.
④ 과다한 품목의 확충은 수익성 감소를 유발할 수 있다.
⑤ 기존의 제품계열 내에서 품목을 추가시킴으로써 제품 확장을 도모할 것이다.

10 인터넷 쇼핑과 차별화하여 점포소매상들이 취할 수 있는 전략으로 옳지 않은 것은?

① 보다 세심하고 개인화된 인적판매를 통해 고객서비스를 더욱 강화한다.
② 온라인 채널과의 실시간 가격경쟁을 통해 진입장벽을 형성하고 기존 시장을 방어한다.
③ 표적 고객의 추구편익을 더욱 정확히 충족시킬 수 있는 서비스를 개발한다.
④ 점포 내에서의 편안한 분위기, 고객과의 인간적 유대 강화 등 쇼핑의 즐거움과 인적 관계를 중시한다.
⑤ 오프라인 채널과 함께 온라인 채널도 병행하는 하이브리드 채널을 활용한다.

11 아래에서 설명하고 있는 무점포소매업 소매방식은?

> 약 30분 정도의 케이블 TV 프로그램으로 제품 소개와 오락적 요소를 동시에 제공하며 전화로 주문을 받는다.

① 인포머셜(informercial)
② 텔레마케팅(telemarketing)
③ 직접반응광고(direct-response advertising)
④ 직접 판매(direct selling)
⑤ 간접광고활동(below the line)

12 다음이 설명하고 있는 마케팅 분석 방법은?

> 어떠한 제품이나 서비스, 매장 등에 대해서 여러 가지 대안들을 만들었을 때, 그 대안들에 부여하는 소비자들의 선호도를 측정하여 소비자가 각 속성(attribute)에 부여하는 상대적 중요도와 효용을 추정하는 분석 방법

① 군집 분석
② 요인 분석
③ 컨조인트 분석
④ 판별 분석
⑤ t – 분석

13 일반적으로 마케팅 담당자가 직면하는 수요의 상황과 그 개념으로 옳은 것은?

① 부정적 수요는 소비자들이 그 제품을 알지 못하거나 무관심한 상태를 말한다.
② 잠재 수요는 소비자들이 시장에 나와 있는 모든 제품을 적절하게 구입하고자 하는 상태를 말한다.
③ 감소 수요는 소비자들이 간혹 그 제품을 구입하거나 전혀 구입하지 않는 상태를 말한다.
④ 불건전 수요는 소비자의 구매가 계절별 · 월별 · 주별 · 일별 · 시간대별로 변화하는 수요를 말한다.
⑤ 초과 수요는 소비자들이 현존 제품으로 만족할 수 없는 강한 욕구를 갖고 있는 상태를 말한다.

14 다음 중 촉진믹스에 대한 설명으로 적절하지 않은 것은?

① 인적판매의 경우 대체로 타 촉진믹스에 비해 고비용이 발생한다.

② 판매촉진의 주된 목적은 제품에 대한 체계적이고 설득력 있는 정보를 제공하는 것이다.

③ 인적판매는 소비자 유형별로 개별화된 정보를 전달할 수 있다.

④ 광고는 제품 또는 서비스 정보의 비대면적 전달 방식이다.

⑤ 광고는 커뮤니케이션을 위한 직접적인 비용을 지불한다는 점에서 홍보(publicity)와 구분된다.

15 상품믹스를 실현하는 과정에서 발생할 수 있는 상품구색의 패러독스 개념으로 옳은 것은?

① 소매상의 주력 상품과는 관련이 없으나 잘 팔리는 저마진 제품을 함께 진열하여 더 많이 판매하는 현상을 말한다.

② 서로 연관이 되는 상품을 함께 진열하였을 때 각각 진열했을 때보다 더 많이 팔림으로 인해 자주 품절이 발생하는 현상을 말한다.

③ 주력으로 삼는 상품이 잘 팔리지 않아 회전율을 높이고자 계산대 옆에 둠으로써 판매가 더 잘 되는 현상을 말한다.

④ 업체 간 경쟁이 치열해지면서 기존에 취급하지 않던 제품까지 취급하게 되어 비용이 상승하는 현상을 말한다.

⑤ 너무 다양하게 제품을 제공하였을 때 고객이 제품 선택에 어려움을 느끼게 되는 현상을 말한다.

16 다음에 제시된 내용 중 태도를 구성하는 요소만으로 바르게 짝지은 것은?

> ㉠ 인지적 요소
> ㉡ 정치적 요소
> ㉢ 행동적 요소
> ㉣ 조화적 요소
> ㉤ 보상적 요소
> ㉥ 감정적 요소

① ㉠, ㉡, ㉣
② ㉠, ㉢, ㉥
③ ㉡, ㉣, ㉤
④ ㉡, ㉢, ㉥
⑤ ㉠, ㉣, ㉤

17 다음을 읽고 이후 전개될 상황을 옳게 예상하지 않은 것은?

> 최근 B국 중앙은행은 기준금리를 연 3.5%에서 3.0%로 0.5%p 인하한다고 발표했다. 이는 지난 6개월간 지속된 경기 둔화에 대응하려는 조치였다. B국의 올해 2분기 경제성장률은 전년 동기 대비 1.2%로 직전 분기의 2.8%에서 크게 하락했고, 제조업 생산지수와 소비자신뢰지수도 동반 하락했다. 소비자물가 상승률은 1.8%로 목표치인 2.0%를 밑돌았으며, 실업률은 4.2%로 6개월 전보다 0.8%p 상승했다. 가계부채는 GDP 대비 105%로 사상 최고 수준을 기록했고, 기업들의 설비투자는 전년 대비 8% 감소했다.

① "예금금리가 낮아지니까 저축하는 것보다 소비하는 사람들이 늘어날 거야."
② "기준금리가 내려갔으니까 은행 대출이 줄고 자금 조달이 어려워지겠네."
③ "채권 가격은 오르고 주식 시장으로 돈이 몰릴 가능성이 커질 거야."
④ "주택담보대출 이자 부담이 줄어드니까 부동산 거래가 활발해질 거야."
⑤ "정부가 재정지출을 확대하여 은행의 통화정책을 거들 수도 있어."

18 아래 그림과 같은 조직에 관한 설명으로 옳지 않은 것은?

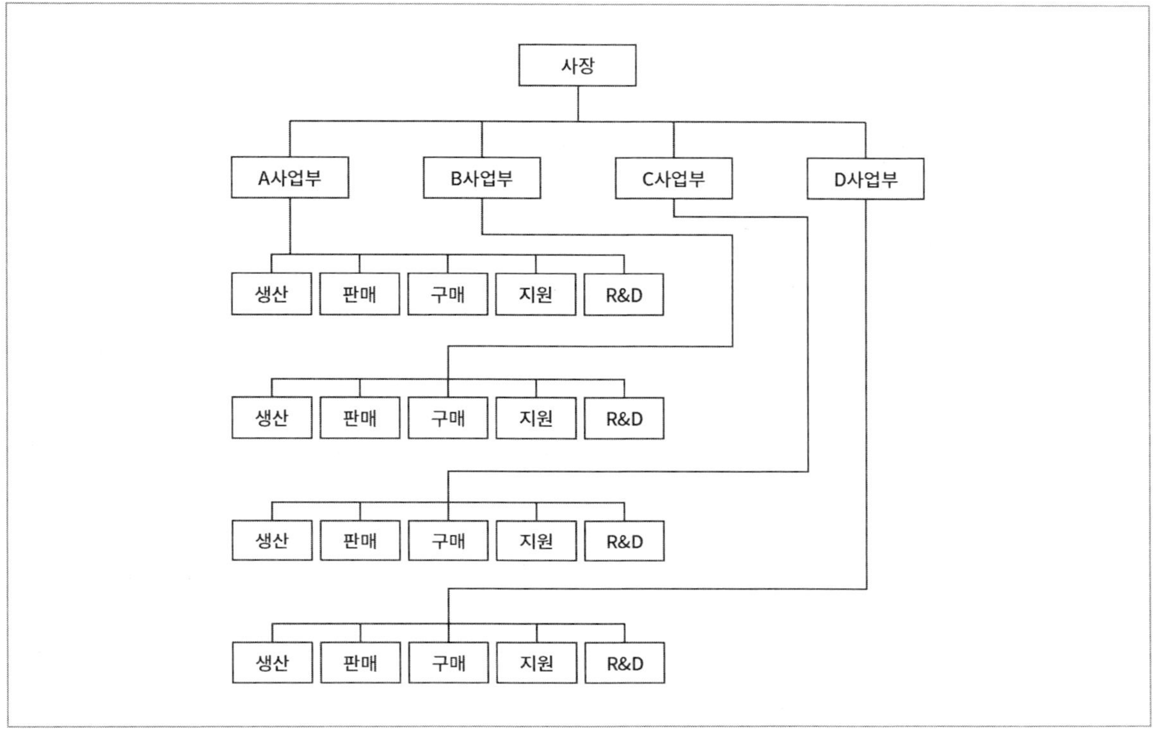

① 각 사업부별로 독립된 경영을 하도록 하는 조직구조를 취하고 있다.

② 이러한 조직 형태로 인해 최고경영층은 일상적인 업무 결정에서 해방되어 기업 전체의 전략적 결정에 몰두할 수 있다는 이점이 있다.

③ 사업부 내 의사결정에 대한 책임이 일원화되고 명확해진다.

④ 각 사업 단위는 자기 단위의 이익만을 생각한 나머지 기업 전체적으로는 손해를 미치는 부문 이기주의적 경향을 띠게 된다.

⑤ 사업부 내에 관리 및 기술 등의 스태프를 갖게 되지 못하므로 합리적인 정보수집 및 분석을 할 수 없다는 문제점이 있다.

19 A 투자자는 주식 100주를 주당 1,000원에 매수하고, 1년 후 주당 1,200원에 처분했으며, 보유기간 중에 주당 100원의 배당금을 받았다. 이때 A 투자자의 주식수익률은?

① 10%　　　　　　　　　　　② 25%

③ 30%　　　　　　　　　　　④ 35%

⑤ 40%

20 아래는 경로 커버리지 전략에 관한 그림이다. 이에 대한 분석으로 옳지 않은 것은?

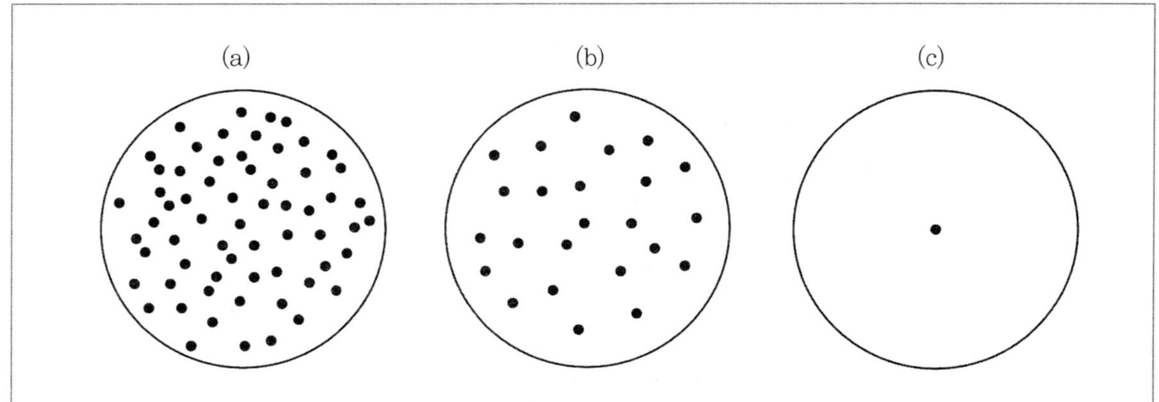

① (a)의 경우에는 어느 지역에서 구입하든지 간에 품질 및 가격 등이 비슷한 대량생산 제품을 취급한다.

② (b)의 경우, 일정 자격요건을 지닌 점포만이 자사의 제품을 취급할 수 있는 형태의 커버리지라고 볼 수 있다.

③ (c)의 경우 소비자들의 제품에 대한 전문지식뿐만 아니라 판매원들의 제품에 대한 지식도 소비자들의 구매에 영향을 끼치게 된다.

④ (a)는 전체적으로 매출이 증가하지만, 동시에 유통비용이 증가하며 통제가 어렵다는 문제가 있다.

⑤ 위 그림에서 (b)가 유통경로 계열화의 가장 강력한 형태라고 할 수 있다.

21 제조기업이 구축하는 유통경로 중 통합적 유통경로에 대한 설명으로 옳지 않은 것은?

① 유통경로에 참여하는 유능한 중간상이 많을수록 제조기업은 유통경로를 통합하려는 의지가 강하고, 유능한 중간상이 적을수록 의지는 약화된다.

② 제조기업이 판매원들을 고용하고 시장 커버리지를 넓히기 위해 다수의 점포를 개설해야 하므로 유통경로 구축에 많은 투자가 필요하다.

③ 제조기업의 의도대로 유통기능을 설정할 수 있으므로, 유통경로 참여자에 대한 제조기업의 통제권을 높일 수 있다.

④ 제조기업이 규격화된 상품을 판매하는 것보다는 상품을 구매자의 요구에 맞추는 것이 중요한 경우에 통합적 유통경로가 더 적합하다.

⑤ 제조기업이 판매와 영업에 있어서 차별적인 노하우 등과 같은 '영업비밀'을 많이 보유한 경우에 통합적 유통경로가 적합하다.

22 다음 대화를 읽고 원모가 중요하게 생각하는 요인이 아닌 것을 고르면?

> 형일 : 허츠버그의 2요인 이론은 매슬로우 모형의 상하 계층 욕구를 충족시킬 수 있는 두 계층의 요인을 가정하고 있잖아.
>
> 원모 : 응, 그렇지. 위생요인과 동기요인이라는 2가지 큰 틀을 가지고 있지. 그런데 내 생각에는 일종의 만족 증진요인에 해당하는 것들이 많은 조직 구성원들의 바람을 한데 모을 수 있고 더욱 열심히 업무에 매진하도록 할 수 있는 것이라 생각해.

① 책임감

② 회사의 정책

③ 발전성

④ 성취감

⑤ 직무 자체가 주는 도전성

23 해당 인터뷰 사례와 관련된 이론에 대한 설명으로 옳지 않은 것은?

> 저는 자원봉사자로서 병원 호스피스로 몇 년간 봉사했어요. 임종을 기다리는 환자에게 성경도 읽어주고 찬송가도 불러주며 그들의 손발이 되어주는 게 기뻤죠. 그러다가 얼마 전부터 다른 병원에서 하루에 십만 원씩 받는 간병인으로 채용되었어요. 환자를 돌보는 것은 예전과 같은데 이상하게도 더 이상 예전 같은 행복감을 느낄 수가 없어요.

① 인간이 행동원인을 규명하려는 심리적 속성인 자기귀인(self-attribution)에 근거한 인지평가이론이다.

② 외적 동기화가 된 사람들은 과제수행을 보상의 획득이나 처벌회피와 같이 일정한 목적을 달성하기 위한 수단으로 여긴다.

③ 동기가 외적인 보상에 의해 유발되어 있는 경우에 급여지급 같은 내적 동기를 도입하게 되면 오히려 동기유발 정도가 감소한다는 내용이다.

④ 재미, 즐거움, 성취감 등 때문에 어떤 행동을 하는 것은 내재적 동기에 근거한 것이다.

⑤ 보상획득, 처벌회피 등 때문에 어떤 행동을 하는 것은 외재적 동기에 근거한 것이다.

24 J사의 올해 말 주당순이익은 1,000원으로 예상되며, 주주들의 요구수익률은 20%이다. 이때 성장이 없다고 가정하는 무성장모형(zero growth model)을 적용할 경우, J사 의 현재 주가를 구하면?

① 1,500원

② 3,000원

③ 5,000원

④ 8,000원

⑤ 9,500원

25 다음은 한 조직 내 갈등 수준 및 집단성과 수준에 관한 그래프이다. 이를 옳게 해석한 것은?

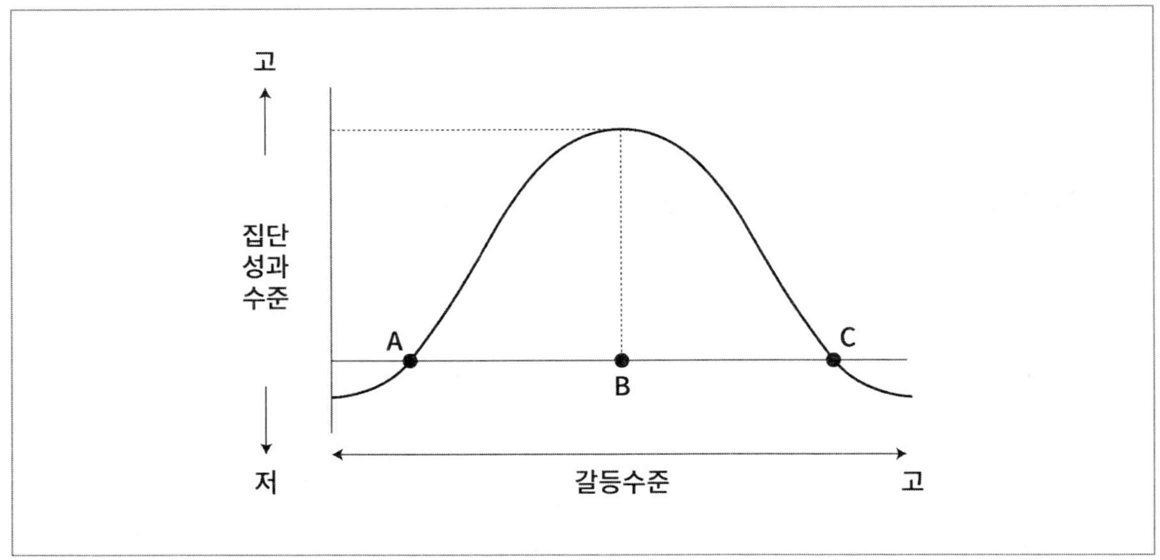

① 조직에서 갈등 수준 및 성과는 언제나 정비례 관계이다.

② A점에서 갈등은 순기능을 나타내고 있다.

③ C점에서 갈등은 순기능을 나타내고 있으며 조직의 내부 수준은 혁신적이며 생동적이다.

④ 갈등은 조직 구성원이나 부서 간의 경쟁을 통해 조직구성원들이 서로 경쟁하는 결과를 야기하기 때문에 동기부여에 기여하기 어렵다.

⑤ 경영자의 경우에는 적정한 갈등 수준을 유지하며 갈등의 순기능을 최대화하도록 노력할 필요가 있다.

26 다음 중 아래의 그림과 연관되는 내용이 아닌 것은?

직무번호		직무명		소속	
직군		직종		등급	
직무개요					

◆ 수행요건

	남녀별 적성		최적연령범위	
일반요건	기초학력		특수자격	
	전공계열		전공학과	
	필요 숙련기간		전환가능 부서/직무	
	기타			

	지식	종류	세부내용 및 소요정도
소요능력	학술적 지식		
	실무적 지식		

① 기업 조직에서 업무를 세분화 및 구체화해서 구성원들의 능력에 따른 업무 범위를 적절히 설정하기 위한 수단으로 사용된다.

② 직무의 수행과 관련한 과업 및 직무행동 등을 일정한 양식에 따라 기술한 문서를 의미한다.

③ 주로 인적요건에 초점을 두고 있다.

④ 이에 해당하는 기본요건으로는 간결성, 명확성, 일관성, 완전성 등이 있다.

⑤ 구성원들의 직무분석 결과를 토대로 만들어진 것이다.

27 2개 이상의 참가 기업이 상호 간 지배관계 없이 독립성을 유지하면서 경영상 또는 금융상 협조관계에 의해 결합하는 형태에 해당하는 것으로 옳은 것은?

> ㉠ 카르텔(cartel)
>
> ㉡ 트러스트(trust)
>
> ㉢ 콘체른(concern)
>
> ㉣ 콤비나트(kombinat)
>
> ㉤ 콘글로머리트(conglomerate)
>
> ㉥ 조인트 벤처(joint venture)

① ㉠, ㉡, ㉤
② ㉠, ㉢, ㉣
③ ㉡, ㉢, ㉥
④ ㉢, ㉤, ㉥
⑤ ㉣, ㉤, ㉥

28 아래 제시된 제품들에 대한 설명으로 옳지 않은 것은?

① ㉠은 제품의 비교와 구매에 있어서 최소한의 노력을 기울이므로 관여도가 낮다.
② ㉠은 저가격을 유지해야 하며 가능한 한 많은 소매상이 취급하여 소비자가 쉽게 구매할 수 있도록 전략을 세워야 하므로 마케팅 요소 4P 중 특히 경로(place)변수에 초점을 맞춰야 한다.
③ ㉡은 여러 점포를 통해 상품을 비교한 후 최종 구매가 이루어지는 제품이다.
④ ㉢은 구입이 필요한 경우 드물게 구입하게 된다.
⑤ ㉢은 소수의 점포만으로 충분하며 점포의 이미지 관리도 매우 중요하다. 주로 고차원 중심지(CBD)에 입지하고 집심성 점포인 경우가 일반적이다.

29 소비자가 구입하고자 하는 휴대전화를 다음과 같이 평가했을 때의 설명으로 옳은 것은?

분류	가중치	A 제품	B 제품	C 제품	D 제품
통화품질	9	8	7	8	9
가격	8	6	9	8	7
디자인	7	7	5	5	8
AS 기간	6	8	9	6	5

① 보완적 접근법으로 휴대전화를 선택하면 A 제품을 선택하게 된다.
② 사전 편집식 접근법으로 휴대전화를 선택하면 B 제품을 선택하게 된다.
③ 보완적 접근법으로 휴대전화를 선택하면 C 제품을 선택하게 된다.
④ 사전 편집식 접근법으로 휴대전화를 선택하면 D 제품을 선택하게 된다.
⑤ 보완적 접근법으로 휴대전화를 선택하면 D 제품을 선택하게 된다.

30 아래의 그림을 참고하여 마케팅 전략에 대한 내용으로 옳지 않은 것을 고르면?

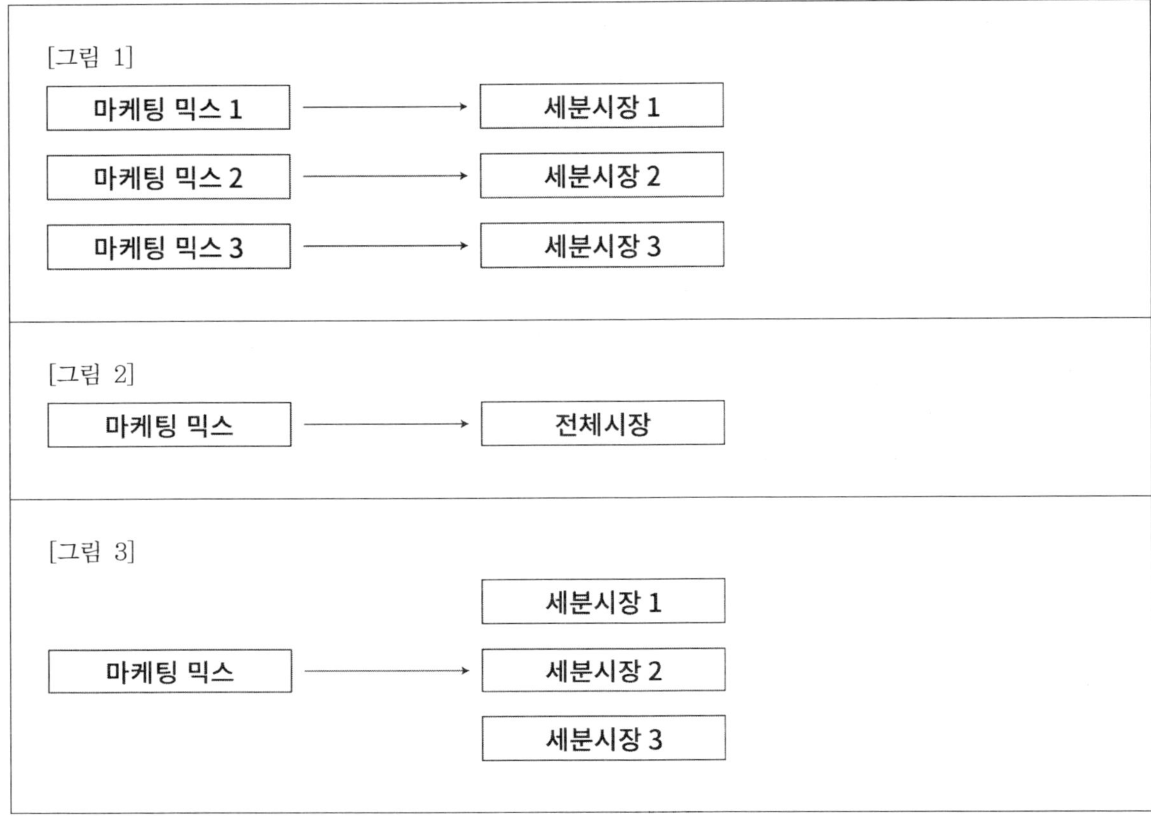

① 그림 1의 전략은 제품수명주기 상에서 성숙기, 쇠퇴기에 주로 사용한다.

② 그림 1의 경우에는 전체 시장 매출이 증가하게 된다.

③ 그림 2의 전략은 제품수명주기 상에서 도입기에 사용한다.

④ 그림 2는 자원이 한정적일 때 사용한다.

⑤ 그림 3은 대체로 전문품인 경우에 해당한다.

31 우리나라 증권시장에서 외국인의 투자 비중이 40%를 넘어섰다. 외국인 투자의 증가가 우리 경제에 미치는 영향으로 옳지 않은 것은?

① 국내 증시의 변동성을 낮출 수 있다.

② 국부유출의 논란이 일 수 있다.

③ 국내 기업의 가치를 높일 수 있다.

④ 국내 기업의 투명성을 높일 수 있다.

⑤ 외국인 매도세로 돌아설 경우 증시에 충격을 줄 수 있다.

32 아래 그림은 고객과의 커뮤니케이션 과정을 도식화한 것이다. 이를 참조하여 설명한 내용으로 옳지 않은 것은?

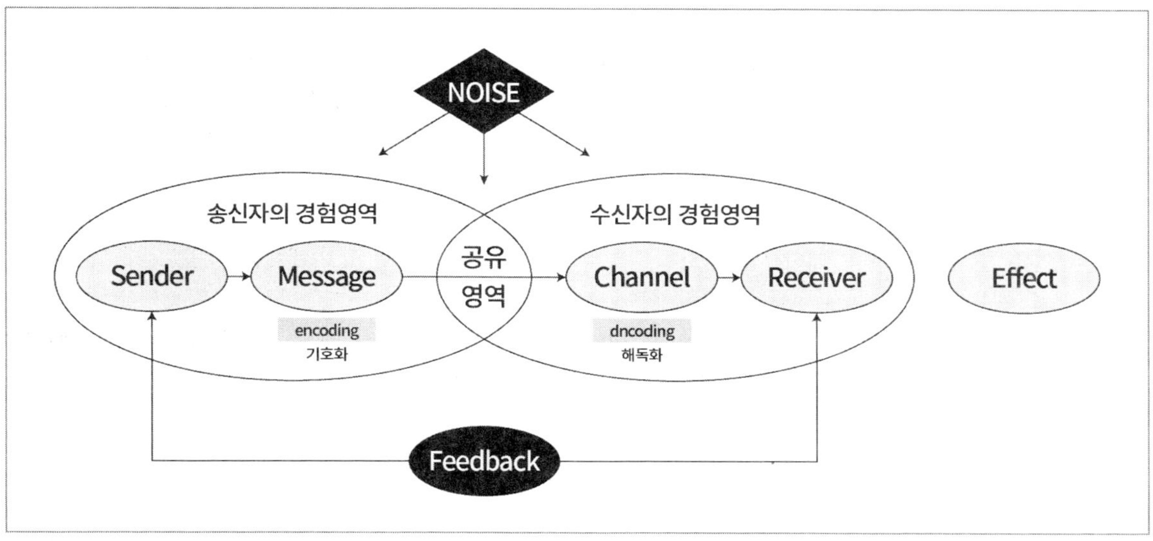

① 잡음(noise)은 커뮤니케이션 과정의 효율성을 결정하는 외부현상이다.

② 커뮤니케이션 과정 내의 기능은 기호화(encoding)와 해독화(decoding)로 나뉜다.

③ 메시지(message)는 발신자가 수신자에게 전달하고자 하는 정보이며, 채널(channel)은 그 정보가 전달되는 통로이다.

④ 커뮤니케이션 자체가 의도한 부가효과는 커뮤니케이션 행위 중의 반응(response)과 피드백(feedback) 과정에서 나타난다.

⑤ 발신자가 메시지를 해독해서 무언가의 행위를 할 때, 그것이 수신자가 의도한 것이었다면 효과적이라고 본다.

33 아래의 내용을 읽고 AI 채용시스템과 관련하여 옳지 않은 것을 고르면?

> 지난 수십 년간 조직은 인사 데이터를 효율적으로 수집 · 저장 · 검색 · 분석하기 위해 인적자원 정보 시스템(human resource information system: HRIS)을 도입하여 활용했다. 한층 더 나아가 최근 국내외 선진 IT 회사들은 기계학습(machine learning)을 통해 자동화된 AI(artificial intelligence) 채용시스템을 상용화하였고, 많은 기업들이 이를 도입하거나 도입을 검토하고 있다. 예를 들어, A사 (社)는 채용담당자들의 수작업에 의한 1단계 서류심사에서의 높은 경쟁률(100:1)로 인한 탈락자들의 불만을 해소하고 모든 지원자들에게 면접 기회를 부여함과 동시에 상세한 피드백을 제공하기 위해 기존 입사자의 채용 데이터와 입사 후 성과평가 데이터에 기반한 기계학습을 통해 새로운 '온라인 AI 채용시스템'을 구축 · 활용하고자 한다. 이 시스템을 간략하게 설명하자면, 지원자가 온라인으로 서류를 제출하고 화상 면접을 위해 시스템에 접속하면 제출한 서류에 기반하여 '온라인 AI 채용시스 템'이 질문을 자동생성하고, 지원자의 답변을 분석하여 적합한 지원자를 선발한 뒤, 2단계 실무 면접 단계로 이동시키는 것이다.

① 최근 화두가 되는 AI를 인적자원관리 중 확보관리에 도입하였다.

② AI 채용시스템은 과거 존재하였던 장애인 차별, 성차별 등 채용 시 존재하는 법적 문제를 완전히 해 결해 준다.

③ AI 면접을 도입하여 모든 지원자들에게 기회를 부여하므로 지원자들의 서류전형 탈락 가능성이 줄어 들었다.

④ AI 면접을 통해 수작업 서류전형보다 기업과 조직에게 신뢰성 있는 결과를 줄 것이다.

⑤ 인적자원 정보시스템(human resource information system: HRIS)에 있던 정보를 바탕으로 빅데 이터(big data)분석을 통해 이루어진다.

34 아래 기사의 밑줄 친 부분에 관한 설명으로 옳지 않은 것은?

'세계 최고'라는 수식어가 어색하지 않은 세계 최대 유통업체 월마트

월마트는 매년 미국 주요 경제전문지가 선정하는 최고 기업 리스트에서 1, 2위 자리를 놓치지 않는다. 포춘이 선정한 글로벌 500대 기업 순위에서 지난해 1위 자리는 월마트의 차지였다. 월마트는 현재 전 세계 1만 132개 매장과 220만 명이 넘는 종업원을 거느린 '유통 공룡'이다. 2011 회계연도 매출은 전년보다 5.9% 증가한 4439억 달러였다. 이는 미국 기업 중 최고 실적이다.

매출 규모를 기준으로 월마트를 지난해 글로벌 500대 기업 중 맨 처음에 올렸다. 포춘은 총 매출을 공개한 모든 기업을 대상으로 글로벌 500대 기업을 선정한다. 월마트에 대해서는 가장 미국적인 기업으로 평가되는 한편 열악한 복리후생 제도와 과도한 저가정책이 지역 경제에 악영향을 미친다는 비판도 만만치 않게 받고 있다. 하지만 '최소의 비용으로 최대의 만족을 준다'는 샘 월튼의 경영 철학은 오늘날의 월마트를 있게 한 원동력이다. 이는 경쟁사들이 저가 공세를 펴고 있는 사이 저렴하고 품질 좋은 제품을 팔고 있다는 인식이 소비자들 사이에 확산하면서 불황 속에서도 선전하는 밑거름이 되고 있다.

월마트의 성공 핵심은 'EDLP(every day, low price)'에 있다고 전문가들은 입을 모으고 있다. 월마트는 2차 세계대전 후 미국 경제가 급성장하던 1962년 7월2일 미국 아칸소 주 로저스에 1호점을 열었다. 저가를 앞세운 월마트는 소도시에서 돌풍을 일으키며 무섭게 성장했다. 당시 개인 상점과 소규모 슈퍼마켓뿐이던 미국에서 월마트의 저가 전략은 혁명이나 다름없었다. 이후 월마트는 푸에르토리코 캐나다 아르헨티나 브라질에 이어 1996년에는 중국에도 합작 방식으로 진출했다. 현재 월마트 매장이 가장 많은 나라는 멕시코(2088) 영국(541) 브라질(512) 등의 순이다.

① 가격경쟁 압박 감소의 효과가 있다.
② 효율적인 물류 시스템의 구축이 가능하다.
③ 광고비 증가라는 문제점에 봉착하게 된다.
④ 대형마트 등에서 주로 활용하는 가격결정 방식이다.
⑤ 재고관리 개선의 효과가 있다.

35 다음의 내용을 읽고 RFM 분석기법에 대해 추론 가능한 내용으로 옳지 않은 것은?

> 유통업계 마케팅에서 VIP 고객을 일컬을 때마다 등장하는 법칙이 있다. 상위 20%만 확보하면 전체의 80%를 잡는 효과를 나타낼 수 있다고 해석되는 '파레토 법칙'(Paretos law)'에 의해서 백화점의 귀족마케팅이 이루어진다. 백화점의 VIP는 충분한 경제력을 갖춘 30 ~ 50대 중산층 이상의 고객이다. 경기에 덜 민감하고 일정액 이상 매출을 보장하여 최근 지역 백화점들이 VIP 마케팅을 강화하고 있다. 심지어 'VIP 중의 VIP'를 따로 선정해 특별 관리할 만큼 정성을 쏟아 붓고 있다. 지역 백화점들은 VIP를 정할 때 'RFM 분석기법'을 적용한다. 'R' (recency : 최근성)은 얼마나 최근에, 'F' (frequency : 빈도)는 얼마나 자주 왔으며, 'M' (monetary : 금액)은 얼마나 많은 돈을 썼느냐는 뜻이다. 대구백화점은 자사카드 및 멤버십 카드 고객을 대상으로 'RFM' 분석을 통해 6개월마다 약 1천명의 상위 고객을 '애플클럽' 회원으로 관리한다. 대백카드 매출액을 기준으로 상위 1%의 애플고객이 전체 카드매출 중 무려 13%를 차지하며, 상위 20%가 매출의 70%를 책임진다.

① R은 구매의 최근성을 의미하는 것으로 최초 가입일에서 현재까지의 제품 또는 서비스 사용기간을 표현한다.

② F는 구매의 빈도로써 일정 기간 동안 어느 정도의 구매가 발생하였는지를 분석하는데, 구매의 횟수가 늘어날수록 고객 로열티가 높아진다.

③ M은 최초 가입일로부터 현재까지 구매한 평균금액의 크기를 분석하는데, 평균구매금액이 많을수록 고객의 로열티는 낮아진다.

④ RFM 분석은 단기간 내 고객을 분류하고 이에 대응한 맞춤형 전략을 펼치는 데 있어 효율적인 방법론이라 할 수 있다.

⑤ RFM 분석은 고객의 가치를 판단하고 이들에 대한 마케팅 효율을 높이며, 추후 이들로부터 얻을 수 있는 수익을 극대화하도록 해주는 중요한 요소이다.

36 아래의 내용을 포괄하고 있는 것은?

> ㉠ 'A' 커피 프랜차이즈 업체는 매장 안에서는 머그잔을 활용하고 있으며 전체 매장의 플라스틱 빨대를 종이 빨대로 교체하였다.
> ㉡ 'B' 대형마트는 일회용 비닐 봉투 사용이 금지되어 장바구니 사용을 장려하는 게시물을 부착하고 홍보하였다.
> ㉢ 'C' 대형마트는 중소유통업과의 상생발전을 위해 2주에 한 번씩 휴점하였다.

① 경제적 환경
② 정치·법률적 환경
③ 기술적 환경
④ 지리적 환경
⑤ 사회문화적 환경

37 광고에서 유머소구(humor appeal)의 효과로 볼 수 없는 것만 나열한 것은?

> ㉠ 비유머 메시지보다 설득력이 높다.
> ㉡ 주의를 끄는 데 효과적이다.
> ㉢ 광고물과 광고하는 브랜드에 호감을 증가시킨다.
> ㉣ 전달자의 신뢰성을 높여준다.
> ㉤ 브랜드에 대한 이해를 방해한다.

① ㉠, ㉣, ㉤
② ㉡, ㉣, ㉤
③ ㉠, ㉡, ㉢, ㉣
④ ㉡, ㉢, ㉣, ㉤
⑤ ㉠, ㉡, ㉢, ㉣, ㉤

38 아래에서 설명하는 것과 가장 관련이 깊은 가격결정방법은?

> 본 제품과 이에 따른 소모품이 있을 경우에 소비자는 본 제품을 구매하기 위해 지불한 금액을 매몰
> 비용으로 인식하지 않고, 소모품을 정기적으로 구입함으로써, 본 제품에 대한 투자를 회수한다고 생
> 각하는 경향이 있다. 따라서 소비자들은 본 제품에 대해 초기에 많은 금액을 지불하기보다는 가격이
> 저렴하고 가치 있는 본 제품을 사용하면서 이에 따르는 소모품은 그 가격이 다른 브랜드보다 조금
> 비싸더라도 기꺼이 이를 구매하려 한다.

① 유인가격결정(loss-leader pricing)
② 이분가격결정(two-part pricing)
③ 노획가격결정(captive pricing)
④ 묶음가격(price bundling)
⑤ 이미지 가격결정(image pricing)

39 아래와 같은 상황에서 적합한 전략적 의사결정으로 옳지 않은 것은?

구분	생산원가 경쟁력 보유	생산원가 경쟁력 없음
넓은 시장	A사	B사
한정적 시장	C사	D사

① A사의 경우, 시너지효과와 학습곡선효과의 혜택을 누릴 수 있다.
② B사의 경우, 제품의 연구개발능력을 강화하여 차별화 전략을 수행한다.
③ C사의 경우, 시장점유율과 수익성을 향상시키기 위해 매스마케팅을 실시한다.
④ B사의 경우, 경쟁기업보다 차별화된 재화나 서비스를 제공해야만 한다.
⑤ A사의 경우, 원가경쟁력을 바탕으로 원가우위 전략을 펼친다.

40 다음 기사로 알 수 있는 마케팅 기법에 대한 설명으로 옳은 것은?

> 암살을 소재로 한 미국 영화 〈기밀작전〉이 온·오프라인에서 총 3,600만 달러(약 396억 원)의 수익을 내며 '흥행 대박'을 기록하고 있다. 해킹, 테러 위협, 개봉 취소 등의 우여곡절이 B급 코미디 영화를 화제작으로 끌어올렸으며, 온라인 판매 수익은 3,100만 달러를 넘어 A 제작사 영화 중 온라인에서 가장 흥행한 영화로 기록됐고, 온라인 개봉 뒤 첫 4일간 수익만 1,500만 달러였던 것으로 알려졌다. 이와 별도로 〈기밀작전〉을 상영 중인 미국 전역의 독립영화관 558곳을 통해서도 A 제작사는 500만 달러 이상의 수익을 냈다. 〈기밀작전〉은 특정 국가 최고 지도자와 인터뷰를 하게 된 미국 토크쇼 진행자들이 CIA로부터 '암살 작전' 지령을 받은 뒤 벌어지는 사건들을 그린 코미디 영화다. 당초 이 영화는 미국 전역 3,000개 극장에서 개봉될 예정이었지만 A 제작사가 테러 위협 등을 이유로 개봉을 전면 취소했다가 다시 상영을 결정하는 우여곡절을 거치며 개봉관 규모가 대폭 축소되어 수준 미달의 영화였다는 혹평도 쏟아졌다. 그럼에도 영화가 흥행에 성공한 것은 개봉 전 영화를 둘러싼 갖가지 논란이 오히려 소비자들에게 더 많은 궁금증을 자아내도록 작용했기 때문이다. 지난해 말 상영 취소가 결정되자 미국에서는 "위협에 굴복해 표현의 자유라는 가치를 무너뜨려서는 안 된다."는 여론이 빗발쳤다. 결국 일부 독립영화관에서 영화 상영이 결정되자 미국 정부는 "우리는 표현의 자유와 예술적 표현의 권리를 수호하는 나라에 살고 있다."며 환영했다. 이 같은 논란 끝에 〈기밀작전〉은 사람들의 이목을 집중시켰고, 연말연시 미 극장가의 최고 화제작이 됐다.

① 위 내용은 자신들의 상품을 각종 구설수에 휘말리도록 함으로써 소비자들의 이목을 집중시켜 판매를 늘리려는 마케팅 기법이다.

② 시장의 빈틈을 공략하는 새로운 상품을 잇따라 시장에 내놓음으로써, 다른 특별한 제품 없이도 셰어(share)를 유지시켜 가는 마케팅 기법이다.

③ 고객의 기분과 정서에 영향을 미치는 감성적 동인을 통해 브랜드와 고객 간의 유대 관계를 강화하는 마케팅 기법이다.

④ 네티즌이 이메일이나 다른 전파 가능한 매체를 통해 자발적으로 어떤 기업이나 기업의 제품을 홍보하기 위해 널리 퍼뜨리는 마케팅 기법이다.

⑤ 온라인상에서 다수의 불특정 타인과 관계를 맺을 수 있는 서비스이다.

41 법정지급준비율이 20%인 상황에서 A가 중앙은행으로부터 받은 현금 100만 원을 은행에 요구불예금으로 예치할 경우 경제의 통화량은 얼마나 증가하게 되는가? (단, 은행은 요구불 예금 및 대출만으로 자금을 조달 및 운용하며, 초과지급준비금 및 민간 보유 현금은 모두 0이다.)

① 140만 원

② 270만 원

③ 330만 원

④ 480만 원

⑤ 500만 원

42 솔로우(Solow)의 성장 모형에서 경제가 균제상태(steady state)에 있었다. 외국인 노동자의 유입에 대한 규제가 완화되어 인구의 증가율이 높아질 경우, 초기 균제상태와 비교하여 새로운 균제상태에 대한 설명으로 옳지 않은 것은? (단, 기술의 변화는 없다고 가정한다.)

① 자본 한계생산성의 증가

② 1인당 소득수준의 하락

③ 1인당 소득 증가율의 하락

④ 1인당 자본의 감소

⑤ 총소득 증가율의 상승

43 어떤 산업에서의 수요함수가 $P = 90 - Q$이며, 기업 A의 한계비용(MC_1)과 기업 B의 한계비용(MC_2)이 $MC_1 = MC_2 = 30$일 때에 꾸르노 균형에서 A, B 두 기업의 생산량 합을 구하면?

① 15

② 20

③ 35

④ 40

⑤ 55

44 A 지역의 중형주택 임대료가 평균 15% 정도 인상됨에 따라 중형주택에 대한 임대수요가 30% 감소하였을 경우 중형주택 임대수요의 가격탄력성은?

① 1.0

② 2.0

③ 3.0

④ 4.0

⑤ 5.0

45 최근 정부는 소득 불평등 완화를 위해 고소득층에 대한 소득세율을 인상하는 방안을 검토 중이다. 이에 대해 경제학자 A는 소득 재분배를 통해 사회적 형평성을 높여야 한다고 주장했고, 경제학자 B는 세율 인상 시 고소득층의 근로의욕이 10% 감소하고, 조세회피가 15% 증가할 것이라고 분석했다. 두 경제학자의 관점을 옳게 구분한 것은?

	A	B
①	규범경제학	실증경제학
②	규범경제학	미시경제학
③	거시경제학	미시경제학
④	정태경제학	동태경제학
⑤	일반균형이론	부분균형이론

46 아래 기사를 읽고 MRTS(한계기술대체율)과 자본 투입 비율의 변화를 옳게 추론한 것은?

> 최근 기업들은 생산비 절감을 위해 자동화 설비를 확대하고 있다. 국내 제조업체 C사는 인공지능 기반 생산 시스템을 도입하면서 기존에 근로자 20명이 담당하던 업무를 로봇 2대로 대체할 수 있게 되었다고 밝혔다. 몇 년간 제조업 현장에서는 자동화 기계가 사람의 업무를 대체하는 비중이 늘어나면서 생산 구조가 빠르게 변화하고 있다.

	MRTS	자본 투입량
①	증가	증가
②	증가	감소
③	불변	증가
④	감소	증가
⑤	감소	감소

47 다음 중 독점기업에 이윤세를 부과할 때 나타나는 결과로 옳은 것은?

① 독점가격이 상승하게 된다.

② 산출량이 감소하게 된다.

③ 산출량이 증가하게 된다.

④ 산출량에는 아무런 영향이 없다.

⑤ 독점기업의 평균비용 및 한계비용곡선이 상방으로 이동하게 된다.

48 다음 중 굴절수요이론에 대한 설명으로 옳은 것은?

> ㉠ 굴절수요이론에서는 가격이 경직적인 이유를 기업 간 담합의 결과로 본다.
> ㉡ 굴절수요이론은 제품 차별이 큰 독점적 경쟁시장의 가격 변화를 설명하는 이론이다.
> ㉢ 굴절수요이론에 따르면 한계비용이 소폭 변하더라도 균형가격은 변하지 않을 수 있다.
> ㉣ 과점기업은 경쟁기업의 가격 인하에는 민감하게 반응하지만, 가격 인상에는 둔감하게 반응한다.

① ㉠, ㉡

② ㉠, ㉢

③ ㉡, ㉢

④ ㉡, ㉣

⑤ ㉢, ㉣

49 케인즈의 국민소득 결정 모형에서 소비는 $C = 0.7Y$이며, 투자는 $I = 80$이다. 정부지출이 10에서 20으로 증가할 경우 균형국민소득의 증가분은? (단, C는 소비, Y는 국민소득, I는 투자)

① 1

② $\dfrac{100}{3}$

③ 17

④ $\dfrac{100}{7}$

⑤ 25

50 여러 거시 변수의 측정에 관한 설명으로 옳지 않은 것은?

① M2는 M1보다 반드시 크다.

② 수입 농산물의 가격 상승은 GDP 디플레이터에는 영향을 미치지 않지만 소비자 물가지수는 상승시킨다.

③ 신종플루의 유행으로 국내에서 백신 생산이 증가하면 GDP가 증가한다.

④ 한국의 타이어 회사가 중국에서 생산하여 한국으로 수입 판매한 타이어의 가치는 한국의 GDP에 포함된다.

⑤ 파업에 참가하여 생산활동을 하지 않은 근로자도 취업자에 포함된다.

51 무차별곡선에 관한 내용으로 옳지 않은 것은?

① 무차별곡선들은 서로 교차하지 않는다.

② 무차별곡선상의 모든 상품묶음은 소비자에게 동일한 만족을 준다.

③ 두 재화 간의 대체가 어려울수록 경사가 완만하게 볼록하다.

④ 통상적으로 원점에 대해서 볼록한 형태를 보이게 된다.

⑤ 두 재화 간의 한계대체율이 일정한 경우 무차별곡선은 직선이다.

52 투자승수에 관한 내용으로 옳지 않은 것은?

① 화폐수요의 소득탄력성이 클수록 투자승수는 커지게 된다.

② 투자의 이자율탄력성이 클수록 투자승수는 작아지게 된다.

③ 한계소비성향이 클수록 투자승수는 커지게 된다.

④ 유발투자가 존재하면 투자승수는 커지게 된다.

⑤ 한계수입성향이 높아지면 투자승수는 작아지게 된다.

53 등량곡선에 대한 설명으로 옳지 않은 것은?

① 한계기술대체율체감의 법칙이 적용되지 않을 경우에는 등량곡선이 원점에 대해 볼록하지 않을 수도 있다.

② 생산요소 간의 대체성이 낮을수록 등량곡선의 형태는 직선에 가깝다.

③ 등량곡선은 서로 교차하지 않는다.

④ 원점으로부터 멀리 위치한 등량곡선일수록 높은 산출량을 나타낸다.

⑤ 등량곡선의 기울기를 한계기술대체율이라 한다.

54 독점기업의 행동에 단기적으로 아무런 영향을 미치지 않는 세금부과 방법은?

① 독점기업의 노동고용 1단위당 일정 비율의 음(−)의 세금을 부과하는 방법

② 독점기업의 이윤에 일정 비율의 세금을 부과하는 방법

③ 판매되는 제품 가격의 일정 비율로 세금을 부과하는 방법

④ 판매되는 제품 1단위당 일정액의 세금을 부과하는 방법

⑤ 독점기업 차입금의 이자율에 대해 일정 비율의 세금을 부과하는 방법

55 생산요소에 대한 수요를 파생적 수요(derived demand)라고 부르는 이유는?

① 생산자들이 비싼 생산요소를 저렴한 생산요소로 대체하기 때문에

② 생산요소의 수요곡선이 우하향이기 때문에

③ 생산요소에 대한 수요는 생산물에 대한 수요에 의존하기 때문에

④ 정부수요가 민간수요를 보완하기 때문에

⑤ 생산요소의 효용이 커질수록 수요가 증가하기 때문에

56 아래 표를 참조한 분석으로 옳은 내용은?

X재와 Y재만을 생산하는 A국과 B국은 비교우위 상품만을 생산하여 교역하기로 합의하였다. A국과 B국의 생산 현황은 아래의 표와 같다. 단, A국과 B국이 보유한 생산요소의 양은 동일하며 각국의 생산가능곡선은 직선이다.

분류	특화 전 생산량		특화 후 생산량	
	X재	Y재	X재	Y재
A국	50개	100개	0개	200개
B국	100개	200개	300개	0개

① B국에서 X재 1개 생산의 기회비용은 Y재 1개이다.

② A국에서 Y재 1개 생산의 기회비용은 X재 2개이다.

③ X재와 Y재를 1 : 3의 비율로 교환하면 A국 및 B국 모두에게 이익이다.

④ A국은 X재, B국은 Y재 생산에 비교우위가 있다.

⑤ A국은 X재와 Y재 생산 모두에 절대우위가 있다.

57 경제적 지대에 대한 내용으로 옳지 않은 것은?

① 경제적 지대는 공급량이 제한될 경우에 발생하게 된다.

② 어떠한 생산요소의 경제적 지대가 0이면 그 요소는 기존의 용도에 사용되지 않는다.

③ 경제적 지대는 전용수입을 초과하는 요소수입이다.

④ 경제적 지대는 생산자잉여를 구성한다.

⑤ 정부가 인허가를 통해서 특정 기업에 독점영업권을 부여하는 경우, 비생산적인 지대추구 행위를 유발할 수 있다.

58 어떤 독점적 경쟁기업이 6단위째 상품을 15원에 판매하였는데, 이때 한계수입은 5원이고 한계비용 = 평균비용 = 5원이었다고 할 경우, 장기적으로 이 기업과 타 경쟁기업이 취할 행동은?

① 타 기업들이 진입하여 이 기업의 수요곡선을 좌측으로 밀어낼 것이다.

② 이 기업이 탈퇴함으로써 자신의 수요곡선을 우측으로 이동시킬 것이다.

③ 타 기업이 진입할 것이나 이 기업의 수요곡선에는 변화가 없을 것이다.

④ 타 기업들이 진입하여 이 기업의 수요곡선을 우측으로 밀어낼 것이다.

⑤ 어느 쪽으로도 곡선의 변화가 없을 것이다.

59 기업이 한계수입과 한계비용이 동일한 점에서 제품을 생산하고 있을 때 설명으로 옳은 것은?

① 생산량의 증가는 한계이윤을 증가시킬 것이다.

② 어떠한 생산량의 변화도 한계이윤을 감소시킬 것이다.

③ 생산량의 증가는 총이윤을 증가시킬 것이다.

④ 어떠한 생산량의 변화도 총이윤을 감소시킬 것이다.

⑤ 생산량이 증가해도 다른 변화는 없을 것이다.

60 아래의 자료를 분석한 내용으로 가장 적절한 것은?

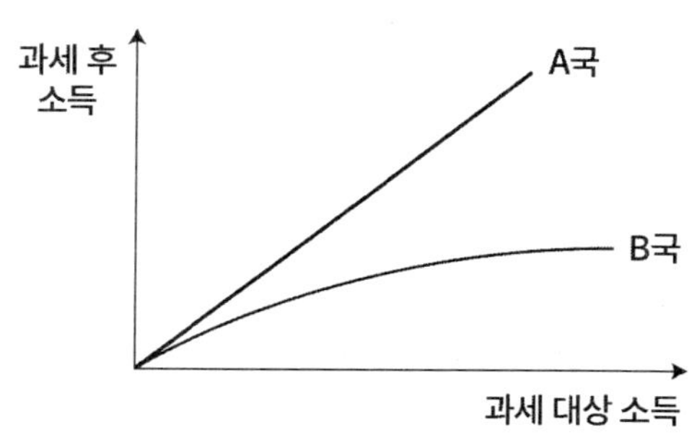

> A국과 B국은 서로 다른 세율 적용 방식의 소득세 제도를 채택하고 있다. 양국에서는 과세 대상 소득에 대해서 소득세만을 부과하므로 과세 후 소득은 '과세 대상 소득−소득세'로 나타낼 수 있다. 아래에 제시된 그림은 양국에서의 과세 대상 소득에 따른 과세 후 소득의 크기를 나타낸다.

① A국에서는 과세 대상 소득이 커질수록 소득세율이 높아진다.

② B국의 소득세 제도가 A국의 소득세 제도보다 소득 재분배 효과가 크다.

③ B국에서는 과세 대상 소득의 증가율보다 소득세 증가율이 낮다.

④ B국과 같은 세율 적용 방식의 사례로 우리나라의 부가 가치세를 들 수 있다.

⑤ 과세 대상 소득이 많은 사람일수록 A국보다 B국의 소득세 제도를 더 선호할 것이다.

61 재화의 배제가능성(excludability)과 경합성(rivalry)에 대한 내용으로 옳지 않은 것은?

① 붐비지 않는 유료 고속도로의 경우 배제가능성은 있으나 경합성은 없다.

② 인터넷에 무료로 공개된 폭탄제조법은 배제가능성과 경합성이 없다.

③ 남대문 시장에서 팔리는 청바지는 배제가능성과 경합성이 있다.

④ 광화문 사거리 건물 옥상에 설치된 대형화면으로 중계되는 월드컵 중계는 배제가능성과 경합성이 없다.

⑤ 지하철 구내 소규모 공중화장실은 배제가능성과 경합성이 없다.

62 쌀과 옷 두 재화만 생산하는 한 나라의 경제 데이터가 아래 표와 같을 때, 관련한 내용으로 적절하지 않은 것은?

분류	쌀		옷	
	가격(원)	생산량(가마)	가격(원)	생산량(벌)
2024년(기준연도)	10	150	12	50
2025년	12	200	15	100

① 2025년의 라스파이레스 물가지수는 121.4이다.

② 실질 경제성장률은 52.4%이다.

③ 2024년의 명목 GDP는 2,100원이다.

④ 2025년의 실질 GDP는 3,200원이다.

⑤ 2024년의 GDP 디플레이터는 65.6이다.

63 산업의 장기공급곡선에 대한 내용으로 옳지 않은 것은?

① 산업의 장기공급곡선의 모든 점은 장기평균비용의 최저점과 대응된다.

② 장기공급곡선상의 모든 점에서 기업의 수는 동일하다.

③ 비용불변산업의 장기공급곡선은 수평이다.

④ 비용체감산업의 장기공급곡선은 우하향한다.

⑤ 산업의 장기공급곡선은 시장의 장기균형점들의 궤적이다.

64 정부실패에 해당하는 것으로 보기 어려운 항목은?

① 공기업은 사기업에 비해 비효율적이다.

② 정부실패는 정부의 개입으로 인해 시장이 더욱 왜곡되는 것을 의미한다.

③ 공기업은 생산성 향상에 덜 노력한다.

④ 케인지언과 관련이 없다.

⑤ 공기업은 소비자의 수요에 덜 민감하다.

65 아래의 그림은 어떤 생산활동에서의 한계편익(MB)과 한계비용(MC)를 보여주고 있다. 이때 활동 수준이 a_1이라면 활동 수준을 한 단위 더 늘리는 경우에 순편익(NB)의 변화는? (단, 선택지에서 MNB는 한계 순편익을 나타낸다.)

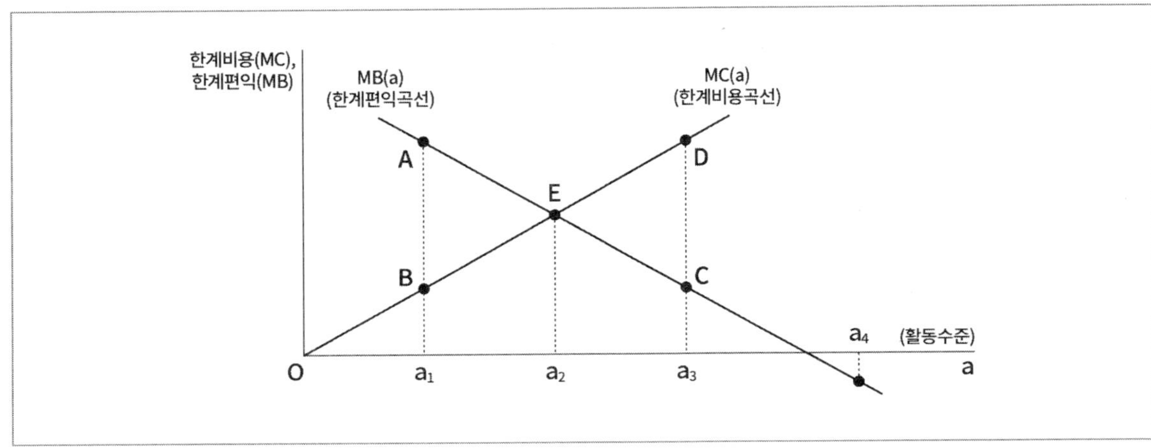

① MNB > 0이므로, NB는 감소한다.

② MNB < 0이므로, NB는 감소한다.

③ MNB > 0이므로, NB는 증가한다.

④ MNB < 0이므로, NB는 증가한다.

⑤ NB는 증가, 감소에 대한 변화를 하지 않는다.

66 가격차별이 성립하기 위한 조건이 아닌 것은?

① 시장수요자가 시장지배력이 있어야 한다.

② 시장공급자가 시장지배력이 있어야 한다.

③ 시장 간 수요의 가격탄력성이 달라야 한다.

④ 시장 간 상품의 재판매가 불가능하여야 한다.

⑤ 시장 간 수요자가 쉽게 구분되어야 한다.

67 어느 가상경제의 취업과 실업에 대한 조사 결과에서 관리상의 문제로 인해 데이터 분실이 발생하였는데, 이는 아래와 같다. 조사 결과에 대한 내용 중 옳은 것을 모두 고르면?

분류	데이터의 값
15세 이상 인구	200명
비경제활동인구	40명
실업자	40명
전체 인구	분실
경제활동인구	분실
취업자	분실

㉠ 경제활동인구수는 80명이다.
㉡ 취업인구는 60명이다.
㉢ 경제활동참가율은 80%이다.
㉣ 실업률은 25%이다.
㉤ 취업률은 60%이다.

① ㉠, ㉡
② ㉠, ㉢
③ ㉡, ㉣
④ ㉢, ㉣
⑤ ㉣, ㉤

68 아래 내용 중 범위의 경제가 발생하게 되는 경우로 옳은 것은?

① 전체 시장에 대해 하나의 독점자가 생산할 시

② 비슷한 생산기술이 여러 생산물에 적용될 시

③ 가격이 한계비용보다 낮게 형성될 시

④ 고정비용이 높고 한계비용이 낮을 시

⑤ 비용이 완전히 분산될 시

69 5년 전에 A는 주택건설을 위해 강남에 50평의 토지를 평당 3,000원씩에 구입하였다. 최근 정부가 해당 토지를 포함한 인근 지역을 올림픽공원의 부지로 결정함에 따라 A는 현재 평당 1,000원의 보상금을 받을 수 있다. 만약 A가 지금 토지를 정부에 기증하기로 결정할 경우의 기회비용은?

① 물가상승률을 고려할 때 최소한 300,000원은 되어야 한다.

② 정부에 그냥 기증하는 것이기 때문에 0원이 된다.

③ 투자한 가격과 현재가격의 평균치인 100,000원이 된다.

④ 본래 토지에 투자했던 비용인 150,000원이 된다.

⑤ 현재 시장가격인 50,000원이 된다.

70 완전경쟁기업의 장기균형에 대한 내용으로 옳지 않은 것은?

① 장기균형에서는 단기한계비용과 장기한계비용이 동일하다.

② 장기균형에서는 극소의 단기평균비용과 장기평균비용이 동일하다.

③ 장기균형에서는 가격이 장기평균비용의 최소점과 동일하다.

④ 장기균형은 장기한계비용의 최소점과 장기평균비용이 일치하는 점에서 이루어진다.

⑤ 장기균형에서는 장기한계비용과 최소의 단기평균비용이 동일하다.

71 빵과 옷과 TV만 생산하는 어떤 A국의 2025년 및 2020년의 생산량과 가격이 다음과 같을 때 2025년을 기준으로 한 2020년의 소비자 물가지수를 구하면? (단, 어떤 해에 생산된 상품은 그 해에 모두 소비된다고 가정한다.)

	2025년		2020년	
	생산량	단가(원)	생산량	단가(원)
빵	25상자	50	30상자	110
옷	5벌	20	10벌	40
TV	25대	80	30대	150

① 200

② 350

③ 510

④ 680

⑤ 730

72 산업환경분석 모델 중에서 STEP 모델에 대한 설명으로 옳지 않은 것은??

① STEP 분석은 사회문화적 환경 – 기술적 환경 – 거시경제적 환경 – 경쟁가격 환경의 순서에 따라 분석한다.

② 사회문화적 환경을 구성하는 요소로는 인구증가율 추이, 소비자 라이프스타일 변화, 환경에 대한 사회적 인식 변화, 여성의 사회적 진출 등이 있다.

③ 기술적 환경에는 정보기술, 기술발전 가능성, 새로운 제품혁신, 대체기술 개발 가능성 등을 포함한다.

④ 거시경제적 환경에서 분석해야 하는 변수로는 GDP 성장률, 물가상승률, 이자율/환율, 에너지가격 동향 등이 있다.

⑤ 정책규제 환경 분석은 법적 규제, 정책 개정, 무역규제 완화, 규제 철폐 등을 포함한다.

73 본원적 예금이 100만 원이고 그 중 대출액은 50만 원, 초과지급준비금은 20만 원, 법정지급준비금이 30만 원인 경우의 법정지급준비율은?

① 10%

② 30%

③ 40%

④ 60%

⑤ 70%

74 어떤 경제의 완전고용 국민소득이 400억 원이고, 소비함수가 $C = 0.8Y_d + 40$ (Y_d는 처분가능소득이고 단위는 억 원)이라고 한다. 투자는 소득수준과 관계없이 20억 원으로 고정되어 있으며, 정부지출, 조세, 순수출은 모두 0으로 주어져 있을 경우 이 경제의 균형국민소득은?

① 770억 원

② 510억 원

③ 470억 원

④ 300억 원

⑤ 150억 원

75 도시의 내부 구조를 토지 이용 측면에서 고찰하려는 목적에서 발전한 토지이용 입지이론에 대한 설명으로 옳지 않은 것은?

① 토지이용은 지리적 제반여건이나 경제발전의 수준, 사회적 변화, 기술진보 등 자연적, 사회경제적, 문화적 조건에 의해 변화하고 있다.

② 도시의 토지이용 유형은 현재 공간수요의 필요성을 반영한다기보다는 오랜 시간을 통해 누적된 공간수요의 필요성을 반영한다고 본다.

③ 도시적 기능이 집중하려는 현상인 구심력에는 흡인력, 기능적 편의성, 기능적 인력, 기능상 특권, 인간적 교환관계 등의 요인이 있다고 하였다.

④ C. Colby과 E. Hoover는 도심의 입지적 이점 중 배후지로부터의 근접용이성이 높을수록 입지경쟁을 통해 고밀도 토지이용을 유발한다고 본다.

⑤ 고밀도 토지이용에 의한 높은 임대료를 부담하지 못하게 되면 해당 기능은 점차 도심의 중심부 방향으로 이동하게 된다.

76 학교 앞에 있는 분식점에서 판매하는 어묵과 튀김은 학생들에게 대체재로 알려져 있다. 만약 어묵 가격이 올라갈 경우 나타나는 현상으로 옳은 것은?

① 어묵의 수요량은 증가하게 된다.

② 어묵의 공급곡선은 우측으로 이동하게 된다.

③ 튀김의 수요량은 감소하게 된다.

④ 튀김의 수요곡선은 우측으로 이동하게 된다.

⑤ 튀김의 가격은 하락하게 된다.

77 A는 매일 50 단위의 물건을 만들기 위해 공장을 가동하고 있다. 평균가변비용은 10, 한계비용은 20, 그리고 평균비용은 15일 때 이 공장의 총고정비용은?

① 150

② 250

③ 300

④ 670

⑤ 780

78 다음 중 생산함수 $Q = 3K + 2L$이 나타내는 생산기술의 특성으로 옳은 것은? (단, Q는 생산량, K는 자본의 투입량, L은 노동의 투입량이다)

① 규모에 대한 수익체증

② 노동의 한계생산 체증

③ 요소 간 완전대체

④ 한계기술대체율 체감

⑤ 자본의 한계생산 체증

79 아래는 어떠한 독점기업의 생산량, 한계비용, 한계수입을 나타낸 표이다. 이 기업의 이윤을 극대화하는 생산량은? (단, 고정비용은 없다고 가정한다.)

생산량	1	2	3	4	5
한계비용	200	100	150	200	250
한계수입	200	180	160	140	120

① 1

② 2

③ 3

④ 4

⑤ 5

80 다음 두 사람의 대화를 통해 유추 가능한 배추 시장의 변화로 가장 적절한 것은?

> A : 이번에 갑자기 추워진 날씨로 인해 배추가 얼어서 수확량이 줄어들었다더라고.
>
> B : 그러게 지금은 김장을 하는 시기라 배추를 구입하려는 사람이 늘어났다고 하는데 진짜 큰일이야.

① 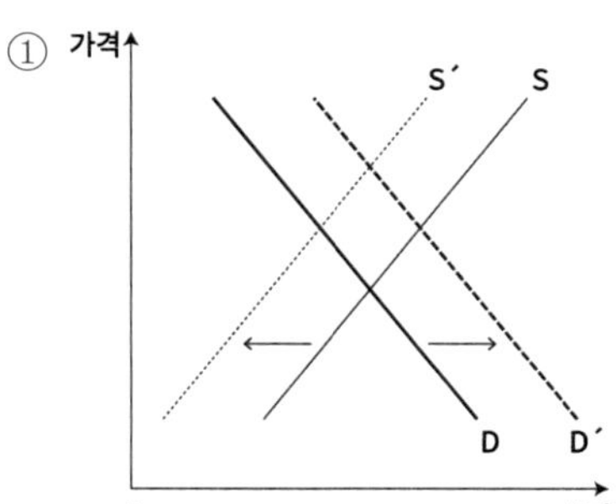

② 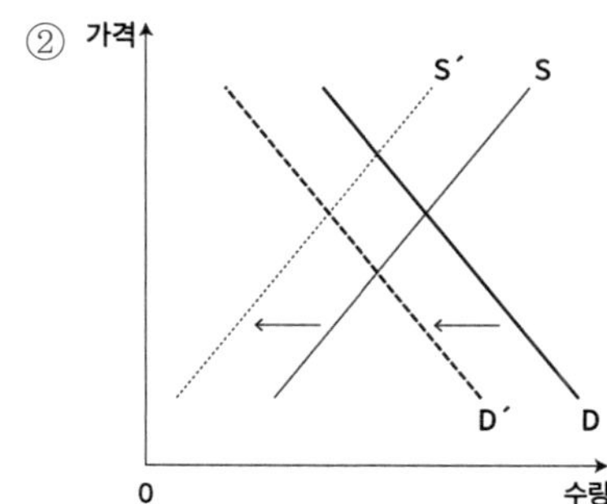

③ 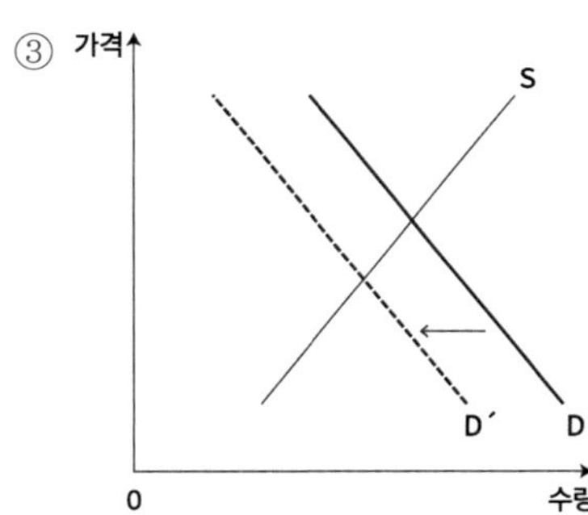

④ 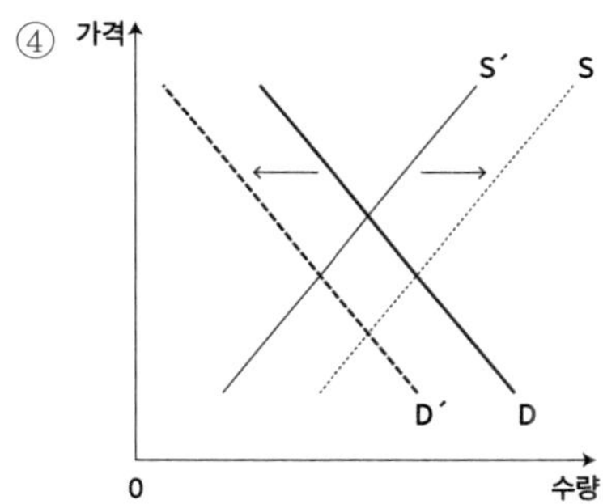

⑤ 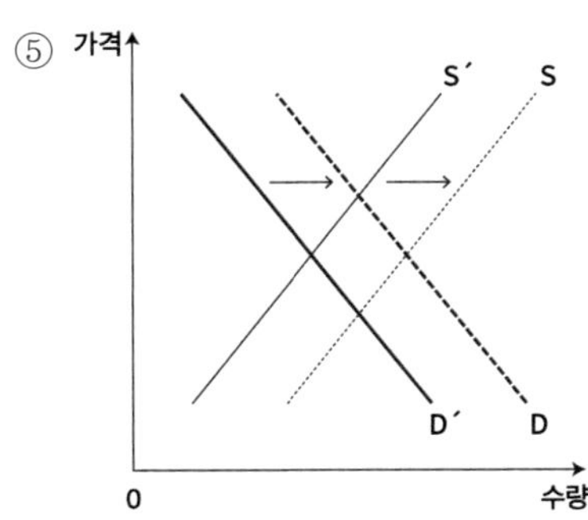

정답 및 해설

※ 문제는 p.20에 있습니다.

✅ ANSWER

1	③	2	③	3	②	4	①	5	①	6	④	7	②	8	③	9	②	10	④
11	③	12	④	13	①	14	②	15	①	16	④	17	⑤	18	①	19	②	20	①
21	③	22	③	23	④	24	①	25	①	26	①	27	④	28	⑤	29	②	30	②
31	④	32	④	33	④	34	⑤	35	⑤	36	①	37	②	38	③	39	④	40	②
41	④	42	③	43	①	44	④	45	①	46	⑤	47	④	48	④	49	①	50	④
51	②	52	②	53	③	54	④	55	②	56	①	57	③	58	②	59	②	60	⑤
61	③	62	⑤	63	⑤	64	④	65	①	66	⑤	67	①	68	④	69	⑤	70	①
71	②	72	①	73	①	74	⑤	75	①	76	④	77	③	78	④	79	①	80	②

1 ③ 해당 기사는 할인 상품과 정상가 상품을 적절히 조합해 전체 이윤을 극대화하는 고저가격전략(high-low pricing)에 대한 내용이다. 가격 조정의 유연성을 통해 제품수명주기의 변화에 대응하기 쉽다는 장점이 있다. 꾸준한 저가 정책을 통해 장기적인 고객 신뢰를 확보하고 광고 및 운영비를 절감할 수 있는 것은 상시저가전략(EDLP : everyday low price)이다.

2 ③ X재 한계효용 ÷ X재 가격 = Y재 한계효용 ÷ Y재 가격 이므로 1,000 ÷ 500 = 2이다. Y재 가격이 750원이 되어야 한계효용균등의 법칙이 성립될 수 있다.

   ※ **한계효용균등의 법칙(Gossen의 제2법칙)**

   각 재화 1원어치의 한계효용이 동일하여 각 재화 소비량을 조절하더라도 총효용이 증가될 여지가 없을 때 소비자의 총효용이 극대화 된다는 것이다.

3 ② 기한 내 반품을 신청할 경우 반품(환불)이 가능한 금액이므로 암묵적 비용이라고 할 수 있다. 즉, 반품 가능한 시기를 놓쳐 잃은 금액은 기회비용 또는 매몰비용이라고 할 수 없다.

4 ① 재화의 가공, 운반, 저장 등의 행위와 서비스의 제공 행위는 부가가치를 만들어내는 생산 활동으로 간주될 수 있다. 하지만 재화를 기부하는 행위는 부가가치를 만들어낼 수 있는 것이 아니므로 이는 생산 활동이 될 수 없다.

5 ① 시장전체곡선은 개별수요곡선을 수평적으로 합하여 구한다. 개인 A, B, C의 수요곡선을 모두 합하면, $(30 - P) + (20 - 2P) + (20 - 4P) = 70 - 7P$이다. $70 - 7P$는 시장 전체 수요곡선이 된다. 시장가격 5원을 P에 대입하면 시장 전체 균형 수량 35를 구할 수 있다.

6 ④ 라스파이레스 산식은 기준시점의 가중치를 사용한 가격비율의 가중산술 평균을 의미한다.

$$\frac{P_1\,Q_0}{P_0\,Q_0} = \frac{4{,}000 \times 10}{5{,}000 \times 10} \times 100 = 80$$

※ 가격지수

평균적인 재화가격의 변화를 나타내는 지표를 의미한다. 구입량을 가중치로 사용하는 라스파이레스 가격지수와 비교
연도 구입량을 가중치로 사용하는 파세 가격지수로 구분된다.

7 ② CES생산함수는 1차 동차함수이나 대체탄력성은 $\frac{1}{1+\rho}$이다. ρ값에 따라서 $\rho = -1$인 선형생산함수의 대체탄력성은

무한대이고, $\rho = \infty$ 인 Leontief 생산함수의 대체탄력성은 0이며, $\rho = 0$인 Cob−Douglas 생산함수의 대체탄력성은
1이다. 따라서 1차 동차함수라고 해서 항상 대체탄력성이 1인 것은 아니다.

※ 대체탄력성(elasticity of substitution)

생산과정에서 한 생산요소가 다른 생산요소로 얼마나 쉽게 대체될 수 있는지를 나타내는 지표이다. 대체탄력성은 생산량을
일정 수준으로 유지할 때 노동과 자본 사이의 대체의 용이성 정도를 나타내는 지표로, 그 크기는 등량곡선의 형태와 밀접한
관련이 있다. 대체탄력성의 크기는 생산의 기술적인 특성에 따라 크게 달라지는데, 특히 산업별로 큰 차이를 보인다.

8 ③ 범위의 경제와 규모의 경제는 전혀 상이한 개념으로 어떠한 상관관계도 없다.

9 ② 일반적 소비자의 경우 현금보조와 현물보조의 차이가 없다. 하지만 극단적 소비자의 경우 효용측면에서 현금보조가
우월하고 소비량의 측면에서는 현물보조가 우월하다.
　㉠ 효율성(수혜자 효용) : 현금보조 ≥ 현물보조 > 가격보조
　㉡ 재정안정도 : 현금보조, 현물보조 > 가격보조
　㉢ 가치욕구(특정재화의 소비촉진) : 가격보조 ≥ 현물보조 ≥ 현금보조

10 ④ 독점적 경쟁시장에서 소비자는 경쟁사에서 생산하는 제품을 자사 제품의 불완전 대체재로 인식한다.

11 ③ 외부의 입력이나 원인이 되는 금리, 정부 정책, 소득수준 등은 외생변수이며, 외생변수의 결과로 작용할 수 있는 주
택 임대료, 임대료 상승률 등은 내생변수로 볼 수 있다. 또한 금리 인상은 결과적으로 주택 시장에서 수요를 감소시
키는 요인이므로 주택 수요 곡선을 왼쪽으로 이동시킬 것이다.

12 ④ 단기 채권은 만기가 짧아 유동성이 높고 위험성이 낮으므로 수익률 또한 낮다.

13 ① 수요의 가격탄력성은 '수요량 변화율 ÷ 가격의 변화율' 계산식으로 구한다. A 수요의 가격탄력성은 0.5로 1보다 낮으
므로 총수입이 증가한다.
② A 수요의 가격탄력성은 0.5, B는 2이므로, A의 수요가 더 비탄력적이다.
③ 수요의 가격탄력성이 클수록 수요곡선은 완만하다.
④ 수요는 대체제가 많을수록 탄력적이다.
⑤ 가격 변화율보다 수요량 변화율이 적을수록 비탄력적이다.

14 ② 연철이에게 별 다방 커피와 콩 다방 커피는 완전 대체재이다. 완전 대체재는 수량과 관계없이 동일한 수준의 효용을 제
공한다. 별 다방 커피 2잔의 비용은 8,000원이고 콩 다방 커피 3잔의 비용은 6,000원이므로 콩 다방 커피를 마실 경우
더 적은 비용으로 동일한 만족을 얻을 수 있다. 즉, 별 다방 커피를 소비할 때는 동일한 수준의 만족을 위해 더 많은
비용을 지불한다는 것을 의미하므로, 주어진 예산에서 효용을 극대화하기 위해서는 콩 다방 커피만 소비한다.

15 ① 공급의 가격탄력성은 가격이 올라갔을 때 공급자가 얼마나 공급량을 늘리는지를 나타내는 지표이다.
② 높은 보관 비용은 생산자의 유연한 재고 수준 유지 능력을 저하시키므로 공급의 탄력성이 떨어진다.
③ 고려할 수 있는 기간이 길수록 생산자는 고용, 시설 확장 등 유연성이 향상되고 이는 조정할 수 있는 기간이 늘어나는 것으로 공급이 탄력적으로 이루어진다.
④ 대응 가능성이 높을수록 생산 유연성이 높아지며 공급 조정이 수월해지고 탄력성이 높아진다.
⑤ 저장 가능성이 낮을수록 재고 조정을 통한 가격변화 대응 능력이 제한되어 공급의 탄력성이 떨어진다.

16 ④ 왈라스적 안정성과 관련된 사례이다. 왈라스적 안정성에 따르면, 초과 공급 상황에서는 가격이 하락하면서 수요량이 증가하고 공급량이 감소하여 균형에 도달한다.

17 ⑤ 일정 가격 이상으로 판매를 금지하는 것은 가격상한제이다.

18 ① 재정절벽(fiscal cliff)에 대한 설명이다.
② 애그플레이션(agflation)에 대한 설명이다.
③ 인플레이션(inflation)에 대한 설명이다.
④ 왝더독(wag the dog)에 대한 설명이다.
⑤ J커브효과에 대한 설명이다.

19 ② GDP 디플레이터 : 실질 GDP에 대한 명목 GDP의 백분비로, 물가지표로 활용 가능하다.
① 실질 GDP : 기준연도 가격을 일괄 적용해 물가 상승효과가 제외된 순수 생산 수준을 측정하는 것이다.
③ 소비자물가지수(CPI) : 일반 가정이 구매하는 소비재와 서비스의 가격 변동을 측정하는 것이다.
④ 생산자물가지수(PPI) : 기업 간에 거래되는 상품 가격의 변동을 측정하는 지표이다.
⑤ 인플레이션율 : 일정 기간 일반 물가수준이 상승한 비율이다.

20 ㉠ 고가품일수록 과시욕으로 인해 소비량이 더 증가하는 경우를 미국 사회학자 베블렌의 이름을 따서 '베블렌 효과'라고 한다.
㉡ 동일한 과시욕으로 특정 상품을 소비하는 사람이 많아지면 그 상품에 대한 수요가 감소하는 현상을 '스놉 효과'라고 한다.

※ 디드로 효과
하나의 물건을 구입한 후 그 물건과 어울릴만한 다른 제품을 계속 구매하는 현상이다.

21 ③ A음료와 B음료가 대체재라면 두 음료는 사실상 동일한 시장에 속한 상품이므로 인수·합병이 시장에서 독과점을 형성할 수 있을 것이다. A음료 가격이 오르자 B음료에 대한 수요가 증가했다는 것은 두 재화가 서로 대체재 관계에 있음을 의미하므로 소비자 단체의 주장을 뒷받침하는 근거가 될 수 있다.
①②④ A음료와 B음료가 수요 시기, 제품 성질 및 수요 계층에 있어서 차이가 난다는 것이므로 두 음료(시장)의 동일성보다는 차별성을 강조한다.
⑤ A음료와 B음료가 대체재가 아닌 보완재로 소비되는 경우가 늘어나고 있다는 것을 의미한다. 보완재를 생산하는 기업들은 경쟁 관계에 있지 않으므로 합병하더라도 독과점을 형성했다고 볼 수 없다.

22 ③ 고전학파가 화폐의 교환기능을 강조하는 반면, 케인즈는 화폐의 교환기능뿐만 아니라 불확실한 가치의 저장수단으로서 화폐를 바라보았다.

23 ④ 중앙은행이 은행으로부터 채권을 매입할 경우 본원통화 및 화폐공급이 모두 증가할 것이다.

24 ① 시장분리이론은 만기가 상이한 채권 간에 시장이 분리되어 있다고 본다. 만기가 서로 다른 채권은 서로 다른 역할을 수행하여 장단기 채권 간에 대체관계가 없다고 본다.

25 ① 마찰적 실업의 특징이다.
② 구조적 실업에 관한 설명이다.
③ 현실에서 정책을 조정하더라도 마찰적 실업을 완전히 제거하는 것은 거의 불가능하다.
④⑤ 경기적 실업에 관한 설명이다.

26 ① 경기변동은 경제활동이 생산, 분배, 소비, 거래 등을 통해 규칙성을 띠면서 변동하는 것으로, 독립성과는 거리가 멀다.
② 호황과 불황이 반복하여 발생한다.
③ 다수의 경제활동을 포함한다.
④ 확장 또는 수축이 시차를 두고 경제 각 부문에 전달된다.
⑤ 일정 기간 동안 일정 방향으로 계속 확대된다.

27 ④ 경기종합지수는 경기변동의 방향 및 전환점뿐만 아니라 변동속도까지도 파악이 가능하다. 반면에 경기동향지수(DI)는 경기변동속도를 파악할 수 없다.

28 ⑤ 총소득에서 자본소득과 노동소득이 차지하는 비중은 대체적으로 일정하다.

29 ② 고정된 비율의 생산함수를 가정하므로 한계수확체감 법칙을 따르지 않는다.

※ 해로드-도마의 성장이론
　　㉠ 생산요소 간의 완전보완성을 특징으로 하는 레온티에프 생산함수를 가정한다.
　　㉡ 저축은 산출량의 일정비율로 결정되며, 저축과 투자는 항상 일치한다.
　　㉢ 인구의 증가율은 외생적으로 주어져 일정하다.

30 ② R&D 모형은 지식 자본 축적이 경제 성장으로 이어진다는 내생적 성장 이론으로, 인적자본 축적으로 인한 경제성장률을 알 수는 없다.

31 ④ 가격이 내려가면 생산자원이 다른 산업으로 이탈하여 배분기능에 좋은 영향을 미친다고 할 수 있다.

32 ④ 열등재 : 소득이 증가하면 수요가 감소하는 상품이다.
① 대체재 : 유사한 효용을 얻을 수 있는 재화이다.
② 정상재 : 소득의 증가로 상품에 대한 수요가 증가하는 재화이다.
③ 사치재 : 정상재 중에서 소득탄력성이 1보다 큰 재화이다.
⑤ 필수재 : 정상재 중에서 소득탄력성이 1보다 작은 상품이다.

33 ④ 정부의 가격상한제 정책이다. 가격이 인위적으로 낮아지면 소비자들은 더 많이 구매하려 하고, 이에 따라 우유의 수요량이 증가하게 된다.
① 우유와 두유가 대체재 관계이므로, 두유 가격이 하락하면 소비자들은 상대적으로 저렴한 두유를 선택하게 되어 우유 수요는 감소한다.
② 정부 보조금이 폐지되어 실질 구매 가격이 높아지므로 우유 수요가 감소한다.
③ 생산비 상승으로 공급이 감소한다.
⑤ 소비자가 현재 구매를 미루게 되므로 수요가 감소한다.

34 ⑤ 소득효과에 관한 설명이다.

35 ⑤ 등량곡선은 동일한 양의 재화를 생산하는 생산요소를 연결한 선이다.
① 등량곡선에 있는 선은 서로 교차하지 않는다.
② 등량곡선은 원점에 대하여 볼록한 모양을 갖는다.
③ 원점에서 멀어질수록 더 높은 산출량을 나타낸다.
④ 등량곡선은 우하향의 기울기를 갖는다.

※ 등량곡선 그래프

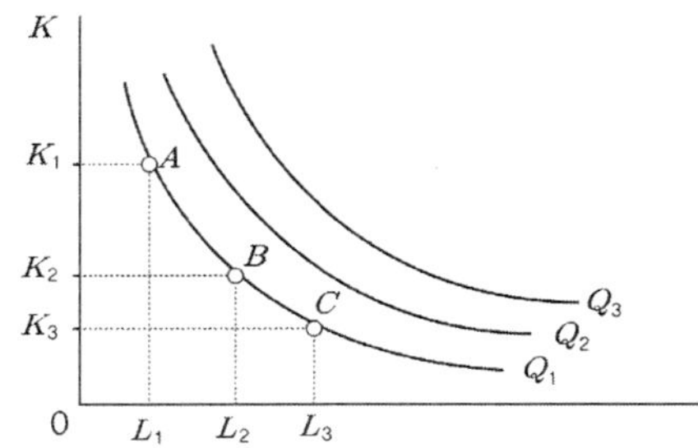

36 ① 평균고정비용곡선을 제외한 비용곡선은 한계수확체감 법칙으로 인해 U자형으로 나타난다.
② 한계비용곡선은 평균가변비용곡선과 평균비용곡선의 최저점을 관통한다.
③ 평균가변비용곡선의 최저점은 평균비용곡선의 최저점보다 왼쪽에 위치한다.
④ 한계비용곡선은 평균비용곡선이 감소하는 구간에서는 평균비용곡선보다 아래쪽에 위치한다.
⑤ 평균가변비용곡선이 최저점에 도달하더라도 평균고정비용곡선은 지속적으로 감소한다.

37 ② 1년 후 A카페의 커피 가격은 다음과 같다.
한국은 $4,000 \times (1 + 20\%) = 4,800$(원)이다.
미국은 $4\$ \times (1 + 10\%) = 4.4(\$)$이다.
따라서, 환율은 $4,800$원 $\div 4.4\$ = 1,090$(원)이 된다.
원화의 평가절하율은 '한국의 물가 상승률−미국의 물가 상승률'로 구하면 $20\% - 10\% = 10\%$가 된다.

38 ③ 정액세를 부담할 경우 독점기업의 입장에서는 고정비용이 증가하는 효과가 생기며, 한계비용은 변하지 않고 평균총비용만 상승하게 된다.

39 ④ 선박 생산의 기술혁신으로 인해 더욱 많은 선박 생산이 가능하게 되므로 선박의 생산을 위한 기회비용은 감소하게 된다.

40 ② ㉠은 '카르텔'이다. '카르텔'은 두 개 이상의 사업체가 가격담합, 시장분할, 입찰담합, 재화 및 서비스 생산 제한 등의 행위를 통해 경쟁하지 않기로 합의하는 것을 말한다.
① 각 기업은 독립적으로 행동할 수 있어서 결합력이 약하고, 카르텔을 유지하지 않았을 때 이익이 더 크다고 판단되면 쉽게 해체할 수 있다.
③ 가격은 상승하는데 선택의 폭과 품질이 떨어질 수 있다.
④ 담합 자진신고자에게 감면을 주는 제도가 리니언시 제도이다. 이 제도를 통해 카르텔의 폐해를 예방할 수 있다.
⑤ 가장 강한 형태의 담합이다. 가격뿐만 아니라 생산량, 거래조건, 판매지역, 설비투자 제한 등 광범위하게 공모한다.

41 ④ 구매자의 교섭력이 강한 경우를 의미한다.

① 경쟁요소로 잠재적인 진입기업, 대체재, 구매자의 교섭력, 공급자의 교섭력, 기존 기업 간의 경쟁이 있다.

②⑤ 공급자의 협상력이 증가하는 경우는 적은 숫자의 공급자가 많은 숫자의 구매자를 상대로 거래하는 경우, 공급자 제품이나 서비스가 독특한 경우, 공급자를 바꾸기 위한 전환비용이 높은 경우이다.

③ 구매자의 협상력이 증가하는 경우는 공급자는 많으나 구매자가 적을 경우, 공급자 변경 시 전환비용이 매우 낮은 경우이다.

42 ③ 주인－대리인 문제다. 위임관계에서 기초하는 것으로 주인이 일을 수행하는 것이 아니라 유능한 대리인에게 권한을 위임하는 것을 의미한다.

① 보험회사에서 질병이나 사고의 확률이 높은 사람을 보험에 가입시켜 손해를 보는 것을 방지하기 위한 방안이다.

② 기업에서 능력이 있는 인재를 명확하게 확인하고 채용하기 위한 방안이다.

④ 중고차 업체에서 구매하게 되는 중고차량을 무상으로 점검하면서 품질이 좋은 중고차를 구매하기 위한 방안이다.

⑤ 은행에서 이용자의 재무점검을 하면서 대출을 해줄 때 신용도가 높은 이용자에게 낮은 금리로 제공하기 위한 방안이다.

※ 역선택

정보의 격차로 인해서 불리한 선택을 하는 것을 의미한다. 정보가 부족한 쪽에서 품질이 낮은 상품을 구매하는 가격 왜곡현상이다.

43 ① 평균회귀의 법칙 : 금리가 균형 수준의 아래로 내려갔다가 다시 균형 수준으로 올라오는 상황을 의미하는 것이다. 적정 수준으로 유지되던 주가나 상황이 다시 제자리로 돌아가는 현상을 의미한다.

② 매몰비용의 오류 : 미래에 이득이 크지 않거나 손실을 발생시킬 것임을 알고 있으면서도 과거에 투자한 비용으로 계속해서 일을 진행하는 행동을 의미한다.

③ 자기충족적 예언 : 긍정적으로 바라는 것이 좋은 영향을 주는 효과로 피그말리온 효과를 의미한다.

④ 가치의 역설 : 상품의 가격은 상품의 총효용이 아니라 한계효용에 의해서 결정되는 것을 의미한다.

⑤ 보유효과 : 상품을 소유하면 그 가치를 더 높게 평가하는 현상이다.

44 ④ ㉠ 단계는 선발단계에 해당한다. 선발 도구의 타당성을 높이기 위한 기법을 통해서 지원자의 정보를 평가하는 단계이다.

① 교육 및 훈련의 단계이다.

② 보상의 단계이다.

③ 직무분석의 단계이다.

⑤ 모집의 단계이다.

45 ① 19세기 중엽 아일랜드에서는 쇠고기와 감자가 주식이었다. 감자의 기근으로 감자의 가격이 오르자 감자 소비지출에 대한 부담이 늘어났다. 이에 소고기 소비를 오히려 줄이고 감자의 소비를 늘리는 현상이 발생했다. 이렇게 가격이 상승했음에도 불구하고 소비가 느는 재화를 기펜재라고 한다. 가격이 상승했음에도 불구하고 수요가 늘게 되는 것은 수요법칙의 예외이다. 가격이 오르면 같은 소득으로 구매할 수 있는 재화의 양이 줄어든다. 이 경우 식량을 꼭 소비해야 한다면, 가격이 올랐음에도 쇠고기보다는 가격이 여전히 싼 감자의 소비를 늘릴 것이다.

46 ⑤ 산업구조분석 모형(5 forces model)은 기업 운영에 영향을 줄 수 있는 산업 환경에 대한 정태적 분석 도구이다. 따라서 기술 혁신이나 시장 재편 같은 동태적 변화까지 설명하기는 어렵다.

47 ④ 시장성장률과 시장점유율이 모두 낮은 사업(BCG 매트릭스의 dog)은 현금창출력이 낮다.

48 ④ 관세를 부과할 경우 수입 수요가 감소함에 따라 단기적으로 무역수지가 개선되는 모습이 나타난다.

49 ① 기사에서 설명하는 경제통합 유형은 경제동맹이다.

　※ 경제동맹의 특징
　　㉠ 관세 및 비관세장벽 철폐
　　㉡ 재화 및 생산요소의 자유로운 역내 이동
　　㉢ 비회원국에 대해서도 공통의 관세정책 시행 및 비관세장벽 철폐
　　㉣ 경제정책에 있어서의 긴밀한 협조

50 ④ 동일산업의 기업들이 특정국에 집중적으로 몰리는 현상이 발생하는 것은 과점적 경쟁이론에 관한 설명이다.

51 ② 수요곡선은 수요의 법칙을 반영하여 우하향하는 모습을 갖는다.

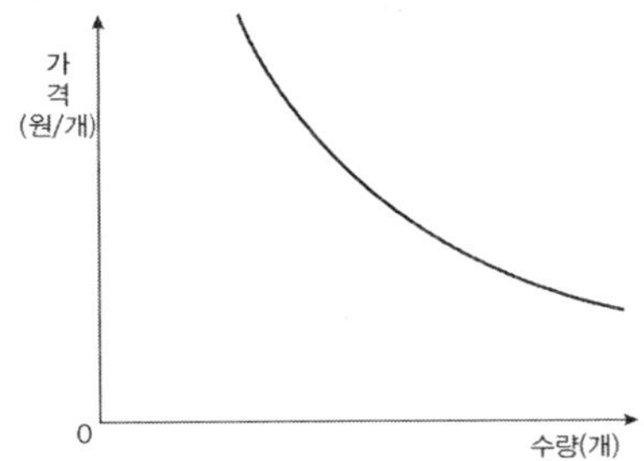

52 ② 서진에서 〈삼도부〉를 다투어 베꼈다는 사실은 당시에는 저작권이 없어 저작물이 배제성을 가지고 있지 않았음을 의미하며, 〈삼도부〉를 적는 종이에 대한 수요가 증가하여 종잇값이 올랐다는 사실은 종이가 경합성을 가진 재화임을 의미한다. 예를 들어 영광굴비 같은 일반적인 재화는 영광굴비에 대한 수요가 증가하면 (영광굴비 포장재 가격이 아니라) 영광굴비의 가격이 오르는 데 비해, 〈삼도부〉와 같은 지적 재산에 대한 수요가 증가하는 경우에는 삼도부 가격이 오르지 않고 종잇값만 오른다는 점이 이 고사가 시사하는 바이다.

53 ③ 중립재는 효용에 영향을 주지 않아 무차별곡선은 수직선 또는 수평선이 된다.
　① 두 상품이 일정하게 고정된 비율로 언제든지 대체가 가능한 완전대체재일 경우 무차별곡선은 직선으로 나타난다.
　② 소비자가 어떤 특정 상품을 극단적으로 좋아하여 다른 상품의 양과 관계없이 특정 상품의 양이 많은 상품묶음을 선호하는 경우 무차별곡선은 존재하지 않는다.
　④ 어떤 재화가 음(-)의 효용을 주는 경우 무차별곡선은 우상향하는 모양을 갖게 된다.
　⑤ 두 상품을 일정한 비율로 같이 소비해야 하는 완전보완재일 경우 무차별곡선은 L자 모양을 갖게 된다.

※ 무차별곡선

    ㉠ 소비자가 자신의 소득을 배분하는 것을 설명하는 이론으로, 소비자선택이론이라고 한다.

    ㉡ 일정한 지출에서 최대의 만족을 얻기 위해서는 가격선에 접하는 'X축의 c, Y축의 g'의 수량을 구매하면 된다.

    ㉢ 한계효용체감의 법칙에 따라서 원점에서 볼록하다.

    ㉣ 원점에서 떨어져 있는 곡선일수록 큰 효용을 갖는다.

    ㉤ 무차별곡선은 서로 교차하지 않는다.

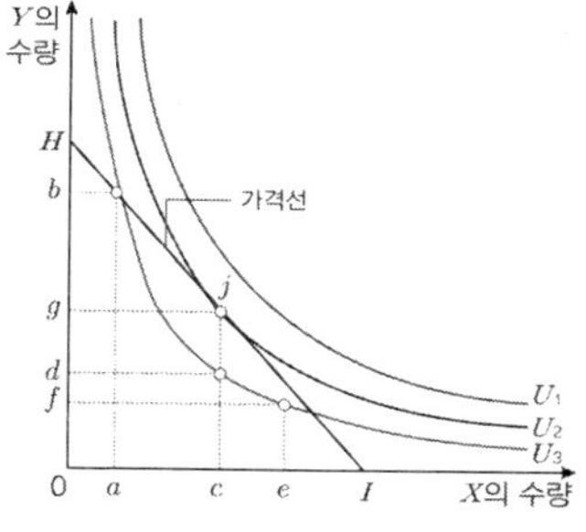

54 ④ 열등재의 보상수요곡선은 통상적으로 수요곡선의 기울기보다 더 완만하게 나타난다.

55 ② 소비자의 관찰할 수 없는 선호체계에 대해 이행성 혹은 연속성과 같은 가정을 하고 전개하는 것은 기존 소비자이론이다. 현시선호이론은 소비자의 관찰된 수요행위로부터 소비자의 행동을 이해하는 것이 더 현실적이라고 주장한다.

56 ④ 대체탄력성 : 두 생산요소가 일정한 생산량을 달성하기 위해 서로 얼마나 대체가 잘 되는지를 나타낸 지표이다.

    ① 규모의 경제 : 생산량이 늘어나면서 제품 하나를 만드는 데 드는 평균 비용이 감소하는 현상이다.

    ② 한계기술대체율(MRTS) : 동일한 생산량을 유지하면서 한 생산요소 1단위를 더 투입할 경우 포기해야 하는 다른 생산요소의 양이다.

    ③ 총자산회전율 : 기업이 보유한 총자산을 얼마나 효율적으로 활용해서 매출을 올리는지를 나타내는 지표이다.

    ⑤ 한계생산체감의 법칙 : 생산요소의 투입량이 증가함에 따라 1단위당 생산량에 기여하는 정도가 줄어드는 현상이다.

57 ③ 생산요소의 공동 이용은 범위의 경제가 발생하는 원인이다.

58 ② 극소화된 손실이 매몰비용보다 커지게 되면 생산을 중단한다.

59 ② 독점기업은 단기균형일 때 수요의 가격탄력성이 1보다 큰 구역에서 재화를 생산한다.

60 ⑤ 경쟁기업이 시장에서 퇴출되는 경우 과점시장이 형성될 수 있다.

61 ③ 자기자본이익률(ROE)은 순이익을 자기자본으로 나눈 비율이다. 따라서 A사의 자기자본이익률은 $288 \div 1,200 \times 100 = 24\%$이다.

62 ⑤ 제시문은 도덕적 해이의 사례이다.

    ㉡㉢㉤㉥ 도덕적 해이(moral hazard), ㉠㉣ 역선택(adverse selection)에 해당한다.

63 ⑤ 해당 사례는 현재 cash cow 단계에 해당한다.

※ BCG 매트릭스 요소

    ㉠ star : 시장성장률과 상대적 시장점유율이 모두 높은 사업 영역이다. 지속적인 투자와 육성이 필요하다.

    ㉡ question mark : 시장성장률이 높지만 상대적 시장점유율이 낮은 사업 영역이다. 선별적인 사업 투자 혹은 철수 전략이 필요하다.

    ㉢ cash cow : 시장성장률이 낮지만 상대적 시장점유율이 높은 사업 영역이다. 추가 투자를 최소화하고 창출된 현금을 다른 성장 사업에 재투자하는 전략이 필요하다.

    ㉣ dog : 시장성장률과 상대적 시장점유율이 모두 낮은 사업 영역이다. 사업 축소 또는 철수 전략이 필요하다.

64 ④ 관련 다각화는 기존 사업과 공통점이나 연관성을 가지는 새로운 사업 영역으로 확장하는 기업 전략이다. 해당 손익계산서는 관련 다각화를 통해 매출이 증가하고 원가율이 하락하는 등, 수익성이 개선된 모습을 보인다.

65 ① 지식변환 프로세스(SECI)는 지식의 수준이 높아지는 나선형 상승 운동으로 이루어진다.
② 연구원들은 체득한 암묵지를 다른 연구원들과 공유하였다.
③ 공유된 암묵지를 명시지로 변환하는 것은 표출화이다.
④ 신입 연구원의 실습 훈련은 내면화 과정이다.
⑤ 지식변환 프로세스(SECI)는 동적인 지식창출 모델이다.

66 ⑤ 공급량과 수요량이 동일할 때 균형이 이루어지므로 바나나의 균형가격은 1,000원이다.
① 완전경쟁시장에서 한계수입은 수요곡선과 일치하므로, 시장가격, 평균수입, 한계수입은 동일하다. 따라서 균형가격이 1,000원이고 균형거래량이 10개이므로 한계수입은 1,000원이 된다.
② 600원을 기준으로 가격상한제를 실시할 경우 구입할 수 있는 수량이 7개이므로 거래량은 7개가 된다.
③④ 생산자잉여는 가격이 높을수록 커지고, 소비자잉여는 가격이 낮을수록 커진다.

67 ① 세이프가드 : 특정 상품의 수입이 급증할 때 해당 상품의 수입을 일시적으로 제한하는 조치이다.
② 최혜국 대우 : 통상, 항해조약 등에서 한 국가에서 타국에 부여하는 유리한 대우를 의미한다.
③ 양허관세 : 협상을 통해 공인된 관세 이상으로 관세를 부과하지 않는 것을 의미한다.
④ 수입쿼터 : 수입관리제도로 자국산업을 보호하기 위해서 수입총량에 할당량을 정해 정해진 한도에서 수입을 승인하는 제도이다.
⑤ 슈퍼301조 : 미국 종합무역법에서 교육대상국에게 차별적으로 보복이 가능하도록 제정된 조항을 의미한다.

68 ④ 'ⓒ 고정환율제도 → ⓒ 조정 가능한 고정환율제도(변동폭 1%) → ⓒ 변동환율제도(변동폭 2.5%) → ⓒ 변동환율제도'의 순서로 국제통화제도가 변화하였다.

69 ⑤ 인수합병은 시장에 빠르게 진입할 수 있고, 피인수기업이 지닌 기술 등 우위요소를 비교적 쉽게 확보할 수 있다는 장점이 있다.

70 ① 생산공장은 저렴한 인건비, 투자유치를 위한 정부의 적극적 지원 혜택 등의 이유로 개발도상국에 입지한다. 시장개척과 무역장벽 극복을 위해 경제블록에 입지하는 경우도 있다.

71 ② 재화의 저장가능성 및 저장에 드는 비용은 공급의 가격탄력성에 영향을 미치는 요인이다.
①③④⑤ 수요의 가격탄력성을 결정하는 요인은 재화의 성격, 대체재의 존재 여부, 소비지출에서 재화가 차지하는 비중, 고려되는 기간이 있다.

72 ① 소매아코디언 이론(retail accordion theory)은 홀랜더(S. C. Hollander) 교수가 주장한 것으로, 상품의 가격이나 마진이 아니라 상품믹스(product mix)의 변화에 초점을 맞추고 있다. 소매상의 변천은 제품구색의 변화에 초점을 맞추어 제품구색이 넓은 소매상(종합점)에서 제품구색이 좁은 소매상(전문점)으로, 이후 종합점으로 되돌아 오는 것으로, 아코디언처럼 제품구색이 늘었다 줄었다 하는 과정을 되풀이하는 이론이다.

73 ① 한계대체율은 소비자의 주관적인 교환비율이다.

74 ⑤ 현금보조는 소비자에게 재화의 선택권이 있어 현물보조와 같거나 더 높은 효용을 제공할 수 있다.

75 ① 단기 생산함수는 노동의 투입량만을 가변요소로 본다. 장기 생산함수는 장기적으로 노동뿐만 아니라 자본도 변동할 수 있다고 본다.

76 ④ 평균비용곡선은 평균고정비용곡선과 평균가변비용곡선의 수직합이다.

77 ③ A국의 물가가 오를수록 A국의 통화는 평가절하된다.

※ **구매력평가설(PPP : purchasing power parity theory)**
　㉠ 환율이 양국 통화의 구매력에 의하여 결정된다는 이론으로, 스웨덴의 경제학자 카셀(G.Casel)이 제시하였다.
　㉡ 국내물가와 해외물가의 변동이 균형환율에 어떻게 반영되는지를 설명하는 이론이다.
　㉢ 화폐의 구매력은 물가와 반비례하므로 양국에서 물가 상승률의 차이가 발생하면 양국통화의 구매력 차이가 발생한다. 따라서 환율변화율은 양국의 인플레이션율의 차이와 동일하다.
　㉣ 일물일가의 법칙을 국제시장에 적용한 이론으로 단기적인 환율의 움직임은 잘 나타내지 못하고 있으나 장기적인 환율의 변화추세는 잘 반영하는 것으로 평가된다.
　㉤ **구매력 평가설의 문제점**
　　• 환율결정요인으로 물가만 고려하고 물가 이외에 환율에 영향을 미치는 다른 요인들은 전혀 고려하지 못한다.
　　• 일물일가의 법칙을 가정하고 있으나 수송비 · 관세 등으로 인하여 현실적으로 일물일가의 법칙이 성립하지 않는다.
　　• 현실적으로 국제무역의 대상이 되지 않는 수많은 비교역재가 존재하고 있다.

78 ④ 해당 산업에 진입하려는 기업이나 퇴출하려는 기업이 존재하지 않아야 한다.

79 ① 자중손실 : 시장이 균형 상태를 벗어났을 때 발생하는 경제적 순손실이다.
② X-비효율 : 독점시장에서 기업 내부요인에 오는 비효율을 의미한다.
③ 지대추구 : 자신의 이익을 위해서 로비, 약탈, 방어 등과 같은 비생산적인 활동으로 자원을 낭비하는 것이다.
④ 이윤극대화 : 기업 활동 중 총수익에서 총비용을 뺀 이윤을 극대화하는 것으로 한계수입과 한계비용이 0이 되도록 하는 것이다.
⑤ 규모의 경제 : 기업 생산설비를 확대하면서 평균비용이 감소하는 현상이다.

80 ② 甲국은 매년 0에 가까워지고 있다. 즉, 소득분배가 균등하게 이루어지고 있다. 지니계수가 점차 개선되고 있으므로 완전균등선인 직선에 가까운 곡선으로 그릴 수 있다.
① 지니계수는 0과 1 사이의 값을 가지며, 0에 가까울수록 소득분배가 균등하다는 의미다.
③ 甲국은 지니계수가 점차 개선되고 있으므로, 최저생계비 또는 소득공제액에 미치지 못할 때 최저생계비와 실제 소득 간의 차액을 정부가 보조하는 부의 소득세제를 도입할 필요가 없다.
④⑤ 乙국의 지니계수가 1에 가까워지고 있으므로, 소득분배는 악화되고 소득불평등도는 증가하고 있다.

정답 및 해설

※ 문제는 p.48에 있습니다.

☑ ANSWER

1 ③	2 ①	3 ①	4 ①	5 ⑤	6 ③	7 ②	8 ①	9 ⑤	10 ④
11 ①	12 ⑤	13 ③	14 ④	15 ④	16 ④	17 ④	18 ②	19 ③	20 ①
21 ⑤	22 ④	23 ⑤	24 ⑤	25 ④	26 ③	27 ①	28 ④	29 ②	30 ④
31 ⑤	32 ⑤	33 ③	34 ④	35 ③	36 ⑤	37 ②	38 ②	39 ④	40 ④
41 ③	42 ⑤	43 ③	44 ③	45 ②	46 ①	47 ②	48 ④	49 ①	50 ⑤
51 ③	52 ③	53 ①	54 ⑤	55 ③	56 ①	57 ②	58 ②	59 ①	60 ①
61 ②	62 ⑤	63 ③	64 ③	65 ①	66 ④	67 ②	68 ④	69 ③	70 ④
71 ④	72 ②	73 ⑤	74 ②	75 ①	76 ④	77 ①	78 ⑤	79 ⑤	80 ⑤

1　③ 레온티에프 생산함수를 비용함수로 전환해서 한계비용을 구하는 것이므로, $Q = \dfrac{L}{2} = K$에서 $L = 2Q,\ K = Q$를 목적식에 대입하면 $TC = 100(2Q) + 50(Q) = 250Q$가 되며, 이때 한계비용은 $MC = 250$이 된다.

2　① 기능 부서의 상사 및 프로젝트 팀 관리자에 대한 이중적인 명령 체계를 갖는다.
　② 시장의 새로운 변화에 유연하게 대처할 수 있다.
　③ 기능적 조직과 프로젝트 조직을 결합한 형태이다.
　④ 단일 제품을 생산하는 조직에는 적합하지 않다.
　⑤ 조직의 복잡성이 증대된다.

　※ 매트릭스 조직
　　구성원이 원래의 종적 계열에 소속됨과 동시에 횡적 계열이나 프로젝트 팀의 일원으로서 임무를 수행하는 형태이다.

3　① 독점기업은 항상 수요곡선이 탄력적인 구간에서 생산이 이루어진다. 따라서 가격이 하락할 경우 생산자 총수입은 증가한다.

4　① 경제적 비용은 명시적 비용과 묵시적 비용의 합으로 나타내며, 기회비용을 포함하여야 한다.

5 ⑤ 정보의 비대칭성(information asymmetry)은 거래당사자 간에 보유한 정보의 양과 질이 다른 현상이다.

  ㉠ **도덕적 해이(moral hazard)** : 정보를 더 많이 가진 쪽이 정보의 비대칭을 이용해 이득을 취하는 것이다.

  ㉡ **역선택(adverse selection)** : 정보를 덜 가진 쪽이 정보의 비대칭 때문에 원하는 대로 선택을 하지 못하는 것이다.

  ㉢ **신호보내기(signaling)** : 정보가 있는 쪽이 정보가 없는 상대방에게 사적 정보를 신빙성 있게 전달하기 위해 취하는 행동이다.

  ㉣ **골라내기(screening)** : 정보가 부족한 쪽이 상대방의 사적 정보를 얻어내기 위해 유도하는 행위이다.

6 ③ GDP는 최종 생산물을 대상으로 하므로, C사가 생산한 바지 30벌에 대한 금액 1,000만 원이 GDP에 포함된다.

7 ② 정상재는 소득이 증가함에 따라 수요량이 증가하는 재화로 소득-소비곡선의 기울기가 양인 재화이다. 또한 소득탄력성의 관점에서 보면 수요의 소득탄력성이 0보다 큰 재화를 말한다. 정상재는 소득탄력성의 크기에 따라 구분한다. 소득탄력성이 1보다 큰 재화를 사치재(luxury goods)라 하고, 소득탄력성이 0보다 크나 1보다 작은 재화를 필수재(necessary goods)라 한다. 그리고 소득의 증가가 오히려 재화의 수요량을 감소시키는 재화를 열등재라고 하는데 소득-소비곡선의 기울기가 음이 된다. 열등재 중 특히 양(+)의 소득효과가 음의 대체효과를 능가하여 가격이 하락했음에도 수요가 감소하는 재화를 기펜재(giffen goods)라고 한다. 기펜재의 경우 수요의 법칙이 성립하지 않는다.

8 ① 제시된 내용은 더 많은 정보를 가진 검사기관이 상대적으로 정보를 덜 갖고 있는 소비자에게 필요한 정보를 감추는 행위를 말하고 있다. 이러한 행동은 도덕적 해이(moral hazard)의 사례로서 시민운동가 우진 씨는 이러한 사례를 수집하여 경각심을 일깨울 수 있을 것이다.

  ②⑤ 도덕적 해이의 문제를 해결하기 위해서는 근본적으로 윤리적인 경제관이 필요하다.

  ③ 문제의 근본원인을 소비지향적인 문화세대로 잘못 이해하고 있다.

  ④ 사례는 정부의 규제를 완화하기보다 적당한 규제를 가하는 것이 더 바람직하다.

9 ⑤ 시세조정 : '주가조작' 또는 '작전'이라고 부르는 행위로 사기적·불법적인 방법으로 주가를 조작하는 행위를 의미한다.

  ① 내부자거래 : 회사의 주요 주주나 임직원이 공개되지 않은 정보를 통해 주식을 매매하는 것을 의미한다.

  ② 단기매매차익 거래 : 상장법인의 임직원이나 주요 주주가 자신의 회사의 주식을 6개월 이내에 매도하여 얻은 차익이다.

  ③ 신고 공시의무 위반 : 법인의 재산이나 경영 등에 영향을 줄 수 있는 사실을 적절하게 공시하지 않은 것이다.

  ④ 주식 소유상황 보고의무 위반 : 상장법인의 임직원이나 주요주주가 소유주식이 변동이 있는 날부터 5일까지 변동 상황을 거래소에 보고하지 않은 것이다.

  ※ **불공정거래**
  시장에서 공정한 거래를 막는 부정한 방식의 거래이다. 불공정거래 유형으로는 시세조정, 내부자거래(미공개정보이용), 부정거래, 신고·공시의무 위반, 단기매매차익 거래, 주식소유·대량보유 보고의무 위반, 시장질서 교란행위가 있다.

10 ④ 양국 모두 자동차 생산이 증가함에 따라 비행기 생산이 일정한 비율로 감소하므로 기회비용은 생산량에 상관없이 동일하다. 하지만, 비행기만을 생산하면 동일하게 8대를 생산하지만 자동차만을 생산하는 경우 A국이 더 많이 생산한다. A국은 B국에 비해 자동차 생산의 기회비용이 낮고, 비행기 생산의 기회비용이 높다. 구체적으로, A국의 자동차 1대 생산의 기회비용은 비행기 0.5대이고, B국의 자동차 1대 생산의 기회비용은 비행기 2/3대이다. (A국의 비행기 1대 생산의 기회비용은 자동차 2대이고, B국의 비행기 1대 생산의 기회비용은 자동차 3/2대이다.)

11　① 본인과 비슷한 수준의 사람을 비교대상으로 삼는다.

12　⑤ 벤치마킹은 모범 사례를 분석하여 성과를 개선하는 경영 전략 기법이다.
　　① 동종업계 여부와 관계없이 해당 기업이 최상을 대표하는 기업이라면 벤치마킹 대상기업이 될 수 있다.
　　②③ 리스트럭처링(Restructuring)에 대한 설명이다.
　　④ 학습조직에 대한 설명이다.

13　③ 시장이나 제품의 확장이 아닌 내부 운영 효율화에 해당한다.

　※ 앤소프 매트릭스
　　㉠ 시장개발 : 기존 제품을 활용하여 신시장을 공략하는 전략이다.
　　㉡ 제품개발 : 기존 시장에 새로운 신제품을 출시하는 전략이다.
　　㉢ 시장침투 : 기존 제품을 활용하여 점유율을 높이는 전략이다.
　　㉣ 다각화 : 신제품을 활용해 신시장에 침투하는 전략이다.

14　④ 집단 면접 : 여러 명의 지원자가 한자리에 모여 특정한 주제에 대해 토론하거나 발표하는 방식이다.
　　① 정형적 면접 : 직무명세서를 기초로 사전에 정해진 질문만 하는 방식이다.
　　② 비지시적 면접 : 피면접자에게 최대한 의사 표현의 자유를 주도록 질문하는 방식이다.
　　③ 스트레스 면접 : 공격적인 질문을 통해 피면접자의 대처 능력을 관찰하는 방식이다.
　　⑤ 패널 면접 : 다수의 면접자가 한 명의 피면접자와 질의응답 하는 면접이다.

15　④ 고정비가 커질수록 손익분기점을 달성하는 데 필요한 매출이 증가하므로 높아진다.
　　① 손익분기점(BEP)은 총수입과 총비용이 일치하여 이익이 0이 되는 지점을 말한다.
　　② 고정비는 판매량과 관계없이 일정하므로 판매량이 늘어나도 감소하지 않는다.
　　③ 변동비율이 높으면 판매량이 늘어날수록 총비용이 증가하므로 손익분기점은 높아진다.
　　⑤ 판매단가가 상승하면 동일한 이익을 얻기 위한 판매량이 줄어들기 때문에 손익분기점은 낮아진다.

16　㉠ 특이성(distinctiveness) : 특정한 상황에서의 행동이 다른 상황에서의 행동에 비해 얼마나 다른지 평가하는 것으로 특이성이 높다면 외부 요인에 기인한 것으로 볼 수 있다.
　　㉡ 합의성(consensus) : 같은 상황에서 다른 사람들의 행동과 얼마나 일치하느냐에 관한 것으로 합의성이 낮다는 것은 타인의 행동과 불일치하는 것으로 내부적인 요인에 기인한 것이다.
　　㉢ 일관성(consistency) : 어떤 행동이 한 기간 동안 얼마나 계속되어 왔는지에 관한 것으로 일관성이 높다는 것은 내부적 요인에 기한 행동이다.

　※ 켈리(Kelley)의 귀인이론
　　자신이나 타인 행동 관찰 시, 그 행동의 원인이 내적 요인 또는 외적 요인 중 어디에 있는지 상대방에 대한 여러 축적된 정보를 바탕으로 추론하여 판단한다.

17　④ X사의 적정 기대수익률은 $5 + 0.7 \times (15 - 5) = 12\%$, Y사는 $5 + 1.5 \times (15 - 5) = 20\%$이다. 따라서 실제 기대수익률과 동일한 X사는 적정평가, 실제 기대수익률보다 낮은 Y사는 저평가 상태이다.

　※ 자본자산가격결정모형(CAPM)
　　자산의 기대수익률 = 무위험수익률 + 베타 × 시장위험프리미엄

18 ② 변동비는 원재료비와 판매수수료를 포함하여 총 600만 원, 고정비는 인건비와 임차료를 포함하여 총 240만 원이다. 손익분기점 매출액은 고정비 ÷ 공헌이익률이므로 다음과 같다.

$$240 ÷ \{(1,000 - 600) ÷ 1,000\} = 600$$

목표 영업이익 달성을 위한 매출액은 다음과 같다.

$$(240 + 320) ÷ \{(1,000 - 600) ÷ 1,000\} = 1,400$$

19 ③ 공급자의 교섭력이 약할수록 기업이 유리한 조건으로 계약할 수 있으므로 조달 비용이 하락한다.

※ 포터의 산업구조분석 모형

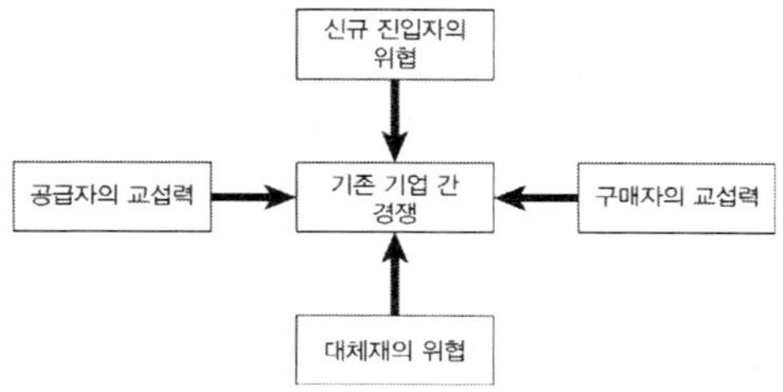

20 ① 재무상태표는 특정 시점의 자산, 부채, 자본을 나타내는 재무제표로, 기업의 수익성을 보여주는 매출총이익은 해당하지 않는다.

21 ⑤ 시장공급곡선이 더 완만한 형태를 갖는다.

22 ④ ㉠은 웹로그, ㉡은 쿠키이다. 쿠키는 개별 방문 이력만 저장하며 고객 전체 데이터베이스와는 거리가 멀다.

23 ⑤ 예산선은 소비자가 한정된 소득으로 구매할 수 있는 두 재화의 조합을 나타내므로 한 재화를 더 소비할수록 다른 재화의 소비가 줄어드는 대체관계에 있다.

24 ⑤ 엔화가 하락하고 있으므로, 일본산 부품 비중을 늘리는 것이 좋다.
① 엔화가 하락하고 있으므로, 외채 상환은 늦출수록 좋다.
② 달러화가 상승하고 있으므로, 미국 여행에 필요한 비용이 증가하여 미국 여행이 감소할 것이다.
③ 달러화가 상승하고 있으므로, 우리나라 제품은 미국 시장에서 가격이 낮아져, 가격경쟁력이 높아진다.
④ 달러화가 상승하고 있으므로, 학비 부담이 감소하여 한국으로 유학 오려는 미국 유학생이 증가할 것이다.

25 ④ 지수가 1보다 크다고 해서 반드시 생활수준이 개선되었다고 볼 수는 없다.

※ 라스파이레스 지수
가격평균의 동향을 파악하기 위해 계산한 물가지수이다. 경제종합지수에 이용되는 지수계산방식 중에 하나로, 계산법은 [(현재물가 × 기준년도 고정된 상품묶음) ÷ (기준년도 물가 × 기준년도 고정된 상품묶음)] × 100이다.

26 ③ 위험중립자의 효용함수는 소득의 증가에 따라 효용이 비례적으로 증가한다.

27 ① 경제적 이윤을 계산하는 것은 '수입 – 기회비용'이다. 카페 창업으로 나가는 고정비는 450만 원이고 이전 직장에서 얻은 수입은 월 300만 원이었다. 기회비용은 명시적 비용인 450만 원과 암묵적 비용인 300만원의 합으로 총 750만 원이다. 카페에서 얻고 있는 수입은 500만 원이므로 −250만 원의 경제적 이윤을 얻고 있다.

28 ④ 각 생산량에서의 장기총비용은 생산요소의 양이 고정된 상태에서 비용을 최소화해야 하는 단기총비용보다 작거나 같다.

29 ② '한계수입 > 한계비용'일 때, 생산을 늘림으로써 이윤을 증대시킬 수 있다.

30 ④ 완전경쟁시장이 성립하기 위해서는 완전한 정보, 가격수용자, 상품의 동질성, 자원의 완전한 이동성 등의 조건이 갖춰져야 한다. 다양한 소비자는 성립조건에 해당하지 않는다.

31 ⑤ 균형가격은 수요와 공급이 일치하는 수준에서 결정된다. 즉, $-0.5P + 200 = P - 100$이면 균형가격은 $Q_d = Q_s$가 되어야 하므로, $P = 200$이다.

32 ⑤ 수요함수를 $P = 100 - Q$로 바꾸면 총수입 $TR = 100Q - Q^2$이 되어 한계수입 $MR = 100 - 2Q$이다. 총비용함수를 미분하면 한계비용 $MC = 4 + 2Q$로 구해진다. 이제 $MR = MC$로 두면 $100 - 2Q = 4 + 2Q$, $4Q = 96$, $Q = 24$로 계산된다. 이윤극대화 생산량 $Q = 24$를 수요함수에 대입하면 $P = 76$이다.

33 ③ 만약 개인이 지불해야 하는 금액이 4만 원을 초과하게 되면 250명만 공원 건설을 찬성할 것이므로 과반수를 충족하지 못해 공원 건립이 불가능하다. 반면, 개인이 지불해야 하는 금액이 4만 원 이하라면 언제나 과반수의 주민이 찬성하게 되므로 공원 건립이 가능해진다. 따라서 공원 건립이 가능한 최대 건설비용은 3,000만 원(4만 원 × 750명)이다.

34 ④ 회계적 비용(명시적 비용)은 335만 원이므로 회계적 이윤은 215만 원이나, 경제적 비용은 595만 원이므로 경제적 이윤은 -45만 원이다.
　㉠ 명시적 비용 = 원재료비 + 급료 + 공과금 = 180 + 90 + 65 = 335만 원
　㉡ 암묵적 비용 = 귀속임금 + 귀속지대 + 귀속이자 = 130 + 110 + 20 = 260만 원
　㉢ 경제적 비용 = 명시적 비용 + 암묵적 비용 = 335 + 260 = 595만 원
　㉣ 회계적 이윤 = 총수입 - 회계적 비용 = 550 - 335 = 215만 원
　㉤ 경제적 이윤 = 총수입 - 경제적 비용 = 550 - 595 = -45만 원

　※ 경제적 비용과 회계적 비용

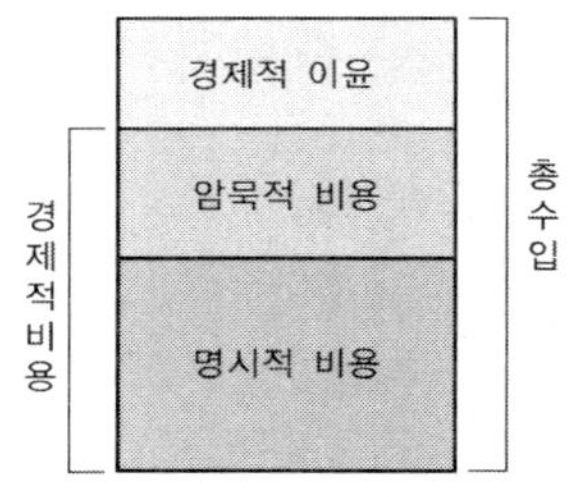

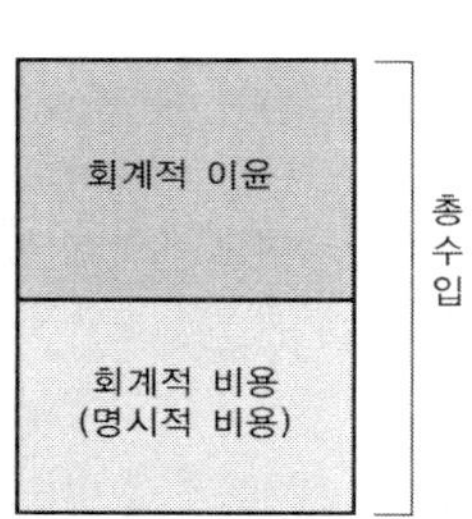

35 ③ 비용인상 인플레이션이 발생하면 필립스곡선은 수직으로 나타난다.

　※ 필립스곡선
　㉠ 영국의 경제학자 필립스가 명목임금 상승률과 실업률 사이의 관계를 실제 자료에서 발견하며 등장한 것으로 전통적인 인플레이션은 물가 상승과 실업의 감소를 초래하는데 필립스곡선은 이러한 물가 상승률과 실업률 사이의 음(-)의 상관관계를 나타낸다.
　㉡ 필립스곡선은 우하향하므로 실업률을 낮추면 인플레이션이 나타나기 때문에 인플레이션을 낮추기 위해서는 실업률의 증가를 감수해야 한다. 이것은 완전고용과 물가안정을 동시에 달성할 수 없음을 나타내며 필립스곡선은 이러한 모순을 밝힘으로써 정책분석에 크게 기여하였다.

© 필립스곡선이 수직으로 나타나는 경우
  • 자연실업률 가설에 의하면 장기 필립스곡선은 자연실업률 수준에서 수직이다.
  • 비용인상 인플레이션이 발생하면 생산은 정체하고 물가가 오르는 스태그플레이션이 발생하므로 필립스곡선이 수직이다.

36 ⑤ 수요곡선과 공급곡선이 비탄력적인 경우, 탄력적일 경우보다 균형산출량이 감소하는 폭이 적어, 산출 감소로 인한 후생순손실이 적어진다.

37 ㉠ 금융위기로 은행의 안정성이 의심됨에 따라 예금주들이 현금 인출을 늘리면 은행들의 신용창조여력이 약화되어 화폐공급이 감소할 것이다.
㉡ 기업들의 결제수요가 증가하게 되면 당좌예금 등에서 현금 인출을 늘릴 것이고 개인들 역시 명절준비를 위해 현금 인출을 늘린다면 은행들의 신용창조 여력이 약화되어 화폐 공급이 감소할 것이다.
㉢ 한국은행이 지방은행으로부터 국채를 매입하게 되면 지방은행의 중앙은행 예치금 잔고가 늘어나게 된다. 지방은행의 자산이 증가하게 됨에 따라 신용창조를 할 여력이 증가하게 되고 화폐공급은 따라서 증가할 것이다.
㉣ 국제결제은행 기준의 자기자본비율을 높이는 것은 예금과 같은 은행의 자산 비중을 늘리고 대출과 같은 은행의 부채 비중을 줄이는 것을 의미한다. 이러한 과정에서 은행들이 건전성을 위해서 대출을 줄이면 신용창조가 위축되어 화폐 공급이 감소할 것이다.

38 ② 공공재는 비경합성과 비배제성을 갖지만, 공유재는 경합성과 비배제성을 특징으로 한다는 점에서 차이가 있다.

39 ④ 수출승수가 $\dfrac{1}{1-0.7+0.1} = 2.5$ 이므로 수출이 10억 불 감소할 때 승수효과는 수출감소분(-10억 불) $\times\ 2.5 =$ 소득감소분(-25억 불)이다.

40 ④ 완전경쟁시장과 독점적 경쟁시장의 장기균형은 초과이윤이 0인 상태에서만 성립한다.

41 ③ 코즈정리에 의하면 재산권이 부여되면 당사자 간의 자발적인 협의에 의하여 외부성 문제가 해결될 수 있다. 이때 재산권이 누구에게 부여되는지는 효율성과 무관하며, 소득분배에만 영향을 미친다.

42 ⑤ 경기가 과열상태에 있으므로 긴축적 총수요관리정책을, 그리고 경상수지가 적자이므로 평가절하(환율 인상)를 단행하는 것이 바람직하다.

43 ③ 통신서비스의 사용량을 X, 통신서비스의 가격을 P_X, 소득을 M이라고 하면 현재 지성은 $P_X \cdot X = \dfrac{M}{4}$가 되도록 소비하고 있음을 알 수 있다.

44 ③ 장기적으로 실업률을 낮추는 데 도움이 되는 정책은 ㉡과 ㉢이다.
㉠ 실업보험의 혜택을 늘리면 실업자들에게 적극적인 구직활동을 할 유인을 제거하여 장기적으로 실업률을 높이게 된다.
㉣ 노동조합은 노동시장의 경직성을 높여 실업률을 높이게 된다.
㉤ 통화량과 재정지출을 늘리면 단기적으로 총수요가 증가하여 실업률이 낮아지지만 장기적으로는 자연실업률 수준으로 회귀하게 된다.

45 ② 누진세는 소득이 증가할수록 평균세율이 증가하는 세금을 의미한다. 비만유발식품은 소득탄력성이 0에서 1사이에 있으므로 필수재의 성격을 가지고 있다. 일반적으로 필수재에 대한 소비비중은 소득이 낮을수록 더 크므로 비만유발식품에 대한 중과세는 역진적일 소지가 있지만, 소비양상의 형태에 따라서 달라질 수 있다.

46 ㉠ 먼저, 세금을 제외한 균형가격과 수량을 구한다.

수요 곡선 : $Q_d = 150 - 2P$

공급 곡선 : $Q_s = -100 + 3P$

균형상태에서 수요량은 공급량과 동일하므로($150 - 2P = -100 + 3P$) 이를 가정하여 균형가격과 수량을 구한다.

$150 + 100 = 2P + 3P$

$250 = 2P + 3P$

$P = \dfrac{250}{5} = 50$

$\therefore Q_d = 150 - 2(50) = 150 - 100 = 50$

㉡ 세금을 적용하여 균형가격과 수량을 구한다.

상품당 25원의 세금이 부과되면 공급 곡선이 25원 상승하므로,

$Q_s^t = -100 + 3(P - 25)$

$Pc = 150 - 2Pc = -100 + 3Pc - 75$

$150 + 100 + 75 = 2Pc + 3Pc$

$325 = 5Pc$

$\therefore Pc = 65$

㉢ 생산자의 가격은 소비자가 지불하는 가격보다 25원 저렴하다.

$Pp = Pc - 25 = 65 - 25 = 40$

㉣ ㉢을 대입하여 수량을 다시 구하면,

$Q_d = 150 - 2(65) = 150 - 130 = 20$

㉤ 마지막으로 단위당 세금과 판매 수량을 곱하면,

$25 \times 20 = 500$

$\therefore 500$원이다.

47 ㉡ 파레토최적이더라도 무차별곡선이 볼록성을 충족시켜야 일반균형이 성립한다.

㉣ 일반균형이더라도 외부효과가 발생하지 않아야 파레토최적이 된다.

※ 일반균형 및 파레토최적

㉠ 일반균형 : 경제의 모든 시장이 균형을 이룰 때 발생하는 것으로, 모든 시장에서 공급과 수요가 일치하는 것을 의미한다.

㉡ 파레토최적 : 사회 다른 사람에게 손해를 입히지 않으면서 어떤 개인에게 이득이 되는 변화를 만들어내는 것이 불가능한 자원배분 상태를 일컫는다. 참고로 파레토개선은 하나의 자원배분상태에서 어느 누구에게도 손해가 가지 않게 하면서 최소한 한 사람 이상에게 이득을 가져다주는 변화이다.

※ 후생경제학의 제1정리와 제2정리

일반균형 성립	제1정리 : 외부효과 없음 → ← 제2정리 : 볼록성조건충족	파레토최적 성립

48 ④ 사람들의 선호관계를 알고 있을 때 이를 활용하여 자신이 원하는 대안이 채택되도록 전략을 설계하는 문항이다. B 의원은 현재와 같이 자연녹지 상태를 유지하고 싶어 하지만, 아무런 대안도 제시하지 않으면 다수결 투표에서 14 : 7로 염색공단이 최종안으로 결정될 것이다. 반면, 생태공원을 대안으로 발의하면 1단계에서 12 : 9로 생태공원이 개발안으로 채택되고, 2단계에서 12 : 9로 현상 유지안이 최종안으로 결정된다.
　①③ 풍력발전소나 자전거도로를 대안으로 발의하면 1단계에서 염색공단이 개발안으로 채택되어 결국 염색공단이 최종안으로 결정될 것이다.
　② 아파트단지를 대안으로 제시하면 1단계에서 아파트단지가 개발안으로 채택되고 2단계에서 아파트단지 안이 최종안으로 결정된다.

49 ① 구매력 평가설에 의하면 환율은 양국의 인플레이션율의 차이만큼 변한다. 그러므로 다른 조건이 일정할 때 우리나라의 통화량이 증가하여 물가수준이 상승하면 원/달러 환율이 상승한다.

50 ⓒⓔ 생산물시장과 요소시장 모두 완전경쟁일 경우 균형점에서 도출되는 산식이다.
　ⓐ 요소수요곡선상의 모든 점에서 항상 성립하므로 시장형태에 관계없이 항상 성립한다.
　ⓑ 이윤극대화 고용량결정조건이므로 균형점에서는 항상 성립한다.

51 ③ 포지셔닝이 소비자의 기호 변화, 경쟁제품의 진입 등으로 경쟁우위를 잃었을 때에는 재포지셔닝을 해야 한다.

52 ③ 전환비용은 잠재적 진입자와 관련이 있긴 하지만 주로 구매자에게 영향을 미친다. 그러므로 선지 중 정답을 고르면 전환비용이 적절하다.
　①②④⑤ 잠재적 진입자와 관련이 있는 요인이다.

53 ① question mark : 선별적인 사업 투자 혹은 철수 전략이 필요하다.
　② star : 급속한 성장기회를 활용하기 위해 많은 자금의 투자(생산시설의 확충 등)가 필요하다. 높은 시장점유율, 시장성장률 등으로 경쟁우위에 있어 많은 수익을 남긴다.
　③④ cash cow : 높은 시장점유율로 안정적인 지위를 확보하고 있어 많은 이익을 발생시키지만, 시장성장률이 낮으므로 시장에서의 지위 유지를 위해 새로운 투자를 많이 요구하지는 않는다.
　⑤ dog : 성장기회가 거의 없고, 수익이 나지 않으므로 해당 사업의 축소 또는 철수전략을 취하게 된다.

54 ⑤ 시장개발에 적합한 전략이다.
　①② 제품개발과 관련된 전략이다.
　③④ 시장침투와 관련된 전략이다.

55 ③ 핵심부문은 내부화하고 비핵심부문만 분리 및 매각하여 시장을 통해 조달한다.

56 ① 기업의 R&D는 차별화우위를 창출하기 위해 필요한 플랜이다.

57 ② 규모의 경제 실현을 통해 진입장벽을 구축하는 것은 원가우위 전략에 관한 설명이다.

58 ② 증가와 창조에 관한 질문은 구매자의 가치를 향상시키고 새로운 수요를 창출한다.

59 ① 선수금은 물품·용역을 제공하기 전에 계약금으로 미리 받은 돈으로, 유동부채에 해당한다. 유동자산인 선급금(거래처로부터 물품·용역을 받기 전에 계약금으로 미리 준 돈)과 구분해야 한다.

60 ① 행태이론은 해외직접투자가 반드시 합리적이거나 경제적인 동기에 의해서 이루어지는 것이 아니라 외부적 자극에 의해 이루어진다고 주장한다.

61 ② 총괄생산계획의 결정변수는 재고수준, 하도급, 노동인력의 조정, 생산율의 조정 등이 있다.

62 ⑤ 재고는 판매 활동을 촉진하고 가격 변동에 대응하기 위한 수단으로 활용될 수 있다.

> ※ 재고의 기능
> ㉠ 재고보유를 통한 판매의 촉진
> ㉡ 투자 및 투기의 목적으로 보유
> ㉢ 소비자에 대한 서비스
> ㉣ 부문 간의 완충역할
> ㉤ 취급수량의 경제성

63 ㉠ 참여형 : 업무능력은 높지만 의욕이 낮은 경우이다. 많은 지원을 하지만 지시는 자제해야한다. 정보를 공유하여 의사결정과정을 함께 진행한다.
㉡ 설득형 : 업무능력은 낮으나 의욕이 높은 경우로 팀장이 내린 결정을 설명하고 그 결정을 수용할 수 있도록 설득한다.
㉢ 위임형 : 업무능력과 동기가 탁월하다면 지시는 가급적 적게 하고 권한과 책임을 위임한다.
㉣ 지시형 : 업무성숙도가 낮은 직원에게 필요하다. 업무능력과 의욕이 낮은 상태이므로 구체적인 지시와 꼼꼼한 관리감독이 필요하다.

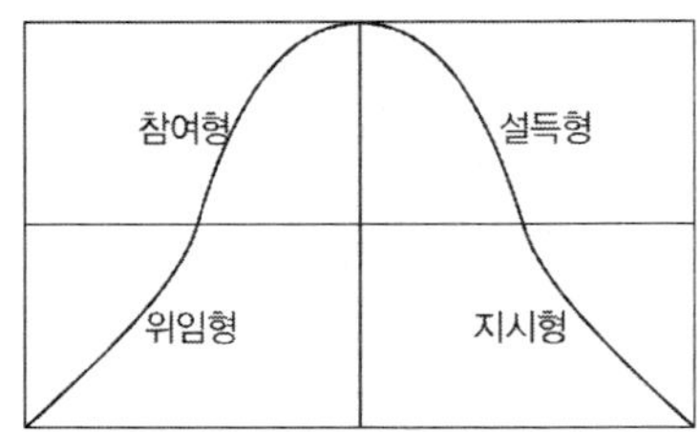

64 ③ JIT 시스템의 효과로는 ㉣㉢㉤ 외에도 고설계 적합성, 납기의 100% 달성, 재고변동의 최소화, 생산 리드타임의 단축, 낮은 수준의 재고를 통한 작업의 효율성 등이 있다.

65 ① 셀 제조방식은 공정 집약으로 불필요한 도구의 사용이 감소한다.

> ※ 셀 제조방식에 대한 효과
> ㉠ 도구사용의 감소
> ㉡ 로트크기의 감소
> ㉢ 유연성 개선
> ㉣ 작업공간 절감
> ㉤ 작업준비시간 단축

66 ④ 알더퍼의 ERG이론 단계는 (하위단계)존재욕구 → 관계욕구 → 성장욕구(상위단계)이다. ㉠ 관계욕구, ㉡ 성장욕구, ㉢ 존재욕구에 해당하므로 순서는 ㉢ → ㉠ → ㉡가 된다.

67 ② 프렌치와 레이븐은 개인이 갖는 권력의 원천을 합법적 권력, 보상적 권력, 강압적 권력, 준거적 권력, 전문적 권력 다섯 가지로 구분한다.

※ 권력의 원천(프렌치와 레이븐)
　　㉠ 합법적 권력
　　　• 공식적인 지위나 직위에서 나오는 권력이다.
　　　• 권위에 대한 사회적 합의와 규칙에 의해 인정받는다.
　　㉡ 보상적 권력
　　　• 보상을 줄 수 있는 능력에서 나오는 권력이다.
　　　• 개인이 원하는 보상을 제공하거나 약속할 수 있는 능력에 기초한다.
　　㉢ 강압적 권력
　　　• 처벌 또는 부정적인 결과를 초래할 수 있는 능력에서 나오는 권력이다.
　　　• 처벌과 위협을 통해 행동을 조정하려는 능력이다.
　　㉣ 전문적 권력
　　　• 전문적인 지식, 기술, 능력에서 나오는 권력이다.
　　　• 타인의 신뢰와 존중을 통해 권력이 형성된다.
　　㉤ 준거적 권력
　　　• 매력, 카리스마, 존경 또는 동일시를 통해 얻는 권력이다.
　　　• 타인이 해당 인물을 존경하거나 닮고 싶어할 때 생기는 영향력이다.

68 ④ 자기결정이론(self determination theory) : 스스로 선택하고 결정할 수 있는 자율성, 성공적으로 수행할 수 있다는 유능감, 타인과 관계되고 인정받고 싶어하는 욕구(관계성)가 충족되어야 내적동기에 의해 더욱 효과적으로 행동할 수 있다는 이론이다.

① 기대이론(expectancy theory) : 개인은 자신의 행동이 특정 결과를 가져올 것이라는 기대와 그 결과에 대한 가치를 바탕으로 동기부여를 받는다는 이론이다. 동기부여 = 기대 × 수단성 × 유의성으로, 기대는 노력이 성과로 이어질 가능성에 대한 믿음을 의미하며 수단성은 성과가 보상으로 이어질 가능성에 대한 믿음, 유의성은 보상이나 결과의 가치에 대한 개인의 평가를 의미한다.

② 공정성이론(equity theory) : 자신의 투입과 산출을 타인과 비교하여 공정성을 느낄 때 동기부여를 받는다는 동기부여 이론이다. 주요 요소로 투입, 산출, 비교대상이 있는데 투입은 개인이 일에 기여하는 노력이나 시간, 기술 등을 의미하며 산출은 개인이 일로부터 얻는 보상, 인정, 혜택 등이다. 비교 대상은 비교의 기준이 되는 타인을 의미한다.

③ 목표설정이론(goal setting theory) : 구체적이고 도전적인 목표가 동기부여를 강화하며 성과를 향상시킨다는 동기부여 이론이다. 목표는 명확하고 구체적일수록 효과적이며 적절히 어려운 목표가 동기부여를 높이고 진행 상황에 대한 피드백은 필수이다.

⑤ 상호작용이론(interaction theory) : 개인의 행동은 개인적 특성과 환경 간의 상호작용에 의해 결정된다는 동기부여이론이다. 상황적 요인의 개인 행동은 환경적인 요인(규범, 조직문화 등)에 영향을 받으며 개인적 요인은 성격, 가치관, 능력 등이 행동에 영향을 미친다. 상호작용의 효과는 이러한 상황적 요인과 개인의 요인이 함께 작용하여 나타난 결과이다.

69 ③ ㉠ 적정성, ㉡ 공정성, ㉢ 합리성이다.

70 ④ BCG 매트릭스에 대해 옳은 설명은 ⓒⓔⓜ 이다.

　　ⓐ BCG 매트릭스는 각 사업부의 시장성장률과 상대적 시장점유율을 기준으로 경쟁사 대비 성과를 계산해 4분위면에 표시하는 방법이다. 시장성장률은 사업부가 위치한 산업의 성장이 고성장인지 저성장인지를 가려낸다. BCG 매트릭스의 변형인 GE 매트릭스는 시장성장률과 시장점유율 대신 시장매력도와 기업의 강점을 기준으로 사업부의 경쟁적 위치를 파악한다.

　　ⓑ 매트릭스상에서 원의 크기는 매출액 규모를 의미한다.

71 ④ 케빈이 구입한 머그잔은 프랑스에서 생산된 것으로, 한국의 GDP는 변화가 없으며, 한국 기업이 프랑스에서 생산한 것이므로 GNP에 포함된다. 따라서 한국의 GNP와 프랑스의 GDP가 증가한다.

　　※ GNP(gross national product)
　　일정 기간 동안 한 나라의 국민이 새롭게 생산한 최종재화와 서비스 시장가치의 합으로, 자국 또는 외국에서 생산한 최종 재화 및 서비스의 가치를 반영한다.

72 ② 손익분기점(BEP) $= \dfrac{\text{고정비용}}{\text{판매가격} - \text{가변비용}}$ 으로, $BEP = \dfrac{1,500,000}{2,000 - 1,500} = 3,000$(개)이다.

73 ⑤ 오염배출권 거래제도의 사고구조를 요하는 문제이다. 거래가 성립되려면 상대가 포기해야 하는 것을 통해 얻을 수 있는 효용 이상을 보상해 주어야 한다. 따라서 A가 B에게 보상금을 주는 협상에서는 B가 상쾌한 공기를 포기하는 대가로 B에게 10,000원 이상을 주어야 하며, B가 A에게 보상금을 주는 협상에서는 A가 흡연을 포기하는 대가로 A에게 20,000원 이상을 주어야 한다.

74 ② 소비자 선택의 폭이 넓으며 국제전화시장에 경쟁이 일어나고 있다는 것을 의미할 뿐, 규모의 경제와는 관련이 없다.

　　※ 규모의 경제
　　생산량이 증가할수록 단위당 생산 비용(평균 비용)이 감소하는 현상이다. 즉, 대량 생산을 통해 비용을 절감하는 기업의 능력으로 기업이 성장하면서 경쟁우위를 확보할 수 있는 중요한 요소 중 하나이다. 생산과정에서 고정비용이 분산되고 전문화와 효율성이 증가하며, 원자재 및 물류비용의 절감, 연구개발 및 마케팅 비용 절감 등의 특징이 있다. 내부 규모의 경제는 기업 내부에서 발생하는 규모의 경제로 생산, 관리, 구매, 마케팅 등에서 발생한다. 외부 규모의 경제는 특정 산업이나 지역 전체가 성장하면서 기업들이 비용을 절감하는 것을 일컫는다.

75 ① 수요함수가 $Q = -P + 10$로 2명의 수요자가 있으므로 총 수요는 $2(-P + 10) = -2P + 20$이다. 공급함수는 $Q = 2P - 5$로 4명의 공급자가 있으므로 총 공급은 $4(2P - 5) = 8P - 20$이다. 시장균형은 수요량(총수요)＝공급량(총공급)일 때 성립하므로, $-2P + 20 = 8P - 20$이 된다.

　　ⓐ 균형가격
　　　$-2P + 20 = 8P - 20$
　　　$20 + 20 = 8P + 2P$
　　　$40 = 10P$
　　　$\therefore\ P = 4$

　　ⓐ 균형수량
　　　균형가격 $P = 4$를 공급함수에 대입하여
　　　총수요 $= -2(4) + 20 = 12$, 총공급 $= 8(4) - 20 = 12$이 되므로 균형가격(P)은 4, 균형수량(Q)은 12가 된다.

76 ④ 가격효과는 대체효과와 소득효과의 합으로 이루어지는데, 대체효과는 항상 양(+)이다. 그러나 소득효과는 특정 상품의 가격변화로 인해 실질 구매력이 변화하면서 발생하는 효과로 상품의 성격에 따라 소득효과가 달라질 수 있다. 즉, 정상재는 소득이 증가하면 소비량이 증가하여 소득효과가 양(+)이 되지만 열등재는 소득이 증가하면 소비량이 감소하여 소득효과는 음(−)이 된다. 따라서 대체효과가 양(+)인 상품이라도 가격효과는 소득효과에 따라 달라질 수 있다.

77 ① 주인−대리인 사이에 발생하는 도덕적 해이는 대리인이 주인의 의지와는 반대로 자신의 이익을 높이기 위해서 이윤을 높이기보다는 매출액을 높이는 등 안전 위주의 전략을 취한다든가, 근무태만 등의 허술한 행동을 보이는 것을 뜻한다. 주인−대리인문제를 해결하기 위해서는 대리인이 열심히 노력하여 많은 이윤을 얻을수록 대리인에게도 많은 보수가 주어지도록 하면 해소될 수 있다.

78 ⑤ 최대 예금통화의 양 $= \dfrac{\text{신규예금}}{\text{지급준비율}}$ 이며, 지급준비율이 20% = 0.2, 신규예금이 1억 원이므로 $\dfrac{1\text{억 원}}{0.2} = 5$억 원이 된다.

79 ⑤ 4P는 구매자들에게 영향을 미치기 위해서 활용되는 마케팅 도구를 판매자의 입장에서 본 것인 반면에 4C는 구매자의 입장에서 볼 때 각각의 마케팅 도구를 고객들에게 이점을 전달할 수 있도록 디자인되어야 한다. 이렇듯 로터본(Lauterborn)이 제시한 4C를 4P와 대응시키면 아래 그림과 같다.

80 ⑤ 그림은 커뮤니케이션 네트워크 형태 중 'Y형'을 나타낸 것이다. Y형은 확고한 중심인은 존재하지 않아도 대다수의 구성원을 대표하는 리더가 존재하는 경우에 나타나는 유형으로, 라인 및 스태프가 혼합되어 있는 집단에서 흔히 나타난다.

※ 문제는 p.78에 있습니다.

☑ ANSWER

1 ⑤	2 ②	3 ④	4 ③	5 ②	6 ②	7 ①	8 ④	9 ⑤	10 ②
11 ⑤	12 ③	13 ①	14 ④	15 ②	16 ②	17 ③	18 ⑤	19 ②	20 ⑤
21 ①	22 ②	23 ④	24 ④	25 ①	26 ⑤	27 ④	28 ④	29 ①	30 ④
31 ④	32 ④	33 ②	34 ①	35 ⑤	36 ⑤	37 ④	38 ⑤	39 ⑤	40 ①
41 ①	42 ⑤	43 ⑤	44 ②	45 ②	46 ①	47 ④	48 ②	49 ⑤	50 ②
51 ④	52 ④	53 ①	54 ②	55 ③	56 ④	57 ②	58 ④	59 ①	60 ③
61 ③	62 ①	63 ⑤	64 ④	65 ⑤	66 ⑤	67 ⑤	68 ④	69 ②	70 ③
71 ②	72 ④	73 ⑤	74 ⑤	75 ①	76 ③	77 ③	78 ③	79 ③	80 ③

1 ⑤ 윤정의 지난주와 이번 주의 소비 지출액은 각각 '20 × 7 + 30 × 3 + 20 × 6 = 350원'과 '30 × 5 + 20 × 4 + 30 × 4 = 350원'으로 같다. 만일 이번 주의 소비(빵 5개, 책 4권, 주스 4병)를 지난주에 선택하였다면 '20 × 5 + 30 × 4 + 20 × 4 = 300원'이므로 용돈 350원으로 소비가 가능하다. 그런데도 지난주에 이번 주와 같은 소비를 하지 않은 이유는 지난주 소비(빵 7개, 책 3권, 주스 6병)의 만족도가 이번 주 소비의 만족도보다 높거나 같기 때문이라는 추론이 가능하다. 반면, 이번 주에 지난주처럼 소비하려면 '30 × 7 + 20 × 3 + 30 × 6 = 450원'이 필요하므로 부모님께 받은 용돈 350원으로는 불가능하다. 이로써 윤정은 지난주처럼 소비하고 싶었지만, 가격변화로 구매할 수 없게 되어 포기했다고 추론할 수 있다. 따라서 지난주에 비해 이번 주에 윤정의 만족도가 떨어졌다는 추론이 가능하다.

2 ② 매슬로우의 욕구단계이론을 하위부터 상위단계까지 정리하면 '생리적 욕구 → 안전의 욕구 → 사회적 욕구 → 존경의 욕구 → 자아실현의 욕구'이다. ㉠ 안전의 욕구, ㉡ 생리적 욕구, ㉢ 사회적 욕구, ㉣ 자아실현의 욕구, ㉤ 존경의 욕구에 해당하므로 하위부터 상위단계 순으로 나타내면 '㉡ → ㉠ → ㉢ → ㉤ → ㉣' 이다.

※ 매슬로우의 욕구단계이론

㉠ 생리적 욕구 : 음식, 물, 공기, 수면, 의복, 주거 등 생존에 필수적인 기본 욕구이다.

㉡ 안전의 욕구 : 직업 안전성, 건강, 재산 보호 등 신체적, 경제적, 심리적 안전을 추구하는 욕구이다.

㉢ 사회적 욕구 : 가족, 친구, 사랑, 조직 등 타인과의 관계에서 소속감과 애정을 느끼고자 하는 욕구이다.

㉣ 존경의 욕구 : 내적 존경(자신감, 성취감, 독립성), 외적 존경(명성, 지위, 타인의 인정) 등 자신에 대한 존중과 타인으로부터의 인정 욕구이다.

㉤ 자아실현의 욕구 : 자기계발, 개인목표 달성 등 자신의 잠재력을 실현하고 성장과 자기 발전을 추구하는 욕구이다.

3　④ 자동안정화장치(built-in stabilizer) : 경기 확장 시에 민간경제주체들의 생산 및 소득 증대로 인해 재정흑자가 되고 조세수입이 증가하여 정부지출이 감소하는 반면, 경기 수축 시에는 재정적자가 되고 조세수입이 감소하여 경기변동을 완화해 주는 역할을 한다.
　① 확대 재정정책 : 경기가 침체되면 정부에서 재정지출을 늘리고 조세를 감면하여 경기회복을 추구하는 정책이다.
　② 승수효과 : 경제변량이 다른 경제변량에 의해서 연달아서 변화하는 것으로 최초의 변화량보다 몇 배의 변화를 하는 것을 의미한다.
　③ 긴축재정 : 재정규모의 확대나 축소를 경제성장률 이하로 정하는 재정방침이다.
　⑤ 구축효과 : 정부가 재정지출을 확대하면서 기업투자가 위축되는 현상이다.

4　③ 내쉬균형 : 존 내쉬의 비협력 게임 중 한 이론으로 죄수의 딜레마와 유사하다. 담합이라는 유리한 선택지에도 경쟁에서 이기기 위해서 단발성 배신을 하는 것을 의미한다.
　① 민스키 모멘트 : 부채로 인한 경기호황이 끝나면서 채무자의 부채상환능력이 악화되고 건전자산을 팔면서 자산의 가치가 폭락하는 것을 의미한다.
　② 포획이론 : 보호가 필요한 경제주체들이 이익집단을 형성하여 자신들에게 유리한 규제정책을 이끌어내는 것을 의미한다.
　④ 빌바오 효과 : 상징적인 문화시설을 지정하여 쇠락해가고 있는 도시를 문화산업을 통해 살려내는 것을 의미한다.
　⑤ 빅블러 현상 : 제품과 서비스 사이에 있는 경계가 급속하게 사라지는 현상을 의미한다.

5　② 저량(stok)은 특정 시점에서 측정되는 크기, 즉 축적된 상태를 일컫는다. 따라서 국부, 노동량, 통화량, 외채 등이 해당된다. 반면에 유량(flow)는 일정 기간 동안 측정되는 크기, 즉 변화의 흐름을 일컫는다. 따라서 국민소득, GDP 등이 해당된다. 국민소득은 일정 기간 동안 생산된 최종재화와 서비스의 소득합계로 유량에 해당된다.
　① 국가가 특정 시점에 보유한 총 자산으로 저량에 해당된다.
　② 특정 시점에 경제활동이 가능한 총 노동력으로 저량에 해당된다.
　④ 특정 시점에 유통되고 있는 총 화폐량으로 저량에 해당된다.
　⑤ 특정 시점에서 외국으로부터 빌린 총 부채로 저량에 해당된다.

6　② 화폐공급량이 감소하면 이자율이 상승하면서 부동산 구매 비용이 증가한다. 따라서 부동산 수요는 감소된다.
　① 화폐공급량 증가 → 이자율 하락 → 자금조달 비용 감소 → 주식가격 상승 → 투자 촉진
　③ 화폐공급량 증가 → 유동성 증가 → 채권수요 증가 → 채권 가격 상승 → 이자율 하락
　④ 화폐공급량 감소 → 이자율 상승 → 자금조달 비용 증가 → 기업 투자 감소
　⑤ 화폐공급량 증가 → 소비자 구매력 증가 → 소비재 수요 증가

7　① 절약의 역설은 저축이 증가하면 소비가 감소하여 총수요가 줄어들고 결국 국민소득이 감소할 수 있다는 이론으로, 저축이 증가할 때 투자가 되지 않는 선진국에 해당하는 이론이다. 개발도상국은 경제 개발 단계에 있기 때문에 저축 증가가 곧 자본 축적 및 생산력 확대를 위한 투자로 연결되므로 절약의 역설이 나타나지 않는다.

8　④ 해당 네트워크 유형은 수레바퀴형이다. 단순 업무의 경우 의사소통의 속도는 빠르고 정확도가 높은 편이다.

9　㉠ 생산자물가지수(PPI) 및 소비자물가지수(CPI)는 라스파이레스 방식으로, GDP디플레이터는 파세방식으로 지수를 산출한다.
　㉢ 비용인상 인플레이션이란 원자재 가격 상승, 임금상승 등 총공급의 감소로 발생하는 물가 상승 현상을 말한다.
　㉣ 메뉴비용이란 물가변화에 의해 가격이 조정될 경우 가격표(메뉴표) 작성비용이 발생하는 것을 말한다.

10 ② 실업률 = (실업자 ÷ 경제활동인구) × 100이다. 실업자 수가 경제활동인구에서 취업자를 뺀 150만명이므로, 실업률은 (150 ÷ 2,500) × 100 = 6%이다.

11 ⑤ 소득이 증가함에 따라 소득효과가 커지면서 여가에 대한 수요가 증가하기 때문에 후방굴절곡선이 발생한다.

12 ③ 경제활동참가율 = (경제활동인구 ÷ 생산가능인구) × 100이다. 따라서 (2,470 ÷ 3,800) × 100 = 65%이다.

13 ① 사회후생함수는 두 사람의 효용수준을 비교평가하여 하나의 종합적인 사회후생수준으로 표현하는 것으로 비교방식이나 평가방법에 대해 가치판단이 개입한다.

14 ④ 부가가치는 각 단계의 출하가에 매입가를 감산해서 계산한다. 따라서 낙농의 부가가치는 50 − 20 = 30, 유가공장의 부가가치는 60 − 30 = 30이므로, 둘의 합계는 60이다.

15 ② 디폴트 : 상환의지가 없는 채무불이행 상태를 의미한다. 특정국가에서 외국에서 받은 채무를 상환기간 내에 갚지 못해서 부도에 이르게 되는 상태이다.
① 뱅크런 : 부실 징후가 보이는 금융회사에 돈을 예치하고 있던 예금자가 몰려서 예금을 인출하는 사태이다.
③ 모라토리엄 : 상환의지가 있어 시간을 주면 갚을 능력이 되는 것으로 채무지급유예 조치에 해당한다. 천재지변, 화폐개혁 등의 혼란이 발생하면 이루어진다.
④ 치킨게임 : 극단적으로 경쟁을 하는 게임의 형태로 게임 참가자 어느 누구도 양보를 하지 않아 파국에 치닫게 되는 게임이론이다.
⑤ 바나나 현상 : build absolutely nothing anywhere near anybody의 앞글자를 따서 만든 신조어로 환경오염시설의 설치를 반대하는 사회현상을 의미한다.

16 ② GDP는 생산의 양을 나타내는 지표로, 소득분배의 불평등이나 비시장 활동 등은 반영하지 못한다.

17 ③ 기업가의 예상이나 심리변화 등의 요인으로 인해 소득과 무관하게 결정되는 투자는 독립투자이다. 유발투자는 소득이 증가하면 소비지출이 늘어나고 생산을 자극하여 기업이 생산설비를 확충하도록 유도하는 투자를 말한다.

18 ⑤ 한 재화의 수요가 증가함에 따라 보완재의 수요가 증가하고 보완재의 수요곡선이 우측으로 이동하며 가격이 상승한다.
① 한 재화의 수요가 증가하면 보완재의 수요도 증가한다.
② 보완재의 수요곡선은 우측으로 이동한다.
③ 대체재의 가격 변화 여부는 외부 요인에 따라 다르며 가격 불변은 보장되지 않는다.
④ 한 재화의 수요가 증가하면 대체재의 수요는 감소하고 수요곡선은 좌측으로 이동한다.

19 ② LM곡선이 수평일 때는 유동성 함정 상태를 나타낸다. IS곡선이 이동할 경우 이동한 만큼 국민소득이 증가한다. 즉, IS곡선의 이동폭 = 국민소득 변화폭이다. 단, LM곡선이 우측으로 이동하더라도 소득 증가 효과가 발생하지 않는다.

20 ⑤ 문제에서는 매몰비용(sunk cost)에 대해 묻고 있다. 매몰비용은 이미 지불되어 현재로서는 회수할 수 없는 비용을 말한다. 매몰비용은 의사결정에서 고려하지 않는다. 즉, 규호가 콘서트 입장권 구입에 대해 이미 돈을 지불하였으므로 이 비용은 회수할 수 없다. 인터넷을 통해 규호가 가지고 있는 입장권에 대해 용구가 사겠다는 의사를 보였을 경우, 규호가 퀵 비용 5,000원 이상을 받을 수만 있다면 두 사람 사이의 거래는 이루어진다.

21 ① 정책무력성의 명제 : 1975년 토머스 사전트와 닐 월리스가 합리적 기대이론에 기초하여 제안한 이론이다.

② 가속도원리 : 최초 소득증가가 소비를 증가시키고 이것이 기업의 투자를 유발하면서 소득이 증가한 것보다 더 큰 투자가 발생하는 것이다.

③ 소극적 정책 : 민간경제의 자율적 조정기능에 의해 안정이 이뤄질 수 있도록 정부가 개입을 자제하는 것이다.

④ 부의 효과 : 소비가 소득뿐만 아니라 부의 증가에 의해서도 증가한다는 것이다.

⑤ 순수기대가설 : 채권수익률의 기간구조를 설명하는 이론으로 장기채권 수익률은 예상되는 단기 수익률의 평균과 같다는 것을 의미한다.

22 ② 구매력평가설(PPP)은 환율이 두 국가 간의 물가수준 비율로 결정된다는 이론이며, 장기적인 환율 결정 모형으로 간주된다.

23 ④ 토빈의 q이론은 주식시장이 효율적으로 기업가치를 반영한다고 가정하기 때문에 실제로 주식시장이 비이성적으로 고평가될 경우 정확한 분석이 어렵다.

24 ④ 조세승수는 조세의 변화가 국민소득에 미치는 영향을 나타내는 지표로, $-\dfrac{\text{한계소비성향}}{1-(\text{한계소비성향})}$ 으로 계산한다. 이때 한계소비성향(MPC)은 소비함수 $C=100+0.5Y$로부터 도출하여 0.5가 된다. 따라서, 조세승수는 $-\dfrac{0.5}{1-0.5}=-\dfrac{0.5}{0.5}=-1$이 된다. 국민소득이나 조세 크기는 MPC 계산에 영향을 주지 않는다.

25 ① 다른 금융상품들의 기대수익률이 하락하면 자금공급곡선이 우측으로 이동한다.

26 ⑤ 지문에 명시된 케인즈학파가 주장하는 비자발적 실업의 이유는 ㉢과 ㉣이다.

㉠ 균형임금보다 높은 수준의 효율임금을 지급할 때 비자발적 실업이 나타난다.

㉡ 기업주는 노동자와의 장기임금계약 체결을 선호하며, 이에 따라 임금이 상당기간 경직성을 띠어 비자발적 실업이 나타날 수 있다.

27 ④ 선행종합지수

①② 동행종합지수

③⑤ 후행종합지수

28 ④ 힉스의 순환제약론 : 투자의 가속도 원리와 소비의 승수효과가 결합해 경기가 순환적으로 변동한다고 주장한 이론이다.

① 균형성장이론 : 장기적인 경제성장 경로를 설명하는 이론으로, 성장률의 균형 유지에 초점을 둔다.

② 고전학파의 자동조정이론 : 시장의 자동조정 메커니즘을 설명하는 이론이다.

③ 구조변동이론 : 급변하는 환경에 적응하기 위해 기업이나 조직이 변화하는 모습을 설명하는 이론이다.

⑤ 효율임금이론 : 기업이 시장 균형 임금보다 높은 임금을 지급하면 근로자의 생산성이 향상되어 이익이 증대된다는 이론이다.

29 ① CCSI는 소비자의 경제 상황에 대한 인식을 나타내는 심리 지표이므로 지수 상승이 실제 소득이나 소비의 증가를 의미하는 것은 아니다.

30 ④ ㉠은 노동자 1인당 자본량을 유지하기 위해 필요한 투자액이다.
① ㉡과 ㉠의 교점은 균형상태로, 자본량이 변화 없이 유지된다.
② A 구간은 1인당 자본의 축적이 자연 감소분보다 큰 구간으로, 빠르게 성장할 수 있다.
③ 저축률이 증가하면 투자곡선이 위로 이동하여 B가 줄어들고 A가 넓어진다.
⑤ ㉡은 생산 중 저축과 투자로 전환된 부분을 나타낸다.

31 ④ 후생은 최적관세율에서 가장 높고 이후부터 감소한다.
① 무역량의 감소에 따른 음(−)의 효과는 교역조건의 개선으로 순이익이 극대화 되도록 하는 관세를 의미한다.
② 교역 상대국이 자국 입장에서 최적관세를 부과할 경우 교역조건 악화에 따른 손실을 회복할 수 있으나 무역량은 더욱 감소하게 된다.
③ 최적관세를 부과함에 따라 세계 전체적으로 자유무역에 비해 후생이 감소한다.
⑤ 한 국가가 최적관세를 부과할 때 상대국이 최적관세를 부과하지 않더라도 관세 부과국의 이익은 교역 상대국의 손실보다 작다.

32 ④ 하향확장전략(downward stretching)은 새로운 경쟁자가 중저가 시장으로 진입할 가능성을 견제하고 사전에 봉쇄하여 중저가 시장을 공략하기 위해 실시하는 전략이다. 또한 저가 세분시장이 급속히 성장하는 경우에도 중저가 제품라인을 추가하여 시장을 확대할 수 있다.

33 ② 종합수지가 적자일 경우 준비자산이 감소하고, 흑자일 경우 준비자산이 증가한다.

34 ① 오버슈팅 이론은 단기에 환율이 과도하게 상승했을 때 시간이 지나면서 물가가 조정되고, 환율이 점차 하락하여 새로운 장기균형으로 수렴되는 것을 말한다.

35 ⑤ 열등재의 가격이 하락하면 대체효과에서는 수요량이 증가하고 소득효과에서는 실질소득이 증가하지만 수요량은 감소한다. 결국 열등재의 가격이 하락할 때 수요량이 늘어난다는 것은 대체효과가 소득효과보다 크기 때문이다.
① 기펜재는 열등재 중에서 대체효과보다 소득효과가 더 큰 경우이다. 하지만 일반적인 열등재는 대체효과가 소득효과보다 더 크다. 결국 기펜재는 열등재이지만 모든 열등재가 기펜재는 아니다.
② 레온티에프 효용함수의 경우 무차별곡선이 L자형이고 대체효과는 0이다. 결국 무차별곡선이 L자형이면 대체효과와 소득효과의 합인 가격효과와 소득효과는 동일하다.
③ 소득소비곡선이 우상향하는 직선이라는 것은 소득이 증가할 때 두 재화의 수요가 모두 증가함을 의미한다. 결국 두 재화 모두 정상재이다.
④ 실질소득은 증가했는데 소비가 감소했다는 것은 소득효과가 음(−)이라는 것을 의미하므로 열등재이다.

36 ⑤ 중간경영층에 관한 설명이다.

37 ④ 합병 NPV = 합병 후에 C사의 기업가치(1조) − B사에서 요구하는 인수비용(2,000억 원) − 합병 전에 A사의 기업가치(5,000억 원) = 3,000억 원

※ 순현재가치(NPV)
사업의 가치를 알려주는 척도 중 하나이다. 순현재가치는 편익의 현재가치에서 비용의 현재가치를 차감하면 구할 수 있다.

38 ⑤ 균형성과표를 통해 기업경영을 바라볼 때는 재무, 고객, 내부 프로세스, 학습과 성장 네 가지 관점 간의 균형잡힌 시각이 필요하며, 시장리스크는 리스크관리기법에서 고려한다.

39 ⑤ 페이욜은 기업의 활동을 기술, 상업, 재무, 보전, 회계, 관리의 6가지로 구분하였으며, 현대적 개념인 사회적 활동은 포함하지 않는다.

※ 페이욜의 6가지 경영활동
  ㉠ 기술적 활동(생산, 제조, 가공)
  ㉡ 상업적 활동(구매, 판매, 교환)
  ㉢ 재무적 활동(자본의 조달과 운용)
  ㉣ 보전적 활동(재화와 종업원의 보호)
  ㉤ 회계적 활동(대차대조표, 원가, 통계)
  ㉥ 관리적 활동(계획, 조직, 지휘, 조정, 통제)

40 ① 완전한 합리성은 최적해를 추구하며, 제한된 합리성에서 만족해를 추구한다.

41 ① 고전학파의 세계에서 확대재정정책을 실시하면 이자율이 오르고 구축효과가 발생하여 확대효과를 완전상쇄한다. 그 결과 소득은 변하지 않으며, 통화량이 불변하므로 물가도 불변한다.

42 ⑤ 수평적 커뮤니케이션은 정보수집 및 문제해결 등이 상대적으로 느리다. 더불어서 중간에 위치한 구성원을 제외하고는 주변에 위치한 구성원들의 만족감이 비교적 낮다는 평가를 받고 있는 유형이다.

43 ⑤ 화폐의 유통속도가 일정하다고 가정할 때 화폐수량설(MV = PY) 공식으로 통화공급의 증가율을 계산할 수 있다.
$\triangle M + \triangle V = \triangle P + \triangle Y$, $\triangle M$(통화공급증가율), $\triangle V$(화폐유통속도의증가율), $\triangle P$(물가상승율), $\triangle Y$(실질경제성장률)일 때, $\triangle Y = 3\%$, $\triangle P = 3\%$, $\triangle V = 0\%$(화폐 유통속도가 일정하다고 했으므로)이다.

$\triangle M = \triangle P + \triangle Y - \triangle V$

$\triangle M = \triangle 3\% + \triangle 3\% - \triangle 0\%$

$\triangle M = 6\%$

∴ 통화공급의 증가율은 6%이다.

44 ② 국민소득은 한 나라의 생산물 흐름의 가치를 어느 일정 기간을 두고 집계한 것이다.

국내총생산(GDP)	• '가계, 기업, 정부'라는 경제주체가 '한 나라'에서 생산해 낸 것을 돈으로 계산하여 합한 것 • 나라 안에서 생산된 것이라면 생산의 주체가 누구이든 상관없이 모두 포함시켜 계산
국민총소득(GNI)	• 1년 동안에 한 나라 '국민'이 벌어들인 소득을 합한 것 • 누구의 소득인지, 생산주체의 국적을 기준으로 계산

GDP는 속지주의가 적용되므로 미국에서 벌어들인 소득은 한국의 GDP에 합산되지 않고 미국 GDP에 합산된다. GNI는 속인주의가 적용되므로 한국인 최씨가 실직하게 되면 한국의 GNI가 감소한다.

45 ② 한계대체율은 소비자의 X재와 Y재의 주관적인 교환비율이다. MRS가 2로 일정하므로 C맥주(X재) 1병과 M맥주(Y재) 2병이 무차별하다. 즉, 민우는 C맥주를 M맥주보다 2배만큼 좋아한다. 그러므로 민우는 M맥주 3병을 모두 C맥주 3병으로 교환할 것이다.

46 ① 기회비용이 아닌 비효율성으로 인한 비용에 해당한다.

47 ④ 개발도상국이 선진국에 비해서 성장률이 높은 현상이다.

　① 가난한 국가의 성장률이 부유한 국가보다 더 커야 따라잡기 효과가 성립한다. 자본이 동일하게 일정량 증가한 경우 개발도상국의 성장폭이 선진국보다 높다.

　② 학습효과는 기존의 경제활동이나 축적된 자본으로 생산과정이나 경영기법을 개선하려는 노력을 통해서 지식이 축적되는 것을 의미한다. 학습효과를 통해 지속적인 경제성장을 이룰 수 있는 것으로 선진국과 개발도상국 사이에 성장률 격차가 좁혀지지 않는다.

　③ 개발도상국의 유휴노동력이 높아서 노동의 생산성이 높다.

　⑤ 정치적인 안정과 부패를 척결하는 것이 선행되어야 개발도상국의 선진국 따라잡기가 가능하다.

48 ② 프랜차이징 : 가맹본부가 가맹점에게 상표 등을 제공하고 그 대가로 가맹금을 받는 사업 시스템이다.

　① 트러스트 : 동일산업부문에서 자본결합을 축으로 한 독점적 기업결합을 의미한다. 카르텔보다 강력한 기업집중의 형태를 의미한다.

　③ 아웃소싱 : 경영효과를 높이기 위해서 기업의 업무 일부를 제3자에게 위탁해 처리하는 것을 의미한다.

　④ 벤치마킹 : 기업에서 경쟁력을 높이기 위해 타사에서 혁신적인 경영기법을 배우는 것을 의미한다.

　⑤ 합자회사 : 무한책임사원과 유한책임사원으로 구성되는 이원적 조직의 회사를 의미한다.

49 ⑤ 실업률 = (실업자 수 ÷ 경제활동인구수) × 100이다. 총 인구 5,000만 명에서 15세 미만 인구와 비경제활동인구를 제외한 경제활동 인구는 2,000만 명이다. 실업자가 120만 명이므로, (120만 명 ÷ 2,000만 명) × 100 = 6%가 된다.

50 ② 프로슈머 : 제품 소비를 넘어 생산 과정에 직접 참여하거나 영향을 마치는 소비자를 의미한다.

　① 기펜족 : 가격이 비싼 자동차, 양주, 명품가방 등의 최고급 물건을 선호하는 사람들을 의미한다.

　③ 스마트쇼퍼 : 합리적인 소비를 지향하며 저렴하면서 만족스러운 상품을 구매하는 소비자를 의미한다.

　④ 블랙컨슈머 : 제품을 판매한 기업에 부당이익을 취하기 위해 악성 민원을 고의로 제기하는 소비자를 의미한다.

　⑤ 몰링족 : 쇼핑몰에서 물건 구매, 문화활동, 공연, 교육 등을 원스톱으로 해결하는 소비계층을 의미한다.

51 ④ 동일 산업 내에 존재하는 기존 기업 간의 경쟁 정도에 관한 설명으로, 기업과 공급자 간의 문제와는 무관하다.

52 ④ '구두창 비용(shoe leather cost)'은 인플레이션으로 인해서 은행계좌로 받은 예금의 가치가 하락하기에 은행을 왕래하면서 구두창이 닳는 비용을 말한다. 인플레이션이 예상되면 명목이자율이 상승하므로 구두창 비용은 예상된 인플레이션의 경우에 크게 발생한다.

53 ① 사업경쟁력이 높고 시장매력도는 낮다면 이익 창출을 시도해 보는 것이 좋다.

　※ GE-맥킨지 매트릭스

　사업경쟁력과 시장매력도를 높음, 중간, 낮음으로 구분하여 확인하는 모형으로 신호등 전략이라고도 한다.

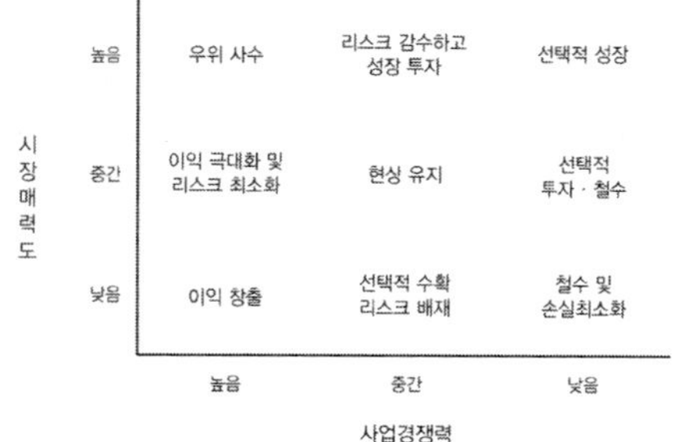

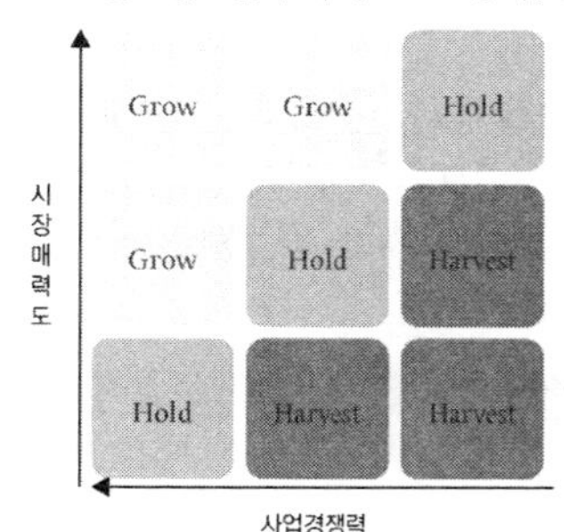

54 ② 기업의 성장은 ㉠ 단일 기업, ㉡ 수직적 통합, ㉢ 관련 다각화, ㉣ 비관련 다각화 순으로 이루어진다. 기존 사업과 연관성이 낮은 신사업으로 확장하여 위험을 분산하는 것은 비관련 다각화에 대한 설명이다.

55 ③ 원가우위 전략 : 원가절감을 위한 기업활동으로 경쟁자보다 원가상의 우위를 달성하여 시장점유율을 높이고자 하는 전략이다.

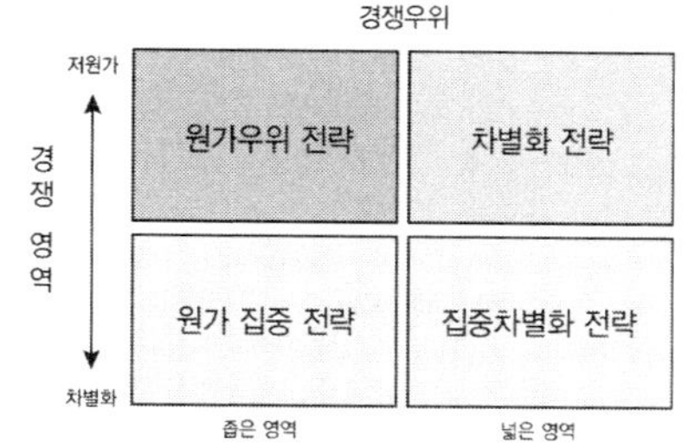

① 시장침투 전략 : 앤소프 매트릭스로 가격을 낮춰 광고를 통해 시장점유율을 높이는 전략이다.

② 차별화 전략 : 판매하는 제품이나 서비스를 경쟁사와 차별화하여 부가가치를 높이는 전략이다.

④ 다각화 전략 : 앤소프 매트릭스로 새로운 시장을 개척하여 신제품을 제공하는 전략을 의미한다.

⑤ 집중차별화 전략 : 특정한 집단을 표적으로 삼는 전략을 의미한다.

56 ④ 등대는 비배재성 및 비경합성 등을 지니는 공공재인데, 이러한 공공재의 생산을 민간이 담당하기는 어렵다. 사람들이 대가를 지불하지 않더라도 동일한 서비스를 누릴 수 있기 때문이다. 이처럼 무임승차자의 문제로 인해 공공재는 사회가 요구하는 만큼 공급이 어렵게 된다.

① 등대 소비로 인해 외부불경제가 발생하지는 않는다. 소비 측면의 외부불경제란 한 사람의 소비활동이 타인에게 의도하지 않게 손해를 주지만 배상하지 않는 것을 말한다.

② 선착순 자원배분은 시장에서 초과 수요가 발생했을 때 해결하는 방법 중 하나이다. 공공재 문제는 정부의 직접 생산으로 해결할 수 있다.

③ 공공재 생산의 어려움을 해결하기 위해서 정부가 직접 공공재를 생산한다. 즉, 공공재 문제는 정부의 시장 개입을 주장하는 근거가 된다.

⑤ 공공재는 한 사람의 소비가 다른 사람의 소비를 감소시키지 않기 때문에 경합성이 없는 재화이다.

57 ② 내부화 이론은 외부시장이 불완전할 경우 기업이 내부화를 통해 이익을 극대화하는 과정에서 해외직접투자를 하게 된다는 이론으로, 국가부도의 위험과는 관련이 없다.

58 ④ 영업이익(1조 원), 각가상각비(5,000억 원), 무형자산상각비(2,000억 원)의 합으로 총 1조 7,000억 원이다.

※ EBITDA
　기업에서 영업활동을 통해 벌어들인 현금 창출능력을 나타내는 지표이다. 법인세, 이자비용 등이 차감되기 전에 영업이익을 무형자산상각비와 감가상각을 더해서 구하지만, 편의상 영업이익과 감가상각비의 합으로 계산할 수 있다.

59 ① 4P는 price(가격), place(유통), promotion(촉진, 광고), product(제품)이다.

60 ③ AIDMA모형은 소비자를 '주의(attention) → 관심(interest) → 욕구(desire) → 기억(memory) → 행위(action)'의 단계를 거치는 존재로 보고, 광고 효과의 위계 역시 이에 따라 이루어진다고 본다.

61 ③ 시장세분화 마케팅 : 시장을 비슷한 특징을 가진 소비자 집단별로 나누어 전략을 수집한다.

① 타깃마케팅 : 모든 고객을 대상으로 하지 않고 특정 고객층만을 공략하는 전략이다.

② 제품차별화 마케팅 : 기업이 브랜드 로열티를 높이는 등의 방법으로 고객으로 하여금 자사 제품을 다른 경합제품과 구별할 수 있게 함으로써 수요를 통제하고 경쟁에서 유리한 입장을 확보하려는 전략이다.

④ 대량마케팅 : 대량생산, 대량유통, 대량촉진 등을 통해 단일제품을 소비자에게 판매하는 전략이다.

⑤ 일대일마케팅 : 고객 개개인을 위한 맞춤 상품 및 서비스를 제공하는 전략이다.

62 ① 공공재는 주로 정부가 공급하지만 공익적 성격의 민간서비스 등으로 민간에서도 제공될 수 있다.

　　※ **공공재(public goods)**
　　　비경합성·비배제성의 특성을 갖는 재화와 서비스이다. 대부분의 공공재는 국가나 지방자치단체 등에 의하여 공급되지만, 모든 공공재가 정부에 의해서 공급되는 것은 아니다.

구분		배제성	
		성립	불성립
경합성	성립	사용재(민간재) : 빵, 수박, 피자, 콜라	비순수공공재(공유자원) : 공동소유의 목초지, 낚시터
	불성립	비순수공공재 : 한산한 고속도로/수영장	순수공공재 : 국방, 법률, 공중파방송

63 ⑤ 국내시장에서 지배적인 상표는 제조업자 상표이다.

64 ④ 제품수명주기 그래프에서 ㉠ 도입기, ㉡ 성장기, ㉢ 성숙기, ㉣ 쇠퇴기를 나타낸다. 상표충성도가 높은 고객의 유지에 필요한 정도로 광고를 실시하는 것은 쇠퇴기에 해당하는 내용이며, 성숙기에는 상표차이와 효익을 강조하는 광고를 실시한다.

65 ⑤ 할인가격 결정법은 최종가격 결정방법에 해당한다.

　　※ **기준가격 결정법**
　　　㉠ **목표가격 결정법** : 목표 이익 또는 투자 대비 수익률을 기준으로 가격 설정한다.
　　　㉡ **손익분기점 분석법** : 고정비와 가변비를 고려하여 손익분기점을 초과하도록 설정한다.
　　　㉢ **지각가치 기준법** : 소비자가 인식하는 제품의 가치를 기반으로 설정한다.
　　　㉣ **원가 기준법** : 원가에 마진을 더해 설정한다.
　　　㉤ **경쟁 기준법** : 경쟁사의 가격을 기준으로 설정한다.

66 ⑤ 본사가 직영점을 직접 운영함으로써 가맹점보다 더 높은 투자수익을 거둘 수 있는 기회를 놓칠 수 있는 단점이 있다.

67 ⑤ 기업회계 기준서에서는 기업들에게 재무상태표, 포괄손익계산서, 자본변동표, 현금흐름표 등의 재무제표를 공시하도록 요구하고 있다.

68 ④ 수익의 발생은 부채의 증가와 직접적으로 연관되지 않으므로 차변에 기록되지 않는다.

　　※ **차변(debit) 및 대변(credit)**
　　　㉠ **차변(왼쪽에 기록되는 항목)**
　　　　• 자산의 증가 : 현금, 재고, 장비 등
　　　　• 비용의 발생 : 급여, 임대료, 광고비 등
　　　　• 부채의 감소 : 대출 상환 등
　　　　• 자본의 감소 : 배당금 지급 등
　　　㉡ **대변(오른쪽에 기록되는 항목)**
　　　　• 부채의 증가 : 대출, 미지급비용 등
　　　　• 수익의 발생 : 매출, 이자수익 등
　　　　• 자산의 감소 : 현금 감소, 매각 등
　　　　• 자본의 증가 : 주식 발행 등

69 ② 자기주식의 취득은 재무활동을 통해 유출되는 현금흐름에 해당된다.

70 ③ IFRS는 법적 형식에 따른 회계처리를 적용하지 않고 거래의 실질에 따라 회계처리를 적용한다.

71 ② ㉠은 지원형(고능력 저의욕), ㉡은 지도형(저능력 고의욕), ㉢은 위임형(고능력 고의욕), ㉣은 지시형(저능력 저의욕)이다. 해당 사례에서 A 씨는 의욕은 높지만 능력이 낮은 경우로, 지도형 리더십을 적용하여 충분한 교육 기회를 주는 것이 적절하다.

72 ④ 활동기준경영 : 기업의 활동을 단위별로 파악하여 이익을 증대하는 기법이다.
① 적시생산시스템 : 재고자산을 필요한 시점에 필요한 양만 구매하거나 생산하는 시스템이다.
② 품질원가관리 : 제품의 품질에 문제가 없도록 예방하거나 제품에 결함이 발견된 경우 이를 해결하는 데 소요되는 모든 비용을 관리하는 기법이다.
③ 목표원가관리 : 특정제품으로부터 요구수익률을 달성할 수 있는 범위 내에서 허용된 원가를 관리하는 기법이다.
⑤ 수명주기원가관리 : 제품이나 서비스의 연구개발 단계에서부터 폐기처분 단계에 이르기까지 수명주기 전체에서 발생하는 원가를 관리하는 기법이다.

73 ⑤ 표면이자는 액면가에 표면이자율을 곱하여 계산한다.

74 ⑤ 제시된 그림에서 E_1에서보다 모든 사람이 최소한 같은 만족을 얻고 한 사람 이상이 더 높은 만족을 얻는 실현가능한 배분을 찾을 수 없을 때 E_1은 파레토최적 또는 파레토 효율적인 배분이다. 제시된 그림에서 E_2에서와 같이 주어진 배분에서 두 사람의 무차별곡선이 교차하게 되면 A의 무차별곡선보다 오른쪽 위에 위치하면서 B의 무차별곡선보다는 왼쪽 아래에 위치하는 배분을 항상 찾을 수 있고, 이 배분에서 두 사람은 더 만족한다. 따라서 두 사람의 무차별곡선이 교차하는 지점의 배분은 파레토최적이 되지 못하고 오직 E_1의 배분과 같이 두 사람의 무차별곡선이 접하는 경우에만 파레토최적이 달성된다. 그리고 자원배분이 파레토 효율적이라고 해서 항상 사회후생이 극대화되는 것은 아니다.

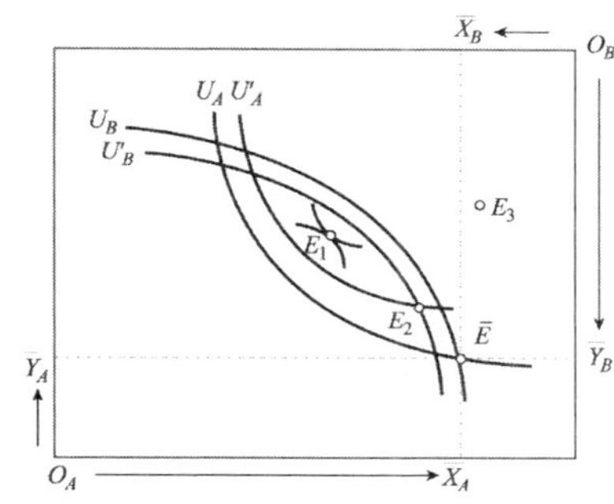

75 ① 투자자는 위험회피적이며 기대효용의 극대화를 목표로 한다.

76 ③ 비영업자산가치는 비영업용 부동산 등의 시장가치로 계산한다.

77 ③ 단순히 다른 주식과 비교하여 상대적으로 PER가 낮은 주식을 저PER주라고 하지 않고, 정상PER와 비교하여 실제 PER가 낮은 주식을 저PER주라고 한다.

78 ③ 콜옵션을 매도한 사람은 옵션소유자가 만기에 이를 행사하면 행사가격을 받고 주식을 양도해야 한다.

79 ③ 시세가 상승한 경우 이익을 볼 수 있지만 풋옵션 매수 시 지불하는 프리미엄만큼 이익이 줄어든다. 단, 시세가 풋 옵션 매수 시 옵션가격 이상으로 상승하지 않는 경우 전체 이익은 없게 된다.

80 ③ 선물거래는 결제소에 의해 일일정산되고 선도거래는 만기일에 결제된다.

※ 문제는 p.106에 있습니다.

☑ ANSWER

1 ④	2 ②	3 ③	4 ④	5 ⑤	6 ②	7 ⑤	8 ③	9 ①	10 ④
11 ④	12 ⑤	13 ②	14 ③	15 ⑤	16 ④	17 ④	18 ④	19 ④	20 ③
21 ④	22 ④	23 ①	24 ②	25 ④	26 ②	27 ⑤	28 ⑤	29 ④	30 ①
31 ②	32 ⑤	33 ⑤	34 ②	35 ⑤	36 ④	37 ②	38 ③	39 ②	40 ①
41 ④	42 ④	43 ②	44 ②	45 ⑤	46 ①	47 ①	48 ④	49 ②	50 ①
51 ①	52 ①	53 ③	54 ③	55 ③	56 ⑤	57 ③	58 ⑤	59 ①	60 ④
61 ④	62 ⑤	63 ②	64 ⑤	65 ⑤	66 ⑤	67 ②	68 ②	69 ①	70 ①
71 ④	72 ④	73 ②	74 ⑤	75 ⑤	76 ②	77 ④	78 ⑤	79 ④	80 ②

1 ④ 형일이는 새로운 음식점을 개업할 때 얻게 되는 이윤만큼 연봉을 받아야 ○○중국집에서 계속 일할 것이다. 새로운 음식점을 개업할 때의 기대이윤은 '기대매출액 3억 원 − 연간영업비용(6,000만 원 + 8,000만 원 + 4,000만 원) − 임대료 4,000만 원 − 보증금의 이자부담액 (2억 원 × 7.5%) = 6,500만 원'이다.

2 ② 경기변동은 호황, 후퇴, 불황, 회복의 단계를 나타내며 경제가 성장하는 과정에서 개별 또는 동시에 발생하는 현상이다. 쥬글라파동은 9~10년 주기로 발생하며 설비투자가 주요 원인이 되는 중기파동 수준을 나타낸다.

3 ③ '잃어버린 10년(the lost decade)'은 부동산 거품이 붕괴한 후, 주식시장에 이어 은행들이 연이어 파산한 디플레이션 악순환의 대표적인 사례이다.

4 ④ 상대소득가설에서 소비에 영향을 주는 것은 당기 소득, 타인의 소득, 과거 본인의 소득이다. 소비 행동의 상호의존성인 전시효과와 소비의 비가역성으로 최고 소비수준에 영향을 받는 톱니효과를 통해 설명할 수 있다.
① 항상소득가설
② 생애주기가설
③ 절대소득가설
⑤ 유동자산가설

5 ⑤ GNP는 당해 기간에 생산된 것만 해당한다.

6 ② 명목 국민총소득(GNI) 통계이므로 옳은 설명은 ㉠과 ㉢이다.
　　ⓒ 실질 국민총소득(GNI)에 대한 설명이다.
　　㉣ 명목 GDP와 실질 GDP의 차이는 GDP 디플레이터로 설명된다.

7 ⑤ 물가가 상승하면 화폐 가치가 하락한다. 수출 기업은 화폐가치 하락으로 인한 환율 상승 시 실질 수익이 증가할 수 있다.

8 ③ 국민총소득은 한 나라의 전체 경제규모를 파악하는 데 유용하며, 1인당 GNI는 국민들의 평균적인 생활수준을 알아보기 위하여 사용한다.

9 ① GDP 디플레이터는 (명목 GDP ÷ 실질 GDP) × 100으로 계산한다. 따라서 $1,650 \div 1,500 \times 100 = 110$이다.

10 ④ 선별(screening)은 정보를 갖지 못한 측이 정보를 가진 측의 유형을 판별하고자 하는 것이다.

　※ 역선택(adverse selection)
　　㉠ 개념 : 비대칭적 정보의 상황에서 정보를 적게 가진 측이 상대적으로 손해 볼 가능성이 높아지는 현상이다.
　　ⓒ 해결방안
　　　• 신호발송(signaling) : 정보를 많이 가지고 있는 자가 정보를 덜 가진 상대방의 역선택을 줄이기 위해서 신호를 발송하는 것이다. 중고차 시장에서 중고차와 관련해 무상 수리를 해준다거나 취업시장에서 자격증을 취득하는 것을 말한다.
　　　• 선별(screening) : 정보를 적게 가진 자가 주어진 자료를 바탕으로 상대방의 감추어진 특성을 파악하려는 행동이다. 보험회사에서 건강진단서를 요구하는 행동 등이 대표적이다.

11 ④ 독점은 잠재적 기업들의 시장진입이 불가능하여 단 하나의 기업만이 시장에 존재하는 경우를 말한다.

12 ⑤ 러너지수는 0에서 1 사이의 값을 갖는다.

13 ② GDP 디플레이터는 GDP에 포함되는 모든 재화의 평균적인 가격 상승의 정도를 나타낸다.

14 ③ 완전보안재의 경우 소비자는 항상 고정된 비율로 2개 상품을 동시에 소비하게 된다.

15 ⑤ 효율적 자원배분 : 각국이 비교우위가 있는 재화생산에 특화하여 자유무역을 하게 될 경우 국제적으로 자원배분 효율성이 제고된다는 자유무역주의론자들의 주장이다.
　① 실업 방지 : 자유무역으로 외국제품 유입 시 국내생산과 고용이 감소한다. 따라서 국가가 보호무역을 통해 실업을 방지해야 한다는 주장이다.
　② 국가 안보 : 농산물 보호무역의 주된 근거로, 식량을 수입하여 의존하던 상황에서 상대 수출국의 식량수출 거부 시 국가 안보가 위협받을 수 있다는 주장이다.
　③ 외국 불공정무역 대응 : 외국정부가 조세 및 보조금으로 수출기업 지원 시 이에 상응하는 정책을 실시해야 한다는 보호무역론자들의 주장이다.
　④ 유치산업보호론 : 한 산업이 초기단계에 있으나 경쟁력을 갖출 가능성이 있다면 그 산업을 국가 차원에서 보호해 주어야 한다는 이론이다.

16 ④ 기회비용(opportunity cost)은 특정 경제적 선택의 기회비용이다. 즉, 경제적 선택을 위하여 포기할 수밖에 없었던 차선(the second-best)의 경제적 선택의 가치이다. 기회비용은 화폐단위로 측정이 가능하며, 자유재를 제외한 나머지 경제재의 기회비용은 양(+)이다. 또 기회비용은 암묵적 비용이 포함되어 암묵적 비용이 포함되지 않는 회계학적 비용과는 다르다.

17 ④ 케인즈 단순모형에서의 균형은 계획된 총지출 및 생산량에 의존하므로 반드시 완전고용산출량 수준에서 이루어져야 할 필요는 없다. 유효 수요에 의해 결정되며 완전고용에 미달하는 수준에서도 가능하다.

18 ④ 기업공개 : 비상장 기업이 처음으로 주식을 일반 투자자들에게 공개적으로 판매하여 자본을 조달하는 것이다.
　① 유상증자 : 기업이 주식을 추가적으로 발행하여 자본금을 늘리는 것을 의미한다.
　② 우리사주조합 : 기업에서 근무하는 종업원들로 구성된 자사주 투자조합을 의미한다.
　③ 주식공개매수 : 경영권을 획득하거나 강화하기 위해서 집단적으로 장외에서 주식을 매수하는 방법을 의미한다.
　⑤ 흡수합병 : 합병당사회사 중에서 한 회사만 존속되고 다른 회사는 소멸하면서 존속한 회사에 흡수되어 합병되는 방식을 의미한다.

19 ④ IS-LM 모델은 단기 분석에 적합하며, 총수요에 집중한 부분균형모형이다. 외생적 요인을 직접 포함하지 않으며, 장기적 분석에 한계가 있으나 외생적 요인 변화로 인해 곡선의 이동이 발생할 수 있다.
　① 폐쇄경제를 기본으로 설계되었기 때문에 환율, 국제 무역 등의 외부 요인을 포함하지 않는다.
　② 단기 분석에 초점을 맞추며, 외생적으로 주어진 변수들을 가정한다.
　③ IS-LM 모델은 총수요 중심의 분석 도구로, 공급 측면을 고려하지 않는 부분균형 모델이다.
　⑤ IS-LM 모델은 물가수준이 고정되어 있다고 가정하고, 유휴생산설비가 존재해 수요에 따라 공급이 가능하다고 본다.

20 ③ 케인즈학파의 총공급곡선에 관한 설명이다.

21 ④ 재정정책의 파급경로는 총수요 증가 → 생산 및 고용의 증가 → 국민소득 증가로 이어지며 부수적으로 이자율 상승 및 구축효과가 발생할 수 있다.

22 ④ 가속도 원리는 투자 결정이 경제활동 증가율에 의존한다는 이론이다. 즉 경제가 호황일수록 기업은 미래 수요 증가를 예상하며 투자 규모를 늘리게 되는데 반대로 경제가 침체기에 접어들면 기업의 투자를 감소시킨다. 이는 경제 성장 속도가 투자에 미치는 영향을 설명한다. 경기가 호황이고 이자율이 높을 때 재정정책을 시행하면 정부 지출 증가로 총수요를 늘리지만, 이자율이 상승하게 되면 구축효과가 강화되어 민간 투자를 감소시키는 부작용이 생길 수 있다. 금융정책 시 이자율을 인하할 경우 기업과 소비자의 차입 비용이 줄어들고 투자가 촉진되면서 경제 활성화가 나타난다. 즉, 투자와 소비가 더 빠르게 반응하기 때문에 금융정책이 더 효과적이다.

　※ 재정정책 및 금융정책
　　㉠ 재정정책 : 정부 지출 증가나 세금 감면 등을 통해 경제를 자극하는 정책이다.
　　㉡ 금융정책 : 중앙은행이 통화량이나 금리를 조정해 경제를 조율하는 정책이다.

23 ① 저축 및 차입이 모두 자유로워야 한다.

24 ② 예상치 못한 일반물가수준의 상승이 총공급의 증가를 이끌어낼 수 있음을 보여준다.

25　④ 사람들이 소비결정을 할 때 임시소득을 포함한 현재소득에 의존하지 않고 미래의 자신이 벌어들일 수 있는 소득을 고려한 항상소득에 의존한다고 가정한다.

26　② 이자율이 상승하면 미래 예상수익에 대한 할인 폭이 커지게 되고 투자로부터 얻는 수입의 현재가치가 감소하게 된다.

27　⑤ 생산량과 거래량 모두 단기적으로 일정하다고 가정한다.

28　⑤ 지니계수는 0에서 1사이의 값을 가지며, 1에 가까울수록 불평등도가 높고 불균등한 상태를 나타낸다. 지니계수가 0.40 미만이면 비교적 균등한 분배, 0.40에서 0.50 사이이면 불평등이 다소 높은 분배, 0.5 이상이면 매우 불균등한 분배를 의미한다.

29　④ 수익률곡선은 경기 전망이나 통화정책 등에 따라 각각 다른 형태를 보일 수 있다. 일반적으로 경기가 안정적인 경우 곡선이 우상향하며, 경기 둔화나 금리 인하의 우려가 커질 때는 장단기 금리 차가 줄어들어 곡선이 평탄화되고, 경기 침체가 예상될 경우 단기금리가 장기금리보다 높아져 하향 곡선을 보인다.

30　① ㉠은 효율임금이론으로, 시장균형 임금보다 높은 임금을 지급하는 것이 합리적이라고 주장하는 이론이다.

31　② 지속적 덤핑은 국내외 가격 차이를 통해 전체 이윤을 극대화하려는 전략이다. 국내 생산자에게 보다 높은 이윤이 확보되도록 하는 것이 덤핑 전략의 일부다.

32　② 임금은 소득수지에 해당하는 항목이다. 서비스수지에는 운수, 여행, 통신, 보험, 특허권 사용료, 사업서비스, 정부서비스 등이 해당한다.

33　⑤ A국은 환율 변동 후 초기에는 경상수지가 악화되었다가 시간이 지나면서 개선되는 전형적인 J-curve 현상을 보인다. ⑤는 마샬-러너 조건에 관한 설명이다.

34　② 변동환율제도는 환율 변동에 따른 환위험으로 인해 국제무역과 국제투자가 저해되는 단점이 있다.

35　⑤ 좌석의 등급에 따라 가격이 다른 것은 가격차별이 아닌 상품차별화에 해당한다.

　　※ 가격차별

　　성별, 나이, 시기, 소득수준, 구매처 등에 따라서 가격에 차별을 두는 것을 의미한다. 1급 가격차별(완전가격차별)은 소비자가 지급할 용의가 있는 최대 금액에 해당하는 유보가격에 가격을 설정하는 것이다. 2급 가격차별은 수량을 일정구간으로 나누어 각기 다른 가격을 책정하는 것으로, 전기요금, 수도요금 등이 해당한다. 3급 가격차별은 소바자의 특성에 따라 시장을 분할하여 다른 가격을 책정하는 것을 의미한다.

36　④ 디마케팅 : 기업에서 판매 중인 제품의 고객구매를 의도적으로 줄여서 적절한 수요를 창출하는 마케팅 기법을 의미한다.
　　① 니치마케팅 : 시장 빈틈을 공략하는 신제품을 출시하는 마케팅 기법을 의미한다.
　　② 넛지마케팅 : 유연한 방식으로 접근하여 소비자의 선택을 유도하는 마케팅 기법을 의미한다.
　　③ 포지셔닝 : 소비자에게 자사 제품이 가장 유리한 포지션에 위치할 수 있도록 전략을 짜는 과정을 의미한다.
　　⑤ 세그멘테이션 : 기업이 제조하고자 하는 상품을 세분화하는 전략을 의미한다.

37 ② 정보시스템 활용 정도는 학습과 성장 관점에 해당하는 지표이다.

38 ③ 가치기반 경영의 리스크관리기법에서 다루는 리스크는 크게 시장리스크, 신용리스크, 유동성리스크, 운영리스크 네 가지로 나눌 수 있다.

39 ② 호손실험에 관한 내용으로 기업의 생산성을 결정하는 조건에서 대인관계가 중요하다고 밝혀낸 실험 중에 하나이다. 급여, 휴식시간, 노동시간보다 자부심, 소속감, 대인관계와 같은 심리적인 변인이 생산성을 높이는 것에 더 크게 기여한다고 밝혔다.
① 베버의 관료제의 특징이다.
③ 테일러의 과학적 관리법의 특징이다.
④ 소속감, 심리적인 요인이 근로자에게 중요하다.
⑤ 가장 큰 요인은 비공식적인 규범에 따라서 이루어진다.

40 ① 지시, 강압 등의 수단이 사용되는 것은 X이론의 가정이다.

41 ④ 사후통제에 관한 설명은 ㉠㉢이다. ㉡㉢㉣은 사전통제에 관한 설명이다.

※ 사전통제 · 동시통제 · 사후통제

구분	사전통제	동시통제	사후통제
활용 시점	실행 전	실행 중	실행 후
미래지향성	매우 높음	높음	극히 일부
실시간 대응	없음	있음	없음
주요 목적	문제 예방	실시간 문제 해결	결과 평가 및 지속적인 개선
예시	계획 수립, 예산 편성	실시간 모니터링, 생산 라인 점검	품질 검사, 성과평가

42 ㉢ 농산물 보조금 정책은 농민 소득 안정화의 긍정적 의도가 있지만, 농산물 최저가격 설정 후 농민들이 높은 가격을 기대하며 생산량을 늘리게 되어 과잉 공급으로 인한 초과 공급이 발생할 수 있다. 이 경우 정부는 과잉 생산으로 인해 남은 농산물을 구매하거나 가격 유지를 위해 보조금을 지급해야 한다. 또한 정부가 가격을 너무 높게 설정할 경우 소비자 부담 증가로 이어져 소비자 후생이 감소한다. 따라서 이는 정부실패 사례에 해당한다.
㉠ 부정적 외부효과로 시장실패에 해당한다.
㉡ 담합은 불완전 경쟁의 사례로 시장실패에 해당한다.
㉣ 공공재 문제로 시장실패에 해당한다.

43 ② 목표관리법(MBO) : 평가자와 피평가자가 합의하여 달성해야 할 특정 목표를 결정하고 일정 기간 종료 후에 그 목표를 달성했는지를 평가하여 인사고과에 반영하는 방법이다.
① 다면평가 : 상사, 동료, 후임, 고객 등 다양한 주체들이 평가자를 평가하는 제도를 의미한다.
③ 인적평정센터법 : 피고과자를 합숙시키면서 토의, 심리검사 등을 실시하여 다수의 평정자인 심리학 전문가들이 평가를 하는 고과방법이다.
④ 행동기준고가법 : 구성원의 실제행동을 평가기준으로 하는 고과방법이다.
⑤ 균형성과평가제도 : 기업 성과를 평가할 때 매출액이나 수익 등의 재무적 지표와 함께 고객, 내부 프로세스 등을 종합적으로 평가하는 것이다.

44 ② 비교타당성 : 다른 집단 간의 결과 비교에 초점을 두는 것이다.

① 신뢰성 : 선발도구가 동일한 환경에서 동일한 사람에게 여러 번 실시될 때 결과가 일관성이 있는가를 나타내는 정도이다.

③ 예측타당성 : 선발시험에 합격한 사람들의 시험성적과 입사 후 직무성과를 비교하는 것이다.

④ 구성타당성 : 선발도구가 선발대상을 잘 측정할 수 있게 구성되었는지 여부이다.

⑤ 내용타당성 : 선발도구가 인력을 선발하기 위해 요구하는 내용과 개념을 얼마나 잘 나타내는지 여부이다.

45 ⑤ 고객 관계 관리(CRM) : 고객 데이터를 분석하여 개별 고객과의 관계를 강화하고 충성도를 높이는 것이다.

① 공급망 관리(SCM) : 원자재 조달부터 배송까지 모든 공급망을 효율적으로 관리하는 시스템이다.

② 전사적 자원 관리(ERP) : 기업의 모든 자원과 정보를 통합 관리하는 시스템이다.

③ 마케팅 자동화(MA) : 이메일이나 SNS 등의 마케팅 활동을 자동화하여 효율성을 높이는 것이다.

④ 지능형 정보 시스템(IIS) : AI 기술을 활용하여 데이터를 분석하고 의사결정을 지원하는 시스템이다.

46 ① 근로에 대한 동기부여로 생산성이 향상되는 임금형태는 성과급제도이다.

② 연공급제에 관한 사례이다.

③ 직무급제에 관한 사례이다.

④ 시간급제에 관한 사례이다.

⑤ 집단성과배분제에 관한 사례이다.

47 ① ㉠은 사용자위원회, ㉡은 근로자위원회이다. 근로자위원은 투표로 선출하고 사용자위원은 사업주가 위촉하며, 임기 연장은 재선출 또는 재지정으로 이루어진다.

48 ④ 다른 사람이나 집단의 주장이 자신의 가치체계에 부합되어 합당한 것으로 받아들여질 때 일어나는 것은 내면화이다. 동일화는 개인이 다른 집단이나 개인과의 관계에 만족함을 느끼고 그것을 자기의 일부로 형성하여 다른 집단이나 개인의 태도를 받아들이는 것을 의미한다.

49 ② 브룸의 기대이론

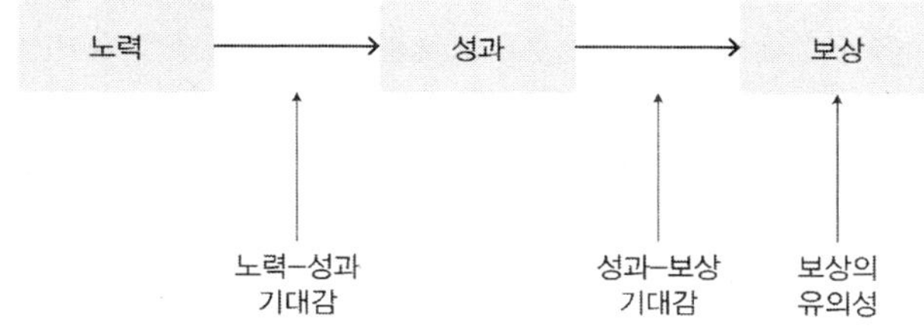

50 ① ㈜ A전자가 수경의 제안을 받아들이지 않을 때, ㈜ A전자는 매월 100대의 전자계산기를 대당 2만 원에 팔고 이때 대당 평균비용은 1만 2천 원이므로 매월 80만 원의 이윤을 얻게 된다. 반면에 ㈜ A전자가 수경의 제안을 받아들여 월 생산량을 150대로 늘리면 매월 95만 원의 이윤을 얻게 되므로, 수경의 제안을 받아들이지 않을 경우보다 이윤이 증가하게 된다. 비록 수경과의 거래에서는 한 대당 1천 원씩 월 5만 원의 손해가 발생하게 되지만, 생산량의 증가로 대당 평균비용이 감소함에 따라 국내 시장에서는 한 대당 2천 원씩 월 20만 원의 추가적인 이윤이 발생하기 때문이다. 이같이 생산량이 증가하게 될 때 평균비용이 감소하는 것을 '규모의 경제(economics of scale)'라고 한다.

51 ① 문제의 사례는 개방형 질문 형태에 관한 내용이다. 개방형 질문 형태는 응답에 대한 선택지를 제시하지 않고 응답자들이 자유롭게 응답할 수 있도록 하는 것이다. 그러므로 이러한 질문 형태의 경우에는 비정형적인 질문 형태를 취하게 된다. 설문지의 개방형 질문뿐만 아니라 FGI와 심층면접법에서 사용되는 질문도 모두 개방형 질문이라고 할 수 있다.

52 ① AE제도(account executive system)는 광고주를 대신해 광고 기획 담당자가 광고계획의 수립, 문안·도안 작성, 제작기술의 표현, 제작업무의 작성 등 광고 활동 전반을 도맡아 대행하는 제도이다.

53 ③ 균형상태에서 가격이 상승하면 수요가 감소하고 공급이 증가하므로 공급이 더 많아지는 초과공급이 발생하며, 반대로 가격이 하락하면 수요가 증가하고 공급이 감소하므로 수요가 더 많아지는 초과수요가 발생한다. 보기는 부동산의 공급보다 수요가 많은 초과수요에 대한 내용이다. 과잉공급은 다시 가격을 하락시키는 요인이 되며, 반대로 초과수요는 곧 과잉수요를 의미하므로 가격을 상승시키는 요인이 된다.

※ 초과공급과 초과수요

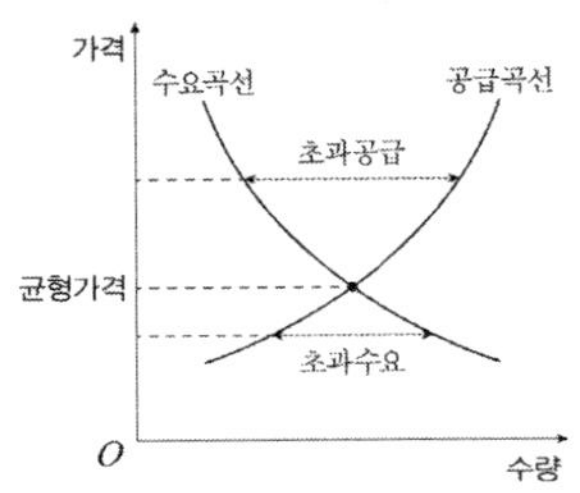

54 ③ 개인총처분가능소득(PGDI)은 가계 구매력을 보여주는 지표로, 가계소득에서 세금과 연금 등을 **빼고** 임의로 처분할 수 있는 소득을 말한다.

55 ③ 소득소비곡선이 우하향한다는 사실은 소득이 증가함에 따라 Y축 재화의 소비수준이 점차적으로 하락하고 X축 재화의 소비수준이 점차적으로 증가한다는 사실을 의미한다. 이는 두 재화 중 한 재화는 반드시 열등재이고 다른 재화는 정상재가 됨을 의미한다.

※ 엥겔곡선
소득 변화에 따른 소비재의 소비되는 수량 변화를 나타내는 곡선이다. 가로에는 수량, 세로에는 소득을 잡으며 경사는 소비재에 의해서 값을 잡는다. 재화가 정상재일 경우 기울기가 양의 값이 되고 열등재일 경우에는 기울기가 음의 값을 갖는다.

56 ⑤ 정부가 개입하기 전 임대아파트 시장 균형가격은 수요량(Q_d)과 공급량(Q_s)이 같아지는 지점이므로 $1000 - 7P = 200 - 3P$이다.
$1000 - 7P = 200 - 3P$, $1000 - 200 = 7P + 3P$, $800 = 10P$
∴ 80(만 원)
정부가 가격상한선을 시장균형임대료보다 낮은 수준으로 설정했기 때문에 초과수요가 발생한다.
㉠ 수요량(Q_d)
$Q_d = 1000 - 7P$, $Q_d = 1000 - 7(50)$, $Q_d = 650$
㉡ 공급량(Q_s)
$Q_s = 200 - 3P$, $Q_s = 200 - 3(50)$, $Q_s = 350$
㉢ 초과수요 $= Q_d - Q_s = 650 - 350 = 300$
∴ 300만 원의 초과수요가 발생한다.

57 ③ 신기술 개발이 이루어지면 공급곡선이 하방(우측)으로 이동하므로 '공급량'이 아니라 '공급'이 증가한다.

58　⑤ 가격 상승이 예상되면 수요는 증가하고 공급은 감소한다. 수요곡선이 우측으로 이동하고 공급곡선이 좌측으로 이동하면 가격은 명백히 상승하나 거래량의 증감 여부는 불분명하다. 거래량이 증가할지 감소할지는 수요곡선과 공급곡선의 상대적인 이동폭에 의해서 결정된다.

59　① 상품차별화를 통한 품질경쟁(비가격경쟁)이 일어난다. 기업들은 광고, 서비스 등 가격 외 요소를 중심으로 경쟁한다.

60　④ 피들러는 중요 상황요소로서 리더와 부하 간의 신뢰관계, 과업구조, 리더 지위의 권력 정도 3가지를 제시하고, 이를 토대로 리더십 상황을 리더에게 유리한 상황과 불리한 상황으로 유형화하였다. 이 모델에서 상황이 리더에게 유리하거나 불리한 경우에는 업무지향적 리더십 유형이 적합하고, 중간 정도의 상황에서는 인간관계지향적 리더십 유형이 적합하다고 본다.

61　④ 한계효용은 재화소비량 1단위 증가 시 총 효용의 증가분을 의미하며, 기수적 측정이 가능하다.

62　⑤ 슈타켈버그 균형에서의 생산량은 완전경쟁의 $\frac{3}{4}$ 수준이고, $\frac{2}{4}$ 를 선도 기업이, $\frac{1}{4}$ 를 추종기업이 생산하게 된다. 문제에서는 B기업이 선도자가 되어 A기업의 반응곡선을 제약조건으로 삼아 상대방의 생산량을 예상하고 자신의 생산량을 결정하므로 A기업의 생산량은 B기업 생산량의 절반이 된다. B기업이 먼저 자신의 생산량을 구하는데, 독점인 경우와 같으므로 $MR = MC$인 점 $P = MC = 0$이 되어 $Q = 40$이 된다. 따라서 슈타켈버그 생산량은 $q = 30$이고, 선도자인 b기업의 생산량(Q_B)은 20, 추종자인 A기업의 생산량(Q_A)은 10이 된다.

63　② 제품 생산 이전 단계의 기업을 통일하는 수직적 후방 통합 전략을 나타내는 사례이다. 두 조직이 합쳐져 기술과 인프라 등을 서로 보완하는 형태는 수평적 통합이다.

64　⑤ 저관여 제품이면서 제품 특성 차이가 작을 경우, 상품의 친숙도를 높이기 위해 짧은 문구의 광고를 자주 반복하는 것이 효과적이다.

65　⑤ 차별적 마케팅 전략은 다수제품을 전체시장에 도달하게 하는 전략으로, 전체시장 도달전략에 해당한다.

66　⑤ 컨조인트 분석법은 제품이나 서비스가 가지고 있는 속성에 고객이 부여하는 가치를 추정하여 어떤 제품을 선택할 것인가를 예측하는 기법으로, 소비자행동요인을 측정하기 위한 방법이다.
　① 설문조사법에 관한 설명이다.
　②③④ 다차원척도법에 관한 설명이다.

67　② 지속적인 기술개선을 통해 기술적 우위를 확보할 수 있는 것은 시장개척자에게 적용되는 시사점이다.

68　② 서비스는 생산과 동시에 소비가 이루어지는 생산과 소비의 동시성이 있다.

69　① 지대가격은 지역별 가격결정법이다. 심리적 가격결정법에는 촉진가격, 단수가격, 관습가격, 준거가격, 최저수용가격 등이 있다.

70 ① 적절한 비용을 지출하면서 고객생애가치를 높인다.

②③⑤ 고객유지 방법이다.

④ 고객 맞춤 서비스 판매전략이다.

71 ④ 공식조직은 논리적 계획과 기업의 조직도로 대표되는 체계로 설명이 가능한 것으로(성문적, 타의적 조직) 인간적인 친밀감이 적용되는 것이 아닌 수직적 구조하에서 명령에 기반하는 특징을 지닌다. 비공식조직은 조직 내에서 비공식적으로 친밀한 인간관계를 기반으로 형성된 조직이다. 이러한 조직의 경우에는 불문적이며 자생적으로 존재한다.

72 ㉠ 자산 : 유동자산, 비유동자산(투자자산, 유형자산, 무형자산)이 있다.

㉡ 부채 : 유동부채, 비유동부채가 있다.

㉢ 자본 : 자본금, 자본잉여금, 자본조정, 기타포괄손익누계액, 이익잉여금 등이 있다.

73 ② 유동비율이 200% 이상일 경우 유동성이 양호한 것으로 평가할 수 있다.

74 ⑤ 제품과 상표 관여도가 높은 소비자에게 효과적인 마케팅 관리방법이다.

① 상표충성자에 해당한다.

② 제품에 관여도가 낮고 상표에 관여도가 높을 때 진행하는 마케팅 관리방법이다.

③ 제품과 상표에 관여도가 낮을 때 나타나는 유형이다.

④ 선호하는 상표가 명확하다.

75 ⑤ 국내 통화가치의 상승 압력은 곧 국내 통화의 수요 증가, 외국 통화의 공급 증가 등을 의미한다. 따라서 환율을 일정하게 유지하기 위해서는 국내 통화를 팔고 외국 통화는 사들여야 하고, 이를 통해 외환보유액은 증가한다.

76 ② 만기가 길어질수록 이자율 변동에 따른 채권 가격 변동폭은 크다.

77 ④ 순현재가치(NPV) : 투자 프로젝트의 수익성을 판단하는 지표로, 그림과 같은 초기 투자 – 수익 회수의 구조에서는 시간가치를 반영해 현금흐름을 현재가치로 환산하는 NPV법이 가장 적절하다. NPV가 0보다 크면 사업 타당성이 있는 것으로 판단하며, 0보다 작으면 타당성이 없는 것으로 판단한다.

① 투자수익률(ROI) : 투자한 금액 대비 얻은 이익의 비율로, 시간가치를 반영하지 않는다.

② 투자회수기간(payback) : 초기 투자한 자금을 본전으로 회수하는 데 걸리는 시간을 계산하여 회수 이후의 현금흐름을 고려하지 않는다.

③ 수익성지수법(PI) : 미래 현금흐름의 현재가치 총합을 초기 투자비용의 현재가치로 나눈 값으로, 여러 투자안의 자본 배분 우선순위를 정하는 데 주로 사용된다.

⑤ 회계적 이익률(ARR) : 연평균 순이익을 연평균 투자액으로 나누어 투자 효율성을 평가하는 것으로, 화폐의 시간가치와 실제 현금흐름은 고려하지 않는다.

78 ⑤ 완전시장은 세금과 거래비용이 존재하지 않는 이상적인 시장을 가정한다. 실제 주식시장에서 발생하는 매매 수수료나 양도소득세 등 각종 비용은 완전시장 구현의 현실적인 제약으로 작용한다.

79 ④ 베타계수는 주식이 시장 변동에 얼마나 민감하게 반응하는가를 나타낸다. 레버리지가 높은 기업은 시장 변동에 더 민감하므로 베타계수가 커지는 경향이 있다.

80 ② 문제에 제시된 그림은 커뮤니케이션 네트워크 유형 중 원(circle)형을 나타낸 것이다. 이러한 유형은 지역적으로 분리되어 있거나 자유방임적인 상태에서 함께 일하는 구성원 사이에서 흔히 나타나는데, 그 예로 태스크포스 팀을 들 수가 있다. 구성원들 사이의 정보교환이 완전히 이루어지는 유형은 상호연결(all channel)형이다.

※ 문제는 p.134에 있습니다.

☑ ANSWER

1 ③	2 ④	3 ③	4 ④	5 ④	6 ④	7 ①	8 ④	9 ⑤	10 ④
11 ②	12 ①	13 ⑤	14 ④	15 ⑤	16 ③	17 ④	18 ⑤	19 ①	20 ②
21 ⑤	22 ②	23 ③	24 ⑤	25 ①	26 ④	27 ⑤	28 ②	29 ②	30 ④
31 ⑤	32 ⑤	33 ④	34 ⑤	35 ②	36 ③	37 ①	38 ③	39 ①	40 ⑤
41 ④	42 ②	43 ⑤	44 ②	45 ③	46 ④	47 ①	48 ②	49 ⑤	50 ⑤
51 ②	52 ⑤	53 ⑤	54 ②	55 ①	56 ②	57 ⑤	58 ②	59 ③	60 ①
61 ③	62 ④	63 ②	64 ④	65 ③	66 ②	67 ③	68 ④	69 ⑤	70 ⑤
71 ①	72 ①	73 ①	74 ④	75 ⑤	76 ⑤	77 ①	78 ④	79 ①	80 ⑤

1 ③ 소득이 증가하면서 X재의 소비량도 증가하나 곡선의 기울기가 점차 완만해진다. 곡선이 완만해지는 것은 소득이 증가할수록 X재에 대한 소비 증가율이 둔화된다는 의미로, 소득 탄력성이 1보다 작아지는 재화이다. 따라서 소득 탄력성이 0과 1 사이이며 소득 증가율보다 소비 증가율이 낮은 필수재를 의미한다.

2 ④ 리플레이션은 디플레이션으로 지나치게 하락한 물가를 올리기 위하여 인플레이션이 되지 않을 수준에서 통화량을 증가시키는 통화재팽창을 의미하는 용어이다. 디플레이션이 시작되면 정부와 중앙은행은 디플레이션 이전의 가격을 유지하기 위하여 제로금리 정책, 양적완화 정책, 경기 부양 자금 지원 등을 시행한다.

3 ③ NPE(non-practicing entity) : 직접적인 생산 활동 없이 특허권만을 이용해 수익을 얻는 기업을 말한다.
① PCT(patent cooperation treaty) : 특허협력조약으로 특허나 실용신안의 해외출원절차를 간소화하기 위한 다자간의 조약을 의미한다.
② DTI(debt to income) : 소득을 기준으로 금융부채 상환능력을 책정하여 정하는 계산비율을 의미한다.
④ LTV(loan to value ratio) : 주택의 담보가치에 따라서 빌릴 수 있는 대출금의 비율로 주택담보대출비율을 의미한다.
⑤ SPC(special purpose company) : 유동화전문 특수목적회사로 금융회사에서 발생한 부실채권을 매각하기 위해서 설립된 회사이다.

4 ④ 폰지수법 : 새로운 투자자의 돈으로 기존 투자자에게 수익을 지급하는 다단계 금융사기이다.
　① 구축효과 : 정부의 지출 증가로 민간부문의 투자가 감소하는 현상이다.
　② 립스틱효과 : 경기 불황기에 나타나는 소비패턴으로, 소비자의 만족도는 높으면서도 가격은 저렴한 사치품의 판매량이 증가하는 현상이다.
　③ 역경매 : 공급자 간의 가격경쟁을 통해 소비자는 가장 낮은 가격에 물품을 구입할 수 있는 방식이다.
　⑤ 치킨게임 : 경쟁자 중 어느 한쪽이 포기하면 다른 쪽이 이득을 보게 되며, 각자에게 최적의 선택은 상대방의 행위에 의존한다는 이론이다.

5 ④ 성장회계분석은 solow의 성장모형에 근거하여 경제성장률을 생산요소와 기술 진보 및 기타 요인들을 반영하는 솔로 잔차인 총요소생산성의 기여도로 분석하는 방법을 말한다.

6 ④ 전단지에서 쿠폰을 오려오는 수고를 하는 고객은 그렇지 않은 고객에 비해 수요의 가격탄력성이 높다는 사실을 나타내므로 이들에게 저렴한 값을 제시하면 판매량이 늘어난다. 동일한 통신 서비스를 다른 요금으로 판매하는 독점 이동통신사업자 역시 이윤을 높이기 위해 소비자를 개인과 기업의 두 개 그룹으로 구분하고 수요의 가격탄력성에 의해 가격을 차별적으로 적용하고 있는 사례이다.
　①③⑤ 흠이 생긴 양복, 당일 판매되지 않은 빵, 보급형 합판 기타 등은 '동일한 제품'의 조건을 만족하지 않는다.
　② B 이발소의 무료 이발 서비스는 소비자를 구분하고 있지 않다.

7 ① 제시된 자료는 소비자물가지수 현황으로, 물가는 지속적으로 성장했지만 증가폭이 계속 커지다 지난 8월과 9월 물가의 증가세는 감소하였다. 실질임금은 물가상승률을 고려한 명목임금의 실질 구매력을 나타낸다. 물가가 상승했으나 임금이 동일하다면 실질임금이 줄어든 것으로 볼 수 있다.
　② 명목임금의 상승으로 실질임금도 반드시 상승되었다고 할 수 없으며 성장률을 살펴보아야 하지만, 주어진 자료를 통해서는 알 수 없다.
　③ 물가의 성장세는 두 달 동안 감소하였으니 기대 인플레이션을 우려할 수준이 아니다.
　④ 지난 3월부터의 물가 상승으로 인플레이션에 대한 대책을 염두에 두어야 하며 주어진 자료를 통해서 스태그플레이션을 짐작할 수는 없다.
　⑤ 물가의 상승이 반드시 경기의 침체라고 할 수 없으며 일반적으로 경기가 호황일 때 물가가 상승하는 경향이 있다.

8 ④ 저축 증대를 통한 투자자본의 확충은 자본량의 변동을 의미하므로 총요소생산성과는 거리가 멀다.

　※ 총요소생산성(total factor productivity)
　　단일요소가 아닌 생산요소 전체를 기준으로 효율성을 측정하는 개념이다. 단일요소생산성을 측정할 때 포함되지 않는 기술이나 노사관계, 경영체제, 법, 제도 등을 모두 반영하며 특히 기술 혁신은 총요소생산성 증가에 큰 영향을 미친다.

9 ⑤ 중소기업 및 벤처기업들의 자금조달을 원활히 하기 위하여 설립된 것은 코스닥(korea securities dealers automated quotation)지수이다.

　※ 다우존스공업평균지수와 코스피지수
　　㉠ 다우존스공업평균지수(Dow Jones industrial average) : 미국의 다우존스사가 뉴욕증권시장에 상장된 우량기업 주식 30종목을 표본으로 하여 시장가격을 평균하여 산출하는 주가지수이다.
　　㉡ 코스피지수(composite stock price index) : 1980년 1월 4일을 기준으로 하여 이날의 종합주가지수를 100으로 정하고, 비교시점과 비교하여 작성한 우리나라의 주가지수이다.

10 ④ 수입물가의 상승은 경상수지 적자요인으로 작용한다. 금융자산보다 실물자산을 보유한 사람이 인플레이션 상황에서 유리하다. 인플레이션에 따른 시장이자율의 상승은 변동금리 대출이자율에 전가되므로 변동금리로 대출한 사람에게 불리하다.

11 ② 시장 점유율 상위 K개 기업들의 점유율을 합한 것은 CR 방식이다.

12 ① 게임나무로 표현되는 게임은 전개형이며, 보수행렬로 표현되는 게임을 정규형이라 한다.

13 ⑤ 2024년 GDP디플레이터 $= \dfrac{(3 \times 20) + (4 \times 20)}{(3 \times 20) + (4 \times 20)} \times 100 = 100$

2025년 GDP 디플레이터 $= \dfrac{(5 \times 20) + (3 \times 20)}{(5 \times 20) + (3 \times 20)} \times 100 = 100$

∴ 변동 없다.

※ GDP디플레이터 $= \dfrac{명목\,GDP}{실질\,GDP} \times 100$

14 ④ 정책이나 제도에 의해 수요자가 제한될 때 수요독점이 발생할 수 있다. 독점구입이나 불매동맹 등과 같이 수요자가 다수이지만 다수의 구매자가 하나의 의사를 가진 주체로 나타나는 경우에도 수요독점이 발생하게 된다.

15 ⑤ 합병은 외부성을 해결하기 위한 사적인 해결방안에 해당한다.

16 ③ 물가의 변화를 고려할 필요가 없는 당해 연도만의 경제상황을 분석할 때 유용한 것은 명목 GDP이다.

17 ④ 물가와 화폐의 구매력은 반비례 관계에 있기 때문에 물가가 급격히 상승하면 화폐의 구매력은 급격히 떨어지게 된다.

18 ⑤ 단기적으로 가격과 임금이 경직적이다.

19 ① 마찰적 실업 : 더 나은 일자리를 찾거나 직업을 바꾸는 과정에서 일시적으로 발생하는 실업이다.
② 구조적 실업 : 경기상태나 산업구조가 변화하면서 발생하는 실업이다.
③ 비자발적 실업 : 취업의사가 있으나 유효수요가 부족하여 취직을 하지 못하는 비자발적인 실업 상태이다.
④ 실망실업 : 구직이 어려워서 취직을 포기한 경우를 의미한다.
⑤ 잠재적 실업 : 실질적인 실업상태로 저소득과 저생산성의 열악한 곳에서 취업을 하고 있는 반실업 상태이다.

20 ② 소득이 증가함에 따라 소비함수의 양의 기울기는 점점 완만해진다.

21 ⑤ 문제에 나타난 그림은 수레바퀴(wheel)형이다. 수레바퀴형은 문제의 성격이 간단하면서도 일상적일 시에는 유효한 반면, 문제가 복잡하면서도 어려운 때에는 그 유효성이 발휘되지 않는다는 단점이 있다.

22 ② 같은 만족감을 제공하는 두 재화는 효용이 같다는 것을 의미한다.
따라서 일경이의 효용함수를 $\min(3x,\ y) = a$라 하면 $3x = y = a$이다.
재화$(x,\ y) = (11,\ 18) \to \min(33,\ 18)$이므로 최솟값 $a = y = 18$, $x = 6$, $y = 18$이다.
즉 x재의 가격은 5원, y재의 가격은 10원이므로, $5 \times 6 + 18 \times 10 = 210(원)$이다.

23 ③ 기사에서 설명하는 기업은 사회주의 기업이다. 이익창출을 최대 목표로 삼는 것은 자본주의 기업에 대한 내용이다.

24 ⑤ 영업이익은 기업의 상품 제조, 판매, 서비스 등에서 발생한 손익을 말한다. 단기차입금 상환은 재무활동에 해당한다.

25 ① 카르텔(cartell)은 기업들이 자유의사로 결합하여 가격, 생산량, 판매 조건 등에 대해 협정을 맺는 독점적 기업결합 형태이다. 생산의 집적이 높아졌을 때 가장 먼저 형성되며, 법적 독립성은 유지된다.

26 ④ 완전경쟁시장에서는 기업의 수가 무한대에 가깝다고 가정한다. 따라서 개별 기업은 시장가격에 영향력을 미치지 못하며 가격수용자로서 행동한다.

27 ⑤ 자본의 수출입 단계에서는 해외에 자본을 투자하지만 여전히 본사 중심으로 자금과 회계가 관리된다. 이후 현지 사업 단계에서 생산과 경영의 의사결정이 현지 자회사 중심으로 전환된다.

　※ 기업의 국제화 단계
　상품의 수출입 단계 → 자본의 수출입 단계 → 기술정보의 수출입 단계 → 인적자원의 교환 단계 → 현지사업 및 현지진출 단계

28 ㉠ 자본량이 증가하면 생산가능곡선은 확장되고 자본량이 감소하면 생산가능곡선은 축소된다.
　㉡ 노동량이 증가하면 생산가능곡선은 확장되고 노동량이 감소하면 생산가능곡선은 축소된다.
　㉢ 기술 수준이 향상되면 동일한 자원으로 더 많은 재화를 생산할 수 있으므로 생산가능곡선이 확장된다.
　㉣ 실업률 감소는 생산가능곡선 안쪽 점의 위치를 이동시키는 요인이며 생산가능곡선 자체를 이동시키지 않는다. 즉, 실업률의 변화는 생산가능곡선에 직접적인 영향을 주지 않는다.

29 ② 로렌츠곡선이 대각선에 가깝거나 지니계수가 0에 가까울수록 소득분배가 평등하다.
　㉢ 로렌츠곡선과 지니계수는 각각 다른 학자에 의해 개발된 것이지만, 지니계수는 로렌츠곡선으로부터 지니계수를 측정할 수 있는 방법을 고안해 낸 것이다. 따라서 로렌츠곡선과 지니계수는 완전히 별개의 지수라고 볼 수는 없다.

30 ④ 주희가 뮤지컬을 관람한다면 뮤지컬 티켓을 팔아서 회수할 수 있는 2만 원과 전시회를 관람할 때 얻을 수 있는 순편익 3만 원을 포기해야 하므로 이에 따른 기회비용은 5만 원이다.

31 ⑤ A는 공공재, B는 클럽재, C는 공유자원, D는 사적재이다. 공유자원에 해당하는 재화는 도심의 공원 벤치이다. 무료 온라인 강의와 오픈액세스 학술논문은 공공재에 속하며, 재래시장에서 판매되는 과일은 사적재, 회원 전용 피트니스 센터는 클럽재에 속한다.

32 ⑤ 수요의 교차탄력성이 음수를 나타내는 것은 두 재화의 관계가 보완재일 경우에 해당한다. 볼펜과 볼펜심은 보완재 관계에 있으므로 교차탄력성이 음수를 나타낸다.

33 ④ 코즈의 정리 : 재산권이 명확하고 거래 비용이 없거나 낮을 때, 구성원의 협상만으로 효율적인 자원 배분이 가능하다는 이론이다.
　① 대리인 문제 : 주인이 대리인에게 의사결정을 위임하는 경우 성립되는 관계에서 발생되는 문제를 의미한다.
　② 세이의 법칙 : 경제 전반적으로 수요부족으로 인한 초과공급은 발생하지 않는다는 의미이다.
　③ 그레샴의 법칙 : 악화는 양화를 구축한다는 의미의 법칙이다.
　⑤ 슈바베의 법칙 : 근로자의 소득과 주거비 지출에 대한 관계법칙을 의미한다.

34 ⑤ 환율이 하락하면 수입재, 원자재 가격 등이 하락하여 물가하락의 원인으로 작용할 수 있다.

35 ② 50%에 해당하는 사람들은 전혀 소득이 없고 나머지 50%에 해당하는 사람들의 소득은 완전히 균등하게 100만 원씩 이므로 로렌츠곡선(ORO')은 다음과 같다.

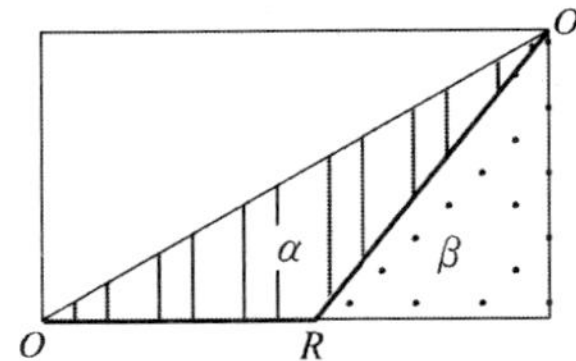

지니계수(G)는 $G = \dfrac{\alpha}{\alpha + \beta} = \dfrac{1}{2}$ 이다.

36 ③ 환율이 상승하면서 환이익으로 수출기업의 수익률이 높아진다.
① 기준금리를 인상하는 것은 소비와 투자를 줄이기 위한 방침 중에 하나이다. 경제 대공황의 여파와는 거리가 멀다.
② 기준금리가 증가하면서 대출금리, 예금 금리가 상승한다. 이때 소비, 투자 등이 억제되면서 부동산 가격이 떨어질 것으로 예상된다.
④ 금융비용이 상승하면서 투자가 축소되고 시장에 풀린 돈이 중앙은행으로 회수된다.
⑤ 신흥국에 투자한 돈을 미국에 투자하게 된다.

37 ① 포이즌 필 : 적대적인 인수합병에 맞서기 위한 기업의 경영권 방어 수단이다.
② 황금낙하산 : 인수 대상 기업의 경영진이 적대적 M&A로 인해 사임하게 될 경우 거액의 퇴직금이나 스톡옵션 권리 등을 사전에 계약에 기재하는 방법이다.
③ 차등의결권제도 : 1주당 의결권을 여러 개로 부여하여 주식을 발행할 수 있게 하는 제도이다.
④ 의무공개매수제도 : 적대적 M&A 발생 시 공격자 측이 일정 비율 이상의 지분을 취득하려면 반드시 공개매수를 통해 특정 지분율 이상을 매입하도록 의무화한 제도이다.
⑤ 소수주주권 : 일정 비율 이상의 지분을 소유한 주주만이 행사할 수 있는 권리이다.

38 ③ ㉠은 경제적 부가가치(EVA), ㉡은 시장부가가치(MVA)에 관한 설명이다.

※ 기업 가치 평가 지표
　㉠ 자기자본이익률(ROE) : 주주 지분 대비 얼마나 효율적으로 수익을 냈는지를 보여주는 지표이다.
　㉡ 주가순자산비율(PBR) : 기업의 현재 주가를 주당 순자산가치로 나눈 값으로, 해당 주가의 평가 수준을 나타낸다.
　㉢ 순현재가치(NPV) : 화폐의 시간가치를 반영하여 투자 사업의 가치를 객관적으로 평가하는 지표이다.
　㉣ 투하자본수익률(ROIC) : 기업이 투입한 자본 대비 얼마나 효율적으로 이익을 창출했는지를 보여주는 지표이다.

39 ① 이동식 조립라인으로 생산과정을 세분화하고 최적의 작업 순서를 찾아내 생산성을 극대화한 테일러의 과학적 관리법 실현 사례이다.

40 ⑤ 비정형적 의사결정은 주로 특수한 상황이나 비일상적인 부분에 적용되는 의사결정의 형태이므로 주로 고위층에서 수행된다. 반면 하위층은 정형적 의사결정을 주로 하게 된다.

41 ④ 사회적 책임경영(CSR) : 기업이 이윤 추구를 넘어 환경, 윤리, 노동, 사회 공헌 등 사회 전체의 이익을 고려하여 경영
   활동을 수행하는 것을 의미한다.
   ① 윤리경영이란 사회적으로 기대되는 윤리적 책임을 다하기 위해 기업 내 투명한 의사결정을 강조하는 경영 활동이다.
   ② 법규 준수는 기업이 지켜야 할 최소 수준의 의무 이행을 의미한다.
   ③ 사회공헌은 지역사회 발전을 위한 기부 등의 활동으로, 사회적 책임경영의 일부이다.
   ⑤ 주주가치 경영은 기업의 목표를 주주의 이익 극대화에 두고 장기적인 기업 가치를 높이는 경영 방식이다.

42 ② A는 성장기, B는 성숙기에 해당한다. 성장기에는 광범위한 유통망 확보와 시장 확대 전략이 효과적이며, 시장점유율
   확보를 위한 유통채널 집약화 전략은 성숙기에 적절하다.

43 ⑤ 균형성과관리표(BSC)는 조직의 비전과 전략을 균형 있게 관리하기 위한 성과 관리 시스템이다. 재무성과에 치중된
   전통적인 성과 측정법의 한계를 보완하고자 등장한 개념이므로 재무적 성과에 가중치를 부여하지 않고 모든 사항을
   고루 반영해야 한다.

44 ② 인사고과의 상대평가방법에는 서열법, 등급할당법, 강제할당법, 표준인물비교법 등이 있다. 평정척도법은 절대평가방
   법에 해당한다.

45 ③ 델파이 기법은 전문가의 주관적인 판단을 활용하는 정성적 수요예측기법에 속한다.

46 ④ 애덤스의 공정이론은 개인이 투입한 노력에 따른 보상을 타인의 비율과 비교하여 공정성을 인식하고, 그 결과에 따라
   동기와 행동이 달라진다고 설명하는 이론이다. A는 공정한 상태, B는 긍정적 불공정, C는 부정적 불공정 상태이다.

47 ① 조직시민행동은 직무만족 시 나올 수 있다.

48 ② 부정적 강화 : 부정적인 요인이 제거됨으로써 바람직한 행동이 증가하는 것이다.
   ① 긍정적 강화 : 그 개인에게 긍정적인 결과가 되는 요소를 부여하는 적극적인 강화를 말한다.
   ③ 소거 : 강화 요인을 제거하여 기존 행동의 빈도를 낮추는 것이다.
   ④ 처벌 : 자극에 반응한 행동의 결과가 바람직하지 않은 경우 부정적인 결과를 제공한다.
   ⑤ 단속강화법 : 어떤 기준에 따라 누적시킨 후 그 기준에 따른 시기에 강화를 주는 것으로, 강화요인이 아니라 강화법칙
   에 해당한다. 강화법칙은 단속강화법, 연속강화법이 있다.

49 ⑤ A팀 팀장은 전체적인 평가 지표가 낮은 방임형, B팀 팀장은 팀원들의 만족도가 높은 관계지향형, C팀 팀장은 성과
   중심의 과업지향형 리더십의 형태를 보인다. 방임형 리더십은 업무 과정에서 리더의 개입을 최소화하며, 관계지향형
   리더십은 팀원들의 사회심리적 욕구를 충족하는 인간 중심의 조직 분위기를 만든다. 과업지향형 리더십은 인간적인
   관심보다 목표 달성을 위한 명확한 기준과 절차를 중요시한다.

50 ⑤ ㉠은 조직을 외부 환경과 단절된 체제로 보고 구성원을 경제적 동기를 따르는 합리적 존재로 본 폐쇄-합리적 조직이
   론, ㉡은 환경과의 상호작용을 통해 목표 달성을 추구하는 개방-합리적 조직이론, ㉢은 구성원들을 단순히 경제적
   인간이 아닌 다양한 욕구를 가진 사회적 인간으로 간주한 폐쇄-사회적 조직이론에 해당한다.

51 ② 원(circle)형에서의 구성원 만족도는 높다.

52 ⑤ 서비타이제이션 : 제품을 중심으로 서비스를 결합하거나 서비스를 상품화하여 새로운 부가가치를 창출하는 전략이다.

① 전략군 분석 : 산업분석의 범위가 광범위하여 경쟁상대를 확실히 파악할 필요가 있을 때 사용하는 전략이다.

② 코아피티션 : 경쟁자 간 시장을 만들어내는 과정에서 경쟁과 협력을 통합하는 전략이다.

③ 다이내믹 산업분석 : 한 산업을 구성하는 주요 요소인 제품·서비스, 고객, 기술의 세 가지 측면에서 구성된 경쟁공간을 통하여 변화하는 경쟁패턴을 분석하는 전략이다.

④ 카니발리제이션 : 기존 시장에서 판매되고 있던 주력제품이 신제품이 출시되면서 시장에서 잠식되는 현상이다.

53 ⑤ 생산가능곡선 밖에 위치한 E점은 해당 경제가 달성할 수 없는 지점이다. 사용 가능한 자원을 모두 활용하여 최대로 생산할 수 있는 조합은 생산가능곡선까지다. 생산가능곡선상의 A, B, C점은 생산이 효율적으로 이루어지는 지점이며 D점은 자원을 모두 사용하지 않아 생산가능곡선에 미치지 못한 비효율적인 생산이 이루어지는 지점이다. 또한 A점에서 X재·Y재의 생산량이 각각 3개, 9개이고 B점에서는 각각 9개, 6개라고 가정할 때, A지점으로부터 B지점으로 이동할 경우 X재를 6개 더 생산할 수 있지만 Y재는 3개의 생산을 포기해야 한다. 즉 X재의 6개 생산 기회비용은 Y재 3개이며 X재 1개가 Y재의 0.5 기회비용을 갖는다.

54 ② 앤소프의 성장전략은 시장 침투, 시장 개발, 제품 개발, 다각화의 순서로 이루어진다. ㉠은 시장 침투, ㉡은 다각화, ㉢은 시장 개발 사례에 해당한다.

55 ① 포터의 5가지 경쟁요인은 기존 기업 간 경쟁, 잠재적 경쟁기업, 구매자 교섭력, 공급자 교섭력, 대체재 위협이다.

56 ② 레몬 마켓(lemon market) 이론은 완전한 정보를 전제로 하는 기존 고전 경제학에 반론을 제기하며, 정보의 비대칭을 다룬 정보 경제학의 시초가 되었다.

57 ⑤ 리카르도의 비교우위론에 관한 설명이다.

58 ② WTO는 분쟁해결을 전담하는 상설기구가 설치되어 있다.

59 ③ 매스 마케팅(대량 마케팅)은 과거 대량생산 및 대량소비가 이루어지던 산업사회의 마케팅이다. 정보화사회에서의 마케팅은 일대일 마케팅(관계 마케팅, 맞춤 마케팅)이 중심을 이룬다.

60 ① 합작투자를 할 경우 참여기업 간에 의견이 상충될 수 있고, 정보가 유출되어 향후 경쟁기업을 만들 수 있는 위험이 존재한다.

61 ③ 마케팅은 고객의 욕구 충족 및 장기성과를 지향하며, 판매는 기존제품 및 단기성과를 지향한다.

62 ④ 정부가 가난한 사람에게 소득보조를 할 경우에는 예산선이 평행하게 이동하므로 재화 상대가격체계의 왜곡이 발생하지 않는다.

① 현물보조가 소비자의 선택가능영역을 감소시킴으로써 쌀 이외에 다른 재화를 매우 선호하는 소비자의 후생을 감소시킨다.

② 가격보조의 방법이 상대가격체계를 교란시키는 대체효과에 의해 효율성을 저해시킨다.

③ 쌀의 가격상한을 설정하는 최고 가격제는 사회적 후생손실을 야기한다.

⑤ 다른 경제주체(고소득층)의 후생을 감소시키는 방법이다.

※ 파레토 효율성(Pareto efficiency)
하나의 자원배분상태에서 다른 어떤 사람에게 손해가 가도록 하지 않고서는 어떤 한 사람에게 이득이 되는 변화를 만들어내는 것이 불가능할 때, 이 배분상태를 파레토 효율적이라고 한다.

63 ② 할당표본추출법 : 모집단의 특성 비율을 반영하여 정해진 할당량에 따라 표본을 선정하는 방법이다.
　　① 편의표본추출법 : 조사자의 편의대로 표본을 선정하는 방법이다.
　　③ 판단표본추출법 : 조사목적에 적합할 것으로 판단되는 특정 집단을 표본으로 선정하는 방법이다.
　　④ 층화표본추출법 : 모집단을 통제변수에 의해 각 소그룹으로 구분한 다음 각 소그룹별로 단순무작위 추출하는 방법이다.
　　⑤ 군집표본추출법 : 모집단을 동질적인 여러 소그룹으로 나눈 다음 특정 소그룹을 표본으로 선택하고 해당 소그룹 전체를
　　　조사하거나 일부를 표본추출하는 방법이다.

64 ④ 다속성 태도모형은 소비자가 모든 욕구기준을 고려하여 상표를 평가하는 방식으로, 보완적 방식에 해당한다.

65 ③ 다양한 마케팅 믹스로 소비자들의 욕구에 부합하는 제품을 만들어 제공함으로써 기업의 매출액이 증가하게 되는 것
　　은 차별적 마케팅 전략의 장점에 관한 설명이다.

66 ② 시장에서 판매가 급격히 성장하고 경쟁자가 등장하는 것은 성장기에 관한 설명이다.

67 ③ 내쉬균형이라 하더라도 파레토 효율적이지 않은 경우가 있으며, 죄수의 딜레마처럼 상대방의 효용 손실 없이도 효용
　　개선이 가능한 경우가 존재한다.

※ 게임의 균형

구분	내용
우월전략균형	상대방의 전략과는 관계없이 자신의 이윤을 크게 만드는 전략으로, 하나의 균형만이 존재한다.
내쉬균형	각각의 경기자가 상대방의 전략을 주어진 것으로 보고 최적인 전략을 선택할 때 나타나는 균형을 말하는 것으로, 균형이 하나 이상도 존재한다. 내쉬균형 상태에서는 상대방의 효용의 손실 없이는 자신의 효용을 증가시킬 수 없는 파레토 최적을 이룰 수도 있다.

68 ④ 인적판매는 제공 가능한 정보의 양에 제한이 없지만, 광고는 제공 가능한 정보의 양이 제한된다.

69 ⑤ 시장이자율이 액면이자율보다 작은 경우와 발행가액이 액면가액보다 큰 경우에 사채를 할증발행하게 된다.

70 ⑤ 종업원은 경우에 따라 회계정보를 이용하는 채권자의 범위에 포함된다.

71 ① 회계정보의 질적 특성에는 이해가능성, 목적 적합성, 비교가능성, 신뢰성 등이 있다. 효율성은 포함되지 않는다.

72 ① 기업에서 비경상적, 비반복적으로 발생하는 특별이익으로, 손익계산서에 별도 기재한다.

73 ① 부채비율, 이자보상배율이 안정성비율에 해당한다. 유동비율은 유동성비율이고, 재고자산회전율은 활동성비율에 해당
　　한다.

74 ④ 유동비율(%)을 구하는 공식은 '유동자산 ÷ 유동부채 × 100(%)'이다. $250 \div 350 \times 100 = $ 약 57.2%가 나온다.

75　⑤　A사의 주당순이익(EPS)은 당기순이익에서 발행주식수를 나눈 값으로, 600 ÷ 1500 = 4,000원이다. A사의 주가이익 비율(PER)은 현재 주가에서 주당순이익(EPS)을 나눈 값으로, 50,000 ÷ 4,000 = 12.5배이다. 이는 업종 평균 PER 인 15배보다 낮으므로 A사의 주식이 동종 산업 평균 대비 저평가되었음을 알 수 있다.

76　⑤　이자율 하락이 예상되면 채권 가격의 상승을 예상할 수 있다. 따라서 듀레이션이 긴 채권을 매입하고 듀레이션이 짧은 채권을 매도하는 전략이 바람직하다.

77　①　외부환경 변화에 덜 민감한 것은 현금흐름할인법이다. 유사거래비교법은 시장상황에 민감하다.

78　④　미리 정해진 기간에 언제든지 권리를 행사할 수 있는 것은 미국형 옵션이다.

79　①　선물은 현재 외환, 채권, 주식 등을 기초자산으로 하는 금융선물뿐만 아니라 곡물, 원유 등을 기초자산으로 하는 상품선물도 존재한다.

80　⑤　PER(주가수익비율)은 주식의 가치를 평가할 때 사용하는 지표로 주가를 주당 순이익으로 나눈 값이다.

즉, $\text{PER} = \dfrac{주가}{주당순이익(\text{EPS})}$

EPS는 $\text{EPS} = \dfrac{순이익}{주식 수} = \dfrac{3억 원}{30만주} = 1천 원$이다.

그러므로 $\text{PER} = \dfrac{주가}{\text{EPS}} = \dfrac{3만5천 원}{1천 원} = 35$이다.

※ 문제는 p.164에 있습니다.

☑ ANSWER

1 ⑤	2 ①	3 ④	4 ⑤	5 ④	6 ③	7 ①	8 ⑤	9 ③	10 ②
11 ③	12 ②	13 ④	14 ④	15 ②	16 ③	17 ①	18 ②	19 ②	20 ③
21 ③	22 ①	23 ⑤	24 ④	25 ①	26 ④	27 ②	28 ⑤	29 ②	30 ①
31 ④	32 ③	33 ①	34 ④	35 ①	36 ④	37 ②	38 ③	39 ③	40 ④
41 ④	42 ⑤	43 ⑤	44 ⑤	45 ①	46 ③	47 ④	48 ①	49 ①	50 ⑤
51 ②	52 ③	53 ④	54 ①	55 ③	56 ④	57 ①	58 ⑤	59 ②	60 ①
61 ①	62 ①	63 ②	64 ③	65 ①	66 ⑤	67 ②	68 ②	69 ⑤	70 ①
71 ②	72 ①	73 ①	74 ④	75 ⑤	76 ②	77 ⑤	78 ②	79 ⑤	80 ④

1　⑤ 생산가능곡선에서 자원을 다른 재화로 전환할 때 기회비용은 점점 더 커진다. 즉, 한 재화를 더 많이 생산할수록 다른 재화의 생산을 더 많이 포기해야 하므로 과자를 더 많이 생산할수록 포기해야 하는 빵의 생산량(기회비용)은 증가하게 된다.

2　① 지급준비율이 인하될 경우, 통화공급이 늘어나고 대출이 증가하면서 경기 활성화를 이끌어낼 수 있다.

3　④ 스태그플레이션 : 경기침체 속에서 물가가 상승하는 현상이다.
　① 디플레이션 : 물가수준이 전반적으로 오랜 기간동안 하락을 하는 현상을 의미한다.
　② 인플레이션 : 화폐가치가 떨어지면서 물가가 지속적으로 상승하는 경제현상을 의미한다.
　③ 테이퍼링 : 연방준비제도에서 양적완화의 정책을 점진적으로 축소하여 유동성을 확대하기 위해 시행하는 것이다.
　⑤ 마이너스 금리 : 금리가 0% 이하인 상태로 예금이나 채권을 매입할 때 수수료를 내야 하는 것을 의미한다.

4　⑤ 완전연결(all channel)형에서의 의사결정 속도는 빠르다. 완전연결형은 가장 바람직한 커뮤니케이션 유형으로, 구성원들 사이의 정보교환이 완전히 이루어지는 형태이고 구성원의 만족도 또한 가장 높게 나타난다. 더 나아가 공식적, 비공식적인 리더가 없이 구성원 누구나 커뮤니케이션을 할 수 있는 유형이므로 권한집중도가 낮으며, 각 구성원들이 집단의 다른 모든 구성원들과 의사소통을 할 수 있는 유형이므로 커뮤니케이션의 속도는 빠르고 정확도가 높다.

5 ④ 미공개정보를 이용하는 것은 정보의 대칭원칙을 위반하는 것이다. 호재성 정보인 신약개발이나 우량회사와의 합병과 같은 중요정보를 공개되기 전에 매수하고 주가가 오른 후에 매도하는 것은 내부자거래로 불공정거래에 해당한다. 이와 같은 내부자거래가 발생하는 경우 내부자가 주가 상승을 예상하고 있으므로 일반인은 큰 손해를 볼 수 있고 불건전한 투기장화 문제가 발생할 수 있다.

6 ③ 종합부동산세의 폐지론자들이 보유세 자체를 무겁게 매기는 것에 반대한다기보다는, 일부의 부자들에게만 무거운 책임을 떠넘기는 것이 형평성에 어긋남을 주장하고 있다.

7 ① 수요의 소득탄력성이 음(−)의 값이면 열등재이며 양(+)인 경우 정상재이다. 수요의 교차탄력성이 음(−)일 경우 보완재, 양(+)일 경우 대체재이다.

8 ⑤ 총부채원리금상환비율(DSR) : 모든 대출의 원리금과 이자를 합산한 원리금 상환액으로, 대출 상환능력을 심사하기 위한 것이다.
① 유동비율 : 유동부채에 대한 유동자산의 비율을 의미한다.
② 당좌비율 : (당좌자산 ÷ 유동부채) × 100으로 구하는 백분율로, 단기지급능력을 측정하기 위한 지표에 해당한다.
③ 주택담보대출비율(LTV) : 주택을 담보로 대출을 할 때 인정받을 수 있는 자산가치 비율을 의미한다.
④ 총부채상환비율(DTI) : (주택대출 원리금 상환액 + 기타 대출 이자 상환액) ÷ 연간소득으로 산출하는 것이다. 담보대출을 받을 때 채무자가 벌어들이는 소득으로 상환 능력이 있는지 판단하기 위한 것이다.

9 ⓛⓒ KOSPI는 시가총액식으로 주가지수를 산출한다. 시가총액식을 산출 기준으로 삼는 곳은 KOSDAQ, 미국 S&P500, 일본 TOPIX 등이 있다.
㉠㉣ 주가평균식으로 미국의 Dow 30, 일본의 Nikkei 225 등이 있다.

※ 주가지수 계산법
　㉠ 시가총액식 주가지수 = 비교시점의 시가총액 ÷ 기준시점의 시가총액 × 100
　ⓛ 주가평균식 주가지수 = 비교시점의 구성종목 평균주가 ÷ 기준시점의 구성종목 평균주가 × 100

10 ② 정상재의 경우 가격효과, 대체효과 및 소득효과 모두 음(−)의 값을 가진다.

11 ③ 소득탄력성이 0.5라면 필수재에 해당한다.

※ 소득탄력성
소득증가율 대비 재화 구입량 증가율을 의미한다.

소득탄력성(ε)	재화의 종류	
$\varepsilon > 1$	사치재	정상재
$0 < \varepsilon < 1$	필수재	
$\varepsilon < 0$	열등재	

12 ② 생산요소를 한 단위 추가로 고용할 때 얻을 수 있는 수입은 한계수입생산이 된다.

13 ④ 효용극대화를 위해서는 $MRS_{12} = \dfrac{C_2}{C_1} = (1+r)$이 성립되므로 $C_2 = (1+r)C_1$이 된다. 이를 예산식에 대입하게 되면 $Y = C_1 + \dfrac{(1+r)}{1+r} = 2C_1$이 되어, $C_1 = \dfrac{1}{2}Y$가 성립하게 된다. 이때 소득 증가의 50%인 절반이 소비증대로 연결되므로 1기의 한계소비성향은 $\dfrac{1}{2}$이 된다.

14 ④ 물가 상승은 구매를 하락시킨다.
① 기업의 투자지출 요인으로 작용한다.
②③ 소비지출에 영향을 미친다.
⑤ 미래소득 증가가 예상될 경우 소비가 증가한다.

15 ② 후생경제학 제1정리와 관련된 사례이다. 완전경쟁시장에서의 균형은 파레토 효율적 자원배분을 달성하며, 시장에 외부효과나 독과점 등의 왜곡 요인이 존재하지 않고 자유경쟁이 보장될 경우 정부의 개입 없이도 자원이 효율적으로 배분된다는 정리이다.

16 ③

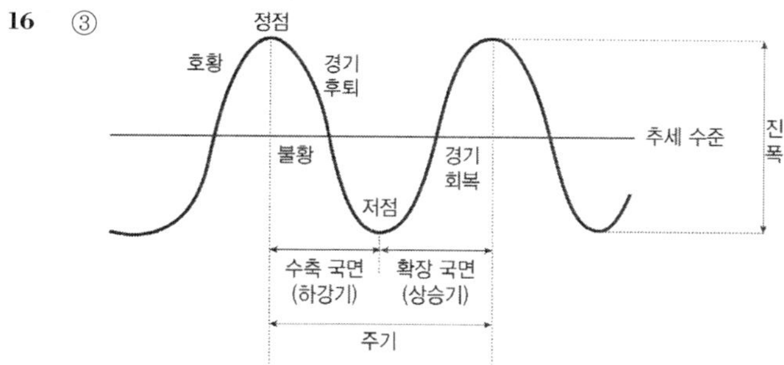

17 ① 점 A는 등비용선의 기울기가 등량곡선의 기울기보다 클 때의 위치를 나타낸다. 즉 노동이 과다하게 투입되고 자본이 부족한 상태이므로 노동 투입량을 줄이고 자본 투입량을 늘려야 효율이 향상된다. 반대로 점 B의 위치에서는 등량곡선의 기울기가 더 크므로 생산요소의 가격비가 한계기술대체율보다 작을 때를 나타낸다. 자본량을 줄이고 노동 투입량을 늘려야 효율이 향상된다.

18 ② LM곡선은 화폐수요(liquidity preference)와 화폐공급(money supply)이 일치하는 균형조건에서 도출된다. 일반적인 시장상황에서는 이자율-국민소득 곡선이 우상향한다. 다만, 유동성 함정인 경우는 화폐수요의 이자율 탄력성이 무한대가 되어 LM곡선은 수평으로 나타난다. 따라서 화폐수요가 증가하더라도 이자율은 불변한다.
③④ 고전학파의 경우 화폐수요의 이자율 탄력성이 0이므로 LM곡선은 수직으로 나타나게 되어 이자율이 변화되어도 소득은 불변한다.

19 ② 화폐환상의 영향으로 노동자들이 명목임금의 변화를 실질임금의 변화로 착각하도록 하는 노동자 오인모형에 관한 기사이다. 노동자가 명목임금에 관한 정보는 빨리 알지만 물가수준에 관한 정보는 빨리 알지 못하는 것을 전제한다.

20 ③ 라이선싱 브랜드(licensing brand)는 기업이 자체 브랜드나 캐릭터 등의 상표 사용권을 타사에 일정한 사용료를 받고 허락하는 것이다.

21 ③ 이익잉여금 : 영업활동에서 얻은 이익 중 배당하지 않고 사내에 유보한 금액을 말한다.

　① 자본조정 : 주식 발행이나 자기주식 취득 등으로 인해 발생한 일시적 자본 변동을 조정하기 위한 항목이다.

　② 자본잉여금 : 주식 발행 초과금, 감자차익 등 자본거래에서 생긴 잉여금을 말한다.

　④ 당기순이익 : 회계 기간의 총수익에서 총비용을 차감한 최종 이익을 말한다.

　⑤ 이월결손금 : 이전 회계연도에서 발생한 누적 손실 금액으로, 아직 보전되지 않은 부분을 말한다.

22 ① 토빈의 Q : 기업의 시가총액을 자산의 대체비용으로 나눈 비율로, 1보다 큰 값일 때 자산이 고평가되어 투자 유인이 있다고 판단한다.

　② 부채비율 : 총부채를 자기자본으로 나눈 비율로, 기업의 재무 안정성을 나타내는 지표이다.

　③ 주가순자산비율(PBR) : 기업의 현재 주가를 주당 순자산가치로 나눈 값으로, 해당 주가의 장부가치 대비 평가 수준을 나타낸다.

　④ 주당순자산가치(BPS) : 순자산을 발행주식수로 나눈 값으로, 1주당 순자산 규모를 나타내는 절댓값이다.

　⑤ 자본자산가격결정모형(CAPM) : 체계적 위험을 고려하여 자산의 기대수익률을 산출하는 모형으로, 적정 요구수익률 계산에 사용된다.

23 ⑤ 유동성 함정은 이자율이 매우 낮은 상태에서 중앙은행이 통화를 풀어도 사람들이 소비하거나 투자하지 않는 상황이다. 이때 추가적인 유동성을 현금으로 보유하려는 성향이 강하여 통화정책의 효과가 거의 사라진다. 일반적으로 불황기에 나타나며, 호황기에는 경제가 활발히 돌아가고 이자율이 낮더라도 사람들이 유동성을 보유할 이유가 적기 때문에 유동성 함정이 나타나지 않는다.

24 ④ 통화공급 M = 1 ÷ [현금통화비율 + 지급준비율(1 − 현금통화비율)] × 본원통화

　본원통화 = 지급준비금 + 현금통화

25 ① 같은 재화를 사기 위해 더 많은 돈이 필요하므로 화폐수요가 증가해 곡선이 우측으로 이동한다.

　② 사람들의 부가 증가하면 화폐수요곡선은 우측으로 이동한다.

　③ 중앙은행이 화폐공급을 늘리면 화폐공급곡선은 우측으로 이동한다.

　④ 경제의 거래량이 감소하면 화폐수요곡선은 좌측으로 이동한다.

　⑤ 이자율이 하락하면 화폐공급곡선은 우측으로 이동한다.

26 ④ 통화량 증가는 고전학파에서 주장하는 인플레이션의 수요측 원인에 해당한다.

27 ② 오쿤의 법칙은 실질 GDP 성장률과 실업률 간의 관계를 나타내는 이론으로, 경제성장률이 높아질수록 실업률이 감소하고 성장률이 감소할수록 실업률이 증가한다는 경험적 법칙이다. 오쿤의 법칙 수식은 (잠재 GDP − 실질 GDP) ÷ 잠재 GDP = 상수 × (실제 실업률 − 자연실업률)이다.

28 ⑤ 유동비율은 (유동자산 ÷ 유동부채) × 100으로 계산하며, 비율이 높을수록 단기 부채 상환 능력이 우수하고 재무 건전성이 높음을 의미한다. 각 기업의 유동비율은 A 150%, B 140%, C 120%, D 140%, E 180%로 E 기업이 가장 높다.

29 ② 실물적 균형경기변동이론에 관한 설명이다.

30 ① 솔로우 모형은 외생적으로 주어진 기술의 진보를 성장의 원동력으로 보는 외생적 성장이론 모형이다.

31 ④ 총잉여 : −{(2)영역 + (4)영역} = −7
① 소비자잉여 : −{(1)영역 + (2)영역 + (3)영역 + (4)영역} = −22
② 생산자잉여 : (1)영역 = 10
③ 재정수입 : (3)영역 = 5
⑤ 후생손실 : (2)영역 + (4)영역 = 7

32 ③ 관세를 부과할 경우 정부의 재정수입으로 귀속되는 것이 수량할당을 시행할 경우에는 수입업자의 초과이윤으로 귀속된다.

33 ① 경상수지 : 한 국가가 특정 기간 동안 해외와 주고 받은 모든 거래의 수입과 지출 차이를 나타낸다.
② 자본수지 : 국제수지표상에서 경상수지 아래에 해당하는 항목들로 국가 간 자본이동을 나타낸다.
③ 종합수지 : 경상수지에 자본수지를 합한 것을 말한다.
④ 상품수지 : 상품을 구매하고 판매하는 과정에서 발생하는 수입과 지출의 차이이다.
⑤ 무역수지 : 재화의 수출입에 초점을 맞춘 국제수지 개념으로서 경상수지와 함께 가장 일반적으로 사용되는 국제수지 개념이다. 상품수지라고도 한다.

34 ④ 고정환율제도는 환율이 고정되어 있어 국제수지의 불균형이 자동으로 조정되지 않는다.

35 ① 후광 효과 : 해당 사례는 긍정적인 특징이 전체적인 평가를 긍정적으로 만드는 긍정적 후광 효과이다.
② 초두 효과 : 첫인상이 가장 오래 기억에 남는 것을 의미한다.
③ 스놉 효과 : 상품의 소비가 증가하여 많은 사람들이 사용하게 되면 수요가 줄어들게 되는 현상이다.
④ 디드로 효과 : 구입한 물건과 어울리는 물건을 계속하여 구매하는 현상이다.
⑤ 바넘 효과 : 일반적으로 보급되고 있는 성격의 특성이 자신과 일치한다고 생각하는 것이다.

36 ④ 엥겔계수는 가계의 총지출에서 식료품비가 차지하는 비율을 나타내는 지표로, 개별 가계의 생활 수준만을 나타낸다. 소득분배의 불평등도를 측정하는 지표로는 지니계수 또는 로렌츠곡선 등이 있다.

37 ② 수직적 통합은 기업이 제품 생산 및 유통 과정에 있는 다른 기업을 인수하거나 새로 설립하는 것을 말한다.

38 ③ 지각에 영향을 미치는 요인 중 ⓛⓔⓜ은 지각 대상 관련 요소, ㉠ⓒ은 지각 주체 관련 요소, ⓗ은 상황 요소에 해당한다.

39 ③ A사의 경우 신제품 출시전략이 B사와 무관하게 우월한 전략이다. B사의 경우도 A사의 선택과 무관하게 신제품 출시전략이 우월한 전략이기 때문에 두 기업의 우월전략균형은 모두 신제품을 출시하는 것이다. 따라서 두 기업의 이윤은 A사 70, B사 60이다.

※ 내쉬균형 및 우월전략
㉠ 내쉬균형은 상대방의 전략을 주어진 것으로 보고 각 경기자가 자신에게 가장 유리한 전략을 선택하였을 때 도달하는 균형이다.
㉡ 우월전략이란 상대방의 전략에 관계없이 항상 자신의 보수가 커지는 전략으로, 내쉬균형에 포함된다.

40 ③ 인간을 합리적 경제인이 아닌 제한된 합리성을 지닌 관리인으로 바라보는 것은 또 다른 근대적 관리론자인 사이먼의 주장이다.

　※ 버나드와 사이먼의 관점 차이
　　㉠ 버나드 : 인간의 행동을 조직적 협력과 의사소통의 관점에서 설명하며 인간을 단순히 경제적 목표를 추구하는 존재로 보지 않는다.
　　㉡ 사이먼 : 제한된 합리성이라는 개념으로 인간의 인지적 한계를 강조하고 의사결정 과정을 분석했다.

41 ④ 권위적인 조직문화는 MBO의 핵심인 구성원의 참여, 동기부여, 의사소통을 약화시킨다.

42 ⑤ 리엔지니어링은 부서별 혁신이 아닌 기업목표와 관련된 전체적인 프로세스를 대상으로 혁신이 이루어진다.

43 ⑤ 요소비교법은 소수의 기준 직무와 비교하여 각 평가요소별 상대가치를 산정하고 임금액을 배분하는 직무평가 방법으로, 분류법과는 무관하다.

44 ⑤ 기계적 오류 : 평가자의 판단이 아닌 기술적인 실수를 의미한다.
　① 규칙적 오류 : 일관되고 특정한 방식으로 평가하여 변별력이 떨어진다.
　② 유사 오류 : 자신과 비슷한 특성을 가진 사람을 더 긍정적으로 평가한다.
　③ 대조 효과 : 이전 대상자와 비교하여 왜곡된 평가를 유발한다.
　④ 논리적 오류 : 논리적으로 연결되지 않는 특성으로 평가한다.

45 ① GDP는 한 나라의 영토 내에서 일정 기간 생산된 최종 재화와 서비스의 부가가치 합계를 의미한다. 따라서 포함 여부를 판단할 때는 생산의 장소와 시점이 핵심 기준이 된다.

46 ③ 독점시장의 균형점에서는 $P > MR$과 $MR = MC$가 성립하므로, $P > MR = MC$가 성립한다.

47 ④ 제시된 그림은 매트릭스 조직구조(matrix structure)의 형태를 나타낸 것이다. 이러한 조직구조의 경우 한 명의 종업원이 두 명의 상사를 두고 있는 형태로, 이들 상사로부터 서로 상이한 지시를 받을 경우에 혼란이 발생할 수 있다는 문제점(명령일원화의 원칙에 위배)이 있다. 이로 인해 상시적 조직에서는 거의 활용하지 않고 있으며, 프로젝트성의 업무가 있는 조직에서 주로 활용된다.

48 ① 허츠버그의 동기 – 위생이론에서 고차원적인 욕구만 동기유발이 가능하며, 위생요인이 충족되지 않으면 직무에 불만족하게 되지만, 위생요인이 충족되었다고 해서 동기부여가 되지는 않는다. 결국 동기유발요인이 발생해야 직무만족도가 높아진다. 위생요인은 감독, 급여와 복지, 회사방침, 작업환경, 고용보장 등이 있고, 동기유발요인은 성취감, 인정, 일, 책임감, 성장이 있다.

49 ① 구성원 간 역할 분담을 통해 전문성을 활용할 수 있다.

　※ 집단의사결정의 장점
　　㉠ 많은 지식과 정보를 수집할 수 있다.
　　㉡ 구성원 간 상호작용에 의한 시너지효과를 발휘할 수 있다.
　　㉢ 일의 전문화가 가능하다.
　　㉣ 커뮤니케이션 및 교육 기능을 수행할 수 있다.
　　㉤ 참여한 구성원의 만족과 지지로 응집력이 향상된다.

50 ⑤ 마이클 포터의 경쟁전략 5요소는 공급자, 구매자, 대체품, 산업 내에 경쟁자, 잠재적인 진입자이다.

51 ② 패션브랜드 A사는 M사 캐릭터나 로고 등의 IP를 제품 디자인에 활용할 권리를 얻고 그에 따른 값을 지불하는 라이선싱 계약을 체결했다. 라이선싱으로 인한 기대 효과는 제품의 차별화, 브랜드 인지도 상승, 마케팅 효과 등이 있다.

52 ③ 맥클리랜드(Mcclelland)는 인간의 모든 욕구는 학습되며 행위에 영향을 미치는 잠재력을 지닌 욕구들의 서열은 개인마다 다르다고 주장한다. 개인의 욕구 중 사회문화적으로 습득된 욕구로서 성취욕구, 권력욕구, 친교욕구 등을 제시하였고, 그 중에서도 특히 성취욕구를 강조하였다.

53 ④ A는 탐험가형, B는 분석가형 C는 방어형, D는 반응자에 해당한다.
　㉠ 갑 기업은 C, 을 기업은 A에 해당한다.
　㉡ 방어형은 기존의 안정적인 시장에서 경쟁 우위를 확보하기 위해 효율성과 비용 절감에 집중한다.
　㉢ 탐험가형은 유연하고 분산된 구조를 가지며, 연구개발에 많은 투자를 한다.
　㉣ 환경 변화에 가장 빠르게 대응하는 유형은 탐험가형이다.

54 ① 다품종 소량생산 및 잦은 제품 제원 변경 등의 상황에서는 제품별로 독립된 생산라인이 있는 제품별 배치가 효율적이다. 제품별 배치는 생산 제품의 전환이 빠르고 공정 조정이 용이하다는 특징이 있다.

55 ③ 화폐승수 공식인 $m = \dfrac{1+c}{c+r}$에 주어진 값을 대입하면,

$$m = \frac{1+0.2}{0.2+0.1} = \frac{1.2}{0.3} = 4$$

$$\therefore\ 4$$

56 ④ 실업률이란 경제활동인구 중 실업자가 차지하는 비율이다. 경제활동인구는 취업자 수와 실업자 수를 합한 값으로 산출된다. 따라서 실업률은 $5,000 \div (45,000 + 5,000) \times 100$으로 계산되어 10%값이다.

57 ① 통화량 증가율(12%) = 물가 상승률(5%) + 실질 GDP 증가율 − 유통속도 증가율(−4%)

58 ⑤ K원의 본원적 예금이 은행조직으로 유입되었을 때 은행의 대출총액은 순예금창조액과 일치한다. 따라서 1,000원의 본원적 예금이 입금되었을 때, 은행조직 전체로 보면 가능한 대출총액은 다음과 같이 계산된다.

$$D^N = \frac{1-z_l}{z_l}K = \frac{1-0.1}{0.1} \times 1,000 = 9,000 \, (단,\ z_l은\ 법정지급준비율)$$

은행조직 전체로 볼 때 가능한 대출총액이 순예금창조액과 동일하게 된다는 것을 구체적으로 설명하면 다음과 같다. 최초에 A은행에 1,000원이 입금되면 A은행은 법정지급준비금을 제외한 900원을 대출하고, B은행에 900원이 입금되면 B은행은 다시 법정지급준비금을 제외한 810원을 대출하고, 이는 다시 C은행에 입금된다. 이러한 예금·대출되는 과정이 무한히 반복되면서 대출총액은 다음과 같이 계산된다.

$$대출총액 = 900 + 810 + 729 + \cdots = (1-z_l)K + (1-z_l)^2K + (1-z_l)^3K + \cdots = \frac{1-z_l}{z_l}K = \frac{1-0.1}{0.1} \times 1,000 = 9,000(원)$$

59 ② 보충법으로 대손충당금을 설정할 때 기말 대손충당금 잔액은 기말 매출채권과 대손율을 곱하여 계산한다. 따라서 기말 대손충당금 잔액은 C사 $8,000 \times 0.03 = 240$만 원, D사 $10,000 \times 0.02 = 200$만 원이다.

60 ① 영구채권의 가격은 매년 받는 이자를 이자율로 나누면 된다. 5%일 때의 채권가격은 8,000만 원이 되며, 8%일 때는 5,000만 원이 된다. 그러므로 3,000만 원 하락하게 된다.

61 ① 관계 마케팅 : 고객과 장기적이고 의미 있는 관계 구축을 목표로 하는 전략이다.
② 전사적 마케팅 : 고객 중심의 마케팅적 사고가 기업 전반에 확산되는 것이다.
③ 내부 마케팅 : 외부 마케팅 이전에 고객지향적 마케팅의 성과를 높이기 위하여 종업원들을 먼저 교육 및 훈련시키는 활동이다.
④ 고객생애가치 : 고객으로부터 얻게 되는 이익흐름의 현재가치이다.
⑤ 데이터베이스 마케팅 : 고객에 관한 데이터베이스를 구축하여 고객에게 필요한 제품을 판매하는 전략이다.

62 ① 터보 마케팅 : 마케팅 활동의 시간을 단축하여 적시 생산 방식을 구현한다.
② 감성 마케팅 : 특정 제품이나 서비스에 대한 고객의 심리상태를 중시하여 고객의 기분과 욕구에 적합한 상품개발을 목표로 하는 마케팅 전략이다.
③ 애프터 마케팅 : 고객이 제품을 구매한 후 느낄 수 있는 부정적 인식을 방지하기 위해 고객에게 제품에 대한 확신을 심어 주는 마케팅 활동이다.
④ 공생 마케팅 : 두 개 이상의 기업이 마케팅 관리를 공동으로 수행하여 효율성을 확보하고자 하는 마케팅 활동이다.
⑤ 계몽 마케팅 : 기업의 사회적 역할과 책임을 강조하는 마케팅 활동이다.

63 ② 등간척도는 서열척도와 같이 순서를 가지면서 측정값들 사이의 간격이 동일하므로 ㉡에 해당한다. ㉠은 명목척도, ㉢은 서열척도, ㉣과 ㉤은 비율척도에 해당한다.

64 ③ 시장을 세분화하는 요건에는 측정가능성, 접근가능성, 실체성, 유효타당성, 신뢰성, 실행가능성 등이 있다.

65 ① 주요 경쟁자들의 무관심이 니치시장의 요건이다.

66 ⑤ 고객의 욕구는 연령, 경험, 사회, 문화 등에 따라 변화하며, 고객을 단순히 상품을 구매하는 존재가 아닌 지속적인 동반자로 인지함으로써 고객의 입장에서 점포에 왔을 시 느낄 수 있는 부분들에 대한 욕구를 충족시키는 것이라 할 수 있다.

67 ② 규모의 경제 효과가 미미한 경우엔 고가전략을 사용하기 적합하다.

68 ② 주식은 자본 측면의 자본조달이나, 사채는 부채로 분류된다.

69 ⑤ 각 기업이 상대의 생산량을 기준으로 자신의 이윤을 극대화하여 서로 일치하는 지점이 두 반응곡선의 교차점이다.
① 베르트랑 모형의 경우 균형에서는 $P = MC$가 되며, 균형에서 각 기업은 정상이윤만을 얻는다.
② 굴절수요곡선모형에서 각 기업은 경쟁기업의 가격 인하에는 민감하게 반응하나 가격 인상에는 반응하지 않는다고 가정한다.
③④ 쿠르노 모형은 '생산량 결정모형', 베르트랑 모형과 굴절수요곡선 모형은 '가격결정모형'이다.

70 ① 자본을 구성하고 있는 납입자본, 이익잉여금 등 자본요소 변동에 관한 정보를 얻을 수 있는 것은 자본변동표이다.

71 ② 이자수익과 배당금수익으로 인한 현금유입은 영업활동에 의한 현금흐름이다.

72 ① 총자산회전율은 매출액을 총자산으로 나눈 비율로, 기업이 보유한 자산을 얼마나 효율적으로 사용했는지를 나타내는 지표이다.
② 유동비율은 단기 부채 상환 능력을 나타내는 유동성 지표로, 비율이 높을수록 단기 지급 능력이 양호하다는 의미이다.
③ 부채비율은 부채가 자기자본에 비해 얼마나 많은지를 나타내는 지표로, 높을수록 부채 의존도가 높고 재무 위험이 크다.
④ 매출채권회전율은 외상 매출이 현금으로 회수되는 속도로, 낮을수록 회수가 늦어지고 있다는 의미이다.
⑤ 자기자본이익률은 당기순이익을 자기자본으로 나눈 비율이다.

73 ① 아웃소싱 : 기업이 일부 업무를 외부 업체에 위탁하는 것으로, 비용 절감, 업무 효율성 향상, 전문성 확보 등의 효과가 있지만, 고용 불안정이나 근로 조건 하락 등으로 이어질 수 있다.
② 다운사이징 : 조직의 규모를 줄이기 위한 전략적 조치이다.
③ 벤치마킹 : 다른 기업이나 조직의 우수 사례를 분석하고 적용하는 경영 기법이다.
④ 리엔지니어링 : 생산공정이나 업무 프로세스를 재설계하는 것이다.
⑤ 인소싱 : 업무를 내부 인력과 자원만으로 수행하는 방식으로, 핵심역량 보호나 품질관리 강화를 목적으로 한다.

74 ④ 연말배당금이 매년 일정할 경우 주식의 시장가격은 연말배당금을 시장수익률로 나누어 계산할 수 있다. 따라서 1500 ÷ 0.1 = 15,000원이 현재의 시장가격이다.

75 ⑤ 팀형(9-9)은 생산과 인간관계의 유지에 모두 지대한 관심을 보이는 유형으로, 종업원의 자아실현 욕구를 만족시켜주는 신뢰와 지원의 분위기를 이루는 동시에 과업달성 역시 강조하는 유형이다.

76 ② IPR법은 순이익이 아닌 현금흐름으로 평가하여 화폐의 시간가치를 고려한다는 장점이 있다.

77 ⑤ EBITDA는 이자나 세금 등을 차감하기 전 수치이기 때문에 외부환경 변화에 대해 비교적 자유롭다.

78 ② 주가변동성이 크면 주가가 상승할 때 그만큼 수익이 커지게 되므로 콜옵션 가격은 상승한다.

79 ⑤ 선물은 위험의 한정이 불가능하고 옵션은 위험의 한정이 가능하다.

80 ④ 보완적 평가방식은 각 상표에 있어 어떤 속성의 약점을 다른 속성의 강점에 의해 보완하여 전반적인 평가를 내리는 방식을 의미한다. 따라서 민재는 보완적 평가방식에 의해 가장 높은 값이 나온 참치회를 선택하게 된다.
㉠ 광어 = (40 × 2) + (30 × 2) + (50 × 2) = 240
㉡ 우럭 = (40 × 2) + (30 × 3) + (50 × 2) = 270
㉢ 물회 = (40 × 1) + (30 × 1) + (50 × 2) = 170
㉣ 참치 = (40 × 7) + (30 × 5) + (50 × 4) = 630
㉤ 오징어 = (40 × 3) + (30 × 3) + (50 × 6) = 510

정답 및 해설

※ 문제는 p.192에 있습니다.

☑ ANSWER

1 ②	2 ①	3 ⑤	4 ④	5 ⑤	6 ③	7 ①	8 ③	9 ②	10 ③
11 ②	12 ④	13 ③	14 ④	15 ④	16 ⑤	17 ⑤	18 ③	19 ③	20 ⑤
21 ⑤	22 ⑤	23 ①	24 ④	25 ④	26 ①	27 ②	28 ⑤	29 ④	30 ⑤
31 ④	32 ①	33 ①	34 ⑤	35 ④	36 ①	37 ⑤	38 ③	39 ④	40 ③
41 ⑤	42 ①	43 ③	44 ⑤	45 ⑤	46 ③	47 ④	48 ③	49 ①	50 ④
51 ②	52 ③	53 ③	54 ①	55 ②	56 ②	57 ③	58 ④	59 ④	60 ⑤
61 ①	62 ④	63 ①	64 ④	65 ①	66 ②	67 ①	68 ①	69 ④	70 ④
71 ②	72 ⑤	73 ②	74 ④	75 ③	76 ②	77 ④	78 ①	79 ③	80 ①

1 ② 슈링크플레이션 : 제품 가격은 기존대로 유지하지만 제품의 크기나 중량을 줄여서 가격 인상의 효과를 보는 판매방식이다.
① 에코플레이션 : 환경기준의 강화, 기후변화 등의 환경적인 요인으로 제조원가가 상승하는 것이다.
③ 스크루플레이션 : 물가 상승과 실질임금 감소 등의 요인으로 중산층의 가처분 소득이 감소하고 있는 현상이다.
④ 아이언플레이션 : 철(iron)의 가격이 지속적으로 상승하고 있는 현상이다.
⑤ 차이나플레이션 : 중국의 인건비가 상승하면서 상품 가격이 상승하고 물가 상승을 유발하는 중국발 인플레이션이다.

2 ① 대조 및 나열 행동의 효과는 상품 속성의 평가에 관한 절대적인 기준이 없기 때문에 차별적인 대안으로 비교 분석할 수 있게 해서 고객으로 하여금 직접 구매가치를 결정하도록 하는 것이다.

3 ⑤ 지문은 소비자가 과거 경험 또는 소비 습관에 의해 특정 제품의 기준을 형성하고 소비 선택에 영향을 미치는 것을 나타내는 톱니효과와 관련 있다.
① 전시효과 : 소비자가 타인의 소비 행동에 영향을 받는 현상을 일컫는다.
② 경쟁효과 : 시장 내 경쟁이 치열할 때 발생하는 효과이다.
③ 가격효과 : 상품 가격 변화가 수요와 공급에 미치는 영향을 일컫는다.
④ 편승효과 : 소비자가 다수가 선택한 상품을 따라 구매하는 현상을 일컫는다.

4 ④ 외환시장에 개입하여 달러화를 매각할 경우, 환율이 하락하고 원화가치가 상승하여 향후 수출에 대한 부담이 증가한다.

5 ⑤ 실질임금은 명목임금을 물가지수로 나누어 표시한 것이므로 명목임금이 일정하고 물가지수가 상승했다면 실질임금은 하락한다.

6　③ 투자의 한계효율이 이자율보다 클 경우, 기업들은 투자를 늘리게 된다.

7　① 유동성 함정(liquidity trap)은 이자율이 극단적으로 낮기 때문에 통화공급이 증가하더라도 이자율이 더 이상 하락하지 않고 그 결과 통화정책의 효과가 발생하지 않는 극단적인 경우를 말한다.

8　③ 투기적 화폐수요의 이자율 탄력도가 크면 LM곡선이 상당히 완만해지고, 확대적인 재정정책으로 IS곡선이 오른쪽으로 이동하더라도 이자율이 별로 상승하지 않게 되어서 구축효과가 크게 나타나지 않는다.
　① 소비가 이자율 변화에 민감하면 이자율이 상승할 경우 민간 소비가 크게 감소하는데, 이는 구축효과를 증대시키는 요인이다.
　② 민간 투자가 이자율 변화에 민감하면 이자율 상승 시 투자가 대폭 감소하여 구축효과를 증대시킨다.
　④ 고전학파는 화폐수량설에 따라 이자율이 시장에 의해 조정된다는 입장이다. 이런 경우 재정지출 확대는 이자율 상승을 초래하므로 구축효과가 발생한다.
　⑤ 통화주의자들은 화폐공급이 주요 변수이며, 정부지출 확대는 물가 및 이자율 상승을 초래한다고 본다. 이자율 상승은 민간 투자를 감소시키므로 구축효과가 발생한다.

9　② 공급업체가 소수만 존재하는 경우 공급자의 교섭력이 높아질 수 있어 기업에게는 불리하게 작용한다.

　※ 마이클 포터의 산업구조
　　㉠ 사업전략을 산업 환경의 다섯 가지 경쟁요인의 결과로 설명하고 있으며 다섯 가지 힘의 정도에 따라 힘이 강하다면 위협, 약하다면 기회가 될 수 있다.
　　㉡ 산업 환경이 기업에 위협이나 기회로 전환될 가능성을 분석하기 위한 경영전략 자료로 이용된다.
　　　• 진입위협 : 규모의 경제, 제품차별화, 기존 기업의 의도적 방해, 정부의 진입규제, 규모와 무관한 절대적 비용우위이다.
　　　• 고객위협 : 고객의 수가 적고 제품이 표준화되어 있을수록 고객 영향력은 더 커진다.
　　　• 공급자 위협 : 공급자들이 공급품의 가격을 인상 또는 저하시킴으로써 기업에 위협을 가할 수 있다.
　　　• 대체품 위협 : 특정 회사에 대체할 수 있는 제품이 존재한다면 기업에 위협이 된다.
　　　• 경쟁사 간 경쟁위협 : 직접적으로 경쟁관계에 있는 기업들과의 경쟁정도이다.

10　③ 요소비용에 해당한다.

　※ 자본재의 요소비용 및 사용자비용
　　㉠ 요소비용
　　　• 자본재 생산 또는 제공에 들어가는 직접적인 비용을 일컫는다.
　　　• 노동비용, 원자재비용, 에너지비용 등
　　㉡ 사용자비용
　　　• 자본재를 소유하거나 사용할 시 발생하는 총 비용을 일컫는다.
　　　• 감가상각비용, 기회비용, 유지비용, 운영비용 등

11　② 역머니무브 : 주식, 부동산 등에서 안전자산인 은행예금으로 자산이 이동하는 현상이다.
　① 그레이트 로테이션 : 글로벌 투자자금이 안전한 채권에서 위험자산인 주식시장으로 이동하는 현상이다.
　③ 풍선효과 : 한 부분의 문제를 해결하면 다른 쪽에서 다시 문제가 발생하는 현상을 의미한다.
　④ 트리클 다운 : 대기업의 성장을 촉진하면 중소기업도 동반성장 하면서 경기가 활성화되는 효과를 의미한다. 낙수효과로도 부른다.
　⑤ 어닝쇼크 : 기업의 실적이 시장의 예상보다 저조한 것을 의미한다.

12 ④ 수요독점에서의 균형은 완전경쟁일 때에 비해 생산요소의 고용량과 가격이 모두 낮아지게 된다.

13 ③ 그림으로 시각화되어 있어서 소득분배의 정도를 쉽게 인식할 수 있는 장점이 있지만 정확한 수치로 나타나지 않기 때문에 소득분배의 정도를 구체적으로 판별하는 것은 어렵다.

14 ④ 생산자는 생산자 자신의 이윤을 극대화하는 만큼의 생산요소를 수요한다.

15 ④ 가격이 경직성을 갖게 될 경우 효율적인 자원의 분배가 이뤄지지 않아 시장실패의 원인으로 작용한다.

16 ⑤ 일반 쌀밥의 선호가 증가하면 대체재 관계에 있는 즉석밥의 수요는 줄어든다. 이는 판매자들이 즉석밥 생산을 줄이는 요인이 될 수 있다.
① 포장 용기 가격이 내려가면 생산비가 줄어들고 공급은 증가한다.
② 김치는 즉석밥의 보완재이므로 김치 소비가 늘면 즉석밥 수요 또한 증가한다.
③ 즉석밥은 열등재이므로 소득이 줄면 오히려 즉석밥 수요가 증가한다.
④ 제품의 선호가 늘면 수요가 증가한다.

17 ⑤ ㉠㉡㉢는 총수요가 감소하는 것이고, ㉣㉤는 총공급이 감소하는 것이다.
①② 물가요인은 위의 현상으로 명확하게 확인하기 어렵다.
③ 원자재 가격이 상승하면서 기업의 생산비용은 증가한다.
④ 총수요곡선과 총공급곡선이 좌측으로 이동하면서 실질 GDP가 감소한다.

18 ③ 고전학파는 투자가 이자율에 대해 탄력적이므로 IS곡선이 완만한 기울기를 갖는다고 주장하며, 케인즈학파는 투자가 이자율에 대해 비탄력적이므로 IS곡선이 가파른 기울기를 갖는다고 주장한다.

19 ③ 지방채 발행은 정부지출 활동으로써 재정정책 중 하나이다.

20 ⑤ 완전경쟁의 경우 장기에는 기업의 진입과 퇴거가 자유롭게 일어나므로 장기공급곡선상의 모든 점에서 기업 수는 서로 다르다.

21 ⑤ 이자율평가설에 의하면, 만약 한국의 이자율이 미국보다 2% 높음에도 불구하고 미국에서 한국으로 자본이동이 이루어지지 않고 있다면 사람들은 환율이 2% 이상으로 상승할 것으로 예상하고 있음을 의미한다.

22 ⑤ 상대소득가설에 관한 설명이다.

23 ① 예비적 저축효과가 존재할 경우 현재소비는 줄게 되고 미래소비는 늘게 된다.

24 ④ 플래시 세일(flash sale) : 온라인상에서 한정된 수량을 일정 시간 동안만 판매하는 유형을 말한다.
① 소셜 쇼핑 앱스(social shopping apps) : 상거래의 범위를 온라인에서 오프라인까지 확장시키는 형태를 말한다.
② 퍼체이스 셰어링(purchase-sharing) : 소비자가 자신의 상품구매 정보를 공유하게 함으로써 사업자에게 마케팅의 수단을 제공하고, 구매 소비자에게는 금전적인 보상을 해 주는 방식을 말한다.
③ 소셜 쇼핑(social shopping) : 단순히 상품을 할인된 가격에 판매하는 것이 아니라, 이용자들이 온라인상에서 찾아낸 좋은 판매 사이트, 혹은 상품을 서로 공유하게 하는 형태를 말한다.
⑤ 그룹 바이(group-buy) : 제한된 시간 동안 정해진 인원이 모이면 특정 상품을 할인된 쿠폰으로 판매하는 방식을 말한다.

25 ④ 화폐의 기능은 교환매개, 가치척도, 가치저장의 세 가지를 들 수 있으며, 차익거래는 화폐의 기능으로 볼 수 없다.

26 ① 예금은행이 고객의 인출 요구에 대비하여 보유하고 있는 금액은 지급준비금이다.

27 ② 채무불이행 위험프리미엄은 회사채와 무위험채권 사이의 이자율 차이를 의미하므로 회사채의 채무불이행 위험이 커질수록 채무불이행 위험프리미엄은 커진다.

28 ⑤ 다비효과 : 채권자가 실질이익을 유지하기 위해 높은 수준의 명목이자율을 요구하는 현상이다.
① 구두창 비용 : 화폐 소지를 줄이는 데에 따르는 불편함을 은유적으로 표현한 용어이다.
② 스태그플레이션 : 물가 상승과 경기침체가 동시에 나타나는 현상이다.
③ 메뉴비용 : 인플레이션으로 인해 기업들이 공표한 가격을 자주 변경하게 되면서 발생하는 비용이다.
④ 피셔효과 : 인플레이션이 예상되면 채권자들이 예상인플레이션율만큼 명목이자율을 높게 설정하게 되는 효과이다.

29 ④ 이부가격설정이론 : 가입비와 사용료를 별도로 부과하는 가격 책정 방식으로, 독점기업에서 잘 나타나는 현상이다.
① 선도기업이론 : 하나의 선도기업이 시장가격을 결정하고 다른 기업들이 그 가격을 수용하는 과점시장 구조를 설명하는 이론이다.
② 굴절수요곡선이론 : 과점시장에서 가격이 잘 변하지 않고 안정되는 이유를 설명하는 이론이다.
③ 게임이론 : 소수의 과점기업이 서로의 행동에 영향받으며 의사결정을 내리는 상황을 분석하는 데 유용한 도구이다.
⑤ 카르텔에 의한 가격설정이론 : 과점시장에서 소수의 기업이 명시적으로 담합하여 마치 하나의 독점 기업처럼 행동하는 것을 설명한다.

30 ⑤ 개방형 펀드는 추가입금의 여부와 관계없이 환매가 가능한 펀드이다.

31 ④ 대국이 수입상품에 관세를 부과하면 대국의 수입 감소로 인해 세계시장에서 해당 상품의 초과공급이 발생하여 가격이 하락하게 되고 대국의 교역조건은 개선된다.

32 ① 수량할당 : 정부가 특정 재화의 거래량에 상한선을 설정하여 제한하는 규제 방식이다.
② 수출자유규제 : 수입국이 수출국에게 압력을 가해 수출국이 자율적으로 수출물량을 일정수준으로 줄이는 정책이다.
③ 수입과징금 : 수입억제를 위해 수입상품의 일부 혹은 전부를 대상으로 조세를 부과하는 것이다.
④ 수출보조금 : 수출재 생산에 대해 보조금을 지급하는 것이다.
⑤ 수입허가제 : 수입품목에 대해 정부의 허가를 받도록 하는 제도이다.

33 ① 직접투자자금 유입은 자본계정의 대변에 들어가는 항목이다.

34 ⑤ 환율결정이론에는 구매력평가설 외에도 국제수지접근법과 자산시장접근법이 있다.

35 ④ 계량적인 정보뿐만 아니라 비계량적인 정보까지 제공한다.

36 ① 2025년의 실질 GDP와 GDP 디플레이터를 구하기 위한 방법은 다음과 같다.
명목 GDP $= (110 \times 60) + (150 \times 40) = 6,600 + 6,000 = 12,600$
실질 GDP $= (100 \times 60) + (100 \times 40) = 6,000 + 4,000 = 10,000$

GDP 디플레이터 = 명목 GDP/실질 GDP $\times 100$이므로 $\dfrac{12,600}{10,000} \times 100 = 126$이 된다.

37 ⑤ 무상증자에 대한 설명이다.

※ 유상증자
기업이 신주를 발행하여 주주에게 돈을 받고 파는 것으로, 자금확보 수단 중에 하나이다. 시가발행 방식에 따라 주주배정방식, 제3자배정방식, 일반공무방식 등이 있다.

38 ③ 경제적 부가가치(EVA)에 관한 설명이다.

39 ④ 구성원의 감정적인 관계와 편견을 배제한 합리적이고 비인격적인 규칙이 존재한다.

40 ③ 호손실험의 결과는 권위적 리더십보다 민주적 리더십의 중요성을 강조한다.

41 ⑤ 온라인 마케팅의 신상품 전략(상품개발 전략) 6가지 중 기존 상품라인의 확장상품 전략은 새로운 풍미, 사이즈 등에서 다양성을 추가하여 기존의 상품라인을 확장하는 것이다. 위험도가 가장 낮은 것은 기존 상품의 개량상품이다.

42 ① 수요자에게 시장지배력이 있는 경우에는 가격차별 정책을 시도할 수 없다.

43 ③ 이윤의 극대화는 추가 근로자 고용으로 얻는 수입이 추가 임금과 같아질 때 실현된다. 근로자가 3명일 때 한계생산은 이전 총생산량과 비교하면 $30 - 22 = 8$이고, 한계수입은 한계생산에 제품 가격을 곱한 80만 원이다. 근로자 1인당 일일 명목임금은 80만 원이므로 A 공장의 적정 고용 인원은 3명이다.

44 ⑤ 내부인력을 활용할 경우 기존의 인건비 및 급여수준을 유지할 수 있고, 외부인력 채용에 따른 리스크를 회피하는 등의 장점이 있다.
①②③④ 외부인력을 활용할 경우 기대할 수 있는 장점이다.

45 ⑤ 애로우는 사회후생함수를 평가하는 다섯 가지 척도 중 하나로 '비배제성'이 아니라 '비독재성'을 제시하였다.

46 ③ 액면분할은 주주의 지분율에 영향을 주지는 않는다.

※ 액면분할
납입자본금에 증감이 없이 발행된 주식을 일정 비율로 분할하여 발행주식의 총수를 늘리는 것이다. 높은 주가로 개인이 쉽게 거래를 하지 않을 때 유동성을 높이기 위해서 시행한다.

47 ④ 경기가 호황국면으로 접어들어 수요가 늘어나게 되자 새로운 것이 아닌 단순하게 기존 공장의 가동률을 높이는 것은 혁신과 관련성이 없다.

48 ③ 브레인스토밍 : 아이디어를 떠올리고 문제를 해결하기 위한 창의적 사고 기법이다.
① 고든법 : 집단리더 혼자만 주제를 알고 집단에는 제시하지 않으며 해당 주제에 대해 문제해결방안을 자유롭게 이야기하는 방법으로, 양보다 질을 중시한다.
② 델파이법 : 전문가를 대상으로 설문조사를 진행하여 결론을 이끌어 내는 기법이다.
④ 분석적 기법 : 한 문제와 그 문제의 여러 요소들을 논리적으로 분석하는 방법이다.
⑤ 강제관계 기법 : 정상적으로 관계가 없어 보이는 둘 이상의 물건이나 아이디어를 강제적으로 관계를 맺어 보게 하는 방법이다.

49 ① 위원회나 태스크포스 등은 원형 의사소통 네트워크에 해당되며, 명령체계가 쇠사슬형 의사소통 네트워크에 해당된다.

50 ④ 슈퍼 리더십 : 구성원들이 스스로 리더십을 발휘하도록 돕고 육성하는 리더십이다.
① 거래적 리더십 : 리더가 구성원들과 맺은 거래적 관계를 바탕으로 발휘되는 리더십이다.
② 변혁적 리더십 : 구성원들에게 장기 비전을 제시하고 그 비전을 함께 수행할 있도록 구성원들의 태도나 공유가치를 변화시키는 리더십이다.
③ 카리스마적 리더십 : 리더의 카리스마적인 권위에 기초한 리더십이다.
⑤ 서번트 리더십 : 종업원이나 고객을 우선으로 여기고 그들의 욕구를 만족시키기 위해 헌신하는 리더십이다.

51 ② 수익증권에서는 펀드에 대한 운용 및 관리에 따른 투명성이 낮다.

52 ③ 인플레이션(inflation)이란 화폐의 가치는 떨어지고 물가는 계속 오르는 현상을 말한다. 따라서 인플레이션 발생 시 현금 소유자보다는 실물자산 소유자가, 채권자보다는 채무자가, 수출업자보다는 수입업자가 더 유리하다.

53 ③ 대체재 가격이 상승할 경우 X재의 수요가 증가하여 수요곡선이 오른쪽으로 이동한다. 그러므로 X재의 가격이 상승하고 거래량이 증가한다.

54 ① 공매도에 관한 설명이다.
② 유상감자 : 기업에서 진행하는 감자에서 주주들에게 보유한 주식가액의 일부를 환급하여 보상을 하는 것을 의미한다.
③ 스톡옵션 : 기업이 임직원에게 회사의 주식을 일정 가격으로 매수할 수 있는 권리를 부여하는 제도이다.
④ 시뇨리지 : 중앙은행에서 발행한 화폐의 실질가치에서 발행비용을 뺀 차익을 의미한다.
⑤ 선물옵션 : 매매대상이 선물계약인 옵션을 의미한다.

55 ② 역진세(regressive tax)에 대한 설명이다. 역진세는 소득이 적은 사람이 부유한 사람보다 세금을 더 많이 내게 되는 구조로서, 과세 대상의 금액이나 수량이 증가함에 따라 높은 세율을 적용하는 누진세의 반대 개념이다.

56 ② 관세를 부과하여 수입품의 가격을 높이면서 수입품의 국내 경쟁력을 약화시키는 관세 장벽에 해당한다.
※ 비관세 장벽
　ⓐ 수입을 억제하기 위해 관세를 부과하는 방법을 제외한 모은 인위적인 규제를 의미한다.
　ⓑ 직접적인 비관세 장벽 : 수입을 억제하고 국내생산을 늘리기 위한 것이다. 정부조달제도, 관세평가제도, 수입할당제, 수입과징금, 수입예치금, 무역금융제도 등이 있다.
　ⓒ 간접적인 비관세 장벽 : 직접 차별을 하여 규제하지는 않지만 병역 등을 위한 규제로 수입억제 효과를 발생시키는 것이다.
　ⓓ 수출 비관세장벽 : 수출금지, 수출수량규제, 최저가격제, 수출보조금, 생산보조금 등이 있다.

57 ③ 제조전략에서는 원가, 품질, 신속성, 신축성 등의 4가지 변수를 중요하게 여긴다.

58 ④ 인과적 방법에 해당한다.
①②③⑤ 생산예측의 방법 중 정성적 방법에 해당한다.

59 ④ 풀(pull)전략에 대한 설명이다.

60 ⑤ 임금은 생산량에 비례하고 기계적·폐쇄적인 조직관을 지녔으며, 경제적 인간관의 가정에 기반하고 있다.

61 ① SWOT 분석은 매트릭스를 활용해서 문장을 짧고 명료하게 나타내어 한 눈에 쉽게 분석이 가능하도록 기술해야 한다.

62 ④ 다른 목적을 위해 수집한 자료지만 본 마케팅 조사에 이용될 수 있는 간접적 자료를 2차 자료라고 한다.

63 ① 행동요인에 영향을 미치는 개인적 요인은 대상에 대한 태도가 아니라 대상과 관련된 행동에 대한 태도이다.

64 ④ 전문품이 소비자들의 상표 충성도가 매우 높은 편이다.

65 ① 다상표 전략 : 하나의 기업이 여러 개의 상표를 동시에 사용하여 다양한 고객층을 공략하는 전략이다.
② 개별 브랜드 전략 : 생산된 제품에 각각 다른 브랜드명을 부착시키는 전략이다.
③ 라인확장 전략 : 동일한 제품 범주 내에서 새로운 제품이 추가될 경우 기존 제품의 브랜드명을 부착시키는 전략이다.
④ 브랜드 확장 전략 : 한 제품시장에서 성공을 거둔 기존 브랜드명을 다른 제품군의 신제품에도 사용하는 전략이다.
⑤ 수직적 패밀리브랜드 전략 : 기업명을 모든 제품에 적용시키거나 성공한 브랜드명을 기업명으로 하는 전략이다.

66 ② 제품믹스의 넓이는 기업이 지니고 있는 전체 제품라인의 수를 의미한다.

67 ① 서비스의 마케팅 믹스(7P)는 product(제품), price(가격), place(유통), promotion(촉진), people(구성원), physical evidence(물적증거), process(과정)이다.

68 ① 상품구매를 위해 적극적인 정보탐색을 하는 전문품과 선매품에 사용되는 전략은 전속적 유통전략이며, 집중적 유통전략의 대상은 주로 관여도가 낮은 편의품이 된다.

69 ④ 촉진의 속도가 느리고 고객 1인당 비용이 높은 단점이 있는 것은 인적판매 수단의 단점이다.

70 ④ 상환우선주 취득 시 만기가 3개월 이내 도래하고 가치변동이 없으며, 거래비용 없이 현금 전환 가능하다면 현금성자산으로 분류될 수 있다.

71 ② 기업 자금의 구체적인 운용상황을 나타내는 것은 재무상태표이다.

72 ⑤ 인터넷 판매는 오프라인 판매에 비해 소량 다빈도 주문 및 판매가 이루어지므로 물류비용은 증가할 수 있다. 그러나 출점비용이나 고객서비스 비용 등은 감소하고, 카탈로그 인쇄 및 광고 판촉물에 대한 배포비용은 발생하지 않는다.

73 ② 회전율이 높을수록 현금으로 결제가 이뤄지거나 매출채권의 회수가 잘 이뤄지고 있음을 의미하므로 효율성이 높다고 할 수 있다.

74 ④ 배당이 일정한 비율로 계속 증가할 경우 성장률이 할인율보다 작아야 한다는 전제 조건이 필요하다.

75 ③ 자본예산과정은 투자 기회 탐색과 선정 → 현금흐름 추정 → 투자안 선택 또는 기각 → 통제 및 사후관리 순서로 이루어진다.
ⓒ 자본예산은 투자안 선택 후에도 실행과 사후관리 단계로 이어진다.
ⓒ NPV와 IRR 계산은 투자 여부를 결정하기 위한 것으로, 투자안을 평가하고 선택하는 단계에서 이루어진다.

76 ㉠㉣ 내적 측면의 요소
㉡㉢㉤㉥ 외적 측면의 요소

77 ④ 신흥시장은 선진국에 비해 고성장·고위험의 경제 구조를 가지기 때문에 신흥국의 위험프리미엄이 선진국의 위험프
리미엄보다 크다.

78 ① 과소·과대평가 주식을 평가하는 데 유용한 것은 PBR(주가순자산비율)이다.

79 ③ 만기일의 주가가 행사가격과 동일할 경우 손실도 이익도 발생하지 않게 된다.

80 ① 스왑은 거래 당사자끼리 서로의 현금흐름을 교환하는 계약으로 옵션이나 선물과 같이 표준화된 금융상품이 아니다.

정답 및 해설

※ 문제는 p.218에 있습니다.

☑ ANSWER

1 ⑤	2 ③	3 ①	4 ①	5 ④	6 ⑤	7 ②	8 ②	9 ①	10 ④
11 ⑤	12 ②	13 ②	14 ②	15 ②	16 ④	17 ⑤	18 ③	19 ③	20 ⑤
21 ⑤	22 ③	23 ⑤	24 ③	25 ①	26 ②	27 ②	28 ④	29 ③	30 ③
31 ⑤	32 ②	33 ⑤	34 ②	35 ③	36 ③	37 ③	38 ①	39 ④	40 ②
41 ④	42 ⑤	43 ②	44 ④	45 ③	46 ④	47 ④	48 ③	49 ⑤	50 ③
51 ②	52 ④	53 ①	54 ②	55 ④	56 ④	57 ①	58 ③	59 ⑤	60 ②
61 ④	62 ⑤	63 ⑤	64 ③	65 ③	66 ①	67 ①	68 ①	69 ①	70 ①
71 ①	72 ①	73 ②	74 ②	75 ①	76 ④	77 ④	78 ③	79 ①	80 ④

1 ⑤ 직장폐쇄는 사용자가 근로자들을 일시적으로 해고하는 것으로써 사용자 측의 쟁의 행위에 해당한다.

2 ③ 성과급은 종업원의 성과나 능력에 따라 임금을 차등 지급하는 것이다.
① 직능급에 대한 설명으로 동일한 임금에서 시작하여도 지식 또는 능력 등이 증가함에 따라서 임금도 동시에 오르는 임금체계를 의미한다.
②⑤ 연공급에 대한 내용으로 개인의 학력 또는 근속연수, 연령 등의 요인들을 기준으로 하여 임금이 체결되는 것을 말하며, 소극적 근무태도 및 능력개발의 소홀로 인해 전문인력 확보에 어려움을 겪는 단점이 있다.
④ 직무급에 대한 설명으로 동일 직무를 한 종업원은 같은 임금을 주는 것을 말한다.

3 ① 앨빈 토플러가 저서 '미래의 충격'에서 기존의 관료조직을 대체할 미래 조직을 의미하는 말로 사용한 용어이다. 애드호크라시는 관료조직처럼 지위나 역할에 따라 종적으로 조직된 것이 아닌 기능 및 전문적인 훈련 등에 의해 기능별로 유연하게 분화된 횡적 조직을 의미한다.

4 ① 잠재된 갈등은 갈등이 존재하지 않는 것이 아닌 갈등이 잠재되어 있어 언제라도 갈등이 야기될 수 있는 상황을 의미한다.

5　④ 기업이 지속적으로 존속하기 위한 이윤추구 활동 이외에 법령과 윤리를 준수하고, 기업의 이해관계자의 요구에 적절히 대응함으로써 사회에 긍정적 영향을 미치는 책임 있는 활동을 말한다. 과거 기업의 책임은 수익을 창출하여 주주들에게 이를 환원하는 경제적 책임에 한정되었다. 그러다가 미국의 경영학자 아치 캐럴이 기업의 사회적 책임을 경제적 책임, 법적 책임, 윤리적 책임, 자선적 책임의 4단계로 체계화하면서 기업의 사회적 책임이 본격적으로 논의되기 시작하였는데, 이때 기업의 책임 영역에 주주를 포함한 이해관계자에 대한 책임과 더불어 환경 및 사회적 지속가능성을 추구할 책임도 포함된 것이다.

6　⑤ 지식경영은 기업을 둘러싼 환경이 급변함에 따라 지속적인 혁신을 가능하게 하는 지식의 중요성이 커지면서 피터 드러커 & 노나카 이쿠지로 등에 의해 제창된 개념이다.

7　② 상호, 상표 등의 노하우를 가진 자를 프랜차이저(franchisor)라고 하는데 우리말로는 본부, 본사로 표현된다. 이러한 프랜차이저로부터 상호의 사용권, 제품의 판매권, 기술, 상권분석, 점포 디스플레이, 관계자훈련 및 교육지도 등을 제공받는 자를 프랜차이지(Franchisee)라고 하며, 이는 일반적으로 가맹점이라 표현된다.

8　② 유통경로의 구성원은 활동을 수행함에 있어 다른 경로 구성원으로부터 영향을 받기도 하고 다른 경로 구성원에게 영향을 미치기도 한다.

9　① 전문품(speciality goods)은 독특한 특징이나 브랜드 정체성이 있는 제품과 서비스이다. 소비자가 강한 브랜드 선호도와 충성도를 지니고 있고, 특별한 구매 노력을 기울인다. 브랜드 대안 간 비교가 이루어지지 않으며 가격민감도가 낮으므로 제품에 대한 사전지식에 의존하여 상품을 구매하는 것이 일반적이다.

10　④ 비교광고는 시장에 새로 진입하는 후발 브랜드나 시장점유율이 낮은 브랜드가 자사 브랜드의 차별성을 부각시켜 소비자의 고려상표군(consideration set)에 들어가는 데 효과적이다. 그러나 시장선도 브랜드나 고관여 제품의 경우에는 비교광고를 하지 않는다.

11　⑤ 거래 중 요소에 대한 설명이다.
　　①③ 거래 전 요소에 대한 설명이다.
　　②④ 거래 후 요소에 대한 설명이다.

12　② 암묵적 비용은 포기한 기회 중 가장 가치가 큰 부업 소득 150만 원이다.
　　① 명시적 비용은 실제로 현금이 지출되는 비용인 80만 원이다.
　　③ 경제적 비용은 명시적 비용과 암묵적 비용을 더한 230만 원이다.
　　④ 매몰비용은 이미 지불했고 회수 불가능한 예약금 200만 원이다.
　　⑤ 합리적인 의사결정을 할 때 매몰비용은 고려하지 않는다.

13　② 팩토링은 기업이 매출채권을 자금화하는 방법으로, 담보대출과는 구별된다. 팩토링은 판매대금을 미리 지급받기 위한 방법으로, 담보대출은 기업이 돈을 빌리기 위해 자산을 담보로 제공하는 방법이다.

14　② 인플레이션하에서 미래의 현금흐름은 동일한 금액의 현재 현금흐름보다 그 구매력이 떨어지게 된다.

15　② $연간매출수량 = \dfrac{고정비}{단위 당 판매가격 - 단위 당 변동비} = \dfrac{6억\ 원}{150만\ 원 - 120만\ 원} = 2,000대$

　　$연간매출액 = 2,000대 \times 150만\ 원 = 30억\ 원$

16 ④ 주관적 효과 오류에 대한 설명이다.

① 대조효과에 대한 설명이다.

② 유사효과에 대한 설명이다.

③ 최근효과에 대한 설명이다.

⑤ 관대화 경향에 대한 설명이다.

17 ⑤ 경제적 주문량(EQQ)은 주문 비용과 재고 유지 비용의 합이 최소가 되는 1회 주문량을 의미하며, 총비용 최소점에서 두 비용이 균형을 이룬다.

① 표에서 총비용은 주문량이 늘수록 계속 감소하고 있으므로 아직 경제적 주문량에 도달하지 않았음을 알 수 있다.

② 주문량이 EQQ를 초과하면 재고유지비용이 급격히 증가해 총비용이 다시 상승할 것이다.

③ 주문량이 커질수록 평균 재고량이 커지므로 재고유지비용이 증가한다.

④ 단위당 재고유지비용이 증가하면 경제적 주문량은 감소한다.

18 ③ 통상적으로 자산은 1년 이내에 현금화할 수 있는 유동자산과 그렇지 못한 고정자산(비유동자산)으로 구분하고, 유동자산은 현금 및 1년 이내에 현금화할 수 있는 예금 · 받을어음 · 외상매출금 · 미수금 · 유가증권 등의 당좌자산과 상품 · 제품 · 반제품 · 원재료 · 재공품 · 저장품 등의 재고자산으로 구분한다.

19 ㉠ BCG 매트릭스는 시장성장률과 상대적 시장점유율을 결합하여 4개의 사업영역으로 분류한다.

㉢ BCG 매트릭스의 문제아 영역(물음표 영역)은 시장성장률은 높지만 상대적 시장점유율이 낮은 전략사업단위를 지칭한다.

20 ㉡㉣ 강제성을 띠는 것

- 긴급조정 : 쟁의 행위가 국가나 국민에게 위험을 줄 수 있으면 고용노동부 장관이 긴급조정을 할 수 있다.
- 중재 : 당사자는 중재 결과를 반드시 따라야 하며 중재 결정이 위법일 경우에 중앙노동위원회에 재심을 청구 또는 행정소송 제기가 가능하다.

㉠㉢ 강제성이 없는 것

- 조정 : 노동위원회의 조정위원회에서 담당하며 조정안 수락을 권고하는 것을 말한다.
- 알선 : 분쟁 당사자를 설득하여 관련된 당사자 간의 토론에 의해 쟁의 조정을 하는 것을 말한다.

21 ⑤ 제시된 내용은 복수경로 시스템(multichannel distribution system) 또는 혼합 마케팅 경로(hybrid marketing channel)에 대한 내용이다. 복수경로 시스템은 규모가 크고 복잡한 시장에 직면하고 있는 기업의 매출을 증가시키고, 시장범위를 확대할 수 있으며, 상이한 세분시장 소비자의 특별한 요구에 자사의 제품과 서비스를 맞출 수 있는 기회를 얻을 수 있다. 이러한 제품의 차별화는 규모의 경제와 상충되는 개념이다.

22 ③ 구매자(buyer)는 기업의 제품이나 서비스를 구매한다. 공급자가 구매 기업의 원가를 높이는 위협을 주는 반면, 구매자는 판매 기업의 수익을 낮추는 위협을 준다. 구매자의 교섭력 수준이 높은 조건은 다음과 같다.

㉠ 구매자들이 소수일 때

㉡ 구매되는 제품들이 차별화되어 있지 않고 규격품일 때

㉢ 구매되는 제품들이 구매자의 최종 원가에서 큰 부분을 차지할 때

㉣ 구매자들이 높은 수준의 경제적 이익을 얻지 못하고 있을 때

㉤ 구매자들이 후방 통합(backward integration)을 할 것이라고 위협할 때

23 ⑤ 추종상표는 시장 선도 상표를 따르는 후발 제품의 브랜드이다. 이 경우에는 다양한 판촉수단을 사용하여 시장 선도 제품을 사용하고 있는 소비자들로 하여금 상표전환을 유도하는 전략을 사용하는 것이 유리하다. 따라서 이러한 마케팅 전략은 다양성 추구 구매행동을 보이는 소비자에 적합하다. 다양성 추구 구매행동은 소비자 관여도가 낮지만 브랜드 간의 차이가 상당히 큰 구매상황에서 나타난다. 이런 행동을 보이는 소비자는 브랜드를 자주 바꾼다.

24 ㉡ 증권시장선 위에 위치한 주식은 주가가 과소평가된 주식이다.
　　㉢ 포트폴리오 기대수익률과 총 위험(표준편차) 간의 선형관계를 나타낸다.

25 ① 현재가치 $= \dfrac{\text{미래가치}}{(1+r)^n}$ (여기서 r은 할인율 또는 이자율, n은 기간을 의미한다.)

시장이자율 10%를 감안한 1년 후 현재가치 $\dfrac{3,000,000}{(1+0.1)^n} = 2,727,273$원

시장이자율 10%를 감안한 2년 후 현재가치 $\dfrac{4,000,000}{(1+0.1)^2} = 3,305,785$원

시장이자율 10%를 감안한 3년 후 현재가치 $\dfrac{5,000,000}{(1+0.1)^3} = 3,756,574$원

이들 총합은 9,789,632원인데, 문제에 제시된 조건에서 최종 답은 10,000원의 자리에서 버림하여 구한다 하였으므로 대략 9,700,000원이 된다.

26 ② 보완적 평가방식은 각 상표에 있어 어떤 속성의 약점을 다른 속성의 강점에 의해 보완하여 전반적인 평가를 내리는 방식을 의미한다. 가중치를 각 속성별 평가점수에 곱한 후에 이를 모두 더하는 방식으로 계산하면 그 결과는 아래와 같다.
　　㉠ 비행기 : $(20 \times 4) + (30 \times 4) + (40 \times 7) + (50 \times 9) = 930$
　　㉡ 기차 : $(20 \times 5) + (30 \times 4) + (40 \times 5) + (50 \times 8) = 820$
　　㉢ 고속버스 : $(20 \times 4) + (30 \times 5) + (40 \times 7) + (50 \times 5) = 760$
　　㉣ 승용차 : $(20 \times 3) + (30 \times 7) + (40 \times 8) + (50 \times 6) = 890$
　　㉤ 자전거 : $(20 \times 9) + (30 \times 1) + (40 \times 1) + (50 \times 1) = 300$
　　그러므로 지현이는 가장 높은 값이 나온 비행기를 선택한다.

27 ② 전략적 이익모형(SPM : strategic profit model)은 여러 재무비율 간의 상호관계를 이용하여 경로성과를 평가하는 방법이다. 레버리지 비율(= 총자산/순자본)이 낮을수록 기업이 자금운영과정에서 부채(차입금)보다 자기자본에 더 크게 의존한다는 것을 의미한다. 낮은 레버리지 비율은 경영자의 보수적(위험회피) 성향을 반영한다.

28 ④ 안정적이고, 역사가 깊으며, 강한 문화를 가진 조직은 기업 문화를 변화시키기가 어렵다.

29 ③ 사례는 차별적 마케팅 전략에 대한 내용이다. 하나의 시장을 여러 개의 세분시장으로 나누고 각기 다른 세분시장의 상이한 욕구에 부응할 수 있는 마케팅 믹스를 개발하여 적용함으로써 기업 조직의 마케팅 목표를 이루고자 하는 전략이다. 소비자의 욕구를 정확히 이해하고 전문화의 명성을 얻기 위함은 집중적 마케팅 전략에 대한 설명이다.

30 ③ 성숙기에는 성장기에 진입한 많은 경쟁자들로 인해서 잠재적으로 그 제품을 사용할 의향이 있었던 소비자가 대부분 제품을 수용한 상태이다. 그렇기에 이 단계에서의 목표는 이익의 극대화와 경쟁기업에 대해 자사의 시장점유율을 유지시키는 데 있다. 제품은 치열한 경쟁에 대응하기 위해 많은 상표와 다양한 모델을 개발해야 한다. 또한, 가격인하는 필수적이며, 시장점유율을 방어하기 위해서 더욱 광범위한 유통망 구축을 지향하게 된다. 광고는 경쟁 상표 제품과 자사 상표 제품과의 차이와 이점을 강조하며, 경쟁제품 사용자의 상표전환을 유도하기 위해서 판촉을 적극적으로 실시한다.

31 ⑤ 집단으로 일할 때 노력을 덜 하려는 현상은 책임 소재가 명확하지 않고 관찰하기가 어렵기 때문이다. 팀의 규모를 늘린다면 각자의 업무 행동을 관찰하기가 더 어렵고 통제가 어려워져서 무임승차 또는 편승의 현상이 더 심화될 것이다.

32 ㉠ 작업 환경은 안전의 욕구와 연관되는데 안전 욕구(safety needs)는 위험 · 손실 · 위협으로부터의 보호와 관련된 것이다.
ㄴ 기숙사의 경우에는 생리적 욕구와 연관되는데, 생리적 욕구(physiological needs)는 욕구계층의 최하위에 위치하고 있으며, 이는 생활을 영위하는 데 가장 필수적인 욕구이기도 하다. 공기 · 음식 · 배설 · 성 · 휴식 등이 이에 포함된다.
ㄷ 동호회는 사회적 욕구와 연관되는데, 사회적 욕구(social needs)는 애정을 주고받는 것, 다른 사람들과 교제하고 그들에 의해 받아들여지는 것, 자신을 사회집단의 한 부분으로 느끼는 것 등을 포함한다.
ㄹ 직장에서의 승진은 존경의 욕구와 연관되는데, 존경 욕구(esteem needs)는 자아 존중감, 자율성, 성취감 같은 내적 자존감 요소와 지위, 인정, 관심 등과 같은 외적 자존감 요소이다.
ㅁ 창의성은 자아실현의 욕구와 연관된다. 자아실현 욕구(self-actualization needs)는 개인의 잠재력을 실현화하려는 욕구와 능력을 완전히 활용하려는 욕구이다. 이 욕구수준에 이르면 개개인은 모든 잠재력을 최대한으로 발휘하고자 노력하며 성취감과 자기만족을 얻을 수 있다.

33 ⑤ 플라시보 효과(placebo effect)는 약리학적으로 비활성인 약품(젖당, 녹말, 증류수, 생리식염수 등)을 약으로 속여서 환자들에게 투약하였을 시에 실제적으로 병세가 호전되는 효과를 의미한다.

34 ② 허위관계(spurious relationship)는 관련이 있어 보이는 두 변수 간의 관계가 제3의 변수를 고려하면 사라지는 것을 의미한다. 즉, 실제로는 두 변인 간에 이론적으로 아무런 연관성이 없는데 제3의 변인이 두 변인 간의 관계를 부풀리는 역할을 한 것이다.

35 ③ 홍보는 메시지가 제삼자인 언론 매체를 통해 객관적인 뉴스 형태로 전달되므로 높은 신뢰성을 가진다.
① 매장 판매원은 고객의 반응에 즉각 반응하므로 유연성이 가장 높다.
② 광고는 통제력은 높지만 기업이 직접 관여하므로 소비자의 신뢰성이 상대적으로 낮다.
④ 구전은 통제력이 낮으나 신뢰성이 매우 높다.
⑤ 자사 웹사이트는 기업이 운영하므로 통제성이 높으나 신뢰성은 낮다.

36 ③ 후방통합화는 기업이 공급망의 상류단계(원자재 공급, 부품생산 등)를 직접 통제하거나 효율화하는 전략으로, 공급업체(상류단계)를 통제하여 재고 관리를 개선하는 것은 상류 공급망의 효율화를 이루는 것으로 후방통합화에 해당한다.
① 전방통합화 또는 유통망 개선 활동에 해당한다.
② 공급망관리 또는 JIT 시스템에 해당한다.
④ 동일한 산업 단계를 인수하였으므로 수평통합화에 해당한다. 만일 부품을 공급하는 회사를 인수하여 부품을 자체 생산하는 경우라면 후방통합화가 된다.
⑤ 전방통합화에 해당한다.

37 ② D 매니저가 높은 행사가격을 가진 콜옵션을 매입하고 낮은 행사가격을 가진 콜옵션을 발행하는 것은 약세 스프레드에 해당한다.

38 ① 전환 마케팅은 현재 수요가 부정적일 경우, 수요를 전환하기 위해 수행하는 마케팅을 말한다.

39 ④ 공익연계 마케팅(cause-related marketing) : 기업이 특정 상품을 판매해 얻은 수익의 일정 부분을 사회문제 해결을 위한 기부금으로 제공하는 마케팅 방식을 의미하는 것으로 훌륭한 차별화의 수단이 될 수 있다.
① 넛지 마케팅(nudge marketing) : 소비자들이 선택을 하는 데 있어 유연하면서도 부드러운 방식으로 접근하는 방식을 의미한다. 예를 들어 마트 카운터 앞에 소비자들이 가볍게 구입하고 싶어 하는 상품을 진열해두는 방법도 이에 해당한다.
② 스프레드 마케팅(spread marketing) : 신문, 방송 등에 자사 제품의 광고를 내보내지 않고 인터넷 및 입소문만을 활용해 비용을 줄이고 홍보효과는 극대화시키는 마케팅 전략을 의미한다. 이 방법의 경우 타깃 마케팅과 비용 감소라는 두 가지의 효과를 거둘 수 있다.
③ 체험 마케팅(experience marketing) : 소비되는 분위기 및 이미지나 브랜드 등을 통해 소비자들의 감각을 자극하는 데 초점을 맞춘 마케팅을 의미한다.
⑤ MOT 마케팅(moment of truth marketing) : 일상 생활공간을 파고드는 마케팅 기법을 의미하는 것으로, 결정적인 순간 또는 진실의 순간을 포착하라는 뜻이다.

40 ② 경로 커버리지 전략 중 고가의 제품을 다루는 전략은 전속적 유통전략이다. 전속적 유통전략은 극소수의 중간상들에게 자사제품의 유통에 대한 독점권을 부여하는 방식의 전략으로, 소비자가 제품구매를 위해 적극적으로 정보탐색을 하고 점포에까지 가서 기꺼이 쇼핑하는 노력을 감수하는 전문품에 적절한 전략이다. 선매품에 적합한 전략은 선택적 유통이다.

41 ④ 과점구조를 가진 시장에서 초과공급(공급과잉)은 공급이 수요를 초과하는 상황에 있다는 것이다. 경쟁시장이라면 자연스럽게 가격이 하락하지만 과점시장이라면 기업의 가격정책에 따라 달라진다. 스마트TV는 사치품의 성격이 있으므로 수요의 가격탄력성이 탄력적이다. 따라서 기업들이 가격을 인하하면 수요량이 크게 증가하므로 기업의 판매량과 판매액은 증가한다.

42 ⑤ 일반적으로 생활필수품의 성격을 갖거나, 마땅한 대체재가 없는 경우, 또는 재화의 가격이 가계 소득에서 차지하는 비중이 작을수록 수요의 가격탄력성은 작게 나타난다. 즉, 소득에서 재화의 가격이 차지하는 비중과 가격탄력성은 정비례한다.

43 ② 한계비용(marginal cost)은 상품 1단위를 추가로 생산하는 경우의 총비용 증가분이다. 통상적으로 정보통신산업에서는 생산량이 많을수록 한계비용이 급감하여 지속적 성장이 가능한 수확체증 현상이 나타난다. 한계생산이 체감하는 수확체감 현상이 나타나면 한계비용은 체증한다. 반대로 수확체증 현상이 나타나면 한계비용은 체감한다.

44 ④ 수요가 탄력적일 때 가격이 오르면 수요가 크게 줄어 총매출이 감소한다.
① 소득의 증가에 따라 수요량이 증가하는 정상재(normal goods)의 수요의 소득탄력성은 0보다 크다.
② 상품 A의 가격이 상승하여 상품 B의 판매량이 증가하는 경우, 수요의 교차탄력성은 0보다 크므로 상품 A와 상품 B는 대체관계이다.
③ 열등재 중 절대적 열등재라고 할 수 있는 기펜재(giffen's goods)는 가격이 하락함에도 수요량이 감소하는 재화로 수요곡선은 예외적으로 양(+)의 기울기를 갖는다.
⑤ 수요곡선의 모양과 관계없이 수요곡선상의 위치에 따라 수요탄력성은 다른 값을 갖는다.

45 ③ 운임의 변동폭에 의해 운송수단(수송능력)의 변동폭이 결정된다고 해서 운임의 탄력성의 크기와 운송수단(수송능력)의 탄력성의 크기가 일치하는 것은 아니다. 운임의 탄력성보다 운송수단의 탄력성이 클 수도 있고 작을 수도 있다.

46 ④ 독점적 경쟁(monopolistic competition)은 다수의 거래자(공급자)가 차별화된 제품과 서비스를 거래하는 시장이다. 제품을 차별화하므로 가격에 영향을 미칠 수 있지만 대체재가 많으므로 큰 영향을 미치지는 못한다. 음식점, 미용실, 의상실 등 도심의 소규모 업종들은 대부분 독점적 경쟁 형태이다.

47 ④ X재의 보완재 가격이 상승하는 경우 X재의 수요곡선은 왼쪽으로 이동하므로, 균형가격은 하락하고 균형거래량은 감소한다.

48 ③ 완전경쟁시장에서 장기균형 상태는 초과 이윤이 없는 상태(경제적 이윤 = 0)이다. 시장 수요 증가로 일시적으로 가격이 상승하고 기업들은 일시적인 초과 이윤을 얻을 수 있으나, 기업 진입이 자유롭기 때문에 새로운 기업들이 시장에 진입하면서 공급량이 증가하고 가격은 하락하며 초과 이윤은 사라진다. 결국 시장은 새로운 장기균형에 도달하고 개별 기업의 이윤은 다시 제로(0)가 된다.

49 ⑤ 기업 내부 생산 효율성과 관련된 문제로 자원 배분의 효율성과 직접적으로 연결되지 않는다. 따라서 시장실패의 요인이 아니다.
① 시장에서 외부효과가 존재하면 자원 배분이 비효율적으로 이루어져 시장실패를 초래한다.
② 공공재의 비경합적이고 배제불가능적인 특성으로 인해 무임승차 문제가 발생하며 시장실패의 대표적인 요인이 된다.
③ 필요한 정보를 충분히 갖지 못하면 그릇된 의사결정을 하여 자원 배분의 비효율성을 초래한다.
④ 정보 비대칭으로 인해 저품질의 상품 또는 서비스가 시장에 과잉 공급되어 자원 배분의 왜곡을 초래한다.

50 ③ 임대료 상승분은 GDP에 포함된다.

51 ② 수요곡선은 수평이다.

52 ④ 리카디언 등가 정리는 정부 지출의 재원 조달 방식이 국민의 총수요에 아무런 영향을 미치지 않는다고 주장하는 경제 이론이다. 이는 소비자들이 미래의 세금 증가를 합리적으로 예상한다고 가정하기 때문이다.

53 ① 정부가 개입하지 않는다는 것은 무임승차 문제가 발생한다는 것을 의미하므로 주민 아무도 자신의 효용을 밝히지 않을 것이며, 공원 또한 건립되지 못하게 된다.

54 ② X재의 경우, Y재의 가격 하락에 따라 실질소득이 증가하였으며, 그 결과 X재의 소비는 12단위에서 14단위로 증가하였다. 따라서 이는 정상재임을 알 수 있다.

55 ④ 그림에서 수요곡선의 기울기는 양(+)이고, 공급곡선의 기울기는 음(−)이므로 공급법칙과 수요법칙 모두가 성립하지 않는다. P_2가 균형가격 P_1보다 높지만, P_2의 가격에서 수요량은 Q_3이고, 공급량은 Q_2이므로, ab만큼의 초과수요가 발생하여 가격을 상승시킨다.

56 ④ 정책무력성 명제는 민간이 합리적으로 기대를 형성하고 정부가 정책을 사전 발표할 경우에, 민간이 정부의 정책을 신뢰하고 물가가 신축적으로 조정된다면 정부의 정책은 효과가 없다는 주장이다. 이때 총공급충격에 의한 스태그플레이션은 외부충격으로 AS곡선이 좌측으로 이동하며, 합리적 기대가설이 주장하는 정책무력성 명제와는 아무런 관계가 없다.

57 ㄹ 케인즈학파의 경우 통화량의 증가 시에 화폐공급 증가를 가져오게 되므로 실질이자율은 하락하게 된다. 하지만 고전학파의 경우 실물시장에서의 저축 및 투자에 따라 이자율이 결정된다고 보는 관점이기 때문에 단순히 통화량이 증가한다고 해서 실질이자율이 하락한다고 볼 수 없다.

58 ③ 문제에 주어진 자료로는 구매력평가에 따른 환율만을 구할 수 있으므로, 2015년 원화의 명목환율을 알 수 없다.

59 ⑤ 작년에 비해서 누진세의 최고세율은 낮아졌으며, 비례세 제도가 적용되는 부가가치세의 세율은 높아졌다. 그러므로 조세의 소득 재분배 효과는 약화될 것이라는 추론이 가능하다.

60 ② 독점기업의 수요곡선이 우하향하는 직선일 때, 조세의 부과는 가격을 $\frac{1}{2}$ 만큼 상승시키므로, 세금이 10 증가하여 소비자와 생산자는 각각 5씩 부담하게 된다.

61 ④ 통상적으로 수요가 탄력적일수록 독점적 경쟁기업이 보유하는 초과설비 규모는 작아지게 된다.

62 ⑤ 문제에 제시된 그림에서는 X재 시장에서 공급의 감소로 인해 균형 가격은 상승하였으며, 이로 인해 균형 거래량은 감소하였다.

63 ⑤ 우진이와 연철이의 사례 모두 윤리적 가치를 고려한 소비행위라 할 수 있다.

64 ③ 의도적인 교육투자의 중요성을 강조하는 모형은 루카스의 인적자본 축적모형이다.

65 ③ 한계편익곡선의 기울기는 음(−)이고 한계비용곡선의 기울기는 양(+)이면 순편익곡선의 형태는 오목하므로, 한계편익과 한계비용이 같다는 조건은 반드시 충분조건이다.

66 ① 생산량이 4개일 때 이윤이 6으로 극대화된다.
② 생산량이 1개씩 증가할 때마다 추가로 발생하게 되는 비용은 생산량이 4개가 될 때까지 감소하게 되며, 5개일 경우에 증가하게 된다.
③ 생산량이 1개씩 증가할 때마다 추가로 얻게 되는 수입은 일정하다.
④ 생산량이 4개일 때 X재 1개당 생산비용이 가장 적다.
⑤ 생산량이 2개일 때 이윤은 양(+)의 값을 가진다.

67 ① X재의 대체재 가격의 상승은 X재 수요의 증가 요인이다.
② 소득의 감소는 정상재 수요의 감소 요인이다.
③ 시장가격의 상승, 거래량의 증가로 인해 생산자잉여는 증가하게 된다.
④ 수요의 증가로 인해 거래량은 증가하게 된다.
⑤ 시장가격의 상승, 거래량의 증가로 인해 판매수입은 증가하게 된다.

68 ① 최고가격제를 실시하게 되면 최고가격제가 실시되는 상품의 가격이 낮아지게 되므로 수요는 증가하고 공급은 감소하게 된다.

69 ① 약공리의 의미는 소비자의 소비행위가 일관성을 가져야 한다는 것이다. 그러므로 선택 가능한 여러 가지 재화묶음 중에서 A를 선택했다면, 약공리가 충족되기 위해서는 재화묶음 A가 구입 가능한 상황에서는 계속해서 재화묶음 A를 구입하여야 한다(하지만, 예산집합이 변하여 재화묶음 A가 구입 불가능하게 되면 다른 재화묶음을 구입하더라도 약공리에 위배되지는 않는다).

70 ① 비대칭적 정보하에서는 아예 시장 자체가 존재하지 않게 될 가능성도 있다. 다시 말해, 시장균형이 언제나 존재하는 것은 아니다.

71 ① 보증은 정보의 비대칭성 문제로부터 발생하는 것이다. 제품을 판매하는 기업이 좋은 품질의 제품이라는 보증을 제공하게 되며, 기업이 상품에 대해서 정확한 정보를 가지고 있지만 소비자들이 정보가 부족한 경우에 효과적이다. 품질이 좋은 제품을 공급하는 기업일수록 당연히 예상 수리비용이 적기 때문에 보증을 해준다고 장담하게 된다.

72 ① 경기회복에 대한 기대는 총수요가 증대될 것이라는 기대이며, 이는 곧 장기적으로 실질이자율이 하락할 것임을 의미한다. 또한 경기회복에 대한 기대가 소비의 증대, 유발투자의 증가를 가져오게 되므로 승수효과는 더욱 증가하게 된다.

73 ② 합리적 선택은 선택에 의한 기회비용 및 편익 등을 고려해 순편익이 가장 큰 대안을 선택하는 것을 의미한다. 이미 제출되어 회수 불가능한 비용인 매몰비용을 기회비용에 포함해서는 안 된다.

74 ② 기준금리의 경우 중앙은행의 통화정책 수단으로써 중앙은행이 기준금리를 올리게 되면 통화량이 감소하며, 시중금리가 상승하게 된다. 이와는 반대로 중앙은행이 기준금리를 내리게 되면 통화량이 증가하며 동시에 시중금리가 하락하게 된다.
    ㉠ 기준금리를 인상하게 되면 시중금리가 상승하게 되므로 이로 인해 가계의 대출이자 상환의 부담이 늘어날 수 있으며, 소비 지출을 위축시키는 요인으로 작용하게 된다.
    ㉡ 기준금리를 인하하게 되면 시중금리의 하락으로 인해 투자가 촉진된다.
    ㉢ 기준금리를 인상하게 되면 시중금리가 상승하여 소비 및 투자 등을 위축시킬 수 있으므로 총수요를 억제하는 요인으로 작용하게 된다.
    ㉣ 기준금리를 인하하게 되면 통화량의 증가로 인해 물가 상승이 초래될 수 있다.

75 ① 한계효용이 0보다 커지면 총효용은 증가하게 되며, 한계효용이 0인 점에서는 총효용이 극대가 되고, 한계효용이 0보다 작아지면 총효용은 감소하게 된다.

76 ④ 과점시장에는 진입장벽이 존재하기 때문에 소수의 기업이 존재하고, 기업들이 소수이므로 과점기업들은 가격설정자로 행동한다. 또한, 과점기업들은 동질적인 재화를 생산하거나 이질적인 재화를 생산할 수 있는데, 전자를 순수과점, 후자를 차별과점이라고 한다. 이러한 과점기업들은 상대방의 반응을 살펴보고 가격을 결정하게 되며, 과점 기업들이 설정하는 가격은 상대방과 같을 수도 있고 또는 서로 다를 수도 있다.

77　④ X재 및 Y재는 서로 대체재의 관계이며, X재 및 Z재는 보완재 관계이다. X재의 원자재 가격의 상승으로 인해 X재의 가격이 상승하게 되면 X재의 수요량이 감소하게 되는데, 이로 인해 Y재의 수요는 증가하게 되며, Z재의 수요는 감소하게 된다.

78　③ 균형국민소득식 $Y = C + I + G + X_N$을 활용하면 $X_N = (Y - C - T) + (T - G) - I$ 이므로, 순수출 = 민간저축 + 정부저축 − 투자로 구성된다. 미국의 경상수지 적자는 총저축의 감소, 즉 과잉 소비가 원인이며, 동아시아 국가 및 산유국들의 지속적인 경상수지 흑자는 총저축의 증가, 즉 과잉 저축으로 볼 수 있다.

79　① 쌀 시장이 개방되어 쌀이 수입되면 쌀 가격이 하락하게 되므로 소비자잉여는 증가하게 되지만, 반대로 생산자잉여는 감소하게 된다. 그러나 생산자잉여 감소분보다 소비자잉여 증가분이 더 크므로 사회 전체의 총 잉여는 증가하게 된다.

80　④ 국제유가 상승과 같은 공급충격은 단기총공급곡선을 좌측으로 이동시키게 되고 이는 물가 상승 및 실업의 증가 등을 가져오게 된다. 장기적으로는 수직의 총공급곡선으로 돌아가게 되므로 A → E → C로 변화하게 된다.

※ 문제는 p.254에 있습니다.

☑ ANSWER

1 ①	2 ⑤	3 ①	4 ①	5 ①	6 ⑤	7 ②	8 ④	9 ④	10 ②
11 ②	12 ⑤	13 ⑤	14 ③	15 ②	16 ③	17 ⑤	18 ③	19 ④	20 ⑤
21 ⑤	22 ④	23 ①	24 ⑤	25 ③	26 ②	27 ④	28 ②	29 ②	30 ②
31 ⑤	32 ②	33 ④	34 ⑤	35 ④	36 ⑤	37 ③	38 ③	39 ④	40 ⑤
41 ①	42 ①	43 ①	44 ①	45 ②	46 ③	47 ①	48 ③	49 ⑤	50 ②
51 ④	52 ④	53 ②	54 ①	55 ⑤	56 ①	57 ②	58 ③	59 ②	60 ④
61 ①	62 ④	63 ⑤	64 ③	65 ④	66 ⑤	67 ①	68 ④	69 ③	70 ⑤
71 ⑤	72 ②	73 ④	74 ④	75 ①	76 ③	77 ④	78 ③	79 ①	80 ②

1 ① 카이저플랜은 재료비 및 노무비 측면의 비용절감액을 배분하는 협동적인 집단 인센티브 제도를 말한다.

2 ⑤ ERG 이론은 매슬로우의 이론적 문제점을 보완하기 위해 제시되었으며 매슬로우의 5단계를 존재욕구, 관계욕구, 성장욕구로 구분하였다.

3 ① 단기적인 목표를 강조하는 경향이 있다.

　※ 목표에 의한 (MBO) 관리의 한계점
　　㉠ 모든 구성원의 참여가 현실적으로 쉽지 않다.
　　㉡ 신축성 또는 유연성이 결여되기 쉽다.
　　㉢ 계량화할 수 없는 성과가 무시될 수 있다.
　　㉣ 부문 간에 과다 경쟁이 일어날 수 있다.
　　㉤ 도입 및 실시에 시간, 비용, 노력이 많이 든다.
　　㉥ 단기적 목표를 강조하는 경향이 있다.

4 ① 기업 수준 전략의 하부 구조인 사업 수준의 전략에 해당한다. 사업 수준의 전략에는 저원가 전략, 차별화 전략, 집중화 전략 등이 있다.

　※ 기업 수준의 전략
　　기업 수준의 전략은 장기적인 수익을 극대화하기 위하여 기업의 발전과 개발 방향을 관리하는 것을 말한다. 유형으로는 단일사업 집중 전략, 수직 통합 전략, 다각화 전략, 글로벌화 전략 등이 있다.

5 ① 혁신이론은 지식경영과 직접적인 관계를 지니고 있다.

6 ⑤ 아웃소싱 전략은 한정된 자원을 가장 핵심 사업 분야에 집중시키고 나머지 부문은 외부 전문기업에 위탁하여 효율을 극대화하려는 전략을 말하며, 고객에 대한 낮은 충성도, 이직률의 상승이라는 문제점을 지니고 있다.

7 ② 관리역량 닻 : 자신들이 진정으로 일반관리자가 되기를 원하는 사람들이므로 경영 전문가가 되어야 일반관리자로서의 기능을 제대로 수행할 수 있다고 생각한다. 이러한 유형의 닻 소유자는 책임 수준, 리더십 발휘의 기회, 전체 조직에 대한 공헌 기회의 증대, 높은 수입 등을 의미하는 승진을 주요 가치 및 동기로 생각한다.
① 자율성 닻 : 조직은 개인을 규제하려 하며, 비이성적이면서 강압적이라고 생각하기 때문에 자유로운 직업을 가지기를 원한다. 이러한 닻의 소유자는 자율성을 위해 기꺼이 승진을 마다할 수 있다.
③ 기업가정신 닻 : 주요 목표는 장애물을 극복하고 위협을 무릅쓰며 개인적인 탁월성을 성취하려는 것이다. 이러한 닻을 가지는 사람들은 스스로 자신의 사업을 설립하며 운영하는 자유를 원한다.
④ 도전 닻 : 해결이 불가능할 것 같은, 또는 극복하기 어려울 것 같은 장애를 해결하는 것이다. 이러한 유형에 해당하는 사람은 호기심, 다양성 및 도전 등을 추구한다.
⑤ 봉사 닻 : 타인을 돕는 직업에 종사함으로써 가치 있는 성과를 달성하는 것을 추구한다.

8 ④ 집약적 유통은 다른 말로 개방적 유통이라고도 하며, 가능한 한 많은 소매상들로 하여금 자사의 제품을 취급하게 하도록 함으로써, 포괄되는 시장의 범위를 확대시키려는 전략을 의미한다. 제품의 인지도를 알리는 것으로는 효율적이지만, 판매점이 너무 많아 유통 경로에 대한 통제가 어렵다는 단점이 있다.

9 ④ 소비자의 구매관습을 기준으로 소비재를 편의품, 선매품, 전문품으로 구분할 때, 상권의 범위는 전문품이 가장 넓고 선매품, 편의품의 순으로 좁아지게 된다.

10 ② 유보가격(reservation price)은 소비자들이 해당 상품에 대하여 기꺼이 지불하려는 최저가격을 의미한다.

11 ② 광고(advertising)는 소비자의 브랜드 태도를 변화시킴으로써 구매 의도를 발생시킨다. 따라서 브랜드 태도를 변화시키는 것이 광고의 주요 과제이다. 반면에 판매촉진(sales promotion)은 상품의 단기적인 판매증진을 위하여 소비자에게 여러 가지 인센티브를 제공하는 것이다. 즉, 판매촉진은 고객의 구매시점 단계에서 고객에게 어떠한 자극을 가해서 구매를 유도하는 단기적인 매출 증대의 목적을 가진 활동을 의미한다.

12 ⑤ 제품 속성에 따른 포지셔닝은 자사의 제품 속성이 경쟁사의 제품에 비해 차별적인 속성을 지니고 있으며, 그에 따른 효익을 제공한다는 것을 소비자에게 인식시키는 포지셔닝 전략이다.

13 ⑤ 활동기준원가(activity based costing)는 소비되어진 자원 등을 활동별로 집계해서 활동별로 집계된 원가를 제품에 분배하는 원가 시스템을 의미한다.

14 ③ 신시장을 창출하는 혁신적 신상품이 얻을 수 있는 판매량은 잠재 구매자를 대상으로 한 콘셉트 테스트와 같은 방법으로 예측하기가 상당히 어렵다. 그 이유는 잠재 구매자 스스로가 이러한 혁신적 신상품의 효용을 확신하기 어렵기 때문에 확실한 응답을 하지 못하기 때문이다.

15 ② 소비재의 수요자는 소비자이므로 가격변동에 민감하게 작용하여 수요탄력성이 탄력적이다. 그러나 산업재의 수요자는 생산자이므로 가격변동에 덜 민감하게 작용하여 수요탄력성은 소비재에 비해 비탄력적이다.

16 ③ 역공개매수(pac-man defense)는 인수합병(M&A) 대상이 된 회사가 오히려 M&A를 시도하려는 회사의 주식에 대한 공개매수를 발표하는 적극적인 경영권 방어책을 의미한다. 이는 양 회사가 상호 10% 이상 주식을 보유하게 되면 의결권이 제한되는 상법 규정을 이용한 수단이기도 하다. 양 회사가 모두 상대 회사에 대한 지배권을 얻게 되면 발행 주식총수의 50%를 초과하는 주식을 가진 회사만이 모회사로 의결권을 행사할 수 있다.

17 ⑤ 전속적(exclusive) 유통경로는 일정한 지역에서 자사의 제품을 한 점포가 배타적·독점적으로 취급하게 하는 것으로 유통경로 계열화의 가장 강력한 형태이다. 주로 고급 자동차·귀금속·의류 등 고가품이나 제품에 대한 이미지가 좋은 경우에 적용이 가능하다. 개방적 유통경로는 제품이 소비자에게 충분히 노출되어 있고, 제품판매의 체인화에 어려움이 있는 일용품이나 편의품 등에 적용할 수 있다. 그러나 유통경로에 대한 통제가 어렵고 유통비용이 많이 든다.

18 ③ BCG 매트릭스에서 퀘스천의 경우 대단히 매력적이지만 상대적으로 시장점유율이 낮기 때문에 시장성장에 따른 잠재적 이익이 실현될 수 있을지 의문이 제기되는 사업부이다.

19 ④ 기초현금 + (영업활동 + 투자활동 + 재무활동) = 기말현금
$2,000,000 + 200,000 + 100,000 + 재무활동 = 2,700,000$
그러므로 재무활동으로 인한 현금흐름은 400,000원이 된다.

20 ⑤ 최종 의사결정자까지 정보가 전달되는 시간이 오래 걸리는 경우라면 의사결정구조를 분권화하는 것이 유리하다. 반면 정보전달 시간이 오래 걸리지 않는다면 최종 의사결정자에게 의사결정 권한이 집중되는 집권화가 유리하다.

21 ⑤ 허츠버그(F. Herzberg)의 2요인 이론은 사람들에게 만족을 주는 직무요인(동기요인)과 불만족을 주는 직무요인(위생요인)이 별개라는 것이다. 그리하여 만족과 불만족을 동일선상의 양극점으로 파악하던 종래의 입장과는 달리 만족과 불만족이 전혀 별개의 차원이고 각 차원에 작용하는 요인 역시 별개라는 것이다. 따라서 불만족이 해소된다고 해서 구매동기가 생기는 것은 아니다.

22 ④ 아래는 공생마케팅에 대한 설명이다. 공생마케팅은 마케팅 부분에서의 기업 간 협력, 즉 전략적 제휴를 의미한다. 예를 들면 신용카드 회사와 항공사 간의 공동 마일리지 적립, 통신회사와 편의점 간의 가격 할인 행사 등을 들 수 있다.

23 ① 카르텔(cartel)은 기업 간의 카르텔 협정에 의해 참여기업이 일부 경제적 활동을 제약 받지만 기업의 법률적 독립성은 잃지 않는 기업결합의 유형이다. 일반적으로 카르텔은 참여기업의 자유의사에 의하여 결성되나, 국가에 의해 강제적으로 결성되는 경우도 있다. 협정내용이 어떤 부문에 관한 것인가에 따라 구매카르텔·생산카르텔·판매카르텔로 구분되며, 구체적으로는 판매가격·생산수량·판매지역 분할·조업단축·설비투자 제한·과잉설비 폐기·재고 동결 등에 관해 협정을 맺게 된다.

24 ⑤ 매출원가 = 기초상품재고액 + 당기순 매입액 − 기말상품재고액
$= 70,000 + (500,000 - 40,000 - 30,000 - 10,000) - 30,000 = 460,000$이 된다.

25 ③ 분산분석(ANOVA, analysis of variance) : 세 개 이상의 모집단이 있을 경우에 여러 집단 사이의 평균을 비교하는 검정 방법이다. 문제 '각 판촉방법당 5개 지점의 자료'에서 분산분석임을 알 수 있다.

① 표적집단면접법(FGI, focus group interview) : 목적에 따라 모인 소수의 응답자와 집중적인 대화를 통하여 정보를 찾아내는 소비자 분석 방법이다. 표적시장으로 예상되는 소비자를 일정한 자격기준에 따라 6~12명 정도 선발하여 한 장소에 모이게 한 후 면접자의 진행 아래 조사목적과 관련된 토론을 함으로써 자료를 수집하는 마케팅 조사 기법으로, 소비자의 심리상태를 파악하는 정성적(qualitative) 조사 방법이다.

② 요인분석(factor analysis) : 여러 변인간의 관계성이나 패턴을 파악하고 변인들이 갖고 있는 정보를 잠재된 적은 수의 구조로 축약하거나 요약하기 위해 사용하는 통계 기법이다. 기본적인 접근 방법은 고도의 상관관계를 갖는 변수들이 하나의 공통적인 개념에 도달한다는 논리를 근거로 하며, 상관관계를 갖는 변수들을 선형결합에 의해 새로운 합성 변수(요인)로 결합한다.

④ 다차원척도법(MDS, Multi-Dimensional Scaling) : 군집분석과 같이 개체들을 대상으로 변수들을 측정한 후, 개체들 사이의 유사성/비유사성을 측정하여 개체들을 2차원 또는 3차원 공간상에서 점으로 표현하는 분석법을 말한다.

⑤ 회귀분석(regression analysis) : 기본적으로 변수들 사이에서 나타나는 경향성을 설명하는 것을 주목적으로 한다. 즉, 변수들 사이의 함수적인 관련성을 규명하기 위해 어떤 수학적 모형을 가정하고 이 모형을 측정된 변수들의 자료로부터 추정하는 통계적 분석 방법이다.

26 ② 반복적인 업무의 단조로움과 지루함을 줄일 수 있는 것은 직무확대에 대한 설명이며, 직무충실화는 직무설계의 현대적 접근 방법에 해당한다.

27 ④ 미스테리 쇼핑(mystery shopping) : 마케팅 조사 기업 직원들이 고객인 것처럼 가장하고 서비스를 경험하여 필요한 조사를 하는 독특한 방식이다. 직원들은 언제든지 평가받을 수 있다는 것을 알기 때문에 지속적으로 긴장하게 된다.

① 상실고객조사(lost customer research) : 더 이상 자사의 서비스를 구매하길 원하지 않는 고객을 찾아 그들이 왜 떠났는지 알아보는 것이다. 상실고객조사는 불만족을 야기한 특정한 사건이나 거래중단의 원인을 알아낼 수 있는 개방형의 심층 질문을 던지는 것으로 직원들이 하는 출구 인터뷰(exit interview)와 유사한 방법이다. 이 경우에는 개방형 질문이 아니라 표준형 질문을 할 수 있다. 서비스의 실패점 및 문제점을 파악하게 해 주며 이를 통해 미래에 상실 가능한 고객에 대한 조기경보시스템을 구축할 수 있다.

② 추적전화 또는 사후거래조사(trailer calls or posttransaction surveys) : 특정 거래가 일어난 후 바로 거래에 대한 고객의 만족도와 접점 직원에게 몇 가지 질문을 하는 것이다. 이 조사는 다양한 고객을 상대로 지속적으로 수행하기 때문에 단지 불만족 고객으로부터만 정보를 얻는 불만조사보다 효과적인 방법이라고 볼 수 있다.

③ 고객패널(customer panels) : 일정 기간 서비스에 대한 고객의 태도 및 지각 등을 기업에 알려주기 위해 모집된 고객 집단을 의미한다.

⑤ 미래기대조사(future expectation research) : 고객의 기대는 상당히 역동적인데 특히 경쟁적이고 적대적인 시장에서는 상당히 급속도로 변화한다. 경쟁이 치열해지고 소비자의 기호가 변화하고 소비자의 지식이 점차적으로 늘어남에 따라 기업은 지속적으로 그들의 정보 및 전략 등을 최신의 것으로 수정해야 한다. 이러한 역동적 시장 상황에서 기업은 고객의 현재 기대뿐만 아니라 미래 기대까지 이해하기를 원한다.

28 ② GE 매트릭스에서 원의 크기는 시장 내의 점유율을 의미하는데, 기업에 따라서는 life cycle로도 표현하거나 변형하여 활용하고 있다.

29 ② 〈표 1〉에서 A 사업과 B 사업의 평가 항목별 원점수를 찾을 수 있다.

A 사업 : 80 + 80 + 90 + 90 + 70 + 70 = 480

B 사업 : 90 + 90 + 80 + 80 + 70 + 70 = 480이므로 A, B 둘 다 합계는 같다.

A 최종 점수 : 80 × 0.2 + 80 × 0.1 + 90 × 0.3 + 90 × 0.2 + 70 × 0.1 + 70 × 0.1 = 16 + 8 + 27 + 18 + 7 + 7 = 83(점)

B 최종 점수 : 90 × 0.2 + 90 × 0.1 + 80 × 0.3 + 80 × 0.2 + 70 × 0.1 + 70 × 0.1 = 18 + 9 + 24 + 16 + 7 + 7 = 81(점)이므로 A 사업을 최종 선정한다.

30 ② 마케팅관리(회사)의 입장에서 광고는 해당 시장에서 경쟁우위를 확보하거나 또는 확보된 경쟁우위를 오랜 기간 동안 유지하기 위한 전략적 도구이다. 하지만, 광고는 비용을 지불하여 제품의 내용, 특징에 대해 통제가 가능하기에 과대선전이 될 수 있다는 문제가 발생할 수 있다. 이는 곧 소비자들이 제품에 대한 거짓된 신뢰에 노출될 수도 있다는 의미이다.

31 ⑤ 보상적 권력은 원하는 보상을 해줄 수 있는 자원과 능력을 갖고 있을 때 발생하는 권력을 의미한다.

32 ② 목표에 의한 관리(MBO)는 개인 및 조직의 목표를 명확히 규정함으로써 구성원들의 목표를 상급자 및 조직 전체의 목표와 일치하도록 하기 때문에 조직목표의 달성에 효과적으로 기여한다.

33 ④ 맥그리거의 X이론에서 인간은 생리적 욕구와 안전욕구에 의해 동기화된다.

34 ⑤ 고가품, 고기능 제품을 생산하던 기업이 저가품, 저기능 제품을 추가하는 전략은 하향확장전략(downward stretch)으로, 자사 브랜드의 이미지를 약화시키는 위험이 존재한다.

35 ④ A는 매체에 삽입되어진 광고를 접하는 수용자가 주의를 집중하는 attention(주목) 단계이다.
① desire(욕구)
② memory(기억)
③ action(행동)
⑤ 구매 후 부조화

36 ⑤ 편의점(프랜차이즈 시스템의 한 형태)을 나타낸 그림이다. 프랜차이즈 시스템은 본사에서 가맹지점에게 각종 경영 및 기술 지원 등을 하게 되며, 재료 등을 대량으로 매입해 저렴하게 제공하므로 가맹지점의 입장에서는 본사에 대해 높은 의존도 경향을 보이게 된다.

37 ③ 소주업계와 화장품 회사 간 자원의 연계로 인해 시너지 효과를 극대화시키는 전략이다. 즉, 공생 마케팅(symbiotic marketing)은 동일한 유통 경로 수준에 있는 기업들이 자본, 생산, 마케팅 기능 등을 결합해 각 기업의 경쟁우위를 공유하려는 마케팅 활동으로써 이에 참여하는 업체가 경쟁 관계에 있는 경우가 보통이며 자신의 브랜드는 그대로 유지한다. 수평적 마케팅 시스템(horizontal marketing system)이라고도 한다.

38 ③ 시장개발(market development) 전략 : 기존 상품을 아직 구입하지 않는 사람들을 설득해 구입하게 만듦으로써 성장을
달성하는 전략을 의미한다.

① 신상품 개발(new product development) 전략 : 기존의 상품을 구입하는 고객들로 하여금 새로운 상품을 구입하게 함
으로써 성장을 달성하는 전략을 의미한다.

② 시장침투(market penetration) 전략 : 현재 이 상품을 사용하는 고객(우리 회사의 고객은 물론 경쟁사의 고객 포함)들
로 하여금 자사 상품을 더 많이 또는 더 자주 구입하게 함으로써 성장을 달성하는 전략을 의미한다.

④ 다각화(diversification) 전략 : 새로운 사업영역에 진출하는 전략을 의미하는 것으로 관련형과 비관련형 다각화로 구분
되며, 관련형 다각화는 기존의 기업 활동과 새로이 진출하려는 사업 사이에 공통적인 가치사슬의 구성 성분이 하나
이상 존재하는 것을 말한다. 반면 비관련형 다각화는 기존의 기업 활동과 전혀 관련이 없는 새로운 분야로 진출하는
경우를 말한다.

⑤ 가격경쟁(cost leadership) 전략 : 경쟁사보다 낮은 가격으로 제품이나 서비스를 제공하여 시장 점유율을 확대하는 전
략이다.

39 ④ 변혁적 리더십 : 비전과 영감을 제시하고 내재적 동기를 자극해 조직 구성원들이 높은 수준의 목표를 달성할 수 있도록 한다.

① 거래적 리더십 : 목표 달성에 대한 명확한 보상과 처벌을 통해 구성원을 관리한다.

② 분산적 리더십 : 리더십을 여러 구성원이 공유하는 형태로, 한 명의 비전과 카리스마에 의존하지 않는다.

③ 서번트 리더십 : 구성원에 대한 봉사와 배려를 최우선으로 한다.

⑤ 상황적 리더십 : 부하의 성숙도나 상황에 따라 리더십 스타일을 조정하는 이론이다.

40 ⑤ 프랜차이즈 시스템의 특성을 반영한 사례로 프랜차이즈의 단점을 문제화한 것이다. 통상적으로 소비자들은 프랜차이즈
에 대한 신뢰도를 구축하고 소비를 하고 있지만, 가맹점의 실수로 인해 본사 전체의 브랜드 이미지에 좋지 않은 영향을
미칠 수 있다는 것을 보여주고 있다.

41 ① 문제에서 주어진 조건을 기반으로 최대가능 미래소비를 구하면 다음과 같다.

소비자 갑의 예산 제약식 $C_1 + \dfrac{C_2}{1+r} = Y_1 + W + \dfrac{Y_2}{1+r}$ 에 조건을 대입하면,

$800 + \dfrac{C_2}{1+0.02} = 1,000 + 200 + \dfrac{300}{1+0.02}$ 로부터 $C_2 = 708$ 이 된다.

42 ① 조세승수는 $-4(=(-0.8)/(1-0.8))$ 이므로 조세를 500억 원 감면하면 그 4배인 2,000억 원만큼 국민소득이 증가한다.

43 ① 최고가격제는 시장의 균형가격보다 낮은 수준에서 결정된다.

44 ① 두 재화(중국산 마늘, 국산 마늘)가 완전대체재이므로 소비자 A의 경우 조금이라도 값이 저렴한 중국산 마늘을 소비
하게 된다.

45 ② 자본의 사용자 비용(C)은 $C =$ (실질이자율 + 감가상각률) $\times$ 자본재 가격이므로 자본의 사용자 비용을 계산하게 되면
$C = (0.15 + 0.05) \times 500 = 100$ 이 된다.

46 ③ 외부효과가 아닌 공공재에 해당하는 내용이다.

47 ① 우월전략균형은 내쉬균형에 포함되므로 내쉬균형에서와 마찬가지로 언제나 자원배분이 파레토 효율적인 것은 아니다.

48 ③ 완전경쟁과 독점기업의 가장 큰 차이는 완전경쟁기업이 직면하는 수요곡선은 수평이지만 독점기업이 직면하는 수요곡선은 우하향한다는 것이다. 그렇기 때문에 완전경쟁기업은 주어진 가격에서 원하는 양을 판매할 수 있고, 독점기업의 경우에는 판매량을 증가시키기 위해서는 가격을 인하해야 하는 것이다.

49 ⑤ 일반적으로 열등재는 소득효과 및 대체효과의 방향이 반대이며, 대체효과의 크기가 소득효과보다 더 크다.

50 ② 기술의 발전으로 인해 PC의 생산비용이 하락하면 PC의 생산이 증가하게 되므로 PC의 공급곡선이 우측으로 이동하게 된다(공급의 증가). 그러므로 PC의 가격은 하락하게 되고 수요량은 증가하게 된다(수요곡선상의 이동이므로 수요량의 증가).

51 ④ 생산가능곡선이 원점에 대해 오목한 것은 기회비용이 체증함을 반영하는 것으로, 이는 자원의 희소성을 반영한다.

52 ④ 국내에서 생산된 재화 가격이 상승하고 명목환율이 불변이면 상대적으로 국내에서 생산된 재화가 비싸지므로 순수출이 감소하게 된다.

53 ② 후방굴절 노동공급곡선은 일정 수준의 임금 이상에서는 임금이 상승하더라도 반대로 노동공급은 오히려 감소하게 되는 경우를 나타내게 된다. 즉, 임금이 상승하게 되면 소득효과에 의해 실질소득이 증가하여 열등재인 노동은 줄이게 되고, 정상재인 여가는 늘리게 되는 것이다.

54 ① 화폐수요가 소득에 민감할수록 LM은 가파르게 된다. 따라서 재정정책의 효과는 작아진다.

55 ⑤ 케인즈의 단기 소비함수는 $C = a + bY_d$이다. 소득이 감소할수록 자율소비 a의 비중이 커지므로 평균소비성향은 b보다 커지며 한계소비성향에서 멀어지게 된다.

56 ① 세로축 절편은 변하지 않았으므로 Y재 가격은 변함이 없으나, 가로축 절편이 작아졌으므로 X재 가격은 상승하였다. 소득이 변하면 세로축 절편과 가로축 절편 모두가 변한다.

57 ② A국은 시장가격보다 낮은 가격에서 최고가격제를 실행하고자 하였으며, 최고가격의 수준으로 가격이 규제될 때 거래가격은 하락하고 초과수요가 발생하며 시장의 거래량은 감소하게 된다.

58 ③ 수입함수 C(q)에서 비용함수 R(q)를 뺀 것이 이윤함수 $\pi(q)$이므로, 한계수입(MR)과 한계비용(MC)이 서로 동일하려면 이윤함수에 대한 접선이 가로축과 평행하여 기울기가 0이어야 한다. 따라서 q_1과 q_3에서 한계수입과 한계비용이 서로 같다. q_1 근방에서는 이윤함수가 볼록하고, q_3 근방에서는 이윤함수가 오목하다. 그러므로 총비용곡선(TC)이 q_1 근방에서는 오목하고, q_3 근방에서는 볼록하다. 총비용곡선이 볼록하면 산출량의 증가에 따라 한계비용이 체증한다.

59 ② 관세동맹 이후에 무역전환효과와 무역창출효과가 동시에 발생할 수 있으나, 어떤 효과가 더 크게 나타날지는 알 수 없다.

60 ④ 수요공급모형에서 외생변수 중 어느 한 가지라도 그 값이 변화하게 되면 해당 변화는 수요곡선 또는 공급곡선 자체의 변화로 나타나게 된다. 이러한 변화를 수요 또는 공급의 변화(증가 또는 감소)라고 한다. 이에 반해 내생변수인 X재 가격이 변화하게 되면 공급량 또는 수요량이 변화하게 되므로, 이러한 변화는 공급량 또는 수요량의 변화(증가 또는 감소)라고 표현한다. 문제에 제시된 변화는 주어진 수요곡선 또는 공급곡선 상의 이동으로 나타난다.

61 ① 두 재화가 완전보완재(예를 들어, 오른쪽 신발과 왼쪽 신발)인 경우에는 하나의 재화가 고정된 상태에서 다른 재화의 소비가 증가하더라도 효용이 증가하지 않으므로 무차별곡선은 L자 형태를 취하게 된다. 또 두 재화가 완전대체재인 경우 두 재화의 한계대체율이 일정하므로 무차별곡선은 우하향하는 직선의 형태를 취하게 된다.

62 ④ A 버섯의 경우 B 버섯에 비해 생산량이 상대적으로 많고, B 버섯의 경우 A 버섯과는 달리 사람들이 원하는 만큼의 생산이 어려워서 시장가격은 상대적으로 높게 나타난다. 그러므로 B 버섯은 A 버섯에 비해 희소성이 큰 재화이다.
① A 버섯이 B 버섯에 비해 공급이 많다.
② 무상재란 희소성이 없는 재화를 말하며, 경제재란 희소성이 있는 재화를 말한다. A 버섯 및 B 버섯은 모두 희소성이 있는 경제재이다.
③ A 버섯 및 B 버섯 모두 시장가격이 존재하기 때문에 경제적 가치를 가지는 재화이다.
⑤ A 버섯보다는 B 버섯의 존재량이 적기 때문에 B 버섯의 희귀성이 더 크다는 것을 알 수 있다.

63 ⑤ X재의 시장에서 시장가격이 400원일 시에 초과수요가 발생하며, 500원일 때 초과공급이 발생하게 되므로 균형가격은 400원 및 500원 사이에서 결정되어진다.
ㄱ 시장가격이 500원일 때 시장 거래량은 100개이다.
ㄴ 수요가 감소하면 시장가격이 500원일 때의 초과공급은 증가한다.

64 ③ 제시된 그림에서 총수입곡선은 원점을 통과하는 직선을 이루고 있는데, 이는 모든 산출량의 수준에서 한계수입 및 평균수입은 언제나 일정한 값을 취할 뿐만 아니라, 서로가 일치함을 의미한다. 그러므로 그림에서의 개별기업은 완전경쟁기업이다.

65 ㄴ 독점적 경쟁기업이 생산하는 재화가 동질적일수록 이는 완전경쟁에 가까워지게 되므로 수요는 탄력적이 된다. 만약 독점적 경쟁기업이 생산하는 재화의 이질성이 높아지면 수요가 보다 비탄력적이 되므로 독점적 경쟁기업이 보유하는 초과설비 규모는 점점 커지게 된다.
ㅁ 독점적 경쟁시장은 광고경쟁과 같은 비가격적인 경쟁에 자원을 소모하기 때문에 생산비가 높아지는 문제점이 있으며, 기술혁신에 대해서도 가장 부정적인 시장이기도 하다.

66 ⑤ 통상적으로 관세를 부과하게 되면 수입국의 생산자의 후생은 증가하고 소비자의 후생은 감소하게 되며, 사회 전체의 총후생은 감소하게 된다.

67 ① 무차별곡선이 원점에 대해서 볼록하기 때문에 대체효과는 항상 부(−)의 값을 갖게 된다. 하지만 소득효과는 재화의 종류에 따라 양(+)이 될 수도, 음(−)이 될 수도 있으며, 또한 0이 될 수도 있다.

68 ④ 공급곡선이 완전 비탄력적이라면 공급곡선은 수직이고 수요곡선이 우하향하면 균형점은 아래에 제시된 그림과 같다. 이때 정부가 단위당 4의 세금을 부과하면, 시장가격과 소비자가 인식하는 가격은 변함이 없고 판매자는 시장가격에서 조세 4만큼을 제외하고 자신의 가격으로 인식한다. 그러므로 ㉠ 판매자가 받게 되는 가격은 16이 되며, ㉡ 구입자가 내는 가격은 20이 된다.

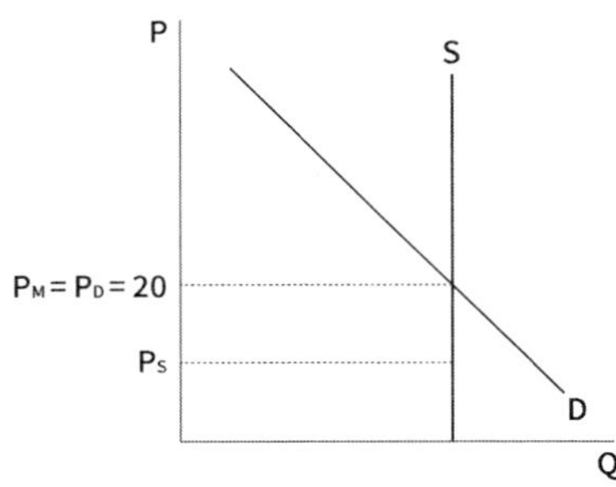

69 ③ 수요량 및 공급량이 일치하게 되는 700원이 균형가격이 된다. 또한, 모든 가격수준에서 수요량이 50개씩 감소하게 될 경우에 수요량 및 공급량이 130개로 일치하게 되는 600원이 균형가격이 된다.

70 ⑤ ㉠은 소비로부터 발생하게 되는 긍정적인 외부효과, ㉡은 생산으로부터 발생하게 되는 부정적인 외부효과에 해당한다. 이때 ㉠으로 인해 자신의 건강을 지킴과 동시에 주변 사람들에게 감염시킬 확률 또한 감소시키기 때문에 사적인 편익보다 사회적인 편익이 더 크다고 할 수 있다.

71 ⑤ 교역 후의 B국 X재의 최대가능 소비량은 150개이다. 그러므로 X재로 표시한 Y재의 기회비용은 1.5개로 교역 전의 0.8개보다 증가하였다.
① 동일한 자원으로 A국은 X재와 Y재 모두 B국보다 적게 생산할 수 있다. 그러므로 A국은 X재 및 Y재의 생산 모두에 있어 절대열위를 가진다.
② B국에서 주어진 자원으로 X재만 생산할 경우 80개를, Y재만 생산할 경우 100개를 생산할 수 있다. 따라서 X재 1개 생산의 기회비용은 Y재 $\frac{5}{4}$ 개이다.
③ A국은 X재 생산에 비교우위가 있고 B국은 Y재 생산에 비교우위가 있으므로 교역 후의 A국은 X재 생산에, B국은 Y재 생산에 특화한다.
④ 교역 후 A국과 B국의 소비점을 분석하면 X재와 Y재의 교환 비율이 3:2임을 알 수 있다. 즉, 교역조건은 X재 1개당 Y재 $\frac{2}{3}$ 개이다.

72 ② ㈎, ㈏는 세율이 각각 약 26.7%, 약 46.7%인 비례세이며, ㈐는 과세 대상의 소득이 증가할수록 세액이 증가하는 누진세이다. 과세 후 소득이 2,800만 원으로 일정할 시에 과세 대상의 소득이 클수록 세액도 같이 크다. 그러므로 과세 후의 소득이 2,800만 원인 사람의 세액은 ㈏에서 가장 크며, 반대로 ㈎에서 가장 작다.
① 과세 대상 소득이 3,200만 원으로 일정할 때 과세 후 소득이 클수록 세액은 작다. 그러므로 과세 대상 소득이 3,200만 원인 사람의 세액은 ㈎보다 ㈐가 더 크다.
③ 비례세인 ㈏와 누진세인 ㈐는 조세부담의 역진성이 나타나지 않는다.
④ ㈏의 세율은 약 46.7%로 ㈎의 세율인 약 26.7%보다 높다.
⑤ ㈎는 비례세로 과세 대상 소득이 증가하면 세액도 비례하여 증가한다.

73 ④ 개별기업의 '생산자잉여'는 기업이 특정 수량의 산출물을 생산해 실제 얻는 수입에서 감내할 수 있는 최소한의 수입을 뺀 잔여액을 의미하며, 개별기업의 생산자잉여를 모두 더해 시장 전체의 생산자잉여를 얻게 된다. 그런데 단기에서는 개별기업의 한계비용곡선 중에서 평균가변비용곡선 위쪽에 위치하는 부분이 개별기업의 공급곡선이다. 또한, 산업특수 투입물이 존재하지 않는 경우에는 개별기업의 단기공급곡선을 수평으로 더한 것이 단기시장 공급곡선이다. 그러므로 시장공급곡선 밑의 면적이 주어진 산출량 생산에 소요되는 비매몰비용(가변비용)의 총액을 나타낸다. 따라서 산업 공급량이 Q_e 이어서 시장가격이 P_e 라면 영역 B가 생산자잉여를 나타낸다.

74 ④ A국 소비자들의 라면에 대한 선호도가 낮아지는 경우에 라면 시장의 수요는 감소하게 된다. 그러므로 라면에 대한 균형거래량은 감소할 것이다.
① 라면에 대한 사회적 잉여는 감소할 것이다.
② 라면에 대한 균형가격은 하락할 것이다.
③ 라면에 대한 생산자잉여는 감소할 것이다.
⑤ 라면에 대한 판매수입은 감소할 것이다.

75 ① X재 소비량을 나타내는 가로축 절편의 값은 감소하고 Y재 소비량을 나타내는 세로축 절편의 값은 증가했으므로, X재 가격은 올랐으며, Y재 가격은 내렸음을 알 수 있다.

76 ③ 한계비용곡선은 평균비용곡선들의 최소점을 지나게 된다. 그러므로 곡선 a 가 한계비용곡선(MC)이다. 나머지 U자 형태의 곡선들은 모두 평균비용곡선이다. 하지만 모든 산출량 수준에서 평균가변비용보다 평균총비용이 크므로 곡선 b 가 평균총비용곡선(ATC)이다.

77 ④ 통상적으로 수요가 탄력적일수록 독점적 경쟁기업이 보유하는 초과설비 규모는 작아진다.

78 ③ 무위험 이자율평가설에 따르면 양국 이자율 차이 및 선물환 프리미엄은 서로 같아야 한다. 국내 및 미국의 이자율 차이가 연 2%이기 때문에 3개월 간 이자율의 차이는 0.5%가 된다. 현재 환율이 1달러 = 1,000원이고 원화가 0.5% 선물환 디스카운트 상태에 있어야 하므로 3개월 만기 적정 선물환율은 1,005원이 된다.

79 ① 특정 산업에 대해 수출보조금을 지급하면 기업들의 수익성이 높아지므로 해당 산업으로의 진입이 촉진된다.

80 ② 지식은 많은 사람들이 동시에 유용하게 활용할 수 있는 비경합성을 지닌다. 이때 '일부 지식'이 사칙연산 등의 지식과 구별되는 점은 재산권이 부여되어 배제성을 지닌다는 것이다.
① '사칙연산'은 '일부 지식'과는 다르게 재산권이 부여되는 것이 아니므로 이는 비배제성을 지닌다.
③ 연필은 어떤 한 사람이 활용하게 되면 타인은 활용이 어렵다는 점에서 경합성을 지니게 된다. 하지만 '사칙연산'의 경우에는 비경합성을 지닌다.
④ '사칙연산' 등의 지식은 비배제성을 지닌다. 하지만 '일부 지식'의 경우에는 재산권이 부여되므로 배제성을 지니게 된다.
⑤ 연필 구입자는 타인이 이를 사용하지 못하도록 하는 권리를 지니는데, 이것은 연필이 사적인 재화로 배제성을 지닌다는 것을 말한다.

※ 경합성과 배제성
재화에 있어 경합성이란 어떤 한 사람이 소비하게 되면 또 다른 사람들의 소비가 제한을 받게 되는 특성을 말하며, 배제성이란 값을 치른 사람들만이 해당 재화를 소비할 수 있으며 값을 치르지 않은 사람들의 소비를 배제할 수 있는 특성을 의미한다.

정답 및 해설

※ 문제는 p.298에 있습니다.

☑ ANSWER

1 ⑤	2 ①	3 ④	4 ④	5 ④	6 ⑤	7 ③	8 ②	9 ②	10 ②
11 ①	12 ③	13 ③	14 ②	15 ⑤	16 ②	17 ②	18 ⑤	19 ③	20 ⑤
21 ①	22 ②	23 ③	24 ③	25 ⑤	26 ③	27 ⑤	28 ⑤	29 ④	30 ④
31 ①	32 ⑤	33 ②	34 ③	35 ③	36 ②	37 ①	38 ③	39 ③	40 ①
41 ⑤	42 ③	43 ④	44 ②	45 ①	46 ④	47 ④	48 ⑤	49 ②	50 ④
51 ③	52 ①	53 ②	54 ②	55 ③	56 ①	57 ②	58 ①	59 ④	60 ②
61 ⑤	62 ⑤	63 ②	64 ④	65 ③	66 ①	67 ④	68 ②	69 ⑤	70 ④
71 ①	72 ①	73 ②	74 ④	75 ⑤	76 ④	77 ②	78 ③	79 ④	80 ①

1 ⑤ 결과 평가법은 바로 눈앞에 보이는 구체적 성과인 결과물만을 보고 평가를 하는 것으로써 단기적인 관점을 지향한다.

2 ① 직장 내 교육훈련에 관한 설명이다.

3 ④ 이윤에 대한 설명이다.
① 매출액 : 제품이나 서비스를 판매하여 얻은 총 판매금액이다.
② 수익률 : 투자나 영업 활동으로부터 얻은 이익을 비율로 나타낸 수치이다.
③ 잉여금 : 기업이 영업활동 후 벌어들인 이익 중에서 배당 등으로 처분하지 않고 남겨둔 내부유보유금이다.
⑤ 부가가치 : 생산 과정에서 추가된 새로운 가치를 의미한다.

4 ④ A는 급여 수준과 연봉 체계 등을 조정하는 보상관리, B는 직원의 업무성과 등을 측정하고 기록하는 평가관리, C는 교육과 훈련을 통해 역량을 향상시키는 개발관리에 해당한다.

※ 인적자원관리의 단계
㉠ 확보관리 : 우수한 인력을 확보할 수 있도록 하는 것이다.
㉡ 개발관리 : 근로자의 잠재능력을 개발하여 최대한 발휘할 수 있도록 하는 것이다.
㉢ 평가관리 : 근로자의 능력을 측정하여 HR활동을 결정하는 것이다.
㉣ 보상관리 : 금전적, 비금전적 보상 여부를 결정하는 것이다.
㉤ 유지관리 : 안전 보건, 복리 후생, 노조와의 관계 등을 고려하는 것이다.

5 ④ A는 기능적 조직, B는 사업부제 조직, C는 매트릭스 조직, D는 네트워크 조직에 해당한다. 네트워크 조직은 규칙과 절차보다 협력과 유연성을 중시하며, 조직 간 연계로 빠른 대응이 가능하다는 특징이 있다.

6 ⑤ 리엔지니어링(business process reengineering)은 기존의 업무방식을 근본적으로 재고려하여 과격하게 비즈니스 시스템 전체를 재구성하는 것으로써 업무, 조직, 기업문화까지 프로세스 전 부분에 대하여 대폭적으로 성취도를 증가시키는 것이다.

7 ③ 환율 상승 전 매출액은 $50 \times 1,200 = 60,000$원으로, 이익액은 원가를 제외한 30,000원이다. 환율이 10% 상승했을 경우 새 환율은 $1,200 \times 1.10 = 1,320$원이며, 이후 이익액은 $50 \times 1,320 - 30,000 = 3,600$원이다. 따라서 이익액의 증가율은 $(36,000 - 30,000) \div 30,000 \times 100 = 20\%$이다.

8 ㉠ 전방통합(forward integration) : 제품생산 및 유통과정에서 소비자 쪽 분야의 기업을 통합하거나, 원료공급기업이 생산업체를 통합하거나, 제조사가 유통사를 통합하는 것을 말한다.
㉡ 후방통합(backward integration) : 유통기업이 제조사를 통합하거나, 제조사가 원재료 공급사를 통합하는 것을 말한다.

9 ② A사는 소비자의 변화한 요구에 맞춰 제품을 차별화해야 하는 상황이므로 원가 절감이 아닌 제품 자체의 혁신을 핵심 전략으로 삼아야 한다.

10 ② 실시간으로 가격경쟁을 벌이는 것보다는 인터넷 쇼핑과 구별되는 비가격 판매촉진 전략을 통해 경쟁하는 것이 바람직하다.

11 ① 텔레비전 마케팅은 TV 광고를 통해 제품구매를 유도하는 방식으로, 크게 직접반응 텔레비전 광고와 홈쇼핑 채널로 나누어진다. 직접반응 텔레비전 광고(direct- response television advertising)는 60초 또는 120초의 비교적 긴 TV 광고를 통해 제품의 특징을 자세히 소개하고 수신자부담 전화번호를 이용하여 주문을 유도하는 방식이다. 경우에 따라 한 제품에 대해 30분 이상의 긴 시간을 할애하여 제품을 아주 자세하게 소개하기도 하는데 이를 인포머셜(informercial)이라고 한다.

12 ③ 소비자의 선호를 통한 효용을 추정하는 컨조인트 분석에 관한 설명이다.

※ 컨조인트 분석
㉠ 구체적인 소비자 행동의 요인을 측정하기 위한 방법이다.
㉡ 소비자 행동이 특정한 목표를 가지고 유발될 경우 소비자의 여러 심리적 요인이 관계한다.
㉢ 구매 결정의 메커니즘이 보다 복잡하게 되기 때문에 사전에 조사를 행하고, 고객 선호도와 그 결과를 분석하여 신상품의 콘셉트를 결정한다.
㉣ 어떤 제품 또는 서비스가 갖고 있는 속성 하나하나에 고객이 부여하는 가치를 추정함으로써, 그 고객이 어떤 제품을 선택할지를 예측한다.
㉤ 각 제품 제안들에 대한 선호순위의 분석을 통해 소비자의 속성 평가유형을 보다 정확히 밝혀내고, 이를 근거로 선호도 예측, 시장점유율 예측까지도 가능케 한다.

13 ③ 감소 수요는 소비자의 구매 의사와 능력이 줄어드는 현상이다.
① 소비자들이 그 제품을 알지 못하거나 무관심한 상태(또는 상황)는 무수요이다. 이 경우 수요의 창조를 위한 자극적 마케팅이 필요하다.
② 잠재 수요는 소비자들이 아직 존재하지 않는 제품에 대한 욕구를 가지고 있는 상황으로 수요의 개발을 위한 개발적 마케팅이 필요하다.
④ 불건전 수요는 수요가 바람직하지 않다고 여겨지는 상황이다. 수요의 파괴를 위한 대항적 마케팅이 필요하다.
⑤ 초과 수요는 수요수준이 공급자의 공급능력을 초과하는 상황이다. 수요의 감소를 위한 디마케팅이 필요하다.

14 ② 판매촉진의 목적은 중간상 및 소비자의 즉각적인 구매행동을 유발하는 것으로 판매촉진활동은 소비자나 중간상을 대상으로 한다. 또한 판매촉진은 단기적으로 고객의 직접대량구매를 유도하기 때문에 광고 또는 홍보 등과 같은 다른 촉진활동보다 효과가 빨리 나타나고 그 효과를 측정하기 쉽다.

15 ⑤ 상품구색의 역설(paradox)은 상품을 너무 다양하게 제공하면 고객이 제품선택에서 어려움을 느끼게 되는 현상을 의미한다.

16 ② 태도는 환경의 자극에 대한 반응으로, 특정한 사람, 사물, 제도에 대해 좋고 나쁨을 평가하고 행동하는 개인의 학습된 행동을 의미한다. 이러한 태도의 구성요소로는 인지적 요소, 감정적 요소, 행동적 요소가 있다.

17 ② 기준금리가 인하되면 은행의 대출금리도 인하되어 대출 이자 부담이 줄어들기 때문에 기업이나 가계의 대출이 증가하고 자금 조달이 더 쉬워진다. 이는 경기를 부양하기 위한 은행의 전략이다.

18 ⑤ 다음 그림은 제품 등을 기준으로 사업부를 나누어 자율적인 경영과 이익 책임을 부여하는 분권적 조직인 사업부제 조직을 나타낸다. 이러한 조직은 각 사업부가 생산, 판매, R&D 등 모든 기능의 스태프를 갖춘 구조이다.

19 ③ $\dfrac{\text{투자수익}+\text{배당수익}}{\text{투자액}} = \dfrac{(1{,}200-1{,}000)+100}{1{,}000} \times 100 = 30\%$

20 ⑤ 해당 그림은 경로커버리지 전략 중 (a) 집중적 유통, (b) 선택적 유통, (c) 전속적 유통을 각각 나타낸 것이다. (c) 전속적 유통의 경우, 일정 지역에서 한 점포만이 자사의 제품을 취급할 수 있도록 하는 전략으로 유통경로 계열화의 가장 강력한 형태이며, 주로 고가의 귀금속, 고급 자동차 등을 판매할 때 많이 활용한다.

21 ① 유통경로에 참여하는 유능한 중간상이 많은 경우에는 중간상을 이용하는 것이 바람직하다. 하지만, 유능한 중간상이 적으면 유통경로를 통합하는 것이 바람직하다.

22 ② 제시된 사례에서 원모는 허즈버그의 2요인 이론 중 동기요인(만족 증진요인)을 선호하고 있음을 알 수 있다. 회사의 정책은 위생요인(불만족 해소요인)에 해당하는 내용이다.
①③④⑤ 동기요인(만족 증진요소)에 해당한다.

23 ③ 급여는 외적 동기에 해당한다.
① 사람이 자기 행동에 대한 원인을 찾는 것을 자기귀인이라 한다.
② 외적 동기화가 된 경우 보상 등은 목적을 이루기 위한 수단이다.
④ 행동을 함으로써 얻게 되는 즐거움, 성취감은 내재적 동기에 해당한다.
⑤ 보상의 획득(금전), 처벌 회피 등의 자극에 의해 행동하는 것은 외재적 동기에 근거한다.

24 ③ 무성장모형은 배당을 일정하게 가정하며, 주가(P)는 다음과 같이 계산할 수 있다.

$$P = \dfrac{EPS}{r} = \dfrac{1{,}000}{0.20} = 5{,}000\text{원}$$

∴ 현재 주가는 5,000원이다.

25 ⑤ 갈등이 완전히 사라지면 조직이 정체되므로 경영자는 일정한 갈등 수준을 유지해야 한다.

① 갈등 수준은 낮아도 집단성과 수준은 높으므로 언제나 정비례 관계라고 할 수 없다.

② 갈등 수준은 B점에서 집단성과 수준과 일치하므로 갈등은 B에서 순기능을 나타낸다.

③ C점에서는 집단성과 수준이 낮으므로 혁신적이거나 생동적이라고 볼 수 없다.

④ 그래프에서 보듯이 갈등이 무조건적으로 나쁘다고 할 수 없다. 적절한 수준에 이르러서는 오히려 조직의 성과를 높이는 역할을 한다.

26 ③ 그림은 직무기술서에 대한 것으로, 주로 과업요건에 초점을 맞추고 있다.

27 ⑤ 문제에서는 기업집단에 대한 개념을 설명한다. 기업집단이란 2개 이상의 참가 기업이 상호 간 지배관계가 없이 독립성을 유지하면서 일종의 경영상 또는 금융상 협조 관계에 의해 결합하는 형태를 의미하는 것으로, 이에는 콤비나트(kombinat), 콘글로머리트(conglomerate), 조인트 벤처(jointventure) 등이 있다.

28 ⑤ ㉢은 비탐색품(unsought goods), ㉠은 편의품(convenience goods), ㉡은 선매품(shopping goods)이다. 비탐색품은 몰라서 못 찾는 제품이나 알아도 찾지 않는 제품(정상적으로는 구매하지 않는 제품)으로 보험상품이나 정신과 치료, 묘지 및 묘비, 백과사전, 화재경보기, 소화기 등을 말한다. 이러한 비탐색품은 구입이 필요한 경우 드물게 구입하게 되는데, 구입 시에는 특징과 상표를 비교하여 구매하는 편이다. 좀 더 선택적 경로(more selective outlets)에 의해 판매가 이루어지고 가격은 다양하다. 소수의 점포만으로 충분하며 점포의 이미지 관리도 매우 중요하고 주로 고차원 중심지(CBD)에 입지한다. 집심성 점포인 경우가 일반적인 제품은 '전문품(specialty goods)'이다.

29 ㉠ 보완적 접근법으로 휴대전화에 대한 점수를 산출하면 다음과 같으므로 총합이 가장 높은 B 제품을 선택하게 된다.
- A 제품 : $9 \times 8 = 72$, $8 \times 6 = 48$, $7 \times 7 = 49$, $6 \times 8 = 48$, 총합 = 217
- B 제품 : $9 \times 7 = 63$, $8 \times 9 = 72$, $7 \times 5 = 35$, $6 \times 9 = 54$, 총합 = 224
- C 제품 : $9 \times 8 = 72$, $8 \times 8 = 64$, $7 \times 5 = 35$, $6 \times 6 = 36$, 총합 = 207
- D 제품 : $9 \times 9 = 81$, $8 \times 7 = 56$, $7 \times 8 = 56$, $6 \times 5 = 30$, 총합 = 223

㉡ 사전 편집식 접근법으로 휴대전화를 선택하면 가중치가 가장 높은 통화품질의 평가점수가 가장 높은 D 제품을 선택하게 된다.

※ 의사결정방법
  ㉠ 보완적 접근법 : 개별 속성에 대한 점수와 가중치 점수를 곱하고 전체 속성별로 합산하여 각 브랜드에 대한 전체 점수를 산출하는 방법
  ㉡ 사전 편집식 접근법 : 가중치가 높은 것부터 차례대로 모든 대안을 살피는 방법

30 ④ 그림 2에 해당하는 비차별적 마케팅 전략은 전체 시장을 하나의 동일한 시장으로 간주하고 하나의 제품을 제공하는 전략으로 규모의 경제, 즉 비용을 줄일 수 있다. 하지만 모든 계층의 소비자를 만족시킬 수 없으므로 경쟁사가 쉽게 틈새시장을 찾아 시장에 진입할 수 있다. 그림 3에 해당하는 집중화 전략은 전체 세분시장 중에서 특정 세분시장을 목표시장으로 삼아 집중적으로 공략하는 전략으로, 해당 시장의 소비자 욕구를 보다 정확히 이해하여 그에 걸맞는 제품과 서비스를 제공함으로써 전문화의 명성을 얻을 수 있다. 동시에 생산과 판매 및 촉진활동을 전문화하여 비용을 절감할 수 있다. 하지만 대상으로 하는 세분시장의 규모가 축소되거나 경쟁자가 해당 시장에 뛰어들 경우 위험이 크며, 자원이 한정(제한)된 중소기업 등에서 사용하는 전략이다.

31 ① 외국인 투자 비중의 확대는 기업의 가치를 높일 수 있고 투명성을 높일 수 있는 등의 긍정적 효과가 있으나, 외국인이 '팔자'로 돌아설 경우 증시에 충격을 줄 수 있는 등 우리나라 주가가 외국인에 의해 크게 영향을 받게 된다.

32 ⑤ 수신자는 메시지를 해독해서 받아들인다. 그리고 그 메시지에 부합하여 무언가의 행위를 한다. 그러한 행위가 발신자가 의도한 것이었다면 이번 메시지는 효과적이었다고, 반대로 예상하지 않은 행위였다면 암호화 작업이나 메시지 자체가 잘못되었다고 할 수 있다.

33 ② AI 채용시스템은 과거 존재하였던 모든 데이터를 기반으로 학습한다. 그러므로 과거에 존재하였던 각종 차별과 같은 행태를 무비판적으로 수용하게 된다. 그러므로 AI 채용 도입으로 과거 존재했던 차별적 요소를 완전히 해결할 수 없어 법적 문제를 야기할 가능성이 존재한다.

34 ③ EDLP(every day low price : 항시 저가 정책)는 1년 365일 저가격을 유지하는 전략을 말한다. 항시 저가 정책을 펼치고 있으므로 따로 자체적인 세일에 따른 광고를 할 필요가 없어 광고비 감소 효과가 있다.

35 ③ 지문은 RFM 분석에 대해 설명하고 있다. M(monetary)은 고객이 최초 가입일로부터 현재까지 구매한 평균금액의 크기를 분석하는데, 이러한 평균구매금액이 많을수록 고객의 로열티는 높아진다.

36 ② 정치적 환경은 기업이 활동하고 있는 국가의 정치적 안정성 수준 및 정부의 관료들이 기업 조직에 대해 가지는 일반적 태도 및 시각 등을 말한다. 이와 연결되는 법률적 환경은 각종 법률 또는 규제 등이 정치적 과정을 거쳐 제정되므로 정치적 환경과 법률적 환경은 서로 뗄 수 없는 밀접한 관계를 가지고 있다.

37 ① 광고의 메시지 소구방식으로 비교광고, 유머소구, 공포소구 등이 있다. 유머소구는 소비자의 주의를 유발하는데 효과적이고, 유머를 접한 소비자의 긍정적인 무드가 광고자체에 대한 태도는 물론 제품에 대한 태도에도 긍정적 영향을 미친다.

38 ③ 구속가격(captive pricing) 또는 노획가격은 프린터와 프린터 잉크, 카메라와 필름, 컴퓨터와 소프트 웨어 등의 완전보완재의 경우 주품목의 가격은 저렴하게, 부품목의 가격은 비싸게 책정하여 판매하는 방식이다. 예컨대 면도기의 가격은 낮게 책정하고 면도날의 가격은 높게 책정한다든지, 프린터의 가격은 낮은 마진을 적용하고 카트리지나 다른 소모품의 가격은 높은 마진을 적용하는 등의 가격결정 방식이다.

39 ③ 경쟁시장의 범위가 한정적일 때 자사의 경쟁 능력을 극대화시키기 위해 집중화 전략을 펼친다. 또한 세분시장을 대상으로 기업의 역량을 극대화하기 위해 타깃마케팅을 수행한다.

40 ① 제시된 사례는 노이즈 마케팅의 한 사례이다. 노이즈 마케팅은 음이나 잡음을 뜻하는 노이즈를 일부러 조성해 그것이 긍정적인 영향을 미치든 부정적인 영향을 미치든 상관없이 그 상품에 대한 소비자들의 호기심만을 부추겨 상품의 판매로 연결시키는 판매 기법을 말한다.

41 ⑤ 경제의 통화량은 초기 예금증가분, 즉 본원통화의 증가분에 통화승수를 곱한 만큼 증가하게 되며, 이때 통화승수는 법정지급준비율의 역수로 결정된다. 법정지급준비율이 20%이므로, 통화승수는 5(= 1/0.2)이며, 따라서 경제의 통화량은 500(= 100 × 5)만 원만큼 증가하게 된다.

42 ③ 새로운 균제상태에서 1인당 소득은 일정하게 되므로, 변화율은 0가 된다.

43 ④ 꾸르노 모형에서 A, B 각 기업들은 완전경쟁일 때에 생산량의 1/3만큼씩을 생산한다. 완전경쟁일 때의 생산량은 P = MC이므로 90 − Q, Q = 60이 된다. 그렇기 때문에 A, B 두 기업의 생산량 합은 완전경쟁의 1/3만큼인 40단위가 된다.

44 ② 가격탄력성 $= \dfrac{\text{수요의 변화율}}{\text{가격의 변화율}} = \dfrac{30\%}{15\%} = 2$가 된다.

45 ㉠ 규범경제학 : 주관적인 가치 판단과 윤리적 논의를 바탕으로 경제적 공정성을 다루는 관점이다.
　　㉡ 실증경제학 : 경제 현실을 객관적인 사실로 분석하고 예측하는 관점이다.

46 ④ 해당 기사는 생산 과정에서 노동이 자본으로 대체되는 자동화의 사례이다. MRTS(한계기술대체율)는 생산량이 동일하게 유지되는 상황에서 한 생산요소를 1단위 추가할 때 다른 생산요소를 얼마나 줄여야 하는지를 나타내는 지표로, 어떤 생산요소를 계속 줄이고 다른 요소를 늘리면 줄이는 요소의 희소성이 커져 대체하기가 점점 어려워지기 때문에 MRTS가 점차 감소하게 된다.

47 ④ 통상적으로 이윤세는 어떤 기간동안 기업 이윤의 크기가 결정된 이후에 부과된다. 그러므로 이윤세는 기업의 생산량에 아무런 영향도 미치지 않는다(설령 이윤세를 부과하더라도 기업의 이윤극대화 조건은 변화지 않는다). 단지, 이윤세가 부과되면 기업의 이윤만 감소한다.

48 ㉠ 굴절수요이론은 담합이 없는 상황에서 각 기업이 경쟁자의 반응을 예상하여 의사결정할 때의 가격 경직성을 설명한다. 담합의 결과로 가격 경직성을 설명하는 것은 카르텔 모형이다.
　　㉡ 굴절수요이론은 소수의 기업이 상호 긴밀하게 영향을 주고받는 과점시장의 가격 행태를 설명하는 이론으로, 독점적 경쟁시장은 굴절수요이론의 적용 대상이 아니다.

49 ② 정부지출승수는 $dY = \dfrac{1}{1-c}dG$이기 때문에, 조건에 대입하면,

$$dY = \frac{1}{1-c}dG = \frac{1}{1-0.7}10 = \frac{10}{0.3} = \frac{100}{3}\ \text{이 된다.}$$

50 ④ 타이어는 한국의 국적이지만 중국 땅에서 생산되었으므로 이는 중국 GDP에 포함되며, 한국 GDP에는 포함되지 않는다.

51 ③ 두 재화 간 대체 가능성이 클수록 무차별곡선은 완만한 직선에 가까운 형태가 된다.

52 ① 화폐수요의 소득탄력성이 클수록 투자승수는 작아지게 된다.

53 ② 요소 간의 대체성이 높을수록(즉, 대체탄력성이 클수록) 등량곡선은 우하향의 직선에 가까워지며, 대체성이 낮을수록(대체탄력성이 작을수록) 등량곡선이 L자에 가까워진다.

54 ② 이윤에 일정 비율의 세금을 부과하는 이윤세의 경우에는 기업의 이윤극대화 조건을 변화시키지 않기 때문에 독점기업의 행동에 단기적으로는 아무런 영향을 미치지 않는다.

55 ③ 생산요소 수요는 생산물에 대한 수요의 크기에 의해 결정되기 때문에 파생수요라고 한다.

56 ① 특화 전후의 생산량을 비교 분석했을 시에, A국은 X재 50개를 포기해서 Y재 100개를 추가 생산할 수 있었으며, B국은 Y재 200개를 포기해서 X재 200개를 추가 생산할 수 있었다. 그러므로 B국에서 X재 1개 생산의 기회비용은 Y재 1개가 된다.

57 ② 경제적 지대가 0일 경우 그 생산요소의 소득은 전부 전용수입이 된다. 이때 전용수입이란 어떠한 생산요소가 타 용도로 전용되지 않고 현재의 용도에 계속적으로 사용되도록 하기 위해 지급되어야 하는 최소한의 지급액이므로, 요소소득이 모두 전용수입이라면 그 요소는 기존의 용도에 사용될 것이다.

58 ① 이 기업은 5원의 평균비용으로 재화를 생산하여 15원의 가격으로 판매하고 있으므로 초과이윤을 누리고 있다. 그러므로 장기적으로 보게 되면 타 기업이 진입하여 이 기업이 직면하는 수요곡선은 좌측으로 이동하게 된다.

59 ④ 기업의 이윤극대화 조건은 MR = MC이므로 이윤극대화 조건에서 벗어나게 되면 총이윤이 감소한다.

60 ② 문제에 제시된 자료에서 A국은 비례세, B국은 누진세를 채택하고 있다.
① A국에서는 과세 대상 소득의 크기에 관계없이 소득세율은 일정하다.
③ B국에서는 과세 대상 소득의 증가율에 비해 소득세 증가율이 높다.
④ 우리나라의 부가가치세는 비례세율을 적용하고 있다.
⑤ 과세 대상 소득이 많은 사람일수록 B국보다 A국의 소득세 제도를 더 선호할 것이다.

61 ⑤ 지하철 구내 소규모 공중화장실은 승차권을 구입하지 않은 사람이 사용할 수 없으므로 배제가능성이 있으며, 사람들이 많아질 경우에는 혼잡이 발생하므로 경합성이 있다.

62 ⑤ 기준연도는 실질 GDP와 명목 GDP가 동일하므로 GDP 디플레이터는 100이다.

63 ② 장기적으로 볼 때 어떤 산업에 있어 기업의 수는 변화하며, 장기공급곡선상의 각 점에서 기업의 수가 반드시 동일한 것은 아니다. 다시 말해, 장기공급곡선이 우상향하는 경우 가격의 상승은 공급량의 증가를 가져오는데, 이때 공급량의 증가는 기존 기업의 생산량 증대를 통하여 이루어지는 부분도 있겠지만 새로운 기업의 진입으로 생산량이 증가하는 부분도 있다. 또한 가격의 하락으로 인한 공급량의 감소도 기존 기업의 생산량 감소 외에 기존 기업의 퇴거로 이루어지는 부분이 있다. 따라서 동일한 장기공급곡선이라 하더라도 기업의 수는 각 점에서 모두 다르다.

64 ④ 정부실패(government failure)는 시장실패를 교정하기 위한 정부의 시장개입이 오히려 자원배분을 악화시키는 것을 말한다. 케인지언들은 시장의 실패를 교정하기 위해 정부의 적극적인 경제정책을 옹호하고 있는 데 비해, 통화주의자들은 케인즈적인 재량정책은 정부의 실패를 가져올 가능성이 높다고 경고한다.

65 ③ 한계순편익을 MNB라고 할 경우, MNB = MB − MC이다. 그런데 활동 수준이 a_1이라면 MB − MC $>$ 0이고, 그 값은 선분 AB의 길이와 동일하다. 그러므로 a_1에서는 활동 수준을 한 단위 늘리는 경우 AB만큼의 순편익이 추가로 발생하게 된다.

66 ① 가격차별의 성립은 주로 시장공급자의 시장지배력에 의해 결정된다.

※ 가격차별이 성립하기 위한 조건
　㉠ 시장공급자(기업)가 시장지배력이 있어야 한다.
　㉡ 각 시장에서 수요의 가격탄력성은 서로 달라야 한다.
　㉢ 시장 간 상품의 재판매가 불가능하여야 한다.
　㉣ 시장의 분리가 가능해야 한다.
　㉤ 시장분리에 소요되는 비용보다 시장분리를 함으로 인해 얻게 되는 수입의 증가분이 더 커야 한다.

67 ㉠ 15세 이상의 생산가능인구는 경제활동인구와 비경제활동인구로 나뉘어지므로 경제활동인구수는 160명이다.
㉡ 경제활동인구는 다시 취업자 및 실업자로 구분되므로, 실업자가 40명일 때 취업자는 120명이다.
㉢ 경제활동참가율 = $\dfrac{경제활동인구}{생산가능인구} \times 100$이므로, $\dfrac{100}{200} \times 100 = 80\%$이다.
㉣ 실업률 = $\dfrac{실업자수}{경제활동인구} \times 100$이므로, $\dfrac{40}{160} \times 100 = 25\%$이다.
㉤ 취업률 = $\dfrac{취업자수}{경제활동인구} \times 100$이므로, $\dfrac{120}{160} \times 100 = 75\%$이다.

68 ② 범위의 경제는 둘 이상의 재화를 따로따로 생산하는 것보다 동시에 생산할 경우에 비용이 더 적게 들게 되는 현상을 의미한다.

69 ⑤ A가 포기하는 가치는 현재 시장가격으로, 현재 시장가격인 평당 1,000원을 기준으로 기회비용을 계산한다. 토지 면적이 50평이므로, 기회비용은 1,000원 × 50평 = 50,000원이 된다.

70 ④ 완전경쟁기업은 '장기한계비용의 최소점과 장기평균비용이 일치하는 점'이 아닌 '장기한계비용과 장기평균비용의 최소점이 일치하는 점'에서 생산하게 된다.

71 ① 소비자 물가지수$(\text{CPI}) = \dfrac{\text{비교연도 상품의 가격} \times \text{기준연도의 생산량합}}{\text{기준연도 상품의 가격} \times \text{기준연도의 생산량합}} \times 100$이다.

$$\therefore \frac{25 \times 110 + 5 \times 40 + 25 \times 150}{25 \times 50 + 5 \times 20 + 25 \times 80} \times 100 = \frac{6,700}{3,350} \times 100 = 200$$

72 ① STEP 모델은 대표적인 산업환경분석 모델로, 해당 기업이 속해있는 산업을 둘러싼 거시적 산업환경에 영향을 미칠 수 있는 주요 요인들을 도출하고 그 내용을 분석함으로써 전략적 의사결정에 활용하려는 것이다. STEP 모델의 분석 대상 영역은 사회문화적(socio-cultural) 환경, 기술적(technological) 환경, 거시경제(macro-economic) 환경, 정책규제(political regulatory) 환경 등으로 나누어진다.

73 ② 법정지급준비율은 본원적 예금 중 법정지급준비금이 차지하고 있는 비중을 의미하므로, $\dfrac{300,000}{1,000,000} = 30\%$가 된다.

74 ④ 국민소득의 균형조건 $Y = C + I + G + X_n$에 문제로부터 소비함수 C와 I, G, X_n의 값을 대입하면

$Y = 40 + 0.8(Y - 0) + 20 + 0 + 0 = 60 + 0.8Y$

$\therefore Y = 300$억 원이 된다.

75 ⑤ 고밀도 토지이용에 의한 높은 임대료를 부담하지 못하게 되면 해당 기능은 점차 도심의 중심부에서 외곽지역으로 이동하게 된다.

76 ④ 어묵의 가격 상승은 수요 감소를 가져오고, 대체재인 튀김의 수요 증가를 가져오게 된다. 또한, 튀김 가격은 변동이 없는 상황에서 튀김에 대한 수요가 늘었다는 것은 튀김의 수요곡선을 우측으로 이동시키는 것을 뜻한다.

77 ② 평균비용$(\text{AC}) = $ 평균가변비용$(\text{AVC}) + \dfrac{\text{총고정비용}(\text{TFC})}{\text{생산량}(\text{Q})}$

TFC = (AC − AVC) × Q

TFC = (15 − 10) × 50 = 250

∴ 총고정비용(TFC) = 250

78 ③ 생산함수 Q = 3K + 2L은 선형의 생산함수로써 등량곡선이 우하향의 직선으로 한계기술대체율이 일정하며, 두 생산요소가 서로 완전대체적인 생산요소일 때이다.

79 ④ 이윤극대화를 위한 한계적 접근법에 따르면, $MR > MC$인 경우에는 생산량을 증대시키며, $MR < MC$인 경우에는 생산량을 줄여야 한다. 생산량이 4인 경우에는 $MR < MC$이 성립하게 되므로 생산량을 늘리지 않아야 한다.

80 ① 갑자기 추워진 날씨로 인해 배추 수확량이 감소하는 것은 배추 시장의 공급이 감소하는 요인이며, 김장으로 인해 배추를 구입하려는 사람들이 증가하는 것은 수요가 증가하는 요인이다.